suhrkamp taschenbuch 5147

AF198223

Stanisław Lem gilt vielen als *der* Science-Fiction-Autor schlechthin. Und doch ist hier noch ein ganzer literarischer Kosmos zu entdecken: Lem der Philosoph, der streitlustige Kritiker, Erfinder neuer Genres, Sprachkünstler und Romancier von Weltrang. *Best of Lem* versammelt Erzählungen und Kostproben sowohl der berühmten, vielfach verfilmten und millionenfach gelesenen und geliebten Bücher als auch unbekanntere, aber ebenso aufregende Glanzlichter aus 50 Jahren Lem'schen Schaffens. Nicht nur Fans von Philip K. Dick, Ursula K. Le Guin oder Cixin Liu kommen dabei voll auf ihre Kosten.

Stanisław Lem (1921-2006) wurde in Lwów (Lemberg) in Polen geboren und lebte ab den 1950er Jahren als freier Schriftsteller in Kraków. Er wandte sich früh der Science-Fiction zu, schrieb aber auch gewichtige theoretische Abhandlungen und Essays zu Kybernetik, Literaturtheorie und Futurologie. Sein Werk wurde vielfach ausgezeichnet, verfilmt und in 57 Sprachen übersetzt.

Jan-Erik Strasser ist Fan und Kenner des Lem'schen Werks. Er arbeitet im Wissenschaftslektorat des Suhrkamp Verlags.

Stanisław Lem

BEST OF LEM

Herausgegeben und
mit einem Nachwort von
Jan-Erik Strasser

Suhrkamp

2. Auflage 2025

Erste Auflage 2021
suhrkamp taschenbuch 5147
© der deutschsprachigen Ausgaben
1972, 1973, 1974, 1976, 1977, 1978, 1979, 1980,
1981, 1982, 1983, 1984, 1985, 1986, 1989,
2001 Suhrkamp Verlag GmbH, Berlin
© Stanislaw Lem 1946, 1955, 1957, 1960, 1961, 1962, 1964,
1965, 1966, 1968, 1971, 1973, 1974, 1975, 1982, 1984, 2000
Alle Rechte vorbehalten. Wir behalten uns auch
eine Nutzung des Werks für Text und Data Mining
im Sinne von § 44b UrhG vor.
Textnachweise dieser Ausgabe am Schluss des Bandes
Umschlaggestaltung: Brian Barth, Berlin
Satz: Satz-Offizin Hümmer GmbH, Waldbüttelbrunn
Druck und Bindung: CPI books GmbH, Leck
Printed in Germany
ISBN 978-3-518-47147-0

Suhrkamp Verlag GmbH
Torstraße 44, 10119 Berlin
info@suhrkamp.de
www.suhrkamp.de

INHALT

DER MENSCH VOM MARS

[…] »Sie sind, ohne es zu wollen … in eine sehr komplizierte Lage geraten.« Er schien jedes Wort auf die Waagschale zu legen. »Eines müssen Sie wissen: So wie Sie bis jetzt waren, werden Sie nicht mehr sein.«

Blitzschnell kam mir der Einfall, daß hier die Zentrale einer hervorragend organisierten Gang sei – oder vielleicht eine politische Gruppe von Faschisten oder etwas von der Art?

Aber wozu diese Bücher?

»Oder Sie werden hier gar nicht herauskommen, oder …«, er hielt inne. Sie betrachteten mich gelassen, aber ich spürte trotzdem eine gewisse Spannung.

»Oder?« fragte ich und wandte mich an den, der mir schon einmal eine Zigarette angesteckt hatte.

»Entschuldigung, darf ich Sie bitten? Wie Sie sehen, kann ich mich meiner Hände nicht bedienen und würde gerne rauchen.«

Er steckte mir langsam (alles machten sie langsam, es war lächerlich, aber zugleich schrecklich – als spielten sie eine Rolle auf der Bühne) eine Zigarette in den Mund und gab mir Feuer. Die anderen warfen einander Blicke zu – zum zweiten Mal.

»Oder Sie werden zu uns gehören …«, schloß der Mann mit dem Lorgnon. »Und es scheint mir, daß das der Fall sein wird.«

»Der Anschein kann trügen«, erwiderte ich und bemühte mich ebenfalls, langsam zu sprechen, nicht so sehr, um mich ihnen anzupassen, sondern eher, um den Cognacnebel zu beherrschen, der nach dem langen Hungern meine Sinne verwirrte.

»Darf ich wissen, worum es geht?«

Der Mann mit dem blassen breiten Gesicht, der bis jetzt geschwiegen hatte, hob den Kopf.

»Das können Sie natürlich nicht wissen«, sagte er in irgendwie entschuldigendem Tonfall. Und lauter: »Ihnen ist es doch nicht ganz egal. Unsere Devise ist einfach: gehorchen und schweigen.«

Ich muß zugeben, daß mich dieses Gespräch in einen sonderbaren Zustand versetzte. Als ich von dieser seltsamen Gesellschaft zum Verschwinden, gleichsam zum Tod verurteilt worden war, war mir bewußt geworden, daß meine Situation hoffnungslos war, doch die neue Wendung erweckte neue Kräfte in mir. Ein Mensch in auswegloser Lage wird apathisch, abgestumpft. Ein Hoffnungsstrahl aber genügt, und die Kräfte vervielfachen sich, alle Sinne werden bis zum Äußersten geschärft, und man wird zu einem einzigen gespannten Muskel, um das Leben mit den gewaltigsten Anstrengungen zu meistern. Das war auch bei mir der Fall. Während ich mit gedämpfter Stimme sprach, musterte ich gleichzeitig mit blinzelnden Augen die Umgebung und schätzte die einzelnen Entfernungen ab. Flucht? Warum nicht? Ja, das war der letzte Ausweg. Ich konnte nach einem massiven Aschenbecher greifen und ihn dem Anführer an den Kopf werfen, aber das wäre eine Dummheit. Weitaus besser wäre es, ihn gegen die große elektrische Lampe zu schleudern, die den Saal erhellte. Es ging lediglich darum, ob in der runden matten Kugel eine oder mehr Birnen glühten? Davon konnte alles abhängen. Gut, aber die Tür? Diese sonderbare Tür, die sich von selbst öffnete und schloß. Ich stand mit dem Rücken zu ihr und wußte nicht, ob sie eine Klinke hatte.

»Sie dürfen keine Fragen stellen ...«, sagte langsam und mit Nachdruck der Mann mit dem bleichen, schweißüberströmten Gesicht und drückte die Zigarette in dem silbernen, ziselierten Aschenbecher aus. Er fegte ein unsichtbares Staubkörnchen von der Manschette und heftete plötzlich seinen kühlen blauen Blick auf mich.

»Erlauben Sie ...«, ich lächelte und zuckte leicht mit den Achseln; dabei sah ich verstohlen zur Tür. Sie hatte eine gewöhnliche Klinke. Ich hatte das Gefühl, daß ich doch ...

Ein Mann, der unserem Gespräch gar nicht zugehört zu haben schien, sagte auf einmal einige Worte in einer mir unverständlichen Sprache. Es waren Rachenlaute. Mein Gesprächspartner beugte sich über die Tischplatte und sagte schnell und leise:

»Sind Sie einverstanden?«

»Womit?«

Ich wollte um jeden Preis Zeit gewinnen.

»Sie haben die Wahl, entweder unserer ...«, hier zögerte er. (Es mangelt ihnen wohl an Praxis, dachte ich. Das ist keine Gang. Dort haben sie andere Manieren.) »... Organisation beizutreten oder unschädlich gemacht zu werden.«

»Das heißt, auf Bodentemperatur abgekühlt, wie?«

»Nein«, sagte er ruhig. »Wir werden Sie nicht töten. Wir führen lediglich eine kleine Operation durch, nach der Sie den Rest Ihres Lebens ein Idiot sein werden.«

»Ja … Und was soll ich in der ›Organisation‹ tun?«

»Nichts, was Ihre Möglichkeiten übersteigen würde.«

»Geht es um etwas Gesetzwidriges?«

»Welches Gesetz meinen Sie?«

Ich war verblüfft. »Nun ja … unser amerikanisches Gesetz.«

»Zweifellos … manchmal«, antwortete er. Wie auf Befehl lächelten jetzt alle. Gasmasken, hätte man meinen können, die sich für einen Augenblick belebten. Ich machte eine langsame Fußbewegung, um durch die Drehung den Aschenbecher in mein Blickfeld zu bekommen. Schaffte ich es, ihn mit gefesselten Händen gegen die Lampe zu schleudern? Ich war kein schlechter Sportler. Im selben Augenblick beugte sich der Mann mit dem Lorgnon bis zu einem auf dem Tisch stehenden Oleander in einem schönen Jaspistopf hin und sagte einige Worte, die ich nicht verstehen konnte. Die Tür öffnete sich, und der Fahrer mit seinem Helfer erschien.

»Abführen – in den Operationssaal«, sagte der Anführer. »Und die Handschellen abnehmen.«

Der Fahrer trat zu mir her – der Schlüssel knirschte im Schloß. Im nächsten Augenblick versetzte ich ihm mit dem stählernen Armband der linken, noch gefesselten Hand einen Schlag an die Schläfe und gab ihm gleichzeitig einen Fußtritt in den Hintern. Er fiel um, ohne einen Laut von sich zu geben. Aber noch während sein großer Körper in meine Richtung fiel, faßte ich ihn am Kragen seiner Lederjacke und schleuderte ihn mit aller Kraft zwischen die Männer, die vom Tisch aufsprangen. Der riesige Körper stieß den Tisch um, einige Sessel kippten – ich wartete nicht ab, was weiter geschehen würde, sondern stürzte zur Tür. Sonderbarerweise schoß niemand. Der Helfer des Fahrers stand mit leicht gespreizten Beinen ruhig in der Tür, als wollte er plötzlich einen lange nicht gesehenen Bekannten begrüßen.

Ich schlug ihm mit der linken Faust an das Kinn, das heißt, ich zielte auf diese Stelle, doch er parierte meinen Schlag mit der Handkante, so daß ich einen scharfen Schmerz in der Hand verspürte, die unwillkürlich herunterfiel. Der Mann konnte Jiu Jitsu – das war fatal.

In diesem Chaos, als ich hinter meinem Rücken Schritte vernahm, die sich mir näherten, blitzte in mir die Erinnerung an den stämmigen kleinen Itchi-Hasam auf, der in Kyoto japanischen Kampfsport unterrichtete. In der letzten Lektion hatte er mich zwei Griffe gelehrt, die den Europäern unbekannt sind und die zum Tode führen. Es sind Schläge mit beiden Händen, von unten, die scherenartig die Kehle zertrümmern. Der, den ich mit der ganzen Kraft der Verzweiflung ausführte, gelang nur zum Teil. In dem Augenblick, als ich seinen gespannten Körper spürte, ergriffen mich starke Arme von hinten. Ich warf mich zu Boden, doch der Kampf dauerte nicht lange. Aus der Masse der bebenden Hände und Füße erhob ich mich, an den Kleidern festgehalten, und wurde sonderbarerweise zu Tisch gebeten.

Einer der nach Atem Ringenden schob mir einen Sessel zu, und als ich verdutzt und zittrig hineinfiel, schob mir der zweite eine lange Zigarette in den Mund, der dritte gab mir

Feuer; und sie ließen sich alle bei mir nieder, wie zu einem geselligen Gespräch nach einer kurzen Pause.

Der Fahrer machte sich schnell davon, zusammen mit dem Helfer, der röchelte, Blut spuckte und sich die verletzte Kehle hielt.

Nach einer Minute des Schweigens sagte der Anführer: »Sie haben die Prüfung bestanden … Sie gehören bereits zu uns.«

»All das war natürlich eine Komödie«, fügte er hinzu, als er meinen staunenden Blick bemerkte. »Wir haben Ihnen eine Chance gegeben, und Sie haben sie wahrgenommen.«

»Eine originelle Art und Weise …«, sagte ich und massierte mir den Oberarm. »Darf ich wissen, welche Scherze die Herren noch in petto haben? Mir als erfahrenem amerikanischem Reporter ist so etwas noch nie zugestoßen.«

»Das glaube ich Ihnen gern«, sagte der Mann mit dem bleichen Gesicht. »Erlauben Sie, daß ich Sie mit den Anwesenden bekannt mache: es sind Doktor Thomas Kennedy« – er wies auf den Mann mit dem Lorgnon – »hier Mr. Gedevani, Ingenieur Fink, und ich heiße Frazer.« Die Herren verbeugten sich und reichten mir die Hand. Ich wußte nicht, ob ich mich ärgern oder ob ich lachen sollte.

»Und ich heiße …«

»Das wissen wir, das wissen wir ganz genau, Mr. McMoor – Sie stammen aus Schottland, nicht wahr?«

»Meine Herren, bitte, genug der Scherze!«

»Wir verstehen Sie völlig«, sagte Frazer. »Nun, in kurzen Worten: So wie wir hier sitzen, sind wir eine Organisation, die eigentlich keine rein wissenschaftlichen oder wirtschaftlichen oder gar« – er lächelte – »räuberischen Zwecke verfolgt. Glauben Sie nicht, daß wir Faschisten sind«, fügte er noch schnell hinzu, denn er erkannte, daß mein Gesicht länger wurde. »Wir sind auch kein Klub gelangweilter Millionäre.«

»Und wenn Sie eine ganze Stunde so fortfahren«, sagte ich bissig. »Ihr seid auch keine Gesellschaft für den Schutz entgangener Schnitzel oder ein Klub zur Versorgung der eigenen Tasche ...«

»Es ist eine Sache, die schwer zu verstehen und noch schwieriger zu glauben ist«, sagte ein Mann in schwarzem Anzug mit schmalem Gesicht, das ein gepflegter silbriger Schnurrbart zierte. Der Präsident des Vereins hatte ihn Ingenieur Fink genannt. »Allem Anschein nach werden Sie sich für die Sache nicht nur näher interessieren, sondern ihr auch all das opfern, was wir geopfert haben.«

»Und das heißt?«

»Das heißt alles«, sagte er und stand auf. Die anderen hatten sich ebenfalls erhoben, und Frazer wandte sich an mich:

»Wollen Sie mir folgen? Ich muß Ihnen die Sache genau erklären.«

Ich verbeugte mich und folgte ihm über den schalldämpfenden dicken Teppich.

Wir kamen zur Tür, die sich von selbst öffnete, als wir zwei Schritte von ihr entfernt waren. Ich bemerkte, daß wir allein waren – die anderen Verschwörer (wie ich sie in Gedanken nannte) waren in der Bibliothek zurückgeblieben. Der Korridor führte zu mir unbekannten Treppen, die in einem Betonblock eingebaut waren: ohne Fensteröffnungen, schwer, massiv. An den Wänden glühten überall die matten quadratischen

Lampen. Der Korridor im zweiten Stock glich ganz dem unteren – mein Führer ging mit mir zu der Tür, die auf der Plattform zu sehen war, öffnete sie und trat als erster ein.

Es war ein kleiner Raum, vollgestopft mit physikalischen Instrumenten und Büchern. An den Wänden hingen Landkarten – wie es mir schien, zeigten sie eine Wüstengegend –, und auf dem Fußboden standen verschiedene Globusse. Das Mobiliar bestand aus einem riesigen amerikanischen Schreibtisch, einigen Fauteuils und Tischen mit komplizierten Apparaten mit unzähligen Kathodenröhren.

Das fiel mir als erstes ins Auge, als ich mich, dazu aufgefordert, setzte und zu meinem Gastgeber hinüberschaute. Er war sonderbar konzentriert und ernst. »Mr. McMoor, ich bitte Sie sehr, verstehen Sie mich richtig, und wenn möglich, schenken Sie allem, was ich Ihnen zu sagen habe, Glauben. Ich werde später versuchen, Ihre Zweifel mit Hilfe anschaulicher Mittel zu zerstreuen.« Er machte eine ausladende Geste und fragte, während er eine Zeitung vom Tisch aufnahm: »Erinnern Sie sich, welches Phänomen sich vor drei Monaten am Himmel unserer Hemisphäre gezeigt hat?«

Ich zerbrach mir den Kopf. »Es kommt mir vor, als sei ein großer Komet erschienen oder auch ein Meteor – ich kann mich nicht recht entsinnen«, sagte ich. »Wir waren damals mit der Kapitulation Deutschlands beschäftigt – Astronomie samt Meteorologie waren Nebensache.«

»Genauso war es.« Mein Gesprächspartner schien hoch zufrieden. »Sie müssen wissen, daß ich Physiker von Beruf bin. Sogar Astrophysiker«, fügte er nachdenklich hinzu. »Der von Ihnen erwähnte Meteorit fiel an der Grenze von Nord-

und Süddakota und löste Waldbrände aus. Auf einer Fläche von dreitausend Hektar wurde der Wald zerstört. Da ich in der Gegend war, machte ich mich auf, um mit den Kollegen vom Mount Wilson Observatorium die Absturzstelle des Meteors zu suchen. Es war eine zerklüftete Schlucht – dieser Himmelskörper schien sich den Gesetzen der Himmelsmechanik wenig zu fügen: er berührte die Erdkruste unter einem sehr kleinen Winkel, fast horizontal. Beinahe zwei Kilometer raste er über den Wald und riß eine Furche auf, die zwölf Meter tief war, er setzte Bäume in Brand und warf sie mit einer gewaltigen Druckwelle um, bis er sich in einen Hügel eingrub, dessen Gipfel bis zu einer Tiefe von mehreren Dutzend Metern abgetragen wurde. Die Hitze des immer wieder aufflammenden Waldes erschwerte den Zugang zu der Stelle, wo sich der rätselhafte Meteorit befand. Das Sonderbare daran war, daß wir in der Nähe keine Splitter von Meteoreisen fanden, überhaupt nichts, was uns über die Struktur dieses Gebildes hätte Aufschluß geben können. Mit Hilfe der herbeigeschafften Maschinen und Arbeiter gelang es mir, diesen Körper nach künstlicher Abkühlung auszugraben – von den verschiedenen Schwierigkeiten, die damit zusammenhingen, berichte ich Ihnen ein anderes Mal. Dieser Bolide ist zur Zeit hier, Sie können ihn am Tag sehen, sogar morgen. Er ist eigentlich kein Bolide ...«, er zögerte.

»Ist es vielleicht ein Raketengeschoß aus Europa?« fragte ich. »Die Deutschen versuchten, sie abzuschießen, doch soviel ich weiß, nur auf die britischen Inseln.«

»Ja, es ist ein Raketengeschoß«, sagte Frazer. »Sie sind sehr scharfsinnig. Aber es stammt nicht aus Europa.«

»Japan?«

»Weder noch ...«, und er wies auf die großen Weltkarten, die an der Wand hingen. Ich betrachtete sie sehr genau. Große sonderbare gelbe Flächen, gewundene, dunkle, gleichsam mit Wald bedeckte Massive, weiße Schneekappen auf den Polen – ich erkannte plötzlich ein winziges, engmaschiges Kanalnetz.

»Mars!« schrie ich fast.

»Ja, es ist ein Geschoß vom Mars«, sagte Frazer langsam und legte einen Gegenstand vor mich hin, den er behutsam aus einer Schublade geholt hatte.

»Und das ist die erste Nachricht von einem anderen Planeten ...«

Auf der roten Schreibtischplatte lag eine blauglänzende Walze aus einer metallischen Substanz. Ich griff mit der Hand danach – sie blieb hängen.

»Ist das Blei?« fragte ich.

Mr. Frazer lächelte. »Nein, kein Blei ... es ist ein auf der Erde sehr seltenes Metall: Palladium.«

Ich drehte den Verschluß langsam auf – sein Gewinde glänzte matt ... Ich sah ins Innere: Es handelte sich um eine hohle Walze, die mit Pulver gefüllt war.

»Und was ist das?«

Frazer schüttete das Pulver auf ein Blatt weißes Papier, dann legte er das Papier auf eine weiße Platte, die an zwei Stativen befestigt war, und legte die Metallwalze darunter. Er bewegte sie einmal in die eine, dann in die andere Richtung. Ich glaube, ich schrie auf.

Auf dem Papier fügten sich die Pulverpartikel, wie Splitter, zu einer Zeichnung zusammen: zu einem Dreieck mit seitlich angefügten Quadraten. Der pythagoreische Lehrsatz. Darunter befanden sich drei kleine Markierungen, die Noten glichen. Frazer schüttete das Pulver sorgfältig in die Walze und legte sie in die Schublade. Dann sah er mich an, um zu prüfen, welchen Eindruck diese seltsame Vorführung auf mich gemacht hatte.

»McMoor, dieses Geschoß brachte nicht nur Nachrichten von einem anderen Planeten ... sondern auch lebende Eindrücke.«

»Menschen vom Mars?«

»Wenn das die Menschen ... im Geschoß befand sich ein ungemein komplizierter Mechanismus ... Wie soll ich es Ihnen erklären? Mir fehlen die Worte. So etwas wie ein mechanischer Roboter ... Sie werden ihn sehen ... wir glaubten, die Rakete sei von einem Roboterpiloten gelenkt worden. Aber nein: Es zeigte sich, daß sich an einer gewissen Stelle im Zentrum etwas befindet – nicht zu glauben – kommen Sie, das müssen Sie sehen. Ich selbst beginne, an die eigene nervöse Verwirrung zu glauben, wenn ich das nur einen Tag lang nicht sehe ...«

Wir gingen auf den Korridor hinaus. In meinem Kopf ging alles durcheinander, ich achtete nicht mehr auf die Umgebung, ich bemerkte nur, daß wir in den Aufzug stiegen, dessen Schacht in der Mitte des von den Treppen umgebenen Blocks gähnte. Die Fahrt war kurz. Unten war der gleiche Korridor – lang, nur dunkler, denn jede zweite Wandlampe brannte nicht.

Die Riegel knarrten, mächtige Türen, angeordnet in Form

einer eisernen Schleuse, schoben sich langsam auseinander –
ich trat hindurch. Ich verspürte einen schweren, unangeneh-
men Geruch. Ich hörte das schwache rhythmische Dröhnen
einer Pumpe, verbunden mit dem Schmatzen des Öls in den
Ventilen. Das Licht strahlte: Es war der Raum mit den stählernen Türen und einer tiefen Decke. In der Mitte waren
zwei mächtige Holzstützen zu sehen und dazwischen, aufge-
bockt, lag eine formlose Maschine, schwarzglänzend und
blauschimmernd. Sie sah aus wie ein Zuckerhut, der Metall-
spiralen zu Boden sinken ließ. Auf dem Boden glitzerten Nägel und Kiefernadeln. An verschiedenen Stellen waren helle-
re Streifen zu erkennen, die aussahen, als bestünden sie aus
einer gläsernen Masse. Die Spitze des Kegels wies etwas Ähnliches wie eine Metallkappe oder eine große Schraube auf.

»Das ist der Mensch vom Mars«, sagte Frazer sehr leise.
»Sehen Sie!« Er kam und drehte die Kappe langsam einmal
in die eine, dann in die andere Richtung. »Hier ist der Behälter. Rühren Sie bloß nichts an«, fügte er erschreckt hinzu, als
ich mich zu tief vorbeugte. Ich sah eine Birne, nicht größer
als eine große Orange, die eine Vielzahl von Drähten auf-
wies, sie gingen von einem Pol aus.

»Oh, hier ist das Fensterchen …«

Tatsächlich, diese Stahl- oder Palladiumbirne hatte auf
dem abgewandten Ende ein Fenster, das mit einer durchsichtigen Masse gefüllt war. Ich sah hinein. Dort war ein sehr
schwaches, langsames, aber rhythmisches Blubbern zu sehen.
In den Augenblicken des Zusammenballens sah es so aus,
als bestünden die leuchtenden Streifen aus Gelatine oder
Gallerte. In den Augenblicken des Dunklerwerdens waren

einzelne, blaß leuchtende Punkte zu sehen, bis sie im nächsten Stadium in einem Blitz verschmolzen.

»Was ist das?« Unwillkürlich flüsterte ich.

»Er ist, so scheint mir, noch nicht zu Bewußtsein gekommen, oder vielleicht hat er bei der Landung etwas abbekommen«, sagte Frazer und setzte die Kappe auf. Er führte mich schnell auf den Korridor hinaus, drehte die Kurbel, die die dicke Stahlplatte der Tür versperrte, schaute sich erleichtert um – wo war der beherrschte Mann aus dem oberen Saal geblieben? – und sagte:

»Das, was Sie sahen, ist gerade das einzige Lebende ... in ihm.«

»In wem?«

»Nun ja, in diesem Gast vom Mars ... das ist eine Art Plasma – wir wissen noch nicht so richtig, was ...«

Er beschleunigte den Schritt. Ich musterte ihn von der Seite, bis er den Kopf hob.

»Ich weiß, was Sie denken, aber wenn Sie gesehen hätten, was er tun ... ja, so wie ich es gesehen habe – ich weiß nicht, ob Sie diesen Raum noch einmal freiwillig betreten würden.«

Mit diesen Worten zwängte er sich in den Aufzug.

Der Aufzug summte leise und stieg mühelos nach oben. In meinem Kopf rauschte es, ich spürte einen leichten Schwindel und griff nach der Türklinke. Plötzlich blieben wir stehen. Frazer blickte mich eine Weile forschend an, als wolle er den Eindruck prüfen, den diese ungewöhnliche Demonstration auf mich gemacht hatte ... Dann öffnete er die Tür und ging als erster hinaus.

Wir waren wieder im ersten Stockwerk. Da wir in die der Bibliothek entgegengesetzten Richtung gingen, kamen wir zum Knick des Korridors. Dort endete die Mauer. Auf der rechten Seite sah ich die hohen, in die Betonrillen eingegossenen Glasplatten, die einen Teil des Raumes abtrennten, er sah aus wie ein astronomisches Observatorium. Frazer zog mich weiter zu einigen kleinen weißen Türen und klopfte.

Von innen rief eine leise, heisere Stimme: »Herein!« Wir betraten einen winzigen Raum, der mit Papieren vollgestopft war, und auf dem großen Tisch, auf den Fensterbänken, Stühlen und Schränken lagen Photos und Skizzen, so daß es mir vorkam, als reichte der Platz nur für den Zwerg, der zu unserer Begrüßung den Kopf vom Tisch hob. Es war ein interessanter Typ – ein alter Mann mit rosigem Gesicht, das mit graumelierten Stoppeln bedeckt war – man könnte sagen, ein Kinderbonbon. Auf diesem Gesicht, das immer wieder seinen Ausdruck wechselte, glänzte eine mächtige, goldgefaßte Brille, hinter der sich dunkle, durchdringende, gar nicht lustige Augen verbargen, sie standen zu seinem jovialen Aussehen im Gegensatz.

»Herr Professor, das ist der junge Mann, der gegen seinen Willen zu uns gekommen ist.«

»Haha, Sie sind es, Sie sind in unsere Falle geraten, wie?« begann der Alte und schob die Brille auf die Stirn. »Ich glaube, Sie werden noch Karriere machen.« Kritisch musterte er meine Kleidung, die, von den Spuren der kürzlichen Schlacht in der Bibliothek abgesehen, deutliche Abnutzungserscheinungen zeigte. »Bei uns werden Sie nicht verkommen. Ja, es ist eine wichtige Sache – setzen Sie sich bitte.«

Wir setzten uns. Auf Stühle, die mit Zeichnungen, Stößen beschriebener Bögen und Tafeln bedeckt waren.

»Also, es ist so ... Mr. Frazer hat Ihnen bereits unseren hehe, hehe, unseren Gast gezeigt?«

Ich nickte.

»Man sollte es nicht glauben, was? Aha, ich weiß, ja ... Was ich sagen wollte, also Sie wundern sich, was das für ein Mysterium ist und was es mit diesen Mauern und Schlössern im Gang auf sich hat.« Er lachte, hob die Brille auf, die heruntergefallen war, und sagte in einem ganz anderen Tonfall, gleichmäßig und ruhig, wobei er die Wörter mit erhobenem Zeigefinger betonte:

»Es ist so: Dieser Gast vom Mars ... kann der Menschheit sehr viel Nutzen bringen ... aber noch mehr Unglück. Es sind also einige Leute zusammengekommen und haben die nötigen Mittel für diesen Zweck aufgebracht: das Wesen des Ankömmlings kennenzulernen ... eines Boten von einem anderen Planeten, sich mit ihm zu verständigen, herauszubringen, ob und wieviel er von uns weiß, welche technische oder geistige Überlegenheit er besitzt – um dies für das Wohl der Allgemeinheit herauszufinden oder um ihn gegebenenfalls zu vernichten.« Die letzten Worte sagte er, ohne den Ton zu heben, völlig ruhig, und gerade das verstärkte den Eindruck.

»Wir müssen uns selbstverständlich vor Neugierde schützen – in erster Linie vor der der Presse – unserer grandiosen Presse«, fügte er hinzu und zwinkerte spitzbübisch, wieder das joviale Onkelchen. »Haben Sie mich richtig verstanden?«

»Ich habe verstanden. Ich möchte jetzt fragen, ob und zu welchem Zweck ich Ihnen, meine Herren, behilflich sein kann. Ich besitze keine speziellen Fertigkeiten. Ich könnte mein Ehrenwort geben und abhauen. Ich gebe zu, diese Sache ist ungemein faszinierend und die Möglichkeit ihrer Beschreibung, wenn die Wahrung des Geheimnisses nicht mehr notwendig ist, würde mich unendlich reizen, aber ich glaube nicht, daß ich nur deshalb bei Ihnen bleiben muß, weil mich ein Zufall hierher verschlagen hat und ich sozusagen als Fremdkörper hier bleiben und das Schicksal des Fremden teilen muß: entweder hinausgeschleudert oder absorbiert zu werden.«

»Haben Sie Medizin studiert?« fragte der Professor und betrachtete mich aufmerksam.

Winzige Lichtpünktchen tanzten auf seiner Brille.

»Habe ich … ein paar Jahre lang.«

»Das sieht man gleich«, bemerkte er. »Was Ihr Weggehen von hier angeht: Ich weiß nicht, ob sich da etwas machen ließe. Bedenken Sie, daß eine solche Sensation in der Presse … so etwas Ungeheures …«

Ich richtete mich unwillkürlich auf, denn er winkte einige Male mit der Hand, als würde er etwas streicheln, und sagte: »Bitte seien Sie nicht beleidigt … ich stelle Ihr Wort nicht in Frage – das Wort eines Schotten«, er lächelte. »Aber wissen Sie, da ist der Spürsinn eines Reporters. Ich glaube übrigens, Sie werden uns nützlich sein und wir Ihnen um so mehr. Wir erwarten zur Zeit einen einzigen« – er zögerte –, »einen Ingenieur aus Oregon, der uns bestimmte Konstruktionsteile von unseren Freunden bringen soll. Wir haben zwar ein Team von hervorragenden Fachleuten, aber es mangelt uns an jemandem mit gesundem Menschenverstand« – wieder zwinkerte er mir zu –, »und ein solcher Verstand ist eine sehr feine Sache. Wir können ihn auch sehr gut brauchen ... Haben Sie von der Konstruktion des AREANTHROPOS gehört?«

»Allerdings – nur hatte ich bislang noch nicht einmal Zeit, sie zu verdauen ... auch habe ich den Areanthropos nur kurz gesehen.«

»Ich weiß, ich weiß ... dort sitzen ist sowieso ungesund«, bemerkte der Professor leise, ohne mich anzusehen. »Wir wissen noch nicht, wie das wirkt. Es kommt mir vor, als sei es eine Art Strahlung – manche Körper glänzen in der Nähe des Apparates – und auch, während er aus dem Geschoß hervorgeholt wird.«

Ich sah ihn aufmerksam an. Der Professor schrumpfte irgendwie zusammen und zitterte.

»Aber lassen wir das ... Sie werden schon noch Näheres hören.« Er hob plötzlich den Kopf.

»Sie müssen wissen, daß unser Spiel sehr gefährlich ist – dieser Apparat oder das Wesen oder das im Apparat eingesperrte Wesen – wir finden uns noch nicht zurecht – besitzt verschiedene sonderbare Eigenschaften und kann uns eine hübsche Überraschung bereiten.«

»Warum wollen Sie ihn nicht in Teile zerlegen?« raffte ich mich auf. Beide Männer verzogen das Gesicht.

»Leider, solche Versuche gab es ...«, und, ohne mich anzusehen, »Sie müssen wissen, daß wir zu sechst waren ... und jetzt sind wir nur noch fünf. Es ist nicht so einfach.«

»Jetzt wissen Sie fast genausoviel wie wir«, sagte Frazer leise. »Sind Sie mit den Bedingungen einverstanden, die wir stellen, das heißt, totale Freiheit, Gleichbehandlung eines jeden als Arbeitsgenossen und Ihr Wort, keinen Fluchtversuch zu unternehmen?«

»Wie denn das, Flucht, meine Herren?« sagte ich, »darf ich diesen Ort verlassen?«

Beide Männer lächelten. »Selbstverständlich nicht«, sagte Frazer. »Sie haben das doch nicht etwa geglaubt?«

»Also, ich bin einverstanden ... aber ich gebe nicht mein Ehrenwort«, sagte ich. »Ein Wort, meine Herren, aber das werden Sie wohl nicht verstehen, wäre ein nicht zu überwindendes Hindernis. Ihre Mauern sind es nicht. Ich kann hier nach den Gesetzen leben, die Sie für sich gelten lassen.«

Und ich erhob mich.

Der Professor lächelte. Er holte eine bauchige goldene Uhr aus der Tasche und warf einen Blick darauf.

»Drei vor zwei ... Ich meine, Sie haben für heute schon genug erlebt. Ich wünsche eine gute Nacht.«

Der Kopf sank ihm auf die Brust. Er sah und beachtete uns nicht mehr und schrieb lange Ziffernkolonnen nieder.

Frazer nahm mich an der Hand, wir traten in den Korridor hinaus. Das Lampenlicht war ein wenig blasser geworden. Ich verspürte eine Kälte im Inneren und eine große Niedergeschlagenheit. [...]

DAS HOSPITAL DER VERKLÄRUNG

[...] In dieser Nacht kam niemand zum Schlafen. Die Selektion erbrachte ein recht zweifelhaftes Ergebnis: etwa zwanzig Kranke; und auch da konnte sich keiner verbürgen, daß ihre Nerven standhalten würden. Die inoffizielle Nachricht verbreitete sich wie ein Lauffeuer über den gesamten Komplex. Józef der Jüngere lief mit wehenden Kittelschößen umher, bemüht, dem Adjunkten keinen Schritt von der Seite zu weichen, und stammelte unausgesetzt etwas von Frau und Kindern.

Auf der Frauenstation tanzte eine halbnackte Menge mit dünnem, verzweifeltem Winseln in einer trüben Wolke von Staub und Bettfedern. Stefan und Staszek hatten die mageren Vorräte der kleinen Apotheke innerhalb von zwei Stunden fast völlig aufgebraucht, indem sie das bisher sorgsamst gehütete Luminal und Skopolamin mit vollen Händen verteilten, übrigens mit sehr mäßigem Erfolg. Stefan nahm selbst zwei Schluck aus der großen Bromflasche. Das forderte Rygiers Spott heraus, denn er zog den Spiritus allen Medikamenten vor. Etwas später beobachtete Stefan, wie sich Marglewski zum Tor hinausschlich, beladen mit zwei schweren Koffern und einem Rucksack, der vollgestopft war mit den Karteikarten zu seiner Arbeit über die Genies. Kauters verschwand noch vor Mitternacht in seiner Wohnung. Das Chaos wuchs von Minute zu Minute. Jeder Pavillon brüllte in einer anderen Stimmlage – Resultate aus dem Schrei vieler Kehlen. Stefan rannte ganz unsinnig mehrere Male auf sein Zimmer, wobei er an der Tür des Professors vorüberkam.

Ein schmaler Lichtstreifen schimmerte durch die Ritze. Aber kein Laut drang heraus.

Anfangs schien es undurchführbar, die Kranken auf dem Anwesen zu verstecken. Pajączkowski indes stellte die Ärzte vor vollendete Tatsachen, indem er kurzerhand elf Schizophrene im Gerätehaus und drei in seiner Wohnung unterbrachte. Die Tür verrammelte er mit einem Schrank, der dann wieder abgerückt werden mußte, weil der angeblich gesündeste Schizophrene einen Anfall bekam. In der Eile bröckelte beim Wegschieben des Schrankes ein beträchtliches Stück Putz ab, und Pajączkowski bemühte sich eigenhändig, die Stelle mit einem kleinen Vorhang zu verdecken. Stefan stürzte einige Male die Treppe hinauf in seine Behausung; wäre nicht die allgemeine Aufregung gewesen, dann hätte ihn der Anblick des Greises vielleicht freuen können, der da, ein Dutzend Nägel im Mund, auf einem von Józef krampfhaft festgehaltenen Stuhl balancierte und die Portiere festmachte. Es wurde verfügt, daß die Kranken nur bei den Ärzten versteckt werden sollten, die wenigstens zwei Zimmer besaßen. Also kamen lediglich Kauters und Rygier in Frage. Der letzte, der schon tüchtig angetrunken war, erklärte sich bereit, einige Leute aufzunehmen. Mittlerweile war Stefan in den Saal gegangen, um seinen jungen Bildhauer herauszuholen. Als er die Tür öffnete, geriet er in einen Haufen brüllender Menschen.

Lange Lakenfetzen wirbelten um die wenigen Lampen,

die noch heil waren. Gellende Pfiffe und ein vielstimmiges Hähnekrähen übertönten das allgemeine Tosen. Und etwa alle zehn Sekunden der schrille Schrei, von einer schier berstenden Kehle ausgestoßen: »Der Punische Krieg findet im Schrank statt!« Durch Wolken übelriechender Federn watend, versuchte Stefan, sich an den Wänden entlang durchzuschlagen. Zweimal wurde er umgestoßen und stolperte Paścikowiak vor die Füße, der in unvorstellbar großen Sätzen über die Diele fegte, als wollte er die Schwerkraft überwinden.

Blind in ihrer Wut, vollführten die Wahnsinnigen diabolische Verrenkungen, prallten mit knirschenden Knochen gegen die Wände, krochen unter die Betten, unter denen dann ihre zappelnden Beine hervorragten. Nur weil Stefan ab und zu in der Ecke oder vor der Tür verharrte, gelang es ihm, den Saal zu erreichen, in dem der Junge schlief. Als er ihn gefunden hatte, mußte er von seinen Fäusten Gebrauch machen, um sich Ausgang zu verschaffen. Doch plötzlich sperrte sich der Junge weiterzugehen und zerrte Stefan zurück in die Ecke. Hier holte er unter dem Strohsack ein Paket hervor, das in ein grobes Tuch gehüllt war. Dann aber ließ er sich widerspruchslos zur Tür führen.

Stefan atmete auf, als er sich mit abgerissenen Knöpfen und mit Nasenbluten im Flur wiederfand. Das Gebrüll hinter der Tür wurde immer lauter. Er übergab den Jungen Józef, der in Marglewskis Wohnung ein Versteck einrichten half, und ging von neuem nach unten. Auf dem Treppenabsatz merkte er, daß er etwas in der Hand hielt: das Paket, das der Junge ihm anvertraut hatte. Stefan steckte es unter den

Arm, nahm eine Zigarette und sah mit Schrecken, wie ihm beim Anzünden die Hände zitterten.

Als die versteckten Patienten schließlich vom dritten Anfall heimgesucht wurden, verabreichte Pajączkowski, der allgegenwärtig schien, jedem eine Dosis Luminal. Es graute schon, da konnten mehr als dreißig Kranke, in einen narkotischen Schlaf versenkt, endlich in den drei Wohnungen eingeschlossen werden.

Pajączkowski selbst vernichtete ihre Karteikarten, ohne Stefans ängstliches Händeringen zu beachten. Er stand vom Boden auf und schloß den Ofen, in dem er die Papiere verbrannt hatte. Während er sich die rußigen Hände abwischte, sagte er: »Das nehme ich alles auf meine Kappe.«

Dr. Nosilewska folgte dem Adjunkten auf Schritt und Tritt, blaß, aber beherrscht. Für Pfarrer Niezgłoba wurde in aller Eile die Stelle eines »Anstaltsgeistlichen« eingerichtet. Sein durchdringendes Flüstern war aus der dunkelsten Ecke der Apotheke zu hören. Er betete.

Stefan, der ziel- und planlos durch die Korridore raste, lief Sekulowski beinahe in die Arme.

»Hören Sie, Doktor«, rief der und hielt ihn am Mantel fest, »wäre es nicht möglich, daß man mir einen Arztkittel gibt? Sie wissen doch, ich bin in der Psychiatrie bewandert …«

Er lief hinter Stefan her, als wollte er mit ihm Fangen spielen. Stefan blieb schnaufend stehen und überlegte. Schließlich sagte er: »Warum nicht? Es ist sowieso alles einerlei. Wenn man's für den Pfarrer machen konnte, wird es auch für Sie gehen … Aber andererseits ….«

Sekulowski ließ ihn nicht ausreden. Jeder versuchte den anderen zu überschreien. So gelangten sie an die Treppe. Pajączkowski stand im Zwischenstock und erteilte den Pflegern die letzten Anweisungen.

»Und ich sage, man muß sie alle vergiften!« schrie Krzeczotek mit feuerrotem Kopf.

»Das wäre nicht nur Unsinn, sondern ein Verbrechen«, erwiderte Pajączkowski. Große Schweißperlen rannen ihm von der Stirn und glitzerten in den weißgefiederten Brauen. »Vielleicht wird Gott noch alles zum Guten wenden … was dann? So aber … setzen wir die dreißig unnötig der Gefahr aus, und uns mit!«

»Nehmen Sie doch diesen Rotzjungen nicht ernst«, warf Rygier verächtlich ein, der im Hintergrund stand. Aus seiner Kitteltasche lugte eine Flasche Spiritus.

»Sie sind ja betrunken!«

»Herr Adjunkt«, mischte sich Stefan ein, den Sekulowski in Pajączkowskis Nähe gedrängt hatte. »Die Sache ist die …«

»Nun, ich weiß nicht, ob das ratsam wäre«, meinte Pajączkowski, als er sich Sekulowskis Vorschlag angehört hatte. »Sie hätten sich doch lieber in meiner Wohnung verbergen sollen.«

Er wischte sich die Stirn mit einem weißen Tuch.

»Nun gut, von mir aus. Einen Augenblick, Frau Doktor … Liebe Kollegin, Sie haben ja schon Übung in solchen … Eintragungen …«

»Schon gut, ich eile, das Buch zu fälschen«, erwiderte die Nosilewska mit ihrer angenehmen, hellen Stimme. »Kommen Sie mit!«

Sekulowski trabte hinter ihr her.

»Ach so … noch etwas«, sagte Pajączkowski. »Jemand muß zu Kauters. Ich selbst möchte eigentlich nicht gehen … es paßt nicht so recht …«

Er wartete, bis die Nosilewska aus der Kanzlei zurück war. Sekulowski trieb sich bereits in Stefans weißem Kittel überall im Gebäude umher; sogar sein Hörrohr hatte er in die Tasche gesteckt. Als er jedoch vor der Verbindungstür zwischen den Gebäuden angelangt war und das Geheul der Verdammten hörte, floh er eilends in die Bibliothek.

Stefan war todmüde. Er sah sich im Flur um und machte eine resignierte Handbewegung. Dann schaute er aus dem Fenster, ob nicht schon der Morgen graute, und ging in die Apotheke, um einen Schluck Brom zu nehmen. Er kramte gerade zwischen den Flaschen in den Regalen, da näherten sich leichte Tritte.

Es war Łądkowski, der in seinem schwarzen, lose sitzenden Anzug auf der Schwelle stand.

»Magnifizenz ….?«

Stefans Anwesenheit schien dem Professor nicht zu behagen.

»Nein, ich brauche nichts. Gar nichts«, wiederholte er und blieb eine Weile an der Tür stehen.

Łądkowski war bleich und machte einen kranken Eindruck. Er vermied es, Stefan in die Augen zu sehen. Er machte eine Bewegung, als wollte er umkehren, legte sogar schon die Hand auf die Türklinke, trat dann aber kurz entschlossen ganz dicht an Stefan heran. »Ist … Zyankali da?«

»Wie bitte?«

»Ich meine, haben wir Zyankali hier in der Apotheke?«

»Ach so, ja natürlich«, murmelte Stefan, ohne seine Gedanken sammeln zu können. In seiner Bestürzung ließ er eine Dose Luminal fallen, die am Boden zerschellte. Er wollte sich bücken und die Scherben auflesen, richtete sich aber wieder auf und sah den Professor abwartend an. »Der Schlüssel hängt hier, Euer Magnifizenz ... hier!«

Das Zyankali stand mit den anderen Giften in einem Wandschränkchen unter Verschluß.

Der Professor zog eine kleine Schublade heraus und wählte umsichtig ein leeres Pyramidonröhrchen. Dann nahm er einen Napf aus dem Fach, entfernte den Pfropfen mit einer Schere und streute vorsichtig etwa ein Dutzend weiße Kristalle in das Röhrchen, korkte es wieder zu und steckte es in die obere Jackentasche. Nachdem er den Schrank verschlossen und den Schlüssel an seinen Platz gehängt hatte, wandte er sich zum Gehen. Doch er drehte sich noch einmal um: »Bitte, sprechen Sie zu niemand darüber ...«

Plötzlich ergriff er Stefans Hand, preßte sie mit seinen kalten Fingern und sagte halblaut: »Ich bitte Sie sehr darum.«

Hastig verließ er den Raum, schloß die Tür aber behutsam.

Stefan stand an den Tisch gelehnt; er spürte noch den Druck von Lądkowskis Fingern. Er besah sich seine Hand genau. Dann kehrte er an den Schrank zurück, nahm das Brom heraus und verharrte eine geraume Weile mit gehobener Flasche.

Vor kurzem noch hatte er Lądkowskis schmächtige Greisenbrust durch das halboffene Hemd gesehen. Jetzt wurde er die Erinnerung an das Märchen vom mächtigen König nicht los.

Dieser König herrschte über ein riesiges Reich. Seiner Stimme gehorchten Völker im Umkreis von tausend Meilen. Als er einmal erschöpft auf seinem Thron einschlief, beschlossen seine diensteifrigen Höflinge, ihn zu entkleiden und in die Schlafgemächer zu tragen. Sie nahmen ihm den Hermelinmantel ab, unter dem eine goldbestickte Purpurrobe leuchtete. Als sie auch diese abgenommen, prangte darunter ein Seidengewand, das mit Sonnen und Sternen besät war. Unter diesem schimmerte ein Kleid ganz aus Perlen. Das folgende war mit Rubinblitzen bestickt. So zogen sie ein Kleid nach dem anderen aus, bis ein großer funkensprühender Haufen vor ihnen lag. Da sahen sie sich entgeistert an und riefen laut: »Wo ist unser Herrscher?« Denn die unzähligen kostbaren Gewänder bargen keine Spur von Leben. Das Märchen hieß »Wie eine Zwiebel gehäutet wird oder Von der Majestät«.

Die Besprechung bei Kauters dauerte eine ganze Stunde. Endlich verstand sich der Chirurg zu einer sogenannten »splendid isolation«: Er wisse von nichts und wolle sich auch in nichts einmischen. Er sei ausschließlich über das unterrichtet, was im Operationssaal vor sich gehe. Sekulowski avancierte zum Arzt auf seiner Station. Dr. Nosilewska, die Stefan von dieser Unterredung erzählte, ließ nebenbei die Bemerkung fallen, Schwester Gonzaga habe bei Kauters auf zwei zusammengerückten Sesseln geschlafen. Schwester Gonzaga? Stefan war nicht einmal mehr imstande, sich zu wundern. Er fühlte sich wie gelähmt und sah alles durch einen leichten Schleier. Es war gegen sechs Uhr. Als er langsam durch den Korridor im Erdgeschoß ging, stieß er auf Rygier, der mitten im Flur auf einem Paralytikerstuhl saß. Vor ihm stand eine Flasche, die er immer wieder vorsichtig mit der Fußspitze anstieß, als wollte er sich an dem reinen Klang des Glases berauschen.

Stefan fiel der gespannte Gesichtsausdruck Rygiers auf, der einen bevorstehenden Weinkrampf vermuten ließ. Stefan wagte nicht zu sprechen.

Plötzlich schüttelte es Rygier so heftig, daß er hochsprang; er hatte vergebens versucht, einen Schluckauf zu unterdrücken.

»Wissen Sie nicht, wo Pajączkowski hingegangen ist?«

»In den Garten«, antwortete Rygier und schluckte erneut.

»Weshalb?«

»Mit dem Pfarrer. Sicherlich um zu beten.«

»Ach so.«

Als Sekulowski Stefan bemerkte, trat er aus der Bibliothek.

»Wo wollen Sie hin?«

»Ich muß mich ein bißchen ins Bett legen, ich habe einfach keine Kräfte mehr. Wir werden sie am Morgen noch brauchen können, meine ich.«

In dem weißen Kittel sah Sekulowski dicker aus als sonst. Der Gürtel war ihm zu kurz; er hatte ihn mit einem Stück Binde verlängert.

»Ich bewundere Sie. Ich ... ich ... könnte das nicht.«

»Ach was. Kommen Sie mit zu mir.«

Auf der Treppe bemerkte Stefan ein Paket, das an der

Heizung lehnte. Richtig, das war ja von dem Jungen. Er nahm es an sich und wickelte es neugierig auf. Es war ein Kopf mit Stahlhelm, über der Oberlippe noch mit dem Steinblock verbunden, aus dem er geformt war. Die Augen gequollen und die Wangen aufgeblasen. Der unsichtbare, im Stein versunkene Mund schrie.

In seinem Zimmer stellte Stefan die Skulptur unsanft auf den Tisch, zog die Wolldecke vom Bett, schob einen Stuhl heran und ließ sich in die Kissen fallen. In diesem Augenblick stürmte Rygier ins Zimmer. »Hören Sie … Der junge Pościk ist da und will sechs Kranke mitnehmen. Er führt sie durch den Wald nach Nieczawy. Möchten Sie nicht mit, Herr Sekulowski?«

»Wer ist da?« Stefan bewegte nur tonlos die Lippen. Sein Flüstern ging unter in den Worten des Dichters: »Wer?« »Was für Kranke?«

Stefan richtete sich auf; er konnte der Schläfrigkeit nur mühsam Herr werden.

»Na, der junge Pościk, der Sohn von dem Elektriker … Er ist aus dem Wald gekommen und wartet unten«, sagte Rygier ungeduldig, dessen Rausch verflogen schien. »Er nimmt alle mit, die der Alte nicht mit seinem Luminal betäubt hat. Wie ist das, gehen Sie nun mit oder nicht?«

Der Dichter sprang erregt vom Stuhl auf. Seine Hände zitterten. »Mit den Verrückten zusammen? Jetzt gleich? Soll ich's wagen?« fragte er Stefan. Der antwortete nicht. Völlig überraschend war da ein Mensch aufgetaucht, der die ganze Zeit in seiner Nähe gewesen sein mußte, ohne daß er davon etwas geahnt hatte.

»Ich kann Ihnen in einer solchen Lage nicht raten …«

»Nach der Polizeistunde … und auch noch mit Verrück-ten …« überlegte Sekulowski halblaut. »Nein!« sagte er dann etwas lauter. Als Rygier zur Tür stürzte, rief er ihm nach: »Aber warten Sie doch!«

»Sie müssen sich entscheiden! Er kann nicht warten, es sind zwei Stunden Weg durch den Wald!«

»Was ist das eigentlich für einer?« Sekulowski fragte offenbar nur, um Zeit zu gewinnen. Seine Finger zerrten nervös an dem Knoten des Leinengürtels.

»Sind Sie taub? Ein Partisan! Eben eingetroffen. Dem Pajączkowski hat er gleich eine Szene gemacht, weil die Kranken von ihm Luminal bekommen haben …«

»Kann man sich auf den verlassen?«

»Das weiß ich doch nicht! Also gehen Sie nun mit oder nicht?«

»Und der Pfarrer?«

»Der bleibt hier. Also was?«

Sekulowski schwieg. Rygier zuckte mit den Schultern und rannte hinaus. Die Tür schlug krachend zu. Der Dichter folgte ihm einen Schritt und blieb wieder stehen. »Vielleicht doch …?« fragte er unschlüssig.

Stefan vermochte den Kopf kaum noch zu halten. Er murmelte etwas.

Daß der Dichter im Zimmer auf und ab ging und redete, hörte er zwar, aber er war nicht mehr imstande, den Sinn seiner Worte zu erfassen. Der Schlaf übermannte ihn. »Legen Sie sich doch hin!« konnte er noch sagen; dann schlief er auf der Stelle ein.

Ein greller Lichtstrahl weckte ihn. Ein Schlag traf seinen Arm. Er öffnete die Augen und rührte sich nicht; es war noch dunkel im Zimmer, denn er hatte am Abend die Jalousien heruntergelassen. Vor seinem Bett standen mehrere hochgewachsene Männer. Instinktiv hielt er die Hand vors Gesicht, denn einer leuchtete ihn mit der Taschenlampe an.

»Wer bist du?«

»Ach, laß ihn. Der ist Arzt«, rief von hinten eine Stimme, die Stefan bekannt vorkam. Er sprang auf. Die drei Deutschen gaben ihm den Weg frei. Sie trugen Wachstuchmäntel und hatten Maschinenpistolen geschultert. Die Korridortüre war offen. Schwere, eisenklirrende Tritte hallten von dort herüber.

Sekulowski stand in der Ecke. Stefan bemerkte ihn erst, als der Deutsche den Lichtkegel auf ihn richtete.

»Auch Arzt, wie?«

Sekulowski brachte hastig einige Sätze in deutscher Sprache heraus. Seine Stimme war brüchig. Sie schritten der Reihe nach hinaus. An der Tür stand Hutka. Er übergab die Ärzte einem Soldaten in schwarzer Uniform, der sie ins Erdgeschoß bringen sollte. Sie benutzten die Hintertreppe. In der Apotheke, vor der sich ein weiterer Schwarzuniformierter mit Gewehr aufgebaut hatte, fanden sie Pajączkowski, Nosilewska, Rygier, Staszek, Kauters und den Pfarrer vor. Der Mann, der Stefan und den Dichter begleitet hatte, schloß die Tür und musterte die Anwesenden lange. Der Adjunkt stand gebeugt am Fenster und wandte den anderen den Rükken zu, die Nosilewska saß auf einem Metallhocker, Rygier und Stefan hatten sich auf dem Tisch niedergelassen. Trotz des bewölkten Himmels war es hell; weiße Wolken schimmerten durch die gelichteten Baumkronen. Der Soldat verdeckte die Tür. Er hatte ein flaches, dunkelhäutiges Gesicht, aus dem brutal das Kinn herausragte. Sein Atem ging stoßweise; schließlich rief er aus: »Na, ihr Herren Doktoren, was habt ihr nun davon? Die Ukraine war, ist und wird immer sein, aber mit euch ist's aus!«

»Tun Sie Ihre Pflicht, wie wir die unsere getan haben, und sparen Sie sich Ihre Worte«, sagte Pajączkowski mit bewundernswert fester Stimme. Er richtete sich auf, drehte sich elastisch um und blickte den Ukrainer mit seinen grau umbuschten schwarzen Augen finster an. Er keuchte.

»Na, warte ...«, stammelte der Soldat und hob die klobigen Fäuste. Da öffnete sich die Tür. Er bekam einen heftigen Stoß ins Kreuz.

»Was machst du hier? Rrraus!« brüllte Hutka. Er hatte den Stahlhelm auf, die Maschinenpistole hielt er, wie zum Schlag, bereit, in der linken Hand.

»Ruhe!« schrie er, obwohl alle schwiegen. »Sie bleiben hier sitzen, bis Ihnen anders befohlen wird. Niemand darf hinaus. Und ich sage noch einmal: Sollten wir einen einzigen versteckten Kranken finden, sind Sie alle dran.«

Er ließ kurz seine blassen Pupillen von einem zum anderen schweifen und machte kehrt. Da rief Sekulowski heiser: »Herr ... Herr Offizier ...«

»Was noch?« knurrte Hutka und reckte das sonnengebräunte Gesicht unter dem Stahlhelm hervor. Seine Hand lag auf der Türklinke.

»Man hat einige Kranke in den Wohnungen versteckt ...«

»Was? Was?« Mit einem Satz war Hutka bei ihm, hatte ihn am Kragen gepackt und rüttelte ihn. »Wo sind sie? Du Gauner! Ihr alle!«

Sekulowski zitterte und ächzte. Hutka rief nach dem Feldwebel und befahl, das ganze Gebäude zu durchsuchen. Der Dichter, den Hutka noch immer am Kragen hielt, stammelte hastig mit überschnappender Stimme: »Ich wollte doch nicht, daß jetzt alle ...« Er konnte die Arme nicht bewegen; unter dem würgenden Griff waren sie in den Achselhöhlen von den Ärmeln abgeschnürt.

Staszek sprang vom Tisch. »Herr Obersturmführer, das ist kein Arzt, das ist ein Kranker, ein Wahnsinniger!« rief er leichenblaß.

Jemand seufzte. Hutka war wie versteinert. »Was soll das? Du Saudoktor! Was heißt das?«

Staszek wiederholte in seinem holprigen Deutsch, Sekulowski sei ein Kranker.

Pfarrer Niezgloba duckte sich noch mehr in seine Fensternische. Hutka rollte die Augen. Er hatte begriffen. Seine Nüstern blähten sich. »Was für Gauner sind das, was für Lügner, diese Schweinehunde!« tobte er und schleuderte Sekulowski gegen die Wand. Die Bromflasche auf der Tischkante geriet ins Schwanken und fiel zu Boden, wo sie zerbarst. Der Inhalt ergoß sich über das Linoleum.

»Und das wollen Ärzte sein ... Na, wir werden schon Ordnung schaffen. Zeigt eure Papiere!«

Ein Ukrainer, offenbar Unteroffizier, denn er hatte zwei Silberstreifen auf den Schulterklappen, wurde aus dem Korridor herbeigerufen und half bei der Übersetzung der Dokumente. Mit Ausnahme von Dr. Nosilewska hatten sie sie alle bei sich. Nosilewska ging in Begleitung eines Wachtpostens auf ihr Zimmer. Inzwischen war Hutka bei Kauters angelangt. Er besah sich seine Papiere länger als die der anderen und schien etwas milder gestimmt. »So, Sie sind also Volksdeutscher. Na schön. Aber warum haben Sie diesen polnischen Schwindel mitgemacht?«

Kauters erklärte, von nichts gewußt zu haben. Sein Deutsch war fehlerfrei, aber mit hartem Akzent.

Dr. Nosilewska hatte ihren Ärzteausweis geholt. Hutka winkte ab und wandte sich wieder Sekulowski zu, der noch immer halb versteckt hinter einem Schrank an der Mauer stand. »Komm her.«

»Herr Offizier … Ich bin nicht krank. Ich bin völlig gesund …«

»Bist du Arzt?«

»Ja … nein, aber ich kann nicht … ich werde …«

»Komm.« Hutka war jetzt ruhig, fast zu ruhig. Er schmunzelte gar; sein Umhang raschelte bei jeder Bewegung. Nun winkte er Sekulowski wie einem Kind mit dem Zeigefinger: »Komm.«

Sekulowski machte einen Schritt und fiel plötzlich auf die Knie. »Gnade, Gnade … ich will leben. Ich bin gesund.«

»Genug!« Hutkas Stimme überschlug sich. »Du Verräter! Deine unschuldigen verrückten Brüder hast du ausgeliefert …«

Zwei Schüsse knallten hinter dem Haus. Die Fensterscheiben zitterten gläsern, im Schrank klirrten die Instrumente.

Sekulowski umklammerte Hutkas Stiefel, die Schöße seines Arztkittels bauschten sich bei dieser Bewegung. In einer Hand hielt er noch das Gummihämmerchen.

»Franke!«

Wieder trat ein SS-Mann ein. Er packte Sekulowski mit solcher Macht an den Schultern, daß der Dichter, ungeachtet seiner Beleibtheit und Größe, wie eine Stoffpuppe hochgerissen wurde.

»Meine Mutter war Deutsche!« kreischte er, als er hinausgezerrt wurde, und versuchte krampfhaft, sich loszureißen, indem er sich an die Tür klammerte; doch wagte er nicht, die auf ihn niederprasselnden Schläge abzuwehren. Franke hob seine Waffe und begann, mit dem Kolben methodisch auf Sekulowskis Finger zu klopfen, die sich am Türpfosten festkrallten.

»Gnaaade! Heilige Mutter Gottes ....!« heulte Sekulowski. Dicke Tränen rannen über sein Gesicht.

Der SS-Mann verlor allmählich die Geduld. Er kam nicht los von der Schwelle, denn Sekulowski hatte sich wieder an die Türklinke gehängt. Er umfaßte ihn also, beugte sich vor, spannte alle Muskeln an und zerrte aus voller Kraft. Sie flogen bis in den Flur, wo Sekulowski polternd auf die Steinfliesen stürzte. Der Deutsche zeigte noch einmal sein verschwitztes Gesicht, das gerötet war von der Anstrengung. »Dreckige Arbeit!« sagte er und warf die Tür ins Schloß.

Das Fenster der Apotheke ging auf eine große Hecke hinaus, deren unebene Konturen Schatten in den Raum warfen. Etwas weiter abseits standen vereinzelt Bäume. Dahinter ragte eine blinde Mauer auf. Das Geschrei der Kranken und die heiseren Stimmen der SS-Leute drangen zwar gedämpft, aber deutlich herein. Plötzlich peitschten Gewehrschüsse in die angespannte Stille des Raumes. Sie fielen dicht, unterbrochen nur von einem dumpfen Laut wie von fallenden Säcken. Danach wieder Stille. Eine entsetzliche Stimme rief: »Wei-tere zwan-zig Figuuuren!«

Die Schüsse klatschten gegen die Mauer. Zuweilen kündete ein klagendes, hart abbrechendes Pfeifen, daß sich eine Kugel verirrt hatte. Dann wieder ratterte ein Maschinengewehr. Vorwiegend waren jedoch Einzelfeuerwaffen in Aktion. Wenn eine Pause eintrat, hörte man knirschende Schritte, den monotonen Ruf: »Wei-tere zwan-zig Figuuu-ren!«

Und dann zwei, drei Pistolenschüsse, hell und kurz, wie knallende Sektkorken.

Einmal erhob sich ein markerschütterndes Kreischen, das nicht aus menschlicher Kehle zu stammen schien. Dann wieder klang es aus den oberen Stockwerken wie Lachen und Weinen zugleich; es währte lange.

Die Ärzte saßen da, ohne sich zu rühren, und starrten wortlos vor sich hin. Stefans Sinne waren fast völlig abgestumpft. Anfangs konnte er noch einige halbwegs klare Gedanken fassen, etwa daß Hutka, dem doch jede Situation über den Kopf zu wachsen scheine, mit allem glänzend fertig werde ... oder daß selbst der Tod sein Eigenleben habe ... Diese letzte Überlegung jedoch wurde durch den gellenden Ruf eines SS-Mannes jäh unterbrochen; jemand versuchte wohl zu fliehen. Zweige knackten, das rote Herbstlaub vor dem Fenster rieselte dichter herab, und aus nächster Nähe hörte man keuchenden Atem und das Niederprasseln des im Lauf aufgewirbelten Kieses.

Ein Schuß schlug ein wie der Blitz. Ein Schrei bäumte sich auf und verröchelte.

Schnellfüßige Wolken, die alle Augenblicke ihre Gestalt wechselten, füllten den im Fenster sichtbaren Himmelsstreifen aus. Nach zehn Uhr verstummten die Schüsse, und eine Art Entspannung trat ein. Indes ratterten schon eine Viertelstunde später von neuem Maschinengewehre. Die Stille belebte sich wieder durch das Heulen der Wahnsinnigen und die heiseren Stimmen der SS-Leute.

Um zwölf Uhr vernahmen die Ärzte nur noch regelmäßige, schwere Schritte rings um das Haus. Ein Hund bellte. Eine Frau kreischte. Plötzlich sprang die Tür auf, die keiner mehr beachtet hatte, und der ukrainische Feldwebel trat ein.

»Raus, aber schnell!« rief er von der Schwelle. Hinter ihm tauchte der Stahlhelm eines Deutschen auf.

»Alle raus!« schrie der, die Stimme bis zum äußersten angespannt. Staub und Schweiß hatten sich auf seinem dunklen Gesicht vermischt, seine Augen waren trunken und unstet.

Die Ärzte gingen in den Flur; Stefan sah sich an Nosilewskas Seite. Keine Menschenseele. Nur in einem Winkel einige zerknitterte Laken auf einem Haufen. Lange, schwärzlich verwischte Spuren führten zur Treppe. Hinter der Biegung lag eine unförmige Masse, halb an die Heizung gelehnt: eine Leiche, völlig zusammengesunken, den Schädel gespalten; geronnene Blutzapfen waren daraus hervorgequollen. Eine knorrige, gelbe Ferse ragte unter dem kirschroten Anstaltsrock heraus bis in die Mitte des Korridors. Alle machten einen Bogen, nur der Deutsche, der als letzter ging, stieß den erstarrten Stumpf mit dem Stiefel beiseite. Stefan tanzten die Gestalten vor den Augen. Er mußte sich an Nosilewskas Arm festhalten. So gelangten sie in die Bibliothek.

Dort herrschte das Chaos. Auf dem Boden vor den beiden Schränken, die die Tür flankierten, türmten sich ganze Bücherstöße. Riesige Folianten, die herausgefallen waren, fächelten bei ihrem Eintreten sanft mit den Blättern.

Die zwei SS-Leute, die an der Tür gestanden hatten, traten als letzte ein und machten sich sofort auf dem bequemsten Platz breit, dem roten Plüschsofa.

Stefan flimmerte es vor den Augen. Ringsum schwankte der Boden, die Farben verblaßten, die Umgebung schrumpfte zusammen wie eine gesprungene Blase. Zum erstenmal in seinem Leben wurde er ohnmächtig.

Als er aufwachte, spürte er, daß er auf etwas Warmem und Elastischem ruhe: Nosilewska hielt seinen Kopf auf den Knien, während ihm Pajączkowski die Beine hochhielt.

»Was ist mit dem Personal?« fragte er noch ganz benommen.

»Sie haben die Leute schon am frühen Morgen nach Bierzyniec geschickt.«

»Und wir?«

Niemand antwortete. Stefan erhob sich, taumelte, fühlte jedoch, daß er seinen Schwächeanfall überwunden hatte. Draußen nahten Schritte; ein Soldat trat ein. »Ist Professor Lon-kow-sky hier?« fragte er.

Stille. Schließlich flüsterte Rygier: »Herr Professor ... Euer Magnifizenz ...«

Lądkowski, der noch immer vorgebeugt im Sessel saß, in derselben Haltung, in der die Stimme des Deutschen ihn

43

überrascht hatte, richtete sich nun allmählich auf. Der schwere Blick seiner großen Augen glitt ausdruckslos über die Anwesenden hinweg. Dann stützte er sich auf die Lehne und stand mit einiger Mühe auf. Dabei griff er in die obere Jackentasche und holte mit zwei Fingern einen Gegenstand heraus. Der Pfarrer, ganz in Schwarz, in wogender Soutane, wollte auf ihn zueilen, aber der Professor wies ihn mit einer kategorischen Geste ab und strebte der Tür zu.

»Kommen Sie, bitte«, sagte der Deutsche und ließ ihm höflich den Vortritt.

Sie saßen schweigend, plötzlich hallte ganz nahe ein Schuß wider wie Donner in einem geschlossenen Raum. Es wurde unheimlich. Sogar die SS-Leute, die sich auf dem Sofa unterhielten, verstummten. Schweißgebadet rieb sich Kauters die Hände, bis die Sehnen quietschten, sein ägyptisches Profil zog sich zu einer gezahnten Linie zusammen. Rygier verzerrte den Mund wie ein Kind und kaute auf den Lippen. Nur die Nosilewska, die zusammengekauert dasaß – das Gesicht auf die Fäuste und die Ellenbogen auf die Knie gestützt –, sah ruhig aus. Ruhig und schön.

Stefan wurde übel in der Magengrube. Der ganze Leib weitete sich ihm vor Schweiß und wurde glitschig, ein ekelhaftes, feines Zittern überrieselte seine Haut. Als er die Nosilewska ansah, mußte er denken, daß sie auch im Tode noch schön sein würde, und der Gedanke barg eine Spur perverser Genugtuung.

»Es hat den Anschein, als ob ... die uns alle ...«, flüsterte Rygier Staszek zu.

Die Ärzte saßen in den roten Sesseln, nur der Pfarrer

stand in der dunkelsten Ecke zwischen zwei Schränken. Stefan lief zu ihm.

Der Pfarrer murmelte vor sich hin.

»Sie … bringen uns um«, begann Stefan.

»Pater noster, qui es in coelis …«, sprach leise der Pfarrer.

»Das ist nicht wahr!«

»Sanctificetur nomen Tuum …«

»Sie irren sich, Sie lügen«, entgegnete Stefan heiser. »Es gibt nichts, nichts, gar nichts! Ich habe das begriffen, als ich ohnmächtig wurde. Dieses Zimmer hier und wir Menschen darin, das alles hier, das ist nur unser Blut. Wenn es zu fließen aufhört, beginnt alles schwächer und schwächer zu pulsieren, selbst der Himmel, ja auch der Himmel stirbt. Hören Sie, Pfarrer?« Er zupfte ihn an der Soutane.

»Fiat voluntas Tua …«, flüsterte Niezgloba.

»Nichts gibt es, keine Farben, keine Gerüche, nicht einmal Finsternis …«

»Diese Welt gibt es nicht«, erwiderte leise der Pfarrer und wandte Stefan sein wehleidiges, abstoßendes Gesicht zu.

Die Deutschen waren in lautes Lachen ausgebrochen. Kauters stand plötzlich auf und trat zu ihnen.

»Entschuldigen Sie«, sagte er, »aber der Herr Obersturmführer hat mir meine Papiere abgenommen. Wissen Sie nicht, ob …«

»Sie müssen schon etwas Geduld haben«, unterbrach ihn ein untersetzter, breitschultriger Mann mit rotgeäderten Wangen. Dann unterhielt er sich weiter mit seinem Freund: »Weißt du, das war, als die Häuser schon alle brannten und ich glaubte, dort gäbe es nur noch Tote. Da rennt dir doch plötzlich mitten aus dem größten Feuer ein Weib schnurstracks auf den Wald zu! Rennt wie verrückt und preßt eine Gans an sich. War das ein Anblick! Fritz wollte ihr eine Kugel nachschicken, aber er konnte nicht einmal richtig zielen vor Lachen – war das aber komisch – was?«

Sie lachten beide. Kauters stand zunächst unbeteiligt vor ihnen. Plötzlich jedoch verzog er ganz sonderbar das Gesicht und ließ ein dünnes, meckerndes »Ha, ha, ha!« hören.

Der Sprecher blickte unwirsch. »Sie, Doktor, warum lachen Sie? Da gibt's doch für Sie nichts zum Lachen.«

Auf Kauters' Wangen traten weiße Flecke. »Ich ... ich ...«, stammelte er, »ich bin Deutscher.«

Der SS-Mann musterte ihn halb von der Seite. »So? Na, dann bitte, bitte.«

Im Flur wurden Schritte laut; das konnte nur ein Deutscher sein, so stark, sicher und fest hallten sie.

»Sie glauben trotzdem ... Pfarrer?« hauchte Stefan flehend.

»Ja, ich glaube.«

Ein hochgewachsener Offizier trat ein. Er war ihnen unbekannt. Die Uniform saß wie angegossen, der Schulterriemen schimmerte matt. Sein unbedeckter Kopf war lang und schmal, die Stirn edel, das Haar grau meliert. Mit seiner stahlgefaßten Brille blitzte er die Sitzenden an. Der Chirurg ging auf ihn zu, nahm Haltung an und streckte die Rechte hin: »Von Kauters.«

»Thießdorf.«

»Herr Doktor, was ist los mit unserem Professor?« fragte Kauters.

»Machen Sie sich keine Gedanken. Ich werde ihn mit dem Auto nach Bierzyniec bringen. Er packt jetzt seine Sachen.«

»Wirklich?« entschlüpfte es Kauters.

Der andere wurde rot und schüttelte den Kopf. »Mein Herr!«

Dann mit einem unerwarteten Lächeln: »Das müssen Sie mir schon glauben.«

»Und warum werden wir hier zurückgehalten?«

»Na, na! Es stand ja schon übel um Sie, aber unser Hutka hat sich doch noch beruhigen lassen. Sie werden jetzt nur noch bewacht, weil Ihnen unsere Ukrainer sonst etwas antun könnten. Die lechzen ja nach Blut wie die Hunde, wissen Sie.«

»So?« machte Kauters erstaunt.

»Wie die Falken ... Man muß sie mit rohem Fleisch füttern«, sagte der deutsche Psychiater scherzend.

Jetzt trat auch Pfarrer Niezgloba näher. »Herr Doktor«, radebrechte er. »Wie ist das möglich: Mensch sein und Arzt und dann Kranke erschießen, totmachen!«

Im ersten Augenblick schien es, daß sich der Deutsche abwenden oder sich den aufdringlichen Menschen mit erhobener Hand vom Leibe halten wollte, aber plötzlich heiterte sich seine Miene auf. »Jede Nation«, sagte er in seinem tiefen Baß, »gleicht einem Tierorganismus. Die kranken Körperstellen müssen manchmal herausgeschnitten werden. Das war eben so ein chirurgischer Eingriff ...«

Er blickte über den Pfarrer hinweg auf die Ärztin. Seine Nüstern blähten sich.

»Und Gott, Gott?« wiederholte der Pfarrer.

Da die Nosilewska noch immer schweigend und ohne eine Bewegung dasaß, sagte der Deutsche um einiges lauter, den Blick fest auf sie geheftet: »Ich kann es Ihnen auch anders erklären. Zur Zeit des Kaisers Augustus war in Galiläa ein römischer Statthalter, der übte die Herrschaft über die Juden aus und hieß Pontius Pilatus ...«

Seine Augen loderten.

»Herr Stefan«, sagte die Nosilewska laut, »sagen Sie ihm bitte, er soll mich gehen lassen. Ich brauche keinen Schutz, ich halte es hier nicht länger aus ...« Sie stockte.

Tief bewegt – zum erstenmal hatte sie ihn mit seinem Vornamen angeredet – gesellte sich Stefan zu der Gruppe. Der Deutsche verneigte sich höflich.

Stefan fragte, ob sie hierbleiben müßten oder gehen dürften.

»Sie wollen fort? Alle?«

»Frau Dr. Nosilewska möchte«, sagte Stefan ein wenig unbeholfen.

»Ach so. Ja, natürlich. Gedulden Sie sich bitte noch etwas.«

Thießdorf hielt Wort: Gegen Abend wurden sie freigelassen. [...]

DIALOGE

[...] PHILONOUS Sei mir gegrüßt, Hylas. Du eilst so schnellen Schrittes durch den Park, daß ich dich fast nicht eingeholt hätte. Weshalb nur habe ich gestern vergeblich auf dich gewartet? Wollten wir nicht einen Disput eröffnen über jene Perle der Erkenntnis, die sich Kybernetik nennt?

HYLAS Ach, lieber Freund, du ahnst ja gar nicht, welche Verwirrung du in meiner Seele mit deinen letzten Ausführungen angerichtet hast. Um das Maß vollzumachen, sagen meine Freunde, die Philosophen, dein wahres Ziel sei die Restitution des Irrationalismus, die Untergrabung des Vertrauens in die Erkenntnisfähigkeit des menschlichen Geistes, und daher sei alles, was du zum Schluß gesagt hast (ich gebe hier ihre Meinung wieder) – nur ein Rauchvorhang, weniger milde ausgedrückt: Ausflüchte.

PHILONOUS Was muß ich da hören?

HYLAS Die Wahrheit. Daher bin ich nach reiflicher Überlegung zu der Überzeugung gekommen, daß es das beste wäre, deinen ganzen Gedankengang nicht zu veröffentlichen, sondern, im Gegenteil, den Mantel des Vergessens über ihn zu breiten. Ich glaube, daß du meiner Meinung um so eher zuneigen wirst, da dieser Gedankengang seinem ganzen Wesen nach lediglich eine Negation war, er verneinte nur, weckte Unruhe und Zweifel, ohne dabei neue, fortschrittliche Werte zu begründen.

PHILONOUS Ach, wirklich? Nun gut, lieber Freund, ich werde darüber nachdenken. Gestatte mir jedoch, dir anläßlich unseres Treffens eine Geschichte zu erzählen, die sich vor ziemlich langer Zeit ereignet hat. Inmitten fruchtbarer Ebenen lebte damals ein Stamm, dessen Mitglieder unterschiedlichen Beschäftigungen nachgingen. Die einen widmeten sich dem edlen Weidwerk, andere führten ein beschauliches Hirtenleben, und wieder andere, nicht eben viele, suchten die Welt zu verstehen, in der sie lebten – wie das so in der menschlichen Natur liegt. Einer von ihnen, intelligenter als die anderen, bemerkte eines Tages, daß er, mitten in der Ebene stehend, nur die Gegenstände mit seinem Auge erblickte, die nicht weiter als 2000 Schritt von ihm entfernt waren – daß hingegen alles, ob nun Baum, Hütte oder Mensch, was sich über diese Grenze hinausbewegte, verschwand, genauso, als habe es aufgehört zu existieren. Er erzählte den anderen davon. Die hatten dieses Phänomen bis dahin nicht bemerkt, denn sie hatten einen weniger scharfen Blick als er – als sie jedoch ihre schwachen Augen anstrengten, waren sie gezwungen, ihm zuzustimmen: »Du hast recht, Bruder. Allerdings kann die Entdeckung, die du gemacht hast, verderbliche Folgen haben, denn sie ruft die allgemeine Überzeugung hervor, daß Wesen und Dinge, die sich um mehr als zweitausend Schritt von unseren Wohnsitzen entfernen, durch irgendwelche teuflischen Mächte hinweggerafft werden. Und eben dadurch wird deine Entdeckung dem Glauben an Geister und anderem schädlichem Aberglauben neue Nahrung geben. Daher wird es das beste sein, wenn wir sie nicht öffentlich bekanntgeben, sondern, im Gegenteil, sie alle miteinander gründlich vergessen, wozu du wohl um so bereitwilliger deine Zustimmung geben wirst, da deine Entdeckung nur Unruhe erzeugt, Unsicherheit verbreitet, negiert und aufs augenscheinlichste nicht dem Fortschritt dient, da sie keine neuen, positiven Werte begründet ...« Na, und was sagst du, lieber Hylas, zu dieser Geschichte? Den wahren Mechanismus, der dieser Entdeckung zugrunde liegt, hast du wohl längst erraten?

HYLAS Natürlich. Die entfernten Gegenstände kann man nicht erblicken, denn die Erdkrümmung verbirgt sie vor dem Auge des Betrachters.

PHILONOUS Genauso ist es. Dieser Stamm jedoch wußte nichts von der Kugelförmigkeit der Erde, und der, der dem Phänomen als erster auf die Spur gekommen war, erkannte es nur, wenn ich mich so ausdrücken darf, in Gestalt eines bestimmten Verbots, einer bestimmten Unmöglichkeit, die entfernten Objekte zu sehen.

HYLAS Bist du etwa der Meinung, daß dein Gedankengang und diese Geschichte ähnliche Züge aufweisen, daß also dein Gedankengang irgendein rationales Element der Erkenntnis enthält?

PHILONOUS Ja, mein Freund – genau das meine ich.

HYLAS Oh, bitte, überzeuge mich davon, du brauchst mich nur zu überzeugen, und sogleich werde ich der erste sein, der deine Gedanken verkündet, nur überzeugen mußt du mich, lieber Philonous. Was ist es für eine Wahrheit, die hinter deinen Gedanken verborgen liegt und die der Kugelgestalt der Erde im Gleichnis entspricht?

PHILONOUS Das weiß ich leider nicht, Hylas, wie es

auch dieser Entdecker nicht gewußt hat. Oftmals geschieht es, daß das menschliche Denken unbekannte Wahrheiten gerade in Gestalt von Unklarheiten, Zweifeln oder auch bestimmten Verboten erkennt ...

HYLAS Also kannst du mir gar nichts sagen?

PHILONOUS So ist es nicht. Zunächst möchte ich dir jedoch den Gedankengang selbst in ein paar Sätzen ins Gedächtnis zurückrufen. Wie du dich erinnern wirst, dachten wir darüber nach, ob es möglich sei, einen Menschen nach seinem Tode ins Leben zurückzurufen, indem wir seinen Körper aus Atomen wiedererschaffen, als sein vollkommenes Ebenbild, als originalgetreue Kopie, mit allen Attributen des Lebens. Diese Prämisse führte uns zu Widersprüchen, und wir mußten sie als nicht mit der Wahrheit übereinstimmend verwerfen. Wenn ich dich richtig verstehe, möchtest du wissen, warum es so gekommen ist?

HYLAS Richtig. Darüber hinaus möchte ich wissen, ob es möglich ist, einen Menschen aus Atomen wieder zum Leben zu erwecken oder nicht, und wenn nicht, warum nicht?

PHILONOUS Ausgezeichnet. Vielleicht sollten wir mit eben diesem Punkt beginnen: Ob es möglich ist, einen Menschen wieder ins Leben zurückzurufen, indem man genau den gleichen Körper aus Atomen zusammenbaut. Gewiß kennst du Heisenbergs Unschärferelation, eines der fundamentalen Prinzipien der modernen Physik. Sie besagt, daß man das einzelne Atom niemals genau lokalisieren kann. Wir können das immer nur mit einer gewissen Annäherung tun, folglich hat ein Atom nicht die Gestalt eines Punktes, sondern gleicht eher einem verschwommenen kleinen Fleck, unscharf in den Konturen wie eine verwackelte Fotografie. Für uns ist hierbei wesentlich, daß diese Unmöglichkeit einer genauen Lokalisierung des Atoms nicht durch den heutigen Entwicklungsstand der Meßinstrumente bedingt ist, sondern eine fundamentale Tatsache darstellt, eine bestimmte Manifestation der Eigenschaften des Atoms selbst, das keine räumliche Ausdehnung in dem Sinne besitzt, wie sie die makroskopischen Gegenstände unserer alltäglichen Umgebung aufweisen. Ergo, wenn es unmöglich ist, den Platz, den die einzelnen Atome einnehmen, genau zu bestimmen, dann ist es damit auch unmöglich, einen absolut präzisen Plan ihrer Verteilung im Organismus zu erstellen. Daraus folgt die Unmöglichkeit, die identische Kopie eines lebendigen Menschen zu schaffen ... quod erat demonstrandum. Bist du nun zufrieden?

HYLAS Nicht im geringsten. Denn, lieber Philonous, selbst wenn das Prinzip der Unbestimmtheit alle Pläne, die völlig originalgetreue Kopie eines Organismus zu schaffen, vereitelt, so ist diese Schwierigkeit doch nur technischer Natur, wir hingegen diskutierten die erkenntnistheoretische, die philosophische Seite des Problems und müssen dies auch weiterhin tun.

PHILONOUS Das ist ein Fehler, Hylas. Das, was du »eine technische Schwierigkeit« nennst, ist in Wirklichkeit eine inhärente, überaus reale Eigenschaft der tatsächlichen Welt der Atome, mein Lieber. Aus Heisenbergs Prinzip ergibt sich ein bestimmtes »Verbot« – das Verbot, die Atome exakt zu vermessen. Dieses »Verbot« ist nicht irgendein Hindernis auf dem Wege unserer Erkenntnis, sondern gerade ein Element dieser Erkenntnis. Desgleichen ist das »Verbot«, entfernte Gegenstände zu sehen, keine »technische Schwierigkeit«, sondern Ausdruck einer bestimmten Eigenschaft der Welt, in der die Menschen leben, nämlich Ausdruck der Kugelgestalt des Globus. Sollten die Philosophen dieses Stammes versuchen, den Aufbau der Erde zu erkennen, indem sie die Prämisse zugrunde legen, sie sei flach, so werden sie – ebenso wie wir – auf unvermeidliche Widersprüche und Widersinnigkeiten stoßen. Denn es ist doch nicht so, daß Heisenbergs Prinzip in der Welt der Atome als eine Art von »Verbot« existiert, exakte Messungen durchzuführen. Das, was wir aus persönlichen Beobachtungen herleiten und im Namen dieses Prinzips verallgemeinern, ist einfach eine inhärente Eigenschaft der Atome selbst, von der wir heute nur so viel wissen, daß sie nicht erlaubt, die Orte genau zu bestimmen, an denen sich die einzelnen Teilchen befinden. Also haben wir es nicht mit einer vorübergehenden Schwierigkeit zu tun, nicht mit einem in der Welt der Atome existierenden Verbot, sondern mit einer ganz bestimmten Eigenschaft dieser Atome, nur daß wir diese heute ausschließlich als eine bestimmte »Unmöglichkeit« kennen. Es ist außerordentlich wahrscheinlich, daß, wenn die Atome nicht so komplizierte Objekte wären und nicht so besondere Eigenschaften zeigten, wie das Prinzip der Unbestimmtheit, sondern, nehmen wir einmal an, als kleine feste Kügelchen existierten, daß die aus ihnen zusammengesetzte Welt ganz anders aussähe als die reale Welt – und es könnte sehr wohl sein, daß aus diesen Atomen überhaupt keine lebendigen Organismen entstehen könnten und auch keine Nervenstrukturen, die ja die Grundlage der psychischen Prozesse sind.

HYLAS Ich verstehe dich nicht ganz. Willst du damit sagen, daß das Prinzip der Unbestimmtheit genau die Eigenschaft der Atome ist, die ihnen ermöglicht, sich zu solchen Systemen zu verbinden, die die Voraussetzung für das Leben und das Bewußtsein bilden?

PHILONOUS Nein, so weit möchte ich nicht gehen. Das Verschwinden sämtlicher Objekte jenseits des Horizontes ist durch die Kugelförmigkeit der Erde bedingt, nicht wahr?

HYLAS So ist es.

PHILONOUS Weil die Erde kugelförmig ist, können wir sie auch umrunden und an unseren Ausgangspunkt zurückkehren, nicht wahr?

HYLAS Natürlich.

PHILONOUS Kann man jedoch sagen, daß das Verschwinden der Gegenstände am Horizont die Umrundung der Erde möglich macht? Man kann nicht, nicht wahr? Diese beiden Phänomene sind möglich, weil die Erde kugelförmig ist, aber der Zusammenhang zwischen ihnen ist indirekt, beide sind von dieser Eigenschaft des Globus abgeleitet, daß er nämlich eine Kugel ist. Jetzt weiter: Im Prinzip der Unbestimmtheit äußert sich eine bestimmte Eigenschaft der Atome. Psychische Prozesse sind ebenfalls in letzter Instanz durch bestimmte Eigenschaften der Atome bedingt. Erst die Zukunft wird die Frage beantworten können, welche fundamentalen Eigenschaften der Atome es sind, denen beide erwähnte Phänomene ihre Existenz verdanken. Ich vermute, die Antwort wird nicht so einfach sein wie in unserem Beispiel, wie in dieser Geschichte über den Planeten, sondern ich nehme an, daß wir eine ganze Kette von Zwischengliedern entdecken werden und daß darüber hinaus Prozesse und Probleme in diesen Fragenkomplex einbezogen werden müssen, von denen heute noch niemand ahnt, daß sie mit den erörterten Phänomenen in Zusammenhang stehen.

HYLAS Zum Beispiel?

PHILONOUS Das weiß ich nicht. Ich bin kein Prophet.

HYLAS Das, was du sagtest, rief mir die gar nicht selten aufgestellte Behauptung ins Gedächtnis zurück, das Prinzip der Unbestimmtheit sei eine Äußerung des »freien Willens« des Atoms, aus dem dann auch der »freie Wille« des Menschen hervorgehen soll. Was meinst du dazu?

PHILONOUS Das Prinzip der Unbestimmtheit hat mit einem »freien Willen« des Atoms nichts zu tun. Hier liegt ein ganz gewöhnlicher Mißbrauch der Sprache vor – ein unerlaubtes Operieren mit Begriffen. Ich nehme einen Zusammenhang zwischen den Eigenschaften der Atome und der Entstehung des Bewußtseins an, das ist richtig, aber ich lehne derart platte und vulgäre Hypothesen ab, die diesen Zusammenhang erklären sollen. Das Funktionieren der Elektronengehirne zeichnet sich zweifellos durch Klarheit des Denkens in dem Sinne aus, daß ihre Operationen effizient, streng logisch und eindeutig sind. Bei diesen Maschinen werden die »Denkprozesse« durch die in ihnen zirkulierende Elektrizität ausgeführt. Aus anderer Quelle wissen wir, daß Blitz und Donner helles Licht geben und ebenfalls elektrische Phänomene sind. Jedoch auf dieser Grundlage zu behaupten, daß die »Verstandeshelle« der Elektronengehirne von der »Helle« der Blitze herzuleiten sei, wäre doch, wie du selbst zugeben wirst, das reinste Gefasel. Und dennoch, irgendein Zusammenhang zwischen diesen Phänomenen besteht, da hier wie dort die Elektrizität der Hauptmotor der Prozesse ist. Die Übertragung des Prinzips der Unbestimmtheit auf psychische Prozesse, so wie in dem Beispiel, das du zitiert hast, ist ein höchst schädlicher Unsinn. Ähnlich billige und oberflächliche Analogien kann man in Massen hervorbringen, und tatsächlich, sie werden hervorgebracht durch metaphysisch gestimmte Klugredner, die sich nur aufgrund eines Versehens mit Atomistik statt mit Mystik beschäftigen. Wir wollen jedoch zu unserem Thema zurückkehren. Habe ich dich nun zufriedengestellt durch meine Erklärungen zur Unmöglichkeit, aus Atomen wieder zum Leben zu erwecken?

HYLAS Nein.

PHILONOUS Warum nicht?

HYLAS Möglicherweise macht Heisenbergs Prinzip es tatsächlich unmöglich, einen gestorbenen Organismus aus Atomen wieder ins Leben zurückzurufen. Wir haben diese Unmöglichkeit in unserer Diskussion jedoch überhaupt nicht berücksichtigt. Wenn wir sie nicht in die Prämissen unseres Gedankengangs einbezogen haben, so konnte sie auf seinen Verlauf auch nicht deformierend wirken und ihn von innen her sprengen, indem sie zu widersinnigen Schlußfolgerungen führte. Ist es nicht so?

PHILONOUS Nein, so ist es nicht. Wir haben dieses Prinzip, bester Hylas, stillschweigend berücksichtigt, und zwar in der Weise, daß wir es arbiträr für falsch erklärt haben, was sich dann entsprechend gerächt hat.

HYLAS Ich erinnere mich nicht, daß von ihm überhaupt die Rede gewesen wäre.

PHILONOUS Aber überleg doch mal! Als wir über die Methode zur Herstellung einer Kopie sprachen, sagten wir, man müsse die Atome in der Kopie so anordnen, daß sie genau denselben Platz einnehmen, den sie auch im Körper des »Originals« innegehabt haben, nicht wahr?

HYLAS Ja.

PHILONOUS Die Bezeichnung »Atom« bedeutet, wie du weißt, »das Unteilbare«. Da man das Atom aber teilen kann (und das mit nicht eben geringem Effekt), ist diese Bezeichnung ein Anachronismus. Es ist denkbar, daß die Physiker sich darauf einigen, dem Atom einen neuen Namen zu geben, zum Beispiel »das Nichtlokalisierbare«, was der Wirklichkeit schon eher entspräche. Und was haben wir dann getan? Wir haben gesagt: »Man muß in der Kopie das Nichtlokalisierbare lokalisieren …« Wie du siehst, haben wir schon ganz zu Beginn unseres Gedankengangs eine in sich widersprüchliche, unerlaubte Operation durchgeführt, der nichts in der realen Welt entspricht. Haben dich diese Erklärungen jetzt befriedigt?

HYLAS Nein. Die rätselhaften, unauflöslichen Zweifel, die im Laufe des Gedankengangs entstanden sind, lassen sich meiner Meinung nach nicht alle auf diese erste, falsche Operation zurückführen. Es ist doch bekannt, daß wir unter bestimmten Umständen in der Lage sind, völlig originalgetreue Kopien atomarer Strukturen zu schaffen, zum Beispiel, wenn wir bestimmte, einfache Eiweißteilchen synthetisieren, die sich in ihrem Bau durch nichts vom Original unterscheiden. Vielleicht sind ja diese unerhört winzigen, kaum meßbaren Abweichungen, die durch das Prinzip der Unbestimmtheit bedingt sind, überhaupt gar nicht wesentlich, wenn man die Kopie eines lebendigen Organismus schaffen möchte. Die Natur vermag ja auch unerhört ähnliche Kopien von Organismen zu schaffen, hier braucht man nur an die eineiigen Zwillinge zu denken. Wer weiß, ob die Menschen nicht eines Tages lernen werden, genauso zu handeln, und dann türmen sich vor ihnen all die Dilemmata auf, mit denen wir konfrontiert wurden.

PHILONOUS Die Natur schafft Ebenbilder, so wie auch wir getreue Ebenbilder schaffen (zum Beispiel die Eiweißteilchen, die du erwähnt hast). Eine absolut genaue Anordnung der Atome jedoch ist ein Ding der Unmöglichkeit, und es kann sein, daß gerade darin das Rätsel des Entstehens psychischer Prozesse in bestimmten Strukturen verborgen liegt. Aber ich möchte mich nicht darauf versteifen. Ich habe dir ja zu Beginn gesagt, daß ich mir nicht ganz sicher bin, welche Wahrheit sich hinter meinem Gedankengang verbirgt, und daß das von mir aufgeworfene Problem der Unschärferelation Heisenbergs nur eine von vielen Möglichkeiten darstellt. Es gibt auch andere.

HYLAS Über diese anderen Möglichkeiten möchte ich gern Näheres erfahren.

PHILONOUS Eines scheint mir unzweifelhaft, Hylas: Dieses »Verbot«, auf das wir gestoßen sind, das »Verbot«, einen verstorbenen Menschen aus Atomen wieder zum Leben zu erwecken, war so etwas Ähnliches wie ein Signal, daß wir mit Begriffen von Atomen und Bewußtsein operieren, die mit deren realer Bedeutung nicht übereinstimmen. Auf diesen Mißbrauch, den wir uns möglicherweise haben zuschulden kommen lassen, indem wir allzu voreilig mit dem Begriff der Atome operierten, habe ich dich bereits aufmerksam gemacht. Ebenso ist es möglich, daß wir einen völlig ungeeigneten Zugang zum Problem des Bewußtseins gewählt haben. Einer der fundamentalen Züge des Bewußtseins ist sein Dauern in der (subjektiven) Zeit. Der Tod verursacht ein Abreißen, ein Aufhören dieses Zeitfadens. Vielleicht ist es so, daß man diesen Faden, wenn er einmal gerissen ist, nicht wieder aufnehmen, nicht in identischer Gestalt neu knüpfen kann.

HYLAS Weshalb nicht? Reißt er denn nicht für eine Weile bei denen, die schlafen, oder bei denen, die während einer Operation im Sterben liegen und bereits klinisch tot sind? Wir haben doch diese Beispiele in unserem Disput erwähnt.

PHILONOUS Viele Leute haben die Fähigkeit, beim Schlafengehen im vorhinein festzulegen, in wieviel Stunden sie wieder erwachen, was ihnen dann sogar gelingt. Daraus geht hervor, daß in ihrem Gehirn, sogar wenn sie in bleiernem Schlafe liegen und das Bewußtsein gänzlich verloren haben, die Prozesse der Zeitrechnung ablaufen, denn ansonsten wäre dieses Phänomen unmöglich. Zur Zeit des klinischen Todes arbeitet das Gehirn ebenfalls, wie das Vorhandensein von Aktionsströmen der Gehirnrinde zeigt, die man ebenfalls messen kann. So dauern also in beiden Fällen die fundamentalsten Prozesse im Gehirn an, nur daß ein teilweiser Zerfall, eine vorübergehende Desintegration dieser Prozesse eintritt. Dieser Zerfall ist nur bis zu einem gewissen Grade reversibel. Wenn bestimmte atomare Strukturen des Gehirns allzu großen Schaden genommen haben oder völlig zerrüttet sind, zerfallen sogar die fundamentalsten Prozesse, und an Stelle des klinischen Todes tritt der authentische Tod. Erst dann kann man vom völligen Stillstand der subjektiven Zeit sprechen. Vielleicht läßt sich dieser Zeitfaden aus Gründen, die uns heute nicht bekannt sind, nicht wiederaufnehmen, die aber ebenso fundamental sind wie die Gründe, aus denen ein Körper nicht Lichtgeschwindigkeit erreichen kann. Von diesem Letzteren wissen wir dank der Relativitätstheorie, das Bewußtsein wartet jedoch noch auf seinen Einstein.

HYLAS Ich muß gestehen, daß deine heutigen Gedanken etwas nach Sophistik riechen. Du versuchst, ein Gebäude einzureißen, welches du vorher mit eigenen Händen aufgebaut hast, zumindest jedoch ohne mir dabei diese positiven neuen Werte zu zeigen, die angeblich tief in der reductio ad absurdum verborgen sein sollen.

PHILONOUS Ich reiße nicht ein, Hylas, ich überlege nur. Viele andere Faktoren kommen ins Spiel, von denen ich nur noch zwei erwähnen möchte. Erstens, ruf dir ins Gedächtnis, daß wir das Problem, ob das Bewußtsein eines aus Atomen konstruierten Individuums dasselbe ist wie das des Verstorbenen oder nicht (ob es derselbe Mensch ist oder nur der gleiche), daß uns zu diesem Problem keine andere Lösung einfiel, als dem Delinquenten Fragen zu stellen, ihn ins Kreuzverhör zu nehmen und zu beobachten, während man im Grunde eine objektive Lösung hätte anstreben müssen. Zu diesem Zweck müßte man sein Bewußtsein unmittelbar beobachten können, müßte sich in dieses Bewußtsein sozusagen »einschalten« können, statt sich mit verbalen Behauptungen des untersuchten Individuums zufriedenzugeben.

HYLAS Aber das ist doch unmöglich.

PHILONOUS Woher weißt du das?

HYLAS Nun, weil einen »unmittelbaren Zugang zum Bewußtsein« ausschließlich dessen Besitzer hat. Wenn du in den Schädel eines lebendigen Menschen hineinsiehst, so wirst du nur sein Gehirn, nicht aber sein Bewußtsein erblicken.

PHILONOUS Und doch werde ich versuchen, zu einem späteren Zeitpunkt zu beweisen, daß ziemlich konkrete Voraussetzungen existieren, die es in der Zukunft erlauben werden, sich in das Bewußtsein eines anderen Menschen »einzuschalten«.

HYLAS Das ist unmöglich, denn dann müßtest du ja zur gleichen Zeit du selbst und jemand anderer sein (denn ich kann mir nicht vorstellen, daß man sich auf andere Weise in ein fremdes Bewußtsein »einschalten« kann, wie du sagst). Das jedoch ist ausgeschlossen.

PHILONOUS Wirklich? Und kann man zur gleichen Zeit an dem einen und an einem anderen, weit entfernten Orte weilen?

HYLAS Nein.

PHILONOUS Und wenn man vor dem Fernsehapparat sitzt, dann auch nicht?

HYLAS Das ist etwas anderes.

PHILONOUS Nun gut, wir werden sehen, ob es mir nicht gelingt, dich zu überzeugen.

HYLAS Ich höre dir mit dem größten Interesse zu, sprich!

PHILONOUS Zuerst mußt du mir sagen, ob dich meine bisherigen Erläuterungen zu meinem Gedankengang zufriedengestellt haben.

HYLAS Nein.

PHILONOUS Und weshalb nicht?

HYLAS Ich weiß immer noch nicht, wie die Absurdität entstanden ist, noch ob es möglich oder unmöglich ist, einen Menschen aus Atomen ins Leben zurückzurufen.

PHILONOUS Na, du bist mir der rechte. Ich erkläre dir doch schon seit einer Stunde, daß auch ich es nicht mit letzter Sicherheit weiß und dir statt dessen verschiedenartige Varianten einer Antwort präsentiere. Es gibt noch eine, die ich bisher nicht erwähnt habe. Nehmen wir mal an, ein Mann stirbt, und aus der Maschine treten zwei völlig originalgetreue Kopien auf einmal heraus. Welche ist die Kontinuation dieses Verstorbenen? Durch Nachdenken allein, wie sich erwiesen hat, kann diese Frage nicht entschieden werden. Es kann sein, daß gerade das Nachdenken in dieser Situation keinerlei Nutzen bringt. Und weshalb? Deshalb, weil das Nachdenken im System der formalen Logik verläuft, welche die Aufstellung von Gleichungen des Typs A = 2A nicht erlaubt, da sie sie für widersprüchlich erachtet. Doch in unserem Beispiel, so scheint es zumindest, gilt die Gleichung A = 2A, denn es hat eine »Vervielfältigung der Persönlichkeit« stattgefunden. Vielleicht müßte man hier eine Logik anwenden, welche die *lex exclusi medii* nicht kennt (also eine mehrwertige Logik). In jedem Falle siehst du, daß die Unmöglichkeit, das Problem zu lösen, sich vielleicht nicht nur aus einer inadäquaten Definition der Ausgangstermini herleitete (»Atome«, »Bewußtsein«), sondern auch von der Verwendung eines inadäquaten Rüstzeugs zum Nach-Denken (d. h. eines logischen Systems). Haben dich meine Erklärungen nun endlich zufriedengestellt?

HYLAS Insoweit schon, als daß ich deinen Gedankengang nicht länger als eine Attacke auf den Rationalismus ansehe ... aber ...

PHILONOUS Aber was?

HYLAS Jetzt tut es mir leid um deinen Beweis – er war so überzeugend, klar und einfach, und nun stellt sich heraus, daß er nur in einem Irrtum bestand ...

PHILONOUS Aber niemals in der Welt. Er war wertvoll als ein bestimmtes Zeichen – als ein Signal des Unbekannten. Er hat uns darauf hingewiesen, daß es dort, wo wir meinten, es gäbe keine Probleme, wo alles bereits erforscht sei, in Wirklichkeit noch Geheimnisse verborgen liegen. Ist das etwa wenig? Daher darf man weder die Augen vor ihm verschließen, noch ihn mit Weihwasser besprengen, um ihn zu einem Argument für den Irrationalismus zu machen, sondern man muß dieses Thema aufgreifen, muß es untersuchen, indem man sein Wissen über Atome, über vitale und psychische Prozesse erweitert, bis unser Wissen sich so gefestigt hat, daß es fähig sein wird, das Problem der Wiedererweckung aus Atomen mit materiellen Mitteln zu attackieren. Du wirst sehen, daß die Kybernetik hier bestimmte Perspektiven eröffnet, oder besser gesagt, bestimmte Konsequenzen dieser Wissenschaft tun dies.

HYLAS Mein Freund, allmählich glaube ich, daß gerade du dieser Einstein des Bewußtseins bist, der da kommen soll.

PHILONOUS Aber keineswegs, Hylas. Es ist eine Sache, Fragen zu stellen, jedoch eine andere, sie zu beantworten. Ich versuche einzig und allein, die Frage richtig zu stellen.

HYLAS Und wie lautet diese, kannst du mir das sagen?

PHILONOUS Sehr gern, aber nicht mehr heute. Wir werden uns hier morgen treffen. Und wie steht's mit meinem Gedankengang? Ist er dir jetzt klar?

HYLAS Nein.

PHILONOUS Mir auch nicht – aber ich denke, gerade das ist gut. Wenn der Mensch glaubt, daß er bereits alles von Grund auf weiß und versteht, daß es für ihn keinerlei Geheimnisse mehr gibt, gerade dann ist er meistens auf dem Weg ins Verderben. [...]

TERMINUS

[…] Anderthalb Millionen Kilometer hinter dem Arbiter erlebten sie die erste Enttäuschung: Das Mittagessen war ungenießbar. Der Funkmechaniker fluchte in allen Tonarten, am meisten aber ereiferte sich der Sanitäter, der, wie sich herausstellte, magenkrank war. Kurz vor dem Start war es ihm gelungen, ein paar Hühner zu erstehen. Eines davon hatte er den Kochkünsten des Funkmechanikers anvertraut – das Ergebnis war eine Brühe voller Federn. Um die Beefsteaks für die anderen Besatzungsmitglieder war es nicht besser bestellt – man hätte sich zeitlebens mit ihnen befassen müssen.

»Gehärtet, wie?« fragte der zweite Pilot und bohrte die Gabel in seine Portion, daß das Fleisch vom Teller sprang.

Der Funkmechaniker war gegen Sticheleien unempfindlich, er riet dem Sanitäter, sich die Brühe durchzuseihen. Pirx besann sich auf seine Pflichten als Vorgesetzter. Er wollte Frieden stiften, wußte aber nicht, wie er das anstellen sollte. Es gelang ihm nur mit Mühe, ein Lachen zu unterdrücken.

Nach dem Mittagessen aus der Konservendose kehrte er in den Steuerraum zurück. Er befahl dem Piloten, einen Kontroll-Sternfix zu machen, und trug die Werte, die der Schweremesser zeigte, ins Logbuch ein. Als sein Blick auf die Zeiger der Atomsäule fiel, pfiff er vor Überraschung vor sich hin – das war keine Säule, sondern ein Vulkan. Achthundert

Grad in der Ummantelung – und das nach erst vier Flug-stunden! Die Kühlung kreiste unter einem maximalen Druck von zwanzig Atmosphären. Pirx überlegte. Das Schlimmste schienen sie überwunden zu haben. Die Landung auf dem Mars war kein Problem – die Schwerkraft war um die Hälf-te geringer, die Atmosphäre dünner. Irgendwie zurückkom-men würden sie schon. Aber die Säule, die Säule – es mußte etwas geschehen … Er trat an den Kalkulator, stellte Berech-nungen an, wollte wissen, wie lange sie noch mit diesem Schub fliegen müßten, um auf die Kurierlinie zu kommen. Bei einer Geschwindigkeit unter achtzig Kilometer pro Sekunde wür-den sie sich sehr verspäten.

»Noch achtundsiebzig Stunden«, antwortete der Kalku-lator.

Achtundsiebzig Stunden? Das müßte die Säule sprengen! Wie ein Ei würde sie auseinanderfliegen – daran war nicht zu zweifeln. Pirx beschloß, die erforderliche Geschwindigkeit nicht auf einmal, sonder nach und nach zu entwickeln. Der Kurs würde sich dadurch ein wenig komplizieren, und man mußte auch Abschnitte ohne Schub fliegen, ohne Schwer-kraft also, was nicht gerade zu den angenehmsten Dingen ge-hörte. Aber wie dem auch war – es gab keinen anderen Aus-weg. Er schärfte dem Piloten ein, den Sternkompaß nicht aus den Augen zu lassen, und fuhr mit dem Fahrstuhl zum Reaktor hinunter. Als er den dunklen Korridor durchquerte, der von Laderäumen flankiert war, vernahm er ein dumpfes Dröhnen – es hörte sich an, als galoppiere eine Schar gepan-zerter Reiter über Eisenplatten.

Pirx beschleunigte seinen Schritt, ein schwarzes Knäuel

geriet ihm zwischen die Füße – die Katze. Sie jagte wie ein Blitz davon, gleichzeitig fiel irgendwo in der Nähe eine Tür ins Schloß, daß es krachte. Dann wurde es still. Pirx eilte weiter. Vor ihm öffnete sich wie ein Schlund der Hauptgang, der von schmutzigtrüben Lampen erhellt war, aber außer kahlen, geschwärzten Wänden war nichts zu sehen. Im Hintergrund brannte eine Glühbirne, das Kabel pendelte hin und her – irgend jemand hatte es in Schwingungen versetzt.

»Terminus!« rief Pirx aufs Geratewohl, aber nur das Echo antwortete ihm. Er wandte sich um, eilte in den Vorraum der Atomsäule, traf aber Boman, der vor ihm heruntergefahren war, nicht mehr an. Die Luft, trocken wie Sand, brannte in den Augen. Heißer Wind rauschte in den Trichtern der Ventilatoren, es herrschte ein Getöse wie in der Nähe eines Dampfkessels. Die Säule selbst arbeitete geräuschlos wie jede andere – der Lärm wurde von den Kühlaggregaten verursacht, die bis zum äußersten strapaziert waren. Die von einer Betonschicht umgebenen, kilometerlangen Rohrleitungen, durch die eiskalte Flüssigkeit strömte, gaben eigenartig klagende, stammelnde Laute von sich. Die Zeiger der Pumpen hinter den linsenartigen Gläsern waren ausnahmslos nach rechts gerichtet. Die wichtigste der Uhren – sie gab die Dichte des Neutronenstroms an – leuchtete wie ein Mond. Ihr Zeiger berührte fast die rote Grenze – ein Anblick, der jeden Kontrollinspektor an den Rand eines Herzinfarkts gebracht hätte. Die felsenähnliche Betonwand, narbig und rauh von den vielen Zementflicken, strahlte tödliche Hitze aus. Die Bleche der Plattform vibrierten – es war ein unangenehmes, nervöses Beben, das sich dem ganzen Körper mitteilte. Das Lampenlicht spiegelte sich ölig in den blitzenden Scheiben der Ventilatoren, ein weißes Signallämpchen begann zu flackern und verlosch, statt dessen flammte ein rotes Warnlicht auf. Pirx trat unter die Plattform, um nach den Leitungsschaltern zu sehen, aber Boman war ihm zuvorgekommen, er hatte den Automaten bereits auf Unterbrechung der Kettenreaktion in vier Stunden geschaltet. Die Geigerzähler tickten ruhig, der Signalisator zeigte ein kleines Leck an – 0,3 Röntgen pro Stunde. Pirx warf noch einen Blick in die dunkle Ecke der Kammer. Sie war leer.

»Terminus!« rief er. »He, Terminus!«

Keine Antwort. Die Mäuse in ihren Käfigen huschten wie weiße Flecke hin und her – sie fühlten sich offenbar nicht sonderlich wohl in der subtropischen Hitze. Pirx verließ die Kammer und verriegelte hinter sich die Tür. Draußen, im kühlen Gang, befiel ihn ein Zittern, sein Hemd war schweißnaß. Ziellos und ohne zwingenden Grund wagte er sich in die immer enger werdenden Gänge des Hecks vor, in denen Halbdunkel herrschte, bis ihm eine blinde Wand den Weg versperrte. Er berührte sie. Sie war warm. Seufzend kehrte er um, fuhr zum vierten Deck hinauf, in den Navigationsraum, und ging daran, den Kurs aufzuzeichnen. Als er das erledigt hatte, sah er auf die Uhr und stutzte: Es war neun, die Zeit war wie im Fluge verstrichen. Er knipste das Licht aus und verließ den Raum.

Als er in den Fahrstuhl stieg, entglitt ihm sanft der Fußboden unter den Füßen. Der Automat hatte die Säule ausgeschaltet, es herrschte Schwerelosigkeit.

In dem von Nachtlämpchen schwach erhellten Korridor

des Mittelschiffs summten die Ventilatoren ihr monotones Lied. Das schwache Licht in der Ferne flimmerte in den sich kreuzenden Luftströmungen. Pirx stieß sich von der Tür des Aufzuges ab und schwamm vor sich hin. Im bläulichen Dämmerlicht schwebte er an Türen vorbei, sie führten zu den Kajüten, in die er noch nicht hineingeschaut hatte. Die Trichter der Notausgänge, die durch rubinrote Lämpchen gekennzeichnet waren, klafften schwarz. Mit fließenden Bewegungen glitt er dicht unter der gewölbten Decke entlang, sein riesiger Schatten kroch langsam über den Boden.

Durch eine halboffene Tür gelangte Pirx in die große Messe, die nie benutzt worden war. Unter ihm, in dem Lichtstreifen, stand ein langer Tisch, flankiert von Sesselreihen. Pirx schwebte über den Möbeln, er glich einem Taucher in einem versunkenen Schiff. Die Lichtreflexe in den mattglänzenden Scheiben flimmerten, zerfielen in kleine bläuliche Flämmchen und verloschen. Hinter der Messe gähnte ein weiterer Raum, in dem es noch dunkler war. Pirx' Augen hatten sich an das Dämmerlicht gewöhnt, aber in dieser Finsternis versagten auch sie. Als er mit den Fingerspitzen eine elastische Fläche berührte, wußte er nicht, ob es die Decke war oder der Fußboden. Er stieß sich leicht ab, vollführte eine Wende wie ein Schwimmer und huschte lautlos weiter. In dem samtenen Schwarz schimmerten in einer Reihe längliche weiße Gebilde. Er ertastete eine kalte, glatte Oberfläche – es waren Waschbecken. Eines von ihnen war mit dunklen Flecken bedeckt. Blut?

Vorsichtig streckte er die Hand aus – es war nichts weiter.

Wieder eine Tür. Pirx öffnete sie, er hing schräg im Raum.

Im trüben Dämmerlicht bot sich ihm ein seltsamer Anblick: Gleich einem Gespensterreigen zogen Papiere und Bücher an seinem Gesicht vorbei, sie raschelten leise und verschwanden in der Dunkelheit. Er stieß sich erneut ab – diesmal mit den Füßen –, schwamm in einer Staubwolke in den Korridor zurück und schleppte die Wolke wie einen rötlichen Schleier hinter sich her.

Die Nachtlichter brannten ruhig, sie wirkten wie eine lange, phosphoreszierende Schnur. Die Decks schienen überflutet zu sein, sie schimmerten blau. Eine Leine hing von der Decke herab. Pirx ergriff sie und hielt sich fest. Als er sie losließ, schlängelte sie sich träge – es war, als habe er sie zum Leben erweckt.

Irgendwo in der Nähe ertönten Klopfzeichen – jemand schien mit einem Hammer auf Metall zu schlagen. Pirx sah auf, lauschte und schwamm in die Richtung, aus der das Geräusch zu ihm gedrungen war. Das Klopfen schwoll an, wurde schwächer. Pirx bewegte sich vorwärts, so schnell er es vermochte, er flog förmlich. In den Fußboden unter ihm waren rostige Schienen eingelassen – einst waren Loren für die Laderäume auf ihnen gerollt. Das Hämmern schwoll erneut an. Pirx' Blick fiel auf ein Rohr, das aus einem Quergang kam und unter der Decke entlanglief. Er berührte es und spürte, wie es zitterte. Die Klopfzeichen ertönten in Gruppen – jeweils zwei, drei Schläge auf einmal. Plötzlich hatte er begriffen: Jemand morste!

»A-c-h-t-u-n-g«, dröhnte es im Rohr. »B-i-n-h-i-n-t-e-r-d-e-m-s-p-a-n-t-e-n.« Pirx reihte die Buchstaben aneinander, eine Silbe nach der anderen.

»Ü-b-e-r-a-l-l-e-i-s ...«

Eis ...? Im ersten Augenblick begriff er gar nichts. Was für Eis? Was soll das? Wer ...

»D-e-r-b-e-h-ä-l-t-e-r-g-e-s-p-r-u-n-g-e-n ...«, tönte es. Pirx' Hand lag auf dem Rohr. Wer sendet da? fragte er sich. Und wo? Man müßte wissen, wohin die Rohrleitung führt ... Sicherlich zum Heck, ein unbenutzter Strang mit Abzweigungen nach allen Decks ... Irgend jemand übt sich im Morsen ... Schnapsidee ... Der Pilot vielleicht?

»P-r-a-t-t-a-n-t-w-o-r-t-e ...«

Pause ...

Pirx hielt den Atem an, der Name hatte ihn wie ein Schlag getroffen. Eine Sekunde lang starrte er mit geweiteten Augen auf die Leitung, dann warf er sich nach vorn. Der zweite Pilot! durchfuhr es ihn. Er erreichte die Kurve, stieß sich ab und schwamm auf den Steuerraum zu. Über ihm dröhnte das Rohr.

»W-a-y-n-e-h-i-e-r-s-i-m-o-n ...«

Das Klopfen wurde schwächer, Pirx hatte das Rohr aus den Augen verloren. Er warf sich zur Seite, bog in den Quergang ein, stieß sich von der Wand ab und erblickte durch eine Staubwolke den verbogenen Stumpf des Rohres mit dem eingeschraubten rostigen Stopfen. Hier endet es ..., überlegte er. Es führt also nicht zum Steuerraum. Dann kann das Klopfen nur vom Heck kommen ... Aber da ist doch niemand ...

»P-r-a-t-t-i-m-s-e-c-h-s-t-e-n-m-i-t-d-e-r-l-e-t-z-t-e-n ...«, hämmerte es. Pirx hing an der Decke wie eine Fledermaus, die Finger umklammerten das Rohr, in den Schläfen pochte es wie wild. Eine Weile war es still, dann setzte das Morsen wieder ein.

»D-i-e-f-la-s-c-h-e-h-a-t-d-r-e-i-ß-i-g-m-i-n-u-s ...«

Dreimaliges Klopfen ...

»M-o-m-s-s-e-n-a-n-t-w-o-r-t-e – m-o-m-s-s-e-n ...«

Stille ...

Pirx sah sich um. Die Geräusche waren verstummt, nur die Jalousie des Ventilators schepperte leise. Ein Luftzug war zu spüren, er wirbelte flockigen Staub auf, kleine Schattensprenkel tanzten an der Decke wie große, unförmige Nachtfalter. Plötzlich hagelte es heftige Schläge.

»P-r-a-t-t-p-r-a-t-t – m-o-m-s-s-e-n-a-n-t-w-o-r-t-e-t-n-i-c-h-t – h-a-t-s-a-u-e-r-s-t-o-f-f-i-m-s-i-e-b-e-n-t-e-n – k-a-n-n-s-t-d-u-d-u-r-c-h-k-o-m-m-e-n – e-m-p-f-a-n-g ...«

Erneut heftiges Hämmern, das Rohr zitterte noch lange danach. Pause. Dutzende unverständlicher Zeichen, dann eine schnelle Serie.

»G-e-h-t-s-c-h-w-a-c-h-g-e-h-t-s-c-h-w-a-c-h ...«

Stille ...

»P-r-a-t-t-a-n-t-w-o-r-t-e – p-r-a-t-t – e-m-p-f-a-n-g ...«

Stille ... oder?

Das Rohr bebte nur leicht. Wie aus weiter Ferne war ein leises Pochen zu hören – drei Striche, drei Punkte, drei Striche: SOS. Die Klopftöne wurden immer schwächer.

Noch zwei Striche ... Noch einer, dann ein durchdringender, ersterbender Laut, als kratze oder schabe jemand am Rohr.

Pirx hangelte sich weiter, er glitt mit dem Kopf voran am Rohr entlang und folgte dem Strang um Ecken und Kurven, mal höher, mal tiefer schwebend. Da, der Schacht, er stand offen … Der schräge Gang … Die Wände rückten näher zusammen … Die erste, die zweite, die dritte Tür des Laderaums … Es wurde dunkler … Pirx tastete mit den Fingern über das Rohr, er wollte es nicht verlieren. Schwarzer, brandiger Staub hüllte wie ein Tuch seine Hände ein … Die Decks lagen nun hinter ihm, er schwamm in dem Raum zwischen dem Außenpanzer und den Laderäumen. An den Traversen hingen die geschwollenen Leiber der Reservetanks, hin und wieder durchschnitt ein Lichtstreifen voller Staub die Dunkelheit. Pirx schaute hinauf und erblickte in dem schwarzen Schacht zwei Lampenreihen. Ihr Licht war rostrot von dem Staub, den er in einer länglichen Wolke wie Qualm hinter sich herschleppte. Die Luft war muffig, stickig, es roch nach erhitztem Blech. Er schwebte inmitten der schwach erkennbaren Schatten der Eisenkonstruktion und hörte das Rohr hallen.

»P-r-a-t-t-p-r-a-t-t-a-n-t-w-o-r-t-e-n – p-r-a-t-t- …«

Die Leitung gabelte sich. Pirx preßte die Hände um beide Stränge, er wollte wissen, aus welcher Richtung die Geräusche kamen, aber es war vergebens. Auf gut Glück bog er links ab. Ein Eingang. Ein Tunnel, der enger wurde, schwarz wie Teer. Am Ende war ein Lichtschein zu erkennen. Pirx schwamm auf ihn zu, so rasch er konnte, und landete in der Vorkammer des Reaktors.

»H-i-e-r-w-a-y-n-e – p-r-a-t-t-a-n-t-w-o-r-t-e-t-n-i-c-h-t …«, dröhnte es im Rohr, als er die erste Tür öffnete. Heiße Luft schlug ihm ins Gesicht. Er zog sich an der Plattform hoch, die Kompressoren heulten, warmer Wind zauste sein

Haar. Er erblickte in verkürzter Perspektive die Betonwand des Reaktors, die Uhren leuchteten, die Signallichter zitterten wie rote Tropfen.

»S-i-m-o-n-a-n-w-a-y-n-e – h-ö-r-e-m-o-m-s-s-e-n-u-n-t-e-r-m-i-r ...«, hämmerte es in unmittelbarer Nähe. Das Rohr verlief im Bogen nach unten, und dort, wo es in die Hauptleitung mündete, stand Terminus, der Automat. Er hatte sich breitbeinig hingestellt, seine Arme zuckten abwechselnd vor, er schien mit einem unsichtbaren Gegner zu kämpfen. Mit vollen Händen warf er Zementteig an die Wand, klatschte ihn breit, verbesserte, modellierte und wandte sich dem nächsten Abschnitt zu. Pirx verfolgte den Rhythmus der Bewegungen. Die Arme, die wie Kolben arbeiteten, trommelten: »H-i-e-r-w-a-y-n-e – m-o-m-s-se-n-a-n-t-w-o-r-t-e – m-o-m-s-s-e-n ...«

»Terminus!« rief Pirx. Er starrte das metallene Gesicht an und dann die blitzenden stählernen Pranken. Das linke Auge des Roboters war schielend auf ihn gerichtet.

»Ich höre«, erwiderte der Automat monoton.

»Was ... Was morst du da?«

»Ich plombiere das Leck«, antwortete die tiefe Stimme.

»S-i-m-o-n-a-n-w-a-y-n-e – p-o-t-t-e-r – p-r-a-t-t-h-a-t-n-u-l-l – m-o-m-s-s-e-n-a-n-t-w-o-r-t-e-t-n-i-c-h-t ...« Das Eisen dröhnte unter der Gewalt der Schläge. Der schwere Zementteig troff herab, die stählernen Klauen rissen ihn hoch, hielten ihn fest, preßten ihn erneut an die Fläche. Einige Sekunden lang erstarrten die Arme in hocherhobener Stellung, dann bückte sich der Automat, schöpfte eine neue Portion metallischen Zements, und eine weitere Serie heftiger Hiebe folgte.

»M-o-m-s-s-e-n-m-o-m-s-s-e-n-a-n-t-w-o-r-t-e – m-o-m-s-s-e-n-m-o-m-s-s-e-n-m-o-m-s-s-e-n-m-o-m-s-s-e-n-m-o-m-s-s-e-n-m-o-m-s-s-e-n-m-o-m ...« Der Rhythmus wurde obstinater, rasender, die Wasserleitung zitterte und stöhnte unter dem Hagel der Schläge – es war ein Schrei, der nicht enden wollte ...

»Terminus, hör auf!« Pirx warf sich nach vor, er versuchte, die öligen Handgelenke des Automaten zu packen, aber sie entglitten ihm. Terminus erstarrte in geduckter Haltung, hinter der Betonwand heulten die Pumpen. Pirx hatte den öltriefenden Körper nun unmittelbar vor sich, an den stockartigen Beinen floß das Öl nur so herunter. Er wich zurück.

»Terminus ...«, sagte er schwach. »Was hast ...« Er stockte. Der Roboter rieb sich die Stahlklauen rasselnd aneinander. Die angetrockneten Zementreste bröckelten ab, fielen aber nicht zu Boden, sondern tanzten in der Luft herum und flossen wie ein Rauchring auseinander.

»Was hast du getan?« fragte Pirx.

»Ich habe das Leck plombiert. Vier Zehntel Röntgen in der Stunde. Darf ich weiterplombieren?«

»Du darfst ...«, sagte Pirx. Er betrachtete die großen Hände des Automaten, die sich allmählich entspannten. »Ja, du darfst.«

Er wartete. Terminus schien ihn nicht mehr zu sehen. Er schöpfte mit der linken Hand Zement, schleuderte ihn blitzschnell gegen die Wand, drückte ihn fest und glättete ihn: drei Schläge. Dann zuckte die Rechte vor und trommelte gegen das Rohr: »P-r-a-t-t-l-i-e-g-t-i-m-s-e-c-h-s-t-en – m-o-m-s-s-e-n-a-n-t-w-o-r-t-e – a-n-t-w-o-r-t-e-m-o-m-s-s-e-n ...«

»Wo ist Pratt?« schrie Pirx voller Entsetzen.

Die Hände des Roboters blitzten im Licht. Er antwortete sofort: »Ich weiß nicht ...« Während er sprach, klopfte er mit solcher Geschwindigkeit, daß Pirx nur mit Mühe folgen konnte.

»P-r-a-t-t-a-n-t-w-o-r-t-e-t-n-i-c-h-t ...«

Dann geschah etwas Verblüffendes. Die rasende Serie der rechten Hand wurde von einer zweiten, schwächeren überlagert – die Finger der Linken pochten sie. Die einzelnen Zeichen vermischten sich, sekundenlang erbebte die Rohrleitung im Rhythmus eines zweifach gehämmerten, irren, allmählich leiser werdenden Wirbels: »K-l-t-h-a-n-d-k-a-n-n-i-m-e-h-r ...«

»Terminus ...«, kam es tonlos von Pirx' Lippen, während er zu der eisernen Treppe zurückwich. Der Automat beachtete ihn nicht mehr, sein ölglänzender Leib erzitterte im Rhythmus der Arbeit. Pirx brauchte nicht hinzuhören, er las die Zeichen an den Bewegungen der Arme ab, die im Dämmerlicht aufblitzten.

»M-o-m-s-s-e-n-a-n-t-w-o-r-t-e ...«

Er lag auf dem Rücken, fand keinen Schlaf. Vor seinen Augen erstanden Bilder, sie zuckten auf wie Blitze und wurden durch neue verdrängt ... Pratt hatte sich also weiter ins Schiffsinnere gewagt ..., grübelte er. Der Sauerstoff war ihm ausgegangen ... Die beiden anderen hatten ihm nicht helfen können ... Und Momssen? Weshalb antwortete der nicht? Tot? ... Nein, Simon hörte ihn ... Er war also irgendwo in der Nähe, vielleicht hinter der Wand ... Hinter der Wand? Dann muß dort Luft gewesen sein … Ja, sonst hätte er nicht gelebt … Simon hörte etwas – aber was? Schritte? Weshalb riefen sie Momssens Namen überhaupt …? Und weshalb antwortete er nicht …?

Eine Agonie … Eine Agonie in Punkten und Strichen … Dieser Terminus … Wie war das möglich? Man hatte ihn in der Kammer gefunden, unter einem Schutthaufen … Wahrscheinlich an der Stelle, wo die Rohrleitung nach außen führte. Er war verschüttet, konnte aber das Klopfen hören … Wie lange mögen sie gemorst haben? Der Sauerstoffvorrat war beträchtlich, sicherlich hatte er Monate gereicht … Der Lebensmittelvorrat ebenfalls … Terminus lag also unter den Trümmern … Halt, Moment mal – die Schwerkraft fehlte doch! Was hatte ihn stillgelegt? Die Kälte wohl … Er konnte sich nicht bewegen, denn bei der niedrigen Temperatur gerann ihm das Öl in den Gelenken … Die hydraulische Flüssigkeit gefror, sprengte die Leitungen … Übrig blieb nur das Elektronengehirn, es hatte alles vernommen, hatte die Klopfzeichen, die immer schwächer wurden, festgehalten, hatte sich alles gemerkt, als ob es erst gestern geschehen wäre. Und Terminus selbst … Ahnt er nichts? Wie das? Weiß er wirklich nicht, daß die Morsezeichen den Rhythmus seiner Arbeit bestimmen? Lügt er? Nein – Automaten lügen nicht …

Die Müdigkeit überschwemmte Pirx wie schwarzes Wasser. Vielleicht sollte ich gar nicht hinhören, dachte er. Es war ihm unerträglich, immer wieder diesen Todeskampf mitzuerleben und jede furchtbare Einzelheit, jede Phase, jedes Signal zu analysieren, das Flehen um Sauerstoff, das Schreien. Man darf das nicht tun, wenn man nicht helfen kann …, sagte er sich. Bleiern senkte sich der Schlaf auf ihn, er war keines Gedankens mehr fähig, nur seine Lippen formten stumm, als widerspräche er jemandem: »Nein ... Nein ... Nein ...«

Dann war nichts mehr.

In völliger Dunkelheit fuhr er hoch. Er wollte sich im Bett aufsetzen, aber die festgeschnallte Decke gab nicht nach. Tastend löste er die Gurte, schaltete das Licht ein.

Die Triebwerke arbeiteten. Pirx warf sich den Mantel über und machte ein paar Kniebeugen, um den Grad der Beschleunigung zu schätzen. Sein Körper wog gut hundert Kilo. Anderthalb g etwa, konstatierte er. Die Rakete vollführte eine Wendung, deutlich war das Vibrieren zu spüren. Die Wandschränke knackten warnend, eine Tür öffnete sich mit ärgerlichem Krächzen, Kleidungsstücke, Schuhe – alle Gegenstände, die nicht befestigt waren, rutschten in Richtung Heck, urplötzlich belebt, als verbinde sie ein geheimes Streben.

Pirx trat an das Schränkchen des Interkoms und öffnete es. Drinnen stand ein Apparat, der einem altmodischen Telefon ähnelte.

»Steuerraum!« rief er in den Hörer. Die Kopfschmerzen waren so heftig, daß er beim Klang seiner Stimme zusammenzuckte.

»Erster. Was ist?«

»Kurskorrektur«, antwortete der Pilot wie aus weiter Ferne. »Wir haben eine kleine Abweichung.«

»Wie groß?«

»Sechs ... Nein, sieben Sekunden.«

»Was macht die Säule?« fragte Pirx vorsichtig.

»Sechshundertzwanzig im Mantel.«

»Und in den Laderäumen?«

»In den Bordräumen je zweiundfünfzig, in den Kielräumen siebenundvierzig, in den Heckräumen neunundzwanzig und fünfundfünfzig.«

»Welche Abweichungen hatten wir, Munro? Wieviel sagten Sie?«

»Sieben Sekunden.«

»Na schön.« Pirx warf den Hörer auf die Gabel. Er wußte, daß der Pilot log. Für eine Korrektur von sieben Sekunden hätte es nicht einer solchen Beschleunigung bedurft. Er schätzte die Kursabweichung auf mehrere Grad.

Diese Hitze in den Laderäumen …, dachte er. Möchte wissen, was sie im Heck untergebracht haben … Etwa Lebensmittel? Er setzte sich an den Schreibtisch.

»Blauer Stern« Terra-Mars an Kompo Erde – Erster Offizier an Reeder – Reaktor erhitzt Ladung – Bezeichnung des im Heck gefährdeten Ladeguts fehlt – Erbitte Hinweise – Pirx, Navigator – Ende.

Pirx schrieb noch, als die Triebwerke bereits verstummt waren und die Schwerkraft schwand. Er drückte mit dem Bleistift auf, und das genügte, um im wahrsten Sinne des Wortes in die Luft zu gehen. Verärgert stieß er sich von der Decke ab, landete wieder im Sessel und überflog noch einmal den Text des Funkspruches.

Er überlegte eine Weile, zerriß dann das Formular und stopfte die Fetzen in die Schublade. Die Müdigkeit hatte er verscheucht, die Kopfschmerzen waren geblieben. Anziehen wollte er sich nicht, denn das wäre bei der fehlenden Schwerkraft zu einer komplizierten Prozedur geworden, zu wankenden Sprüngen, zu einem Ringkampf mit den einzelnen Kleidungsstücken. So wie er war, den Mantel über dem Pyjama, verließ er die Kajüte.

Im bläulichen Licht der Nachtlampen fiel einem der klägliche Zustand der Beschläge nicht so sehr ins Auge. Pirx hörte die Ventilatoren fauchen, er sah den Schmutz, der von den schwarzen Schlünden angesogen wurde wie von einem Strudel. Es war still im »Blauen Stern«, absolut still. Pirx hing nahezu regungslos über seinem eigenen Schatten, der sich schräg an der Wand abzeichnete, er lauschte und hielt die Augen geschlossen. Es kam vor, daß Menschen in dieser Haltung einschliefen, aber das war gefährlich, denn sie konnten auf den Fußboden oder gegen die Decke geschleudert werden, sobald die Triebwerke eingeschaltet wurden.

Pirx hörte die Ventilatoren nicht mehr, nicht einmal das Pochen seines Herzens. Ihm war, als könne er die nächtliche Stille, die im Raumschiff herrschte, von jeder anderen unterscheiden. Auf der Erde spürt man die Begrenztheit der Stille, ihre Endlichkeit, ihren Augenblickscharakter. Inmitten der Monddünen aber trägt der Mensch sein eigenes kleines Schweigen mit sich herum, das im Innern des Skaphanders gefangen ist. Jedes feine und feinste Geräusch schwillt ins Riesenhafte an – das Knirschen der Gurte, das Knacken der Gelenke, der Pulsschlag, ja sogar der Atem. Das Schiff verliert sich im eisigen Nichts der Finsternis.

Pirx führte die Uhr an die Augen – es war gegen drei.

Wenn das so weitergeht, mach ich schlapp, dachte er. Er

stieß sich von der gewölbten Trennwand ab, breitete die Arme aus und landete wie ein Vogel, der seine Geschwindigkeit bremst, auf der Schwelle der Kajüte. Aus der Ferne erreichte ihn, wie aus einem eisernen Erdinnern, ein kaum spürbarer Laut.

Bang – bang – bang.

Drei Klopfzeichen.

Fluchend schlug er die Tür zu und warf gedankenlos den Mantel ab. Das Kleidungsstück bauschte sich auf und schwebte wie ein riesiges Gespenst davon. Er löschte das Licht, legte sich hin, bedeckte den Kopf mit einem Kissen und schloß die Augen. »Idiot! Verdammter eiserner Idiot!« murmelte er vor sich hin. Er zitterte vor Wut, konnte sich aber deren Ursache nicht erklären. Die Erschöpfung überwältigte ihn, im Nu war er eingeschlafen.

Als er die Augen aufschlug, war es gegen sieben. Benommen hob er die Hand – sie fiel nicht herab. Er zog sich an, stieß sich ab, schwebte hinaus. Draußen auf dem Gang lauschte er unwillkürlich. Es war still. Im Steuerraum herrschte Halbdunkel, grünliche Lichtreflexe spielten auf den Radarschirmen. Der Pilot lag weit zurückgelehnt im Sitz und rauchte, der Qualm hing in Schwaden vor den Bildschirmen und verfärbte sich in ihrem Licht. Ein leises Klimpern war zu hören, irgendeine irdische Melodie, die ab und zu von kosmischen Geräuschen übertönt wurde. Pirx ließ sich auf den Sitz hinter dem Piloten gleiten. Er hatte nicht einmal das Verlangen, die Werte des Schweremessers abzulesen.

»Wann geben Sie Schub?« erkundigte er sich.

Der Pilot erriet den Grund der Frage. »Um acht. Aber

wenn Sie baden möchten, kann ich auch gleich anfangen –
mir ist das einerlei.«

»Ach was. Halten wir uns lieber an das Programm.«

Sie schwiegen. Der Lautsprecher summte immer wieder
dasselbe Motiv. Pirx kämpfte mit dem Schlaf. Hin und wieder schrak er auf, nickte aber gleich wieder ein. Große grüne
Katzenaugen traten aus der Finsternis, er blinzelte – sie verwandelten sich in beleuchtete Skalen. So dämmerte er halb
wachend, halb träumend vor sich hin, bis der Lautsprecher
zu krächzen begann.

»Hier spricht Dejmos. Es ist sieben Uhr dreißig. Wir senden unser tägliches Meteoritenkommuniqué für die innere
Zone. Unter dem Einfluß des Schwerefeldes des Mars ist im
Schwarm der Drakoniden, der die Gürtelzone verlassen hat,
eine Randstörung entstanden. Sie wird heute die Sektoren
83, 84 und 87 kreuzen. Von der Meteoritenstation des Mars
wird die Wolke auf vierhunderttausend Kubikkilometer ge-
schätzt. In diesem Zusammenhang werden die Sektoren 83,
84 und 87 bis auf Widerruf für alle Flüge gesperrt. Wir geben jetzt die Zusammensetzung der Wolke bekannt, wie sie
von den ballistischen Sonden des Phobos übermittelt worden ist. Nach neuesten Meldungen besteht die Wolke aus
Mikrometeoriten der Klasse X, XY, Z ...«

»Betrifft uns nicht ... Ein Glück!« sagte der Pilot. »Würde uns schlecht bekommen, wenn ich alles in die Düsen ja-
gen müßte ... Habe eben erst gefrühstückt!«

»Wieviel haben wir?« fragte Pirx. Er löste sich vom Sitz.

»Mehr als fünfzig.«

»Wirklich? Nicht übel.«

Pirx begab sich zur Messe. Vorher kontrollierte er noch rasch den Kurs, die Uranographen und die Intensität der Durchlässigkeit – sie war konstant. In der Messe drehte sich das Gespräch wider Erwarten nicht um den nächtlichen Lärm, sondern um Lottozahlen. Sims schien mit Ungeduld auf die nächste Ziehung zu warten, er wurde nicht müde, von angeblichen Gewinnen seiner Kollegen und Bekannten zu erzählen.

Nach dem Essen suchte Pirx den Navigationsraum auf und begann die bisher zurückgelegte Strecke einzuzeichnen. Plötzlich stutzte er und bohrte die Zirkelspitze ins Reißbrett. Er zog die Schublade auf, griff nach dem Logbuch und überflog die Liste der letzten Besatzung der »Koriolan«.

Offiziere: Pratt und Wayne … Piloten: Nolan und Potter … Mechaniker: Simon …

Eine Weile betrachtete er die schwungvollen Schriftzüge des Kommandanten, dann legte er das Buch wieder in die Schublade. Er vollendete die Zeichnung, steckte die Kopie ein und fuhr in den Steuerraum hinunter, wo er binnen einer halben Stunde den genauen Zeitpunkt der Marslandung errechnete. Als er auf dem Rückweg an der Messe vorbeikam, warf er einen Blick durch die Türscheibe. Die Offiziere spielten Schach, der Sanitäter saß vor dem Fernsehgerät mit einem elektrischen Heizkissen auf dem Bauch.

Pirx schloß sich in der Kajüte ein. Er sah die Funksprüche durch, die er vom Piloten bekommen hatte, und bei dieser Beschäftigung übermannte ihn im Handumdrehen der Schlaf … Hin und wieder fuhr er auf – ihm war, als höre er die Triebwerke arbeiten ... Er bemühte sich, die Augen zu öffnen, aber es wollte und wollte ihm nicht gelingen – jedesmal überschwemmte ihn bleierne Müdigkeit. Im Traum sah er sich im Steuerraum – er war menschenleer. Auf der Suche nach den Männern kreiste er schwerelos im stockfinsteren Labyrinth der Heckkorridore umher, fand aber keinen ... Als er schweißüberströmt erwachte, ärgerte er sich – er ahnte, daß er des Nachts keinen Schlaf finden würde.

Gegen Abend schaltete der Pilot die Triebwerke ein. Pirx nutzte die Gelegenheit und nahm ein heißes Bad. Angenehm belebt ging er in die Messe, trank einen Kaffee und erkundigte sich telefonisch nach der Temperatur des Reaktors. Sie betrug tausend Grad, und es war unerklärlich, daß sie den kritischen Punkt noch nicht überschritten hatte. Gegen zehn erhielt er einen Anruf aus dem Steuerraum – sie waren einem Raumschiff begegnet, das einen Kranken an Bord hatte. Als Pirx erfuhr, daß es sich um akute Blinddarmreizung handelte, empfahl er seinen Sanitäter nicht, zumal in einer Entfernung von höchstens drei Millionen Kilometer ein großes Passagierschiff flog, das ärztliche Hilfe anbot.

So schleppte sich der Tag dahin, träge und ereignislos. Um elf wurde das weiße Licht gelöscht, das auf allen Decks brannte, mit Ausnahme des Steuerraums und der Atomsäulenkammer. Die bläulichen Nachtlämpchen flammten auf, aber in der Messe blieb es noch bis Mitternacht hell – Sims saß am Schachbrett, er spielte gegen sich selbst. Pirx fuhr in die unteren Laderäume, um die Temperatur zu kontrollieren. Unterwegs begegnete er Boman, der gerade von der Säule kam. Der Ingenieur war guter Dinge – das Leck wurde nicht größer, und die Kühlung arbeitete zufriedenstellend.

Boman verabschiedete sich, Pirx blieb im leeren Gang zurück. Ein kühler Luftzug wehte, er brachte die Spinnwebenreste zum Zittern, die sich um die Öffnungen der Ventilatoren spannten. Beiderseits des schmalen Korridors erhoben sich, hoch wie Kirchenschiffe, die riesigen Laderäume. Pirx ging noch eine Weile auf und ab. Kurz nach Mitternacht verstummten die Triebwerke – Schwerelosigkeit trat ein.

Pirx vernahm Geräusche, schrille und gedämpfte, sie drangen aus verschiedenen Richtungen an sein Ohr und verebbten allmählich. Er wußte, daß der Lärm von unbefestigten Gegenständen verursacht wurde, die sich beim Eintritt der Schwerelosigkeit in Bewegung setzten, gegen Wände, Dekken und Fußböden schlugen und ein vielstimmiges Echo erzeugten. Endlich verhallte das Getöse. Stille trat ein, nur noch das eintönige Rauschen der Ventilatoren war zu hören.

Pirx fiel ein, daß das Schreibtischschubfach im Navigationsraum klemmte. Auf der Suche nach einem Stemmeisen schwamm er einen langen, darmähnlichen Flur entlang, der zwischen dem Backbordladeraum und dem Kabeltunnel hindurchführte, und geriet in die Abstellkammer, den schmutzigsten Winkel des ganzen Schiffes. Der dichte Staub bedeckte nicht den Boden, sondern schwebte im Raum. Pirx wäre um ein Haar erstickt, mit Müh und Not fand er zur Tür zurück.

Als er sich dem Mittelschiff näherte, hörte er Schritte im Gang. Schritte bei Schwerelosigkeit? dachte er. Das kann nur der Automat sein … Das Stampfen wurde lauter, die magnetischen Saugnäpfe an den Füßen des Roboters klickten. Pirx wartete. Am Ende des Flurs tauchte eine schwarze Silhouette auf, sie hob sich scharf vom schwach erhellten Hintergrund ab. Der Automat schwankte, ruderte mit den Armen.

»He, Terminus!« rief Pirx und glitt aus dem Schatten.

»Ich höre.«

Die dunkle Gestalt blieb stehen, der Körper rückte träge in die Senkrechte.

»Was tust du hier?«

»Die Mäuse ...«, schnarrte es hinter dem Brustpanzer, ein heiserer Zwerg schien in der Rüstung zu stecken. »... die Mäuse schlafen unruhig ... Sie wachen auf ... Sie laufen umher ... Sie haben Durst ... Wenn sie Durst haben, muß man ihnen Wasser geben ... Die Mäuse trinken viel bei hoher Temperatur ...«

»Und was tust du?« fragte Pirx.

Der Automat geriet wieder ins Schwanken.

»Die Temperatur ist hoch ... Ich bewege mich ... Ich bewege mich immer bei hoher Temperatur ... Ich gebe den Mäusen Wasser ... Wenn sie es trinken und einschlafen, dann ist es gut ... Durch zu hohe Temperatur können Störungen entstehen ... Ich passe auf ... Ich gehe zum Reaktor ... Ich gebe den Mäusen Wasser ...«

»Du bringst den Mäusen Wasser?« fragte Pirx.

»Ja ... Terminus.«

»Wo hast du es?«

»Hohe Temperatur ... Hohe Temperatur ...«, sagte der Automat, als habe er die Frage nicht verstanden. Die ratlose

Gebärde, mit der er seine Worte begleitete, wirkte so menschlich, daß Pirx stutzte. Der Roboter hob die Greifer und führte sie nacheinander an die Augen. Die gläsernen Pupillen bewegten sich, fixierten die leeren, metallischen Handflächen und erstarrten.

»Kein Wasser da ... Terminus.«

»Wo ist es denn?« fragte Pirx. Er beobachtete den Roboter unter halbgeschlossenen Lidern. Terminus, der ihn um Kopfeslänge überragte, gab mehrere unverständliche Laute von sich und sagte dann unverhofft in tiefem Baß: »Hab ver ... gessen.«

Das klang so hilflos, daß Pirx nahe daran war, die Fassung zu verlieren. Eine Weile betrachtete er die schwankende Gestalt, dann sagte er: »Vergessen? Geh zum Reaktor. Aber komm wieder, hörst du?!«

»Ich höre.«

Terminus machte rasselnd kehrt und stapfte mit unsagbar steifen, greisenhaften Bewegungen davon. In der Perspektive des langgezogenen Korridors wirkte er viel kleiner als vorhin. Pirx sah, wie er über eine Stufe stolperte, mit den Armen ruderte, mühsam um Gleichgewicht rang und schließlich in einem Quergang verschwand. Es dauerte eine Weile, bis das Echo seiner Schritte verhallte.

Pirx wollte umkehren, aber er überlegte es sich anders. Dicht über dem Fußboden dahingleitend, erreichte er den sechsten Ventilationsraum. Er wußte, daß es auch bei abgeschalteten Triebwerken verboten war, sich in den Schächten zu bewegen, aber er scherte sich nicht darum. Kurz entschlossen stieß er sich vom Geländer ab und landete wenige Augenblicke danach im Heck – innerhalb zehn Sekunden hatte er sieben Etagen passiert. Die Atomkammer betrat er nicht. An der Wand, etwa in halber Höhe, entdeckte er einen länglichen Riegel. Er schwamm heran, schob den Riegel zurück, öffnete eine schmale Tür. Ein Fenster aus Bleiglas kam zum Vorschein, es war in Stahl gefaßt und bildete die Rückwand des Mäusekäfigs. Durch diese Scheibe konnte man die Tiere beobachten, ohne die Kammer betreten zu müssen. Pirx erblickte den Käfig – er war leer. Jenseits des Drahtgitters schimmerte im hellen Lampenschein der tropfnasse Rücken des Roboters, er hing fast senkrecht im Raum, die Arme bewegten sich träge. Terminus versuchte, die weißen Mäuse einzufangen, die sich auf seinem Metallrumpf häuslich niedergelassen hatten. Sie huschten über die Schulterbleche, krabbelten über den Brustpanzer, rotteten sich an den Vertiefungen des vielgliedrigen Bauches zusammen, wo sich Wasser angesammelt hatte, leckten es gierig auf, purzelten durcheinander … Terminus war eifrig damit beschäftigt, die Tierchen einzufangen, die ihm immer wieder durch die Finger schlüpften. Ihre Schwänzchen verhedderten sich, ringelten sich zu wunderlichen Arabesken – all das war so eigenartig, so komisch, daß Pirx von einem unwiderstehlichen Lachreiz gepackt wurde.

Nach und nach gelang es Terminus, die Mäuse einzufangen. Jedesmal, wenn er ein paar von ihnen in den Käfig warf, näherte sich sein maskenhaftes Gesicht dem Fenster, aber er schien das Augenpaar hinter der Scheibe nicht zu bemerken. Zwei, drei Mäuse schwebten noch im Raum. Endlich wurde Terminus auch mit ihnen fertig, er verschloß den Käfig und entfernte sich. Pirx sah nur noch seinen übermenschlichen Schatten, der über die Betonwand des Reaktors glitt.

Vorsichtig schob er die kleine Tür zu und kehrte in die Kajüte zurück. Er zog sich aus, legte sich hin, fand aber keinen Schlaf. Unschlüssig griff er nach dem Tagebuch des Astronavigators Irving, legte es jedoch nach kurzem Blättern wieder beiseite – die Augen brannten ihm, als habe jemand feinen Sand hineingestreut. Hellwach, aber mit brummendem Schädel, dachte er verzweifelt an die vielen Stunden, die ihn noch vom Tage trennten. Er warf sich den Mantel um und verließ die Kajüte.

Dort, wo der Hauptkorridor den Bordgang kreuzte, hielt er inne – ein Stampfen drang aus dem Ventilationsschacht. Er preßte das Ohr ans Gitter und lauschte. Die Geräusche kamen von unten, sie waren verzerrt – der tiefe, brunnenartige Schacht erzeugte ein vielfaches Echo. Pirx stieß sich mit den Händen vom Gitter ab und glitt, mit den Füßen voran, zum Heck hinunter. Die Schritte erdröhnten nun in unmittelbarer Nähe, sie verstummten einen Augenblick, setzten wieder ein – der Automat kam zurück. Pirx wartete, er schwebte dicht unter der Decke, der Korridor war an dieser Stelle sehr hoch. Der Tritt der schweren Sohlen wurde lauter, dann herrschte plötzlich Stille. Pirx' Geduld wurde auf eine harte Probe gestellt ... Endlich setzte das Stampfen wieder ein, und ein langer Schatten kroch über den Fußboden. Terminus stakste heran, Pirx hing so dicht über ihm, daß er das Pochen des hydraulischen Herzens hören konnte. Der Automat ging noch ein paar Schritte, dann blieb er stehen und stieß ein durchdringendes Zischen aus. Sein Körper schwankte hin und her, es sah aus, als wolle er sich vor den Eisenwänden verneigen. An einem finsteren Quergang unterbrach er erneut seinen Marsch und versuchte vergebens, den Kopf durch das Gitter eines Ventilationsschachts zu stecken. Zischend richtete er sich auf und stapfte weiter. Pirx hatte es satt.

»Terminus!« rief er.

Der Automat, der sich gerade bückte, hielt mitten in der Bewegung inne. »Ich höre.«

»Was suchst du hier schon wieder?« Pirx starrte den Roboter an. Er blickte in eine abgeflachte, ausdruckslose Larve, die nichts verriet, weil sie mit einem menschlichen Antlitz nichts gemein hatte.

»Ich suche ... Ich suche die Katze ...«, sagte der Automat.

»Waas?«

Terminus richtete sich zu voller Größe auf. Er tat es langsam, mit quietschenden Gelenken und träge herabhängenden Armen – in seiner Bewegung lag etwas Drohendes.

»Ich suche die Katze ...«, wiederholte er.

»Wozu?«

Der Automat ließ sich Zeit, er stand regungslos da wie eine Metallsäule. »Weiß nicht ...«, sagte er leise. Pirx war verwirrt. Es war totenstill. Schwacher Lampenschein erhellte die rostigen Gleise an den verschlossenen Türen. Der Korridor wirkte wie ein stillgelegter Bergwerksstollen.

»Genug!« sagte Pirx. »Gehe zum Reaktor zurück und rühr dich nicht vom Fleck, hörst du?«

»Ich höre.« Terminus wandte sich um und stapfte davon. Pirx blieb allein, er hing in halber Höhe zwischen Decke und Fußboden. Die Zugluft trug ihn mit sich fort, sie trieb ihn Zentimeter um Zentimeter dem Ventilator zu. Er stieß sich mit den Füßen von den Wänden ab, kam zum Fahrstuhl, schwebte nach oben, vorbei an den schwarzen Schlünden der Schächte, die vom stampfenden Marschtritt des Roboters widerhallten wie vom Pendelschlag einer gewaltigen Uhr.

In den folgenden Tagen nahm die Mathematik Pirx völlig in Anspruch. Jedesmal, wenn die Säule eingeschaltet wurde, erhitzte sie sich mehr, zugleich verringerte sich ihre Leistung. Boman vermutete, daß die Neutronenspiegel am Ende waren – die langsam, aber unerbittlich ansteigende radioaktive Durchlässigkeit zeuge davon. Durch komplizierte Berechnungen versuchte er, die Zeiten für Antrieb und Kühlung zu dosieren, wenn der Reaktor ruhte, leitete er die kühlende Flüssigkeit in die Heckräume, in denen tropische Temperaturen herrschten. Dieses Lavieren zwischen gegensätzlichen Größen erforderte Geduld. Boman saß am Kalkulator und suchte entsprechend der Fehlertheorie nach der besten Lösung. So legten sie dreiundvierzig Millionen Kilometer mit nur geringer Verspätung zurück. Am fünften Reisetag erreichten sie allen Unkenrufen Bomans zum Trotz den erforderlichen Geschwindigkeitsgrad. Pirx atmete auf und gab den Befehl, den Reaktor auszuschalten – er sollte sich noch vor der Landung abkühlen. Es war eigenartig: In solch einem Frachtschiff bekam man die Sterne seltener zu sehen als auf der Erde. Pirx war nicht neugierig darauf, nicht einmal auf die kupferrote Scheibe des Mars. Die Kursdiagramme genügten ihm.

Der letzte Reisetag neigte sich seinem Ende zu, das Nacht-
licht flammte auf. Im trüben Schein der Lämpchen wirkten
die Decks größer als sonst. Pirx fiel ein, daß er noch nicht
ein einziges Mal die Laderäume besichtigt hatte, seit er an
Bord war.

Er verließ die Messe – Sims und Boman spielten Schach,
wie immer – und fuhr mit dem Lift ins Heck. Von Terminus
hatte er seit der letzten Begegnung weder etwas gesehen noch
gehört, ihm war nur aufgefallen, daß die Katze verschwunden war, als habe sie nie existiert.

Im schwach erhellten Mittelschiff summten die Ventilatoren ihr eintöniges Lied. Als Pirx die Tür des Laderaums öffnete, flammten die völlig verstaubten Lampen auf. Schwebend durchquerte er den Laderaum von einem Ende zum
anderen, unter sich Berge von Kisten, die an einigen Stellen
fast bis an die Decke reichten. Er überprüfte die Spannung
der im Fußboden verankerten Stahlbänder, die den riesigen
Stapel zusammenhielten. Zugluft drang zur Tür herein, ganze Wolken von Schmutz wirbelten schwerelos auf, Staubteil-
chen, Sägespäne von Holzwolle wogten sanft im Wind wie
Entengrütze auf dem Wasser. Pirx war bereits im Korridor,
als er plötzlich Laute vernahm, die sich in regelmäßigen Abständen wiederholten.

»A-c-h-t-u-n-g ...«

Drei Schläge ...

Er driftete eine Weile im Luftstrom, der ihn immer höher trug. Ob er wollte oder nicht – er mußte hinhören.
Da verständigen sich zwei, sagte er sich. Die Signale waren
schwach – die Morsenden schienen mit ihren Kräften haus-

zuhalten. Sie klopften mal langsamer, mal schneller, einer von ihnen irrte sich dauernd, als habe er das Morsealphabet vergessen. Hin und wieder schwiegen sie längere Zeit, dann wieder sendeten sie gleichzeitig. Der finstere Korridor mit den spärlichen Lampen wirkte endlos, er atmete eine grenzenlose Leere, wie der Wind, der in ihm wehte.

»S-i-m-o-n-h-ö-r-s-t-d-u-i-h-n ...«, tönte es langsam und stockend im Rohr.

»H-ö-r-e-n-i-c-h-t-s – h-ö-r-e-n-i-c-h-t-s ...«

Pirx stieß sich kräftig von der Wand ab, zog die Beine an und sauste wie ein Stein die Korridore entlang. Je weiter er kam, desto dunkler wurde es. An dem feinen rötlichen Staub, der die Lampen bedeckte, erkannte er, daß er sich dem Heck näherte. Die schwere Tür zur Atomkammer war nur angelehnt. Er warf einen Blick hinein.

Kühle Luft schlug ihm entgegen. Die Kompressoren schwiegen, sie wurden zur Nacht abgeschaltet. Ab und zu gluckste es in der Rohrleitung, die in der Betonwand verborgen war. Es hörte sich merkwürdig an – fast wie eine menschliche Stimme –, wenn sich die Gasblasen einen Weg durch die zäher werdende Flüssigkeit bahnten.

Terminus, von Kopf bis Fuß mit Zement bespritzt, war in seine Arbeit vertieft. Über seinem Schädel, der sich pendelartig bewegte, surrte ein Ventilator. Pirx hielt sich am Geländer fest und glitt die Treppe hinunter, ohne die Stufen zu berühren. Die stählernen Pranken des Roboters klirrten nicht allzu laut, wenn sie gegen die Wand prallten – die Schläge wurden durch die frische Betonschicht gedämpft.

»H-ö-r-e-n-i-c-h-t-s – E-m-p-f-a-n-g ...«

Das Klopfen wurde immer leiser und langsamer. Woran liegt das? fragte sich Pirx. Zufall ...? Er schwebte nun dicht neben Terminus. Jedesmal, wenn sich der Roboter bückte, griffen die Gliedsegmente des Bauches übereinander, sie erinnerten an eine gekerbte Insektenhülle. In den großen gläsernen Augen flackerten die Miniaturspiegelbilder der Lampen. Pirx starrte sie an und begriff, daß er allein war in dieser Kammer mit ihren nackten Wänden – allein, ganz allein. Terminus wußte nicht, was er tat, er war eine Maschine, die festgehaltene Lautfolgen übermittelte, weiter nichts. Die Klopftöne wurden noch schwächer.

»S-i-m-o-n-a-n-t-w-o-r-t-e ...«, glaubte Pirx zu hören. Die einzelnen Zeichen ließen sich kaum noch entschlüsseln. Etwa einen halben Meter über dem Kopf des Automaten führte ein Rohr entlang. Pirx streckte die Hand aus, um es zu berühren, aber als er zugreifen wollte, schlugen seine Fingerknöchel gegen das Metall. Terminus erstarrte, die Lautfolge brach ab. Statt seiner begann nun Pirx zu morsen, er folgte einer plötzlichen Regung, es reizte ihn, sich in ein Gespräch einzumischen, das Jahre zuvor stattgefunden hatte.

»W-a-r-u-m-a-n-t-w-o-r-t-e-t-m-o-m-s-s-e-n-n-i-c-h-t – E-m-p-f-a-n-g ...«

Kaum hatte er die ersten Zeichen geklopft, als auch Terminus wieder zu hämmern begann. Beide Lautfolgen vermengten sich, aber der Automat schien Pirx' Frage verstanden zu haben, denn seine schaufelartige Hand hielt mitten in der Bewegung inne. Sekundenlang verharrte sie regungslos, dann fuhr sie fort, den Zement gegen die Wand zu klatschen.

»W-e-i-l-s-e-i-n-e-r-e-c-h ...«

Pause ... Terminus bückte sich, schöpfte frischen Zementbrei. Pirx hielt den Atem an. Wird er den Satz fortsetzen? fragte er sich. Der Automat richtete sich auf, schleuderte den Zement an die Wand und trommelte so ungestüm, daß es nur so dröhnte.

»S-i-m-o-n-b-i-s-t-d-u-e-s – W-e-r-s-p-r-i-c-h-t-w-e-r-s-p-r-i-c-h-t ...«

Er duckte sich, zog den Kopf ein, es hagelte Schläge.

»W-e-r-s-p-r-a-c-h-a-n-t-w-o-r-t-e-w-e-r-s-p-r-a-c-h-w-e-r-s-p-r-a-c-h-w-e-r-s-p-r-a-c-h-h-i-e-r-s-i-m-o-n-h-ie-r-w-a-y-n-e-a-n-t-w-o-r-t-e ...«

»Hör auf, Terminus!« schrie Pirx. »Hör auf, hör auf!«

Der Lärm verstummte. Terminus richtete sich auf. Alles an ihm zuckte – die Schultern, die Arme, die Hände, der Rumpf. Ein teuflischer Schluckauf erschütterte den Roboter, ein Krampf, den Pirx entschlüsselte: »W-e-r-s-p-r-i-c-h-t – w-e-r – w-e-r ...«

»Hör auf!« rief Pirx ein zweites Mal. Terminus hatte ihm die Seite zugewandt, sein schwerer Leib bebte noch immer im Rhythmus der Morsezeichen. Pirx las es an den Lichtreflexen ab, die auf dem Metall tanzten.

»W-e-r ...«

Das Gewitter hatte sich ausgetobt. Terminus schien erschöpft, er rührte sich nicht mehr. Als er davonging, stieß er gegen ein Rohr und blieb daran hängen – es gab ein durchdringendes Geräusch. Der Roboter stand regungslos da, wie gefangen. Pirx blickte genauer hin, er sah, daß die leblos herabhängende Hand kaum merklich zitterte.

»W-e-r …«

Wie er hinausfand, wußte er selber nicht. Draußen im Gang fauchten die Ventilatoren. Er schwamm vor sich hin, gegen den kühlen, trockenen Wind, der von den oberen Decks wehte. Leuchtende Kreise glitten ihm übers Gesicht, wenn er an den Lämpchen vorbeischwebte.

Die Kajütentür war nur halb geschlossen. Auf dem Schreibtisch brannte die Lampe. Flache Lichtkeile erhellten die Wände. Die Decke war dunkel.

Wer war das? grübelte er. Wer hat so gerufen? Simon? Wayne? Ach was, die sind längst tot … Tot seit neunzehn Jahren!

Wer sonst – Terminus? Der dichtet doch nur die Rohrleitungen ab … Pirx wußte genau, was er zu hören bekommen würde, wollte er ihn ausfragen: Irgendein Geschwätz über Röntgenstrahlen, über Durchlässigkeit, über Plomben … Er ahnte nicht einmal, daß der Rhythmus seiner Arbeit ein gespenstisches Echo war.

Eines war sicher: Das Aufnahme- und Wiedergabevermögen des Automaten war nicht tot, die Registrierung – falls es sich um Registrierung handelte – funktionierte. Wer diese Menschen auch immer sein mochten, deren Stimmen, deren Klopfzeichen er hörte – man konnte mit ihnen sprechen. Nur Mut brauchte man, nur Mut …

Er stieß sich von der Decke ab und schwamm zur gegenüberliegenden Wand. Verdammte Schwerelosigkeit! Er fühlte sich in den Drang, mit kräftigen Schritten auf und ab zu gehen, sein eigenes Gewicht zu spüren, die Faust auf den Tisch zu schlagen! Dieser scheinbar so bequeme Zustand,

in dem sich der Körper in einen immateriellen Schatten verwandelte, wirkte auf die Dauer wie ein Alpdruck. Alles, was
man berührte, schwamm weg, zögernd, ohne jeden Halt –
alles war wesenlos, war bloßer Schein, Traum …

Traum?

Moment mal … Wenn ich von jemandem träume und
ihm Fragen stelle, dann kenne ich die Antwort nicht, solange
er sie nicht ausspricht. Dennoch existiert dieser geträumte
Mensch nicht außerhalb meines Gehirns, er ist nur isolierter
Teil von ihm, zeitweilig. Jeder spaltet sich fast täglich, das
heißt nachts, auf diese Weise – und verwandelt sich in Pseudopersönlichkeiten, die nur für den Augenblick geschaffen
sind, für einen Traum. Es können erdachte Wesen sein – oder
solche, die der Wirklichkeit entnommen sind. Träumen wir
nicht manchmal von Toten? Führen wir mit ihnen nicht
manchmal Gespräche?

Sie waren tot.

Sollte Terminus …

Pirx kreiste grübelnd in der Kajüte, er stieß sich von den
harten Wänden ab, erreichte die Tür und starrte in den dunklen Gang. Ein schmaler Lichtstreif fiel in die Finsternis.

Zurückkehren und – fragen?

Es muß eine physikalische Erscheinung sein, komplizierter als eine gewöhnliche Registrierung … Ein Roboter ist
schließlich keine Einrichtung zum Fixieren von Lauten …
In Terminus muß eine Aufnahme entstanden sein, verbunden mit einer anatomischen Veränderung … Ein Automat,
den man – es mag ein wenig verrückt klingen –, den man
nur zu fragen braucht, um alles von ihm zu erfahren: Si-

mons, Nolans und Potters Schicksal – und auch den Grund für dieses unbegreifliche, entsetzliche Schweigen des Kommandanten ...

Gibt es eine andere Erklärung?

Kaum ...

Pirx war überzeugt, daß es keine andere Erklärung gab, aber er verharrte schwebend an der Tür, als warte er auf eine Lösung.

Terminus ... Was ist er schon? Ein Stromkreis in einem eisernen Kasten, weiter nichts ... Ein lebendes Wesen wäre doch damals in dem finsteren, zerstörten Raumschiff zugrunde gegangen ... Bestimmt, ganz bestimmt ...

Soll ich vor seinen gläsernen Augen Fragen klopfen ...? Sinnlos! Er würde mir keine geordnete Geschichte erzählen, sondern um Sauerstoff flehen, um Hilfe rufen ... Und was könnte ich ihm antworten? Es gäbe keine Hilfe? All diese Männer seien nur Pseudopersönlichkeiten, isolierte Inseln eines Elektronenhirns, Traumprodukte, Schluckaufs? Soll ich ihm sagen, daß die Angst nur ein Echo sei und ihre Agonie, die sich jede Nacht wiederhole, so wertlos wie eine abgespielte Platte ...? Pirx erinnerte sich mit Schrecken an das ungestüme Klopfen, das seine Frage ausgelöst hatte, an die Verblüffung, an die Schreie voller Hoffnung, an das endlose, hastige Flehen: »Antworte! Wer spricht? Antworte ...«

Die Verzweiflung, die Hysterie dieser Klopfzeichen tönten ihm noch immer in den Ohren.

Sie lebten nicht mehr ...? Wer hatte ihn dann gerufen, wer hatte um Hilfe gefleht? Fachleute würden für alles eine Erklärung parat haben, sie würden von Entladungen sprechen, von der Resonanz der zitternden Bleche. Pirx setzte sich an den Schreibtisch, zog die Schublade heraus, drückte ärgerlich die Papiere an, die sich raschelnd erhoben. Endlich fand er den Vordruck, den er suchte. Sorgfältig glättete er das Blatt – er wollte nicht, daß es zitterte, wenn sein Atem es traf. Dann begann er, die Spalten auszufüllen:

MODELL: *AST-Pm-105/0044*

TYP: *Allzweckgerät für Reparaturen*

BEZEICHNUNG: *Terminus*

ART DER BESCHÄDIGUNG: *Zerfall der Funktionen*

FOLGERUNGEN … Pirx zögerte, hielt die Feder ans Papier, zog sie wieder zurück. Er mußte an die Unschuld von Maschinen denken, die der Mensch der Vernunft beraubt und sie dadurch zu Teilnehmern seiner Wahnsinnstaten gemacht hatte. Er dachte daran, daß der Mythos von Golem, der rebellischen Maschine, die gegen den Menschen aufbegehrte, eine Lüge war – nur dazu ersonnen, damit jene, die für all das die Verantwortung trugen, ihre Schuld abwälzen konnten.

FOLGERUNGEN: *Zu verschrotten*

Unten auf das Blatt schrieb er mit unbewegtem Gesicht:

Pirx, Erster Navigator

SOLARIS

Harey

Die Berechnungen hatte ich mit einer Art schweigender Verbissenheit durchgeführt, die mich allein auf den Beinen gehalten hatte. Ich war so stumpfsinnig vor Müdigkeit, daß ich es nicht zuwege brachte, das Bett in der Kabine aufzuklappen. Statt die oberen Haltegriffe zu lösen, zog ich am Geländer, bis alles Bettzeug auf mich niederstürzte. Als ich das Bett endlich heruntergeklappt hatte, warf ich Anzug und Wäsche auf den Fußboden hin und fiel halb betäubt auf das Polster; ich blies es nicht einmal ordentlich auf. Ich schlief bei Licht ein, ich weiß nicht wann und wie. Als ich die Augen öffnete, hatte ich den Eindruck, ich hätte kaum einige Minuten geschlafen. Das Zimmer stand in umwölktem rotem Glanz. Ich hatte es kühl und gut. Ich lag nackt, mit nichts zugedeckt. Dem Bett gegenüber, beim Fenster, dessen Verdunklung halb zurückgezogen war, im Licht der roten Sonne, saß jemand auf dem Stuhl. Es war Harey im weißen Strandkleid, die Beine übereinandergeschlagen, barfuß, sie trug das dunkle Haar zurückgekämmt, der dünne Stoff spannte sich auf den Brüsten, die Arme, braungebrannt bis zu den Ellbogen, hingen herab, und sie schaute unter den schwarzen Wimpern hervor unverwandt auf mich. Lang sah ich ihr zu, ganz ruhig. Mein erster Gedanke war: »Wie gut, daß das so ein Traum ist, bei dem man weiß, daß man träumt.« Trotzdem hätte ich vorgezogen, sie würde verschwinden. Ich schloß die Augen und begann mir das sehr intensiv zu wünschen, aber als ich wieder schaute, saß sie genau wie zuvor. Die Lippen hielt sie so auf ihre eigene Weise gespitzt, wie zum Pfeifen, aber in den Augen lag nichts von einem Lächeln. Ich besann mich auf alles, was ich am Vorabend vor dem Einschlafen über die Träume gedacht hatte. Sie sah genauso aus wie damals, als ich sie zum letzten Mal lebend gesehen hatte, dabei war sie damals neunzehn Jahre alt gewesen, nun wäre sie also neunundzwanzig, aber natürlich hatte sie sich überhaupt nicht verändert – die Toten bleiben jung. Sie hatte dieselben immerzu verwunderten Augen und schaute mich an. – Ich schmeiße etwas nach ihr – dachte ich, aber obwohl das nur ein Traum war, brachte ich es irgendwie nicht über mich, eine Tote auch nur im Traum mit Gegenständen zu bewerfen.

– Arme Kleine – sagte ich – bist du mich besuchen gekommen, ja?

Ein klein wenig erschrak ich, denn meine Stimme klang so echt, und das ganze Zimmer und auch Harey, alles präsentierte sich so wahrhaftig, wie sich das nur denken läßt.

Was für ein körperhafter Traum, nicht allein daß er farbig ist, ich sehe auch noch hier auf dem Fußboden eine Menge Gegenstände, die ich gestern beim Hinlegen gar nicht bemerkt habe! Sobald ich aufwache – dachte ich –, muß ich nachprüfen, ob sie wirklich hier liegen oder nur das Fabrikat des Traumes sind, wie Harey ...

– Willst du noch lang so dasitzen? – fragte ich und bemerkte, daß ich leise sprach, als fürchtete ich, daß mich jemand höre – so, als ob irgend jemand imstande wäre, abzuhören, was im Traum geschieht!

Inzwischen war die Sonne schon etwas höher gestiegen. – Gut – dachte ich – mir soll's recht sein. Ich habe mich während des roten Tages hingelegt, dann hat der blaue zu folgen, und erst dann wieder ein roter Tag. Ich kann nicht fünfzehn Stunden lang ununterbrochen geschlafen haben, also ist das bestimmt ein Traum!

Beruhigt sah ich Harey genauer an. Sie war von rückwärts beleuchtet; durch den Vorhangspalt fiel ein Lichtstrahl und vergoldete den samtigen Flaum auf ihrer linken Wange, und die Wimpern warfen lange Schatten auf Hareys Gesicht. Sie war entzückend. – Na bitte – dachte ich – so gewissenhaft bin ich, sogar wenn ich nicht wach bin: für die Sonnenbewegung sorge ich, und dafür, daß Hareys Grübchen richtig da ist, wo es sonst niemand hat, unterhalb des Winkels ihrer verwunderten Lippen; aber lieber wäre es mir, wenn das doch schon aus wäre. Ich muß schließlich etwas zu arbeiten anfangen. – Ich drückte die Augenlider zusammen und bemühte mich, aufzuwachen, da hörte ich etwas knarren. Sofort öffnete ich die Augen. Harey saß neben mir auf dem Bett und betrachtete mich ernst. Ich lächelte ihr zu, sie lächelte auch und neigte sich über mich; der erste Kuß war ganz zart, wie der Kuß zweier Kinder. Ich küßte Harey lang. – Darf ich einen Traum so ausnützen? – dachte ich. Aber das war ja nicht einmal Verrat an ihrem Andenken, denn im Traum war sie bei mir, sie selbst. Das hatte ich noch nie erlebt … Weiterhin sagten wir nichts. Ich lag auf dem Rücken; wenn sie den Kopf hob, konnte ich in ihre kleinen Nasenlöcher schauen, die bei ihr immer ein Barometer für die Gefühle waren; vom Fenster her schimmerte die Sonne hindurch. Mit den Fingerspitzen fuhr ich an Hareys Ohrmuscheln entlang, deren Läppchen von den Küssen ganz rosig waren. Ich weiß nicht, ob gerade das mich so beunruhigte; ich sagte mir fortwährend, das sei ein Traum, aber mir krampfte sich das Herz zusammen.

Ich spannte mich, um aus dem Bett zu springen; ich war darauf vorbereitet, daß mir dies nicht gelingen werde: sehr oft beherrschen wir im Traum den eigenen Körper nicht, er ist wie gelähmt oder wie abwesend; ich rechnete eher darauf, durch diesen Vorsatz aufzuwachen. Ich wachte aber nicht auf, ich setzte mich nur auf und stellte die Füße auf den Boden. – Da hilft nichts, ich muß das zu Ende träumen – dachte ich, aber die gute Laune war spurlos verflogen. Ich fürchtete mich.

– Was willst du? – fragte ich. Meine Stimme war heiser, und ich mußte mich räuspern.

Instinktiv suchte ich mit den bloßen Füßen nach Pantoffeln, und ehe mir einfiel, daß ich hier keinerlei Pantoffel hatte, stieß ich mir so die Zehe an, daß ich zischte. – Na, jetzt wird Schluß sein! – dachte ich mit Genugtuung.

Aber weiterhin geschah nichts. Harey war zurückgewichen, als ich mich aufgesetzt hatte. Sie lehnte den Rücken ans Bettgeländer. Das Kleid vibrierte fein unterhalb der linken Brustspitze, im Rhythmus des Herzschlags. Harey sah mich mit ruhigem Interesse an. Ich dachte, ich sollte am besten unter die Brause, jedoch kam die Reflexion, daß eine geträumte Brause schließlich nicht wecken könne.

– Wie kommst du hierher? – fragte ich.

Harey griff meine Hand auf und begann, sie mit der alten Geste hochzuwerfen, schnippte meine Fingerspitzen hoch und fing sie ein.

– Ich weiß nicht – sagte Harey. – Ist das schlimm?

Auch die Stimme war dieselbe, ganz dunkel, und auch der zerstreute Tonfall. Immer sprach Harey so, als liege ihr nicht viel an den geäußerten Worten, als sei sie schon mit etwas anderem beschäftigt, dadurch wirkte sie manchmal gedankenlos und manchmal wie ohne alle Scham, da sie alles mit gedämpfter Verwunderung besah, die sich nur in den Augen ausdrückte.

– Hat ... jemand dich gesehen?

– Ich weiß nicht. Ich bin ganz gewöhnlich gekommen. Ist das wichtig, Kris?

Sie spielte immer noch mit meiner Hand, aber schon ohne daß das Gesicht daran Anteil nahm. Es verfinsterte sich.

– Harey ...?

– Was denn, Liebling?

– Woher hast du gewußt, wo ich bin?

Das machte sie stutzig. Lächelnd ließ sie ein wenig die Zähne sehen, sie hatte so dunkle Lippen, daß man nichts merkte, wenn sie Weichseln gegessen hatte.

– Ich habe keine Ahnung. Komisch, nicht wahr? Du hast geschlafen, als ich hereinkam, aber ich habe dich nicht geweckt. Ich wollte dich nicht wecken, weil du bösartig bist. Bösartig und langweilig – im Rhythmus dieser Worte schlug sie energisch meine Hand hoch.

– Warst du unten, Harey?

– War ich. Von dort bin ich gleich weggelaufen, dort ist es kalt.

Sie ließ meine Hand los, legte sich auf die Seite, warf den Kopf zurück, um alles Haar in die gleiche Richtung hinüberzuschütteln, und blickte auf mich mit diesem halben Lächeln, das mich erst dann nicht mehr aufgebracht hatte, als ich Harey schon liebte.

– Aber ... Harey ... aber ... – stammelte ich.

Ich neigte mich über sie und hob den kurzen Ärmel des Kleides. Dicht über dem fast wie ein Blümchen geformten Mal von der Pockenimpfung rötete sich eine feine Einstichspur. Obwohl ich darauf gefaßt war (da ich fortwährend völlig instinktiv mitten im Unmöglichen nach Fetzen von Logik suchte), wurde mir übel. Ich berührte mit dem Finger diesen Stich von der Injektion, von der ich jahrelang nachher geträumt hatte, so, daß ich jedesmal stöhnend aufwachte, auf zerfleddertem Bettzeug, immer in derselben Haltung, gekrümmt, fast zusammengeklappt, wie Harey lag, wie ich sie schon fast kalt aufgefunden habe, denn ich versuchte im Traum dasselbe zu tun wie sie, als wollte ich auf diese Weise ihrem Andenken abbitten oder bei ihr sein in diesen letzten Minuten, während sie schon die Wirkung der Injektion gespürt hat und sich gefürchtet haben muß. Sie fürchtete sich doch sogar vor einem gewöhnlichen Kratzer, sie hat nie Schmerzen oder den Anblick von Blut ertragen können, und auf einmal hat sie so etwas Furchtbares getan, und fünf Worte hat sie auf einem Zettel hinterlassen, der an mich adressiert war. Den hatte ich bei meinen Papieren, ich trug ihn ständig bei mir, er verschmuddelte sich und zerfiel längs des Knicks, ich hatte nicht den Mut, mich davon zu trennen, tausende Male kehrte ich zu dem Augenblick zurück, wo sie das geschrieben hat, und zu dem, was sie damals gefühlt haben muß. Ich beredete mich, sie habe das nur zum Schein tun wollen, um mich zu schrecken, und nur die Dosis sei – durch einen Irrtum – zu groß ausgefallen; alle wollten mich überzeugen, so sei das gewesen, oder aber, das müsse ein momentaner Entschluß gewesen sein, verursacht durch Depressionen, durch plötzliche Depressionen. Aber die Leute wußten alle nicht, was ich fünf Tage vorher zu ihr gesagt hatte, und auf welche Art, um sie am empfindlichsten zu verletzen, ich nahm meine Sachen mit, sie aber, während ich zusammenpackte, sagte sie außerordentlich ruhig: »Du weißt, was das bedeutet …?«, und ich stellte mich, als verstünde ich nicht, obwohl ich genau verstand, aber ich hielt sie für feig, und ich sagte ihr auch noch das – und da lag sie jetzt quer auf dem Bett und betrachtete mich aufmerksam und schien nicht zu wissen, daß ich sie getötet habe.

– Das ist alles, was du kannst? – fragte sie. Das Zimmer war rot vom Sonnenlicht, der Abglanz glomm in ihrem Haar, sie blickte auf den eigenen Arm, der auf einmal wichtig wurde, da ich ihn so lang besah, und als ich die Hand sinken ließ, schmiegte Harey die kühle, glatte Wange hinein.

– Harey – krächzte ich hervor – das gibt es nicht …

– Hör auf!

Harey hielt die Augen geschlossen, ich sah sie unter den gespannten Lidern beben, die schwarzen Wimpern berührten die Wangen.

– Wo sind wir, Harey?

– Bei uns daheim.

– Wo ist das?

Sie öffnete schnell ein Auge und schloß es gleich wieder. Sie kitzelte mit den Wimpern meine Hand.

– Kris!

– Was?

– Gut ist es bei dir.

Ich saß hoch über ihr und rührte mich nicht weg. Ich hob den Kopf und sah ein Stück des Bettes, Hareys zerwühltes Haar und meine nackten Knie im Spiegel über dem Waschbecken. Ich zog mit dem Fuß eines dieser halbgeschmolzenen Werkzeuge heran, die auf dem Fußboden herumlagen, und hob es mit der freien Hand auf. Das Ende war spitz. Ich setzte es an die Haut oberhalb der Stelle, wo eine halbrunde symmetrische rosa Narbe war, und stieß es ins Fleisch. Das tat empfindlich weh. Ich schaute auf das rieselnde Blut, das in großen Tropfen die Innenseite des Schenkels entlangrollte und leise auf den Fußboden tröpfelte.

Das war zwecklos. Immer deutlicher wurden die gräßlichen Gedanken, die mir durch den Kopf gingen, ich sagte mir nicht mehr: »Das ist ein Traum«, daran hatte ich längst zu glauben aufgehört, jetzt dachte ich: »Ich muß mich verteidigen.« Ich blickte auf Hareys Rücken, wie er unter dem weißen Stoff in die Biegung der Hüften überging. Die bloßen Füße baumelten über dem Fußboden. Ich griff nach ihnen, leicht umfaßte ich die rosige Ferse und ließ die Finger über die Fußsohle gleiten.

Sie war zart wie bei einem Neugeborenen.

Ich wußte eigentlich schon sicher, daß das nicht Harey war, und beinahe sicher, daß sie selbst das nicht wußte.

Der bloße Fuß regte sich in meiner Hand, Hareys dunkle Lippen blähten sich in lautlosem Lachen.

– Hör auf … – flüsterte sie.

Sanft löste ich die Hand und stand auf. Ich war noch immer nackt. Während ich mich eilig anzog, sah ich, wie sich Harey im Bett aufsetzte. Sie schaute mich an.

– Wo sind deine Sachen? – fragte ich und bedauerte es sogleich.

– Meine Sachen?

– Na, hast du nur dieses Kleid?

Jetzt war das schon ein Spiel. Absichtlich versuchte ich mich lässig zu benehmen, ganz gewöhnlich, als hätten wir uns gestern getrennt, nein, als ob wir uns überhaupt niemals getrennt hätten. Sie stand auf und schlug mit der bekannten leichten, aber kräftigen Bewegung auf den Rock, um ihn zu glätten. Meine Worte beschäftigten sie, wenn sie auch nichts sagte. Sie erfaßte die Umgebung erstmals mit sachlichem, suchendem Blick und wandte sich merklich verwundert wieder zu mir.

– Ich weiß nicht … – sagte sie hilflos. – Wohl im Schrank …? – fügte sie hinzu und öffnete die Tür einen Spalt weit.

– Nein, dort sind nur Overalls – entgegnete ich. Ich fand neben dem Waschbecken einen Elektroapparat und begann mich zu rasieren. Dem Mädchen kehrte ich dabei lieber nicht den Rücken, wer immer sie sein mochte.

Sie ging in der Kabine umher, guckte in alle Winkel, sah zum Fenster hinaus, näherte sich endlich mir und sagte:

– Kris, ich habe so ein Gefühl, als wäre etwas geschehen?

Sie verstummte. Ich wartete, den ausgeschalteten Apparat in den Händen.

– Als hätte ich etwas vergessen … als hätte ich viel vergessen. Ich weiß … ich erinnere mich nur an dich … und … und an nichts sonst.

Ich hörte das an und suchte das eigene Gesicht zu beherrschen.

– War ich … krank?

– Hm … man kann das so nennen. Ja, eine Zeitlang warst du ein wenig krank.

– Aha. Das kommt wohl daher.

Schon war sie aufgeheitert. Ich kann nicht ausdrücken, was ich erlebte. Wenn sie schwieg, ging, sich setzte, lächelte, dann war die Gewißheit, ich hätte Harey vor mir, stärker als meine würgende Angst; dann wieder, wie eben in diesem Augenblick, schien es mir, das sei eine vereinfachte Harey, eingeengt auf ein paar charakteristische Äußerungen, Gesten, Bewegungen. Sie kam mir ganz nahe, stemmte die lokkeren Fäuste auf meine Brust, dicht unter dem Hals, und fragte:

– Wie steht es zwischen uns? Gut oder schlecht?

– Bestens – entgegnete ich. Harey lächelte leicht.

– Wenn du so redest, steht es eher schlecht.

– Aber wieso denn, Harey, Liebling, ich muß jetzt gehen – sagte ich rasch. – Du wartest auf mich, gut? Oder vielleicht … bist du hungrig? – setzte ich hinzu, denn selbst verspürte ich mit einemmal wachsenden Hunger.

110

– Hungrig? Nein.

Sie schüttelte den Kopf, daß das Haar wogte. – Ich soll auf dich warten? Lang?

– Eine Stunde – begann ich, aber sie unterbrach mich:

– Ich gehe mit dir.

– Du kannst nicht mitgehen, ich muß ja arbeiten.

– Ich gehe mit dir.

Das war eine völlig andere Harey: die andere hatte sich nicht aufgedrängt. Niemals.

– Liebes Kind, das ist unmöglich ...

Sie sah zu mir auf, faßte mich plötzlich bei der Hand. Ich strich mit der Handfläche Hareys Unterarm hinauf, ihr Arm war warm und mollig, ich wollte gar nicht, aber das wurde fast eine Liebkosung. Mein Körper bekannte sich zu Harey, wollte sie, zog mich zu ihr hin, jenseits des Verstandes, jenseits der Argumente und der Angst.

Bemüht, um jeden Preis Ruhe zu bewahren, wiederholte ich:

– Harey, das ist unmöglich. Du mußt hierbleiben.

– Nein.

Und wie das klang!

– Warum nicht?

– I ... ich weiß nicht.

Sie schaute umher und hob wieder den Blick zu mir auf.

– Ich kann nicht ... – sagte sie ganz leise.

– Aber warum!?

– Ich weiß nicht. Ich kann nicht. Mir scheint ... mir scheint ...

Sichtlich suchte sie nach einer Antwort in ihrem Inneren,

und als sie eine gefunden hatte, war das eine Neuentdeckung für sie.

– Es scheint, daß ich dich fortwährend ... sehen muß.

Der sachliche Tonfall dieser Worte schloß die Deutung als Gefühlsbekenntnis aus; das war etwas völlig anderes. So empfand ich, und der Griff, mit dem ich Harey umschlungen hielt, veränderte sich plötzlich, obwohl sich nach außen hin nichts veränderte: sie stand, ich umarmte sie; ihr in die Augen schauend, begann ich ihr die Arme zurückzubiegen, und diese Bewegung, anfangs nicht völlig entschieden, führte schon zu etwas, fand ihr Ziel. Mein Blick suchte schon nach etwas, womit ich Harey fesseln könnte.

Ihre zurückgedrehten Ellbogen klopften leicht aneinander und spannten sich zugleich mit solcher Kraft, daß mein Zugriff umsonst war. Ich kämpfte vielleicht eine Sekunde lang. So zurückgebogen wie Harey und mit den Fußspitzen kaum den Boden berührend, hätte sich sogar ein Athlet nicht befreien können, sie aber – mit einem Gesicht, das an alledem keinen Anteil nahm, mit schwachem, unsicherem Lächeln – sprengte meinen Griff, richtete sich auf und ließ die Arme sinken.

Hareys Augen beobachteten mich mit demselben ruhigen Interesse wie gleich zu Beginn, als ich erwacht war, sie schien sich nicht klar über meine verzweifelte Anstrengung von vorhin, die ein Anfall von Angst mir diktiert hatte. Harey stand jetzt untätig da und wartete anscheinend auf etwas, zugleich teilnahmslos, gesammelt und eine Spur verwundert über das alles.

Die Hände sanken mir von selbst herab. Ich ließ Harey

mitten im Zimmer stehen und trat zu dem Regal beim Waschbecken. Ich fühlte, daß ich in einer unvorstellbaren Falle gefangen war, ich suchte nach einem Ausweg und erwog immer rücksichtslosere Mittel. Hätte mich jemand gefragt,
was mit mir los sei und was das alles bedeute, ich hätte kein
Wort herausgebracht, aber ich hatte schon das Bewußtsein,
daß alles, was in der Station mit uns allen vorging, ein Ganzes bildete, ebenso furchtbar wie unverständlich, doch nicht
daran dachte ich im Moment, denn ich versuchte irgendeinen Trick zu erfinden, ein Manöver, das die Flucht ermög-
lichte. Über dem Regal war in die Wand eine kleine Haus-
apotheke eingebaut. Ich sah flüchtig ihren Inhalt durch. Ich
fand ein Gläschen Schlafpulver und warf vier Tabletten –
die Höchstdosis – in ein Trinkglas. Ich verbarg meine Anstal-
ten gar nicht sonderlich vor Harey. Das ist schwer zu begründen. Ich dachte darüber nicht nach. Ich goß heißes Wasser
ins Glas, wartete, bis die Pillen aufgelöst waren, und trat zu
Harey, die immer noch mitten im Zimmer stand.

– Bist du böse? – fragte sie leise.

– Nein. Trink das aus.

Ich weiß nicht, warum ich annahm, sie werde mir gehorchen. Wirklich nahm sie mir ohne ein Wort das Glas aus den
Händen und leerte es auf einen Zug. Ich stellte es auf dem
Tischlein ab und setzte mich in den Winkel zwischen dem
Schrank und dem Bücherregal. Harey kam langsam zu mir
und setzte sich bei meinem Lehnsessel auf den Fußboden,
wie so oft, mit untergeschlagenen Beinen; und mit einer
ebenso wohlbekannten Bewegung warf sie das Haar zurück.
Ich glaube zwar durchaus nicht mehr, daß sie es selbst sei,

aber jedesmal schnürte es mir die Kehle zu, wenn ich Harey in diesen kleinen Angewohnheiten wiedererkannte. Das war unbegreiflich und gräßlich, aber das gräßlichste war, daß ich mich auch selbst ungeheuerlich verhalten mußte, mich stellen, als hielte ich sie für Harey, aber sie selbst glaubte ja Harey zu sein und handelte ihrem Urteil nach nicht arglistig. Ich weiß nicht, wie ich darauf verfiel, daß es so war und nicht anders, aber das war für mich gewiß, sofern es überhaupt noch etwas Gewisses geben konnte!

Ich saß, das Mädchen lehnte den Rücken an meine Knie, kitzelte mit den Haaren meine reglose Hand, und so verharrten wir fast unbeweglich. Ein paarmal schaute ich unauffällig auf meine Uhr. Eine halbe Stunde war um, das Schlafmittel sollte schon wirken. Harey murmelte etwas, ganz leise.

– Was hast du gesagt? – fragte ich, aber sie antwortete nicht. Ich hielt das für Anzeichen aufsteigender Schläfrigkeit, wenn ich auch bei Gott auf dem Grunde meiner Seele bezweifelte, daß die Arznei wirken werde. Weshalb? Auch auf diese Frage finde ich keine Antwort. Höchstwahrscheinlich deshalb, weil meine Finte schon gar zu simpel war.

Langsam sank Hareys Kopf auf meinen Schoß, das dunkle Haar verhüllte sie ganz, sie atmete gleichmäßig wie ein Schlafender. Ich bückte mich, um sie aufs Bett zu tragen, da auf einmal, ohne die Augen zu öffnen, packte sie mich mit leichter Hand beim Schopf und brach in schrilles Gelächter aus.

Ich erstarrte, und sie quoll einfach über von Lustigkeit, sah mich mit schmalgekniffenen Augen an, mit gleichzeitig naiver und listiger Miene. Ich saß unnatürlich steif da, ver-

dattert und hilflos; Harey kicherte noch einmal auf, schmiegte das Gesicht an meine Hand und verstummte.

– Warum lachst du? – fragte ich mit hölzerner Stimme.
Der vorige Ausdruck ein wenig beunruhigten Nachdenkens
erschien in Hareys Gesicht. Ich sah, daß sie ehrlich sein wollte. Sie tippte sich mit dem Finger auf die kleine Nase und
sagte endlich mit einem Seufzer:

– Ich weiß es selbst nicht.

Das klang aufrichtig verblüfft.

– Ich benehme mich wie eine Idiotin, stimmt's? – setzte
sie fort. – Auf einmal war mir so irgendwie … Na, aber du
bist auch gut: du sitzt so aufgeblasen da, wie … wie Pelvis.

– Wie *wer?* – fragte ich, denn ich meinte mich verhört zu
haben.

– Wie Pelvis, na, du weißt schon, der Dicke …

Nun konnte Harey außer allem Zweifel weder Pelvis kennen, noch von mir etwas über ihn gehört haben, aus dem ein-
fachen Grund, daß er erst gut drei Jahre nach ihrem Tod von
seiner Expedition zurückgekehrt war. Ich hatte ihn bis dahin
auch nicht gekannt und nicht gewußt, daß er als Vorsitzen-
der von Institutsversammlungen die unleidliche Gewohnheit
hatte, die Sitzungen bis ins Unendliche auszudehnen. Er hieß
im übrigen Pelle Villis, daraus war die familiäre Kurzform
entstanden, die wir vor seiner Rückkehr auch noch nicht gekannt hatten.

Harey stützte die Ellbogen auf meine Knie und schaute
mir ins Gesicht. Ich legte ihr die Hände auf die Schultern,
langsam verschob ich die Hände zur Mitte hin, bis sie über
dem pulsierenden, nackten Halsansatz fast zusammentrafen.

Letzten Endes konnte das eine Liebkosung sein, und nach Hareys Blick zu schließen, faßte sie es auch nicht anders auf. In Wirklichkeit überzeugte ich mich, daß ihr Körper beim Betasten ein gewöhnlicher, durchwärmter menschlicher Körper war und daß sich darin unter den Muskeln Knochen und Gelenke verbargen. Ich schaute ihr in die ruhigen Augen und verspürte schreckliche Lust, die Finger gewaltsam zusammenzudrücken.

Schon schlossen sie sich fast, da besann ich mich plötzlich auf die blutigen Hände Snauts und ließ los.

– Wie du dreinschaust … – sagte sie ruhig.

Das Herz hämmerte mir so, daß ich nicht imstande war, zu sprechen. Ich schloß auf einen Augenblick die Lider.

Mit einemmal erschien mir der ganze Plan für mein Vorgehen, vom Anfang bis zum Ende, mit allen Einzelheiten. Ohne einen Augenblick zu verlieren, stand ich aus dem Lehnsessel auf.

– Harey, ich muß schon gehen – sagte ich – wenn du unbedingt willst, so komm mit.

– Gut.

Sie sprang auf die Beine.

– Warum bist du barfuß? – fragte ich und ging zum Schrank; ich wählte unter den bunten Schutzanzügen zwei aus, für mich und für sie.

– Ich weiß nicht … ich muß die Schuhe irgendwo liegengelassen haben … – sagte sie unsicher. Ich hörte weg.

– Im Kleid kannst du da nicht hinein, du mußt es ausziehen.

– In den Schutzanzug …? Wozu? – fragte sie und machte

116

sich sofort ans Ausziehen, aber gleich stellte sich etwas Merkwürdiges heraus: das Kleid ließ sich nicht ausziehen, weil es
nichts zum Aufknöpfen hatte. Die roten Knöpfe in der Mitte waren bloßer Aufputz. Da war kein Reiß- oder sonstiger
Verschluß. Harey lächelte verlegen. Ich tat, als wäre das die
alltäglichste Sache der Welt, hob ein skalpellähnliches Instrument vom Fußboden auf und schnitt hinten den Stoff
ein, wo der Halsausschnitt endete. Nun konnte Harey das
Kleid über den Kopf ziehen. Der Schutzanzug war ihr etwas
zu weit.

– Fliegen wir? … Aber du auch? – erkundigte sie sich, als
wir fertig angekleidet das Zimmer verließen. Ich nickte nur.
Ich hatte gräßliche Angst, wir könnten Snaut treffen, aber
der Korridor zum Flughafen war leer, und die Tür zur Funk-
station, an der wir vorbeimußten, war geschlossen.

In der Station herrschte immer noch Totenstille. Harey sah
zu, wie ich mit einem kleinen elektrischen Wägelchen eine
Rakete aus der mittleren Box auf die freie Bahn fuhr. Ich
überprüfte der Reihe nach den Zustand des Mikroreaktors,
der fernlenkbaren Steuer und der Düsen, dann schob ich
den Flugkörper mit dem Startwägelchen auf die runde rollen-
gelagerte Fläche der Startplattform unter dem zentralen Kup-
peltrichter, von der ich vorher die leere Kapsel entfernt hatte.

Dieses Kleinschiff war für den Verkehr zwischen Station
und Satelloid bestimmt; außer in Ausnahmefällen wurden
darin nur Frachtladungen und nicht Menschen befördert, da
es sich von innen nicht öffnen ließ. Gerade das kam mir gelegen und bildete einen Teil meines Plans. Natürlich hatte
ich nicht vor, die kleine Rakete abzuschießen, aber ich tat al-

les, wie um sie zum echten Start bereit zu machen: Harey, die mich so oft auf Reisen begleitet hatte, wußte da ein wenig Bescheid. Ich überprüfte noch drinnen den Zustand der Klimaanlage und der Sauerstoffversorgung, setzte beides in Betrieb, und als nach dem Einschalten des Hauptstromkreises die Kontrollämpchen aufleuchteten, kroch ich aus der engen Zelle und wies Harey hinein, die an der Leiter stand.

– Steig ein.

– Und du?

– Ich komme nach. Ich muß hinter uns die Klappe schließen.

Ich nahm nicht an, daß sie den Betrug vorzeitig durchschauen konnte. Kaum war sie über die Leitersprossen ins Innere geklettert, steckte ich sofort den Kopf zum Einstieg hinein und fragte, ob sie bequem unterkommen könne, und als ich ein dumpfes, von der Enge des Raumes ersticktes »Ja« vernahm, wich ich zurück und knallte mit Schwung die Klappe zu. Mit zwei Bewegungen warf ich beide Riegel vor, dann begann ich mit dem bereitgehaltenen Schlüssel die fünf Halteschrauben in den Vertiefungen des Panzers anzuziehen. Die zugespitzte Zigarre stand senkrecht, als sollte sie wirklich sogleich in den Raum hinausfliegen. Ich wußte, daß der Eingeschlossenen nichts passieren konnte: im Schiff gab es genug Sauerstoff und sogar ein wenig Proviant, im übrigen hatte ich durchaus nicht vor, sie ewig dort einzukerkern.

Ich wollte um jeden Preis wenigstens ein paar Stunden Freiheit gewinnen, um Pläne für die weitere Zukunft zu entwerfen und mich mit Snaut zu besprechen, jetzt schon auf gleichem Fuß.

Als ich die vorletzte Schraube anzog, spürte ich, daß die Metallstreben, zwischen denen die Rakete nur an Vorsprüngen aus drei Richtungen aufgehängt war, ganz leicht zitterten. Aber ich dachte, ich selbst hätte beim heftigen Arbeiten mit dem großen Schlüssel unabsichtlich den stählernen Körper ins Schwingen gebracht.

Als ich jedoch ein paar Schritte zurücktrat, sah ich etwas, was ich nicht noch einmal sehen möchte.

Die ganze Rakete zuckte, erschüttert durch Serien von Schlägen aus dem Inneren. Aber was für Schläge! Hätte im Schiff den Platz des schwarzhaarigen, schlanken Mädchens ein stählerner Automat eingenommen, so hätte er die achttönnige Masse bestimmt nicht in so konvulsivisches Zucken versetzen können!

Die Spiegelungen der Flughafenlichter auf dem polierten Rumpf flirrten und bebten. Im übrigen hörte ich keinerlei Gehämmer, drinnen im Flugkörper herrschte absolute Stille, nur daß die weit auseinanderstehenden Füße des Gerüstes, in dem die Rakete hing, die scharfen Konturen verloren und vibrierten wie Saiten. Die Frequenz dieser Schwingungen war so, daß ich für das Heilbleiben des Panzers fürchtete. Ich drehte mit schlotternden Händen die letzte Schraube fest, schmiß den Schlüssel fort und sprang von der Leiter. Ich entfernte mich langsam, rücklings, und da sah ich, wie die Bolzen der Dämpfer, die nur für stetigen Druck berechnet waren, in den Fassungen hüpften. Mir schien es, die Panzerhülle verliere ihren einheitlichen Glanz. Wie rasend lief ich zum Fernsteuerpult, drückte mit beiden Händen den Anschalthebel für Reaktor und Funkverbindung hoch – da schlug aus dem Lautsprecher, der nun mit dem Innenraum der Rakete verbunden war, durchdringendes Gejaul oder auch Zischen, das nichts mit einer menschlichen Stimme gemein hatte –, trotzdem unterschied ich darin den wiederholten, heulenden Ruf: »Kris! Kris! Kris!!!«

Das hörte ich im übrigen nicht deutlich. Das Blut schoß mir von den aufgeplatzten Knöcheln, so chaotisch und gewaltsam suchte ich den Flugkörper zu starten. Bläulicher Widerschein fiel auf die Wände, von der Startplattform stob unter den Düsenauslässen in Schwaden der Staub auf, er verwandelte sich in eine Säule grellgiftiger Funken, und alle Geräusche übertönte ein hohes, langgezogenes Dröhnen. Die Rakete hob sich auf drei Flammen, die sofort zu einer einzigen Feuersäule verschmolzen, und flog, zuckende Glutfahnen hinter sich zurücklassend, durch die geöffnete Ausstoßöffnung hinaus. Die Blenden schlossen sich sofort wieder, die automatisch angelassenen Kompressoren begannen frische Luft durch die Halle zu spülen, in der beißender Rauch wogte. Das alles machte ich mir nicht klar. Die Hände aufs Pult gestützt, das Gesicht noch vom Feuer durchbrannt, die Haare geringelt und verrußt vom thermischen Schlag, schnappte ich krampfhaft nach Luft; sie roch brenzlig und war zugleich erfüllt von dem charakteristischen ozonartigen Geruch der Ionisation. Obwohl ich im Augenblick des Starts instinktiv die Augen geschlossen hatte, war ich doch durch die Strahlflamme geblendet worden. Geraume Zeit sah ich nur schwarze, rote und goldene Kreise. Allmählich verflüchtigten sie sich. Rauch, Staub und Nebel verschwanden, von den gedehnt stöhnenden Ventilationsleitungen eingesaugt. Das erste, was ich zu sehen vermochte, war der grünlich leuchtende Radar-schirm. Ich fing an, mit dem Direktreflektor zu manövrieren und die Rakete zu suchen. Als ich sie endlich erwischte, war sie schon außerhalb der Lufthülle. In meinem Leben hatte ich noch keinen Flugkörper so rasend und blindlings abge-schickt, ohne jede Vorstellung davon, welche Beschleunigung ich ihm verleihen solle und wohin ich ihn überhaupt schik-ken wollte. Ich hielt es nun für das einfachste, ihn auf eine Kreisbahn rund um die Solaris umzulenken, in einer Höhe von ungefähr tausend Kilometern: dann konnte ich die Trieb-werke stillegen; solange sie arbeiteten, war ich ja nicht sicher, ob nicht irgendeine in den Folgen unberechenbare Katastro-phe eintreten würde. Wie ich auf der Tabelle nachprüfte, war die Bahn in tausend Kilometer Höhe stationär. Auch sie gab, ehrlich gesagt, keinerlei Garantie; das war einfach der einzi-ge Ausweg, den ich fand.

Den Lautsprecher, den ich gleich nach dem Start ausge-schaltet hatte, wagte ich nicht einzuschalten. Im Gegenteil, ich hätte alles nur Erdenkliche getan, nur um zu vermeiden, daß ich wiederum diese gräßliche Stimme hören müßte, die nichts Menschliches mehr an sich hatte. Eines konnte ich mir sagen: daß alles Blendwerk zerrissen war und daß durch Hareys vorgespiegeltes Gesicht ein anderes Gesicht hindurchzublik-ken begann, das wahre Gesicht, gegen das die Alternative des Wahnsinns wirklich einer Befreiung gleichkam.

Es war ein Uhr, als ich den Flughafen verließ. [...]

MEMOIREN, GEFUNDEN IN DER
BADEWANNE

[...] Mich weckte das Wimmern der Wasserleitungsrohre. Als ich die Augen öffnete, sah ich zum ersten Male, daß der Plafond von einem Stuckrelief bedeckt war, einem weißen, sauberen, das eine Szene aus dem Leben im Paradiese darstellte. Adam und Eva sahen einander hinter einem Baumstamme an, die Schlange lauerte auf einem Ast, den Kopf dicht an ihrem runden Hinterleib, ein Engel hinter einem Wölkchen schrieb irgendeine lange Denunziation – fast genauso, wie es mir Barran erzählt hatte. Barran! ... Ich setzte mich auf den Fußboden, plötzlich nüchtern. Vor dem Einschlafen hatte ich alles ausgezogen, und das Handtuch, auf dem ich lag, hatte mich nicht vor der Kälte der Porzellankacheln geschützt. Ich war knochensteif, erstarrt, als wenn mich bereits die Leichenstarre befallen hätte. Erst in der Wanne unter den Strahlen heißen Wassers lebte ich wieder auf. Aus der Wanne gestiegen, trat ich vor den Spiegel. Es hätte mich nicht gewundert, ein altes Gesicht zu erblicken, denn der vergangene Tag kam mir wie ein Zeitabgrund vor, der alle meine Kräfte erschöpft hatte, so als wenn ich schon ein ganzes Leben durchlebt hätte, und mir blieb nur ein dummes, sich beim Waschen hartnäckig wiederholendes Liedchen, das ich aus dem Munde des Professors gehört hatte:

Wer reitet so spät durch Wind und Nacht?
Es ist die Abwehr, unsere Wacht.
Wer zu enthaupten und wer zu entthronen,
das alles sie schon längst beschlossen hat.
Die Fahne hoch, dem Oberspitzelrat!

Ohne daß ich recht davon wußte, summte ich es hier
wieder und merkte es nur an den Bewegungen meines Mundes im Spiegel. Nein, ich war ganz und gar nicht älter geworden, nur mein Zustand war wohl etwas katermäßig; nur
betrunken, hatte ich auf den Vorschlag des Priesters Orfini
eingehen können. Eine Verschwörung – mein Gott! Er und
ich – zwei Verschwörer, oder, ganz einfach: Beide!!

Lieber sang ich auf alle Fälle nur noch halblaut, obschon
das Badezimmer leer war und sich auch von außen her kein
Laut hören ließ. Ich hatte mich schon daran gewöhnt, nur
noch selten etwas zu essen, zu den seltsamsten Zeiten – nach
dem gestrigen Gelage hatte ich übrigens nicht den geringsten Appetit – ich spülte also nur den Mund mit lauem Wasser, das nach erwärmtem Metall schmeckte, und ging hinaus.

Erst als ich an den Fahrstuhl herankam, orientierte ich
mich, – offenbar war ich nach den letzten Erlebnissen noch
nicht recht zu mir gekommen, – so daß ich keine Ahnung
hatte, wohin ich mich begeben sollte. Mich verlangte nach
Ruhe; ich dachte also, am vernünftigsten würde es sein,
mich irgendeiner größeren Menschengruppe anzuschließen.
Auf diese Weise würde ich auf eine Versammlung oder Sitzung stoßen und, ohne allzusehr aufzufallen, frei nachdenken können, nicht als Gefangener des Badezimmers – denn
die Einsamkeit dort begann, mir widerwärtig zu werden.

Ich begegnete nur einzelnen Offizieren, denen ich mich nicht anschließen konnte, ohne dadurch Interesse zu erwecken. So durchwanderte ich denn ein ziemliches Stück der fünften, dann der sechsten Etage, schließlich fuhr ich in die achte hinauf, wo, wenn mich mein Gedächtnis nicht täuschte, die Türenreihe auf der einen Seite des Hauptkorridors unterbrochen war, was darauf schließen ließ, daß hinter jener blinden Wand irgendein größerer Saal liegen müsse.

Dort aber war es völlig leer. Ich trieb mich vor dem vermeintlichen Saal herum, und als sich innerhalb von guten zehn Minuten niemand sehen ließ, trat ich, ungeduldig geworden, ein.

Ich befand mich gleichsam in einem Nebenraum eines großen Museums. Im Halbdämmer, auf gebohnertem Parkett standen in Reihen lange, verglaste Schaukästen, die von Licht erstrahlten. Das Gäßchen, das sie bildeten, wand sich im Bogen, doch die schimmernden Lichtflecke an den dunklen Wänden zeugten davon, daß es weiter verlief. Hinter den Glasscheiben lagen Hände, lauter an den Gelenken abgeschnittene Hände auf durchsichtigen Fächern, meistens zu zweien, von natürlicher Größe und Farbe, vielleicht von allzu natürlicher, denn nicht nur war das Matte der Haut und der schimmernde Glanz der Fingernägel wiedergegeben, sondern auch die Härchen auf den Handrücken. In unausdenkbarer Vielfalt der Posen erstarrt, schienen sie ein für allemal bewegungslos gewordene Rollen eines sich hinter dem Glas abspielenden toten Theaters auszuführen. Ich beschloß, zuerst die ganze Kollektion abzuschreiten, um dann zu den besonders gelungenen Exponaten zurückzukehren. Zeit hatte ich genügend. Ich ging vorbei an im Gebet oder beim Falsch-spiel begriffenen Händen, an vor Zorn geballten weißen Fäu-sten, an verzweifelten oder triumphierenden Händen, an auf-fordernden, an in kategorischer Absage abweisenden, an aus alten Greisenfingern strömenden Segnungen, an Betteleien, an schamlosen Propositionen, an Diebereien … Hier erblüh-te hinter einer Glasscheibe in schlanker Schmiegsamkeit eine vertrauensvolle, beinahe lächelnde Naivität; nebenan gähn-te Verlust; dort vereinigte die Hände mütterliche Fürsorge … Das dunkle Gäßchen der entfachten Schachteln schlängelte sich, ich ging entlang und ging und ging, manchmal stehen-bleibend, um irgendeine bukolische, mit einer sprechenden Geste gespielte Szene auszukosten, und nachdem ich sie als zu süß gefunden hatte, ging ich weiter – in mir erwachte der Connaisseur – mit einem einzigen Blick bereits erfaßte ich den dargestellten Ausdruck, beurteilte ich ihn als Übertrei-bung oder als Unvermögen der Ausdrucksfähigkeit und ging weiter, übrigens immer seltener stehenbleibend – etwas er-müdet und gelangweilt, suchte ich Schwieriges, Rätselhaf-tes, weil ich bemerkt hatte, daß den Schöpfern der Ausstel-lung der gleiche Gedanke hatte zugrunde liegen müssen, denn in den folgenden Abteilungen des gewundenen Ganges traf ich auf immer sparsamere, immer kleinere Gesten, und nicht nur das: die Bedeutungen begannen sich zu spalten …

Hier gab es keine simplen Drohungen mehr, keine Fäu-ste, keine Störrigkeiten – aus ekelhaften Fingerwindungen wehte es von Hinterlist, – ein rosiges Umhülltsein wie von einer nicht vorhandenen Kerzenflamme zeigte einen von in-nen heraus in lauerndem Geducktsein hineinweisenden allerkleinsten Finger – zeigte er auf etwas? – Mit einem von neuem erweckten Interesse, wie ein erfahrener Weinküfer, kostete ich eine gleichsam brüderliche Feierlichkeit, von der, wie in einem Seitensprung, man weiß nicht warum, ein Ringfinger wie auf jemanden hinter mir zu weisen schien – in gestreichelter, betasteter, gegriffener Luft lauerte Betrug, irgendeine Einzelheit krempelte die im gläsernen Schrein eingeschlossene Geste wie einen Anzug auf die linke Seite um, – ein Wald von Fingern klebte sich mit ihren Verlängerungen an die Scheiben, – im Schatten puritanisch gefalteter Hände gaben Finger einander verständnisvolle Zeichen hinter dem Glase von Wand zu Wand … Hier trieb ein fetter Daumen Narrenspossen, dort kugelte alles kindlich durcheinander, und plötzlich, in von nichts wissender Verspieltheit, wurden einander mit dem Knöchel, mit der Fingerkuppe, mit dem Endchen eines Fingernagels von Hand zu Hand Zeichen gegeben – und deuteten – wiesen – auf mich!!

Ich ging immer schneller, ich lief beinahe – Schwärme von Händen stiegen hoch und niedrig der Reihe nach von den Glastafeln, mit in der Luft starrenden Fingern, verkrümmt und weiß wie kleine Leichen, es wimmelte mir von ihnen vor den Augen. Was sollte das? – dachte ich – Wieso dies? Wozu so viele Hände? Warum? Wofür ist das so? Das hat doch keinen Sinn! Das ist Kopfverdreherei! Ein unheimliches, ungeheuerliches Museum! Alles beziehe ich auf mich! Raus von hier! Raus! …

Da tauchte plötzlich ein Mensch aus dem Dunkel auf, der geradewegs auf mich zurannte, mit flatternden Fetzen von Licht und Schatten auf der Stirn, im Gesicht, mit aufgerissenem Mund wie zu einem hysterischen Schrei, ohne Augen – im letzten Augenblick noch konnte ich stehenbleiben, indem ich mit den Händen gegen die kalte, glatte Tafel eines Spiegels stieß.

Ich stand vor ihm – und hinter mir wartete die dämmerige, in Aquarien zerstückelte Tiefe, dumpf, vollkommen tot, erstarrt in Tausenden von Spreizungen, Verkrampfungen, obszönen, ekelhaften Gesten – das waren die wächsernen, geäderten und durchbluteten Hände des Wahnsinns. Ich drückte die Stirn an die eisige Tafel, um das nicht zu sehen.

Da gab die Tafel erbebend nach und ließ mich hindurch. Sie war die Oberfläche einer Tür, einer gewöhnlichen Tür, die unter dem Druck aufgegangen war. Ich stand in einem kleinen Zimmerchen, einer Kammer beinahe, die von zwei dürftig schimmernden Glühbirnen erleuchtet wurde, als sei es aus Sparsamkeit. Der Mensch, ein armer Kerl vielmehr, der in einer geflickten Jacke hinter einem Tische saß, sah mich nicht an, denn er beschnitt sich die Fingernägel, wobei er sie – ein Kurzsichtiger? – dicht unter die Nase hielt. Die Ellbogen hatte er auf einen Stoß Papiere gestützt.

»Bitte nehmen Sie Platz«, sagte er, ohne die Augen zu erheben. »Der Stuhl ist dort in der Ecke. Dies Handtuch nehmen Sie bitte von ihm fort. Sind Sie noch geblendet? Das macht nichts, das geht vorüber. Bitte warten Sie eine Weile.«

»Ich habe es eilig«, sagte ich farblos. »Wo ist der Ausgang?«

»Sie haben es eilig? Ich würde jedoch raten, ein wenig zu verweilen. Werden Sie etwas melden?«

»Bitte?«

Er feilte geschäftig das Ende eines Fingernagels.

»Hier ist Papier und Feder. Ich werde nicht stören ...«

»Ich habe nicht die Absicht, etwas zu schreiben. Wo ist der Ausgang?«

»Sie haben nicht die Absicht?«

Mitten in der Bewegung innehaltend, sah er mich an mit wässerigem Blick. Ich hatte ihn schon irgendwann gesehen und zugleich auch nicht gesehen. Er hatte rötliches Haar, einen kleinen Schnurrbart, ein fliehendes Kinn und geschwollene, runzelige Wangenbeutelchen, als hätte er Walnüsse darin versteckt.

»Dann werde ich es aufschreiben ...«, bot er sich an, zur Feile zurückkehrend. »Und Sie werden es nur unterschreiben ...«

»Aber was?«

»Ein Bekenntnischen ...«

– Da hab ich dich! – dachte ich, mich bemühend, nicht die Kinnladen zusammenzupressen, denn die dadurch entstehende Muskelschwellung hätte mich verraten können.

»Ich weiß nicht, wovon Sie sprechen«, sagte ich trocken.

»Ei was? Das Gelägelchen sollten Sie vergessen haben?«

Ich schwieg. Er rieb die Fingernägel an dem Tuch des Anzugs, prüfte, ob sie gehörig glänzten, holte aus der Schublade einen kleinen, dicken, schwarzgebundenen Band, der sich von selbst an der betreffenden Stelle öffnete, und begann vorzulesen:

»Paragraph ... hm ... hm ... ja: ›Wer Gerüchte ausstreut, verbreitet oder auf eine andere Weise zu verstehen gibt, daß das Antigebäude als solches nicht existiert, unterliegt der

Strafe vollständiger Exoclasion‹. Na?« Er schaute mich aufmunternd an.

»Ich habe keinerlei Gerüchte verbreitet.«

»Wer sagt denn, daß Sie verbreitet haben? Gott bewahre, Sie haben nichts gemacht. Sie haben nur ein Kognakchen gehoben und die Ohren gespitzt. Und haben wir denn Klappen, um die Ohren damit zuzudecken? Doch leider kann der Mangel an Klappen strafbar sein, alldieweil ...«

Er sah in dem Bande nach.

»›Wer auch immer gegenwärtig ist bei der Begehung eines Verbrechens nach Paragraph NN, Absatz N, und nach N Stunden nach seiner Begehung keine Anzeige bei dem zuständigen Organ erstattet, unterliegt der Strafe der Epistoklasion, sofern das Gericht in seinem Verhalten nicht mildernde Umstände nach Paragraph klein n ersieht.‹«

Er legte den Band beiseite und sah mich an mit seinen feuchten, wie aus dem Wasser herausgenommenen Fischaugen. Eine ganze Weile sah er mich so an, bis er schließlich mit einer so winzigen Lippenbewegung, als wenn er einen Apfelkern ausspuckte, vorschlug:

»Ein Bekenntnischen?«

Ich verneinte mit einer Kopfbewegung.

»Na«, ermunterte er unbeirrt, »ein ganz kleines Bekenntnislein?«

»Ich habe nichts zu bekennen.«

»Ein ganz winzig kleines?«

»Nein. Und bitte, hören Sie auf zu verniedlichen!« schrie ich, von hemmungsloser Wut geschüttelt. Er zwinkerte mit außerordentlicher Schnelligkeit wie ein erschreckter Vogel.

»Nichts?«

»Nichts.«

»Nicht einmal einen Hauch?«

»Nein.«

»Vielleicht soll ich helfen? Nun, zum Beispiel so: ›Als ich bei dem Gelage zugegen war, das von den Professoren ... hier die Namen ... veranstaltet wurde ... sowie ... und wieder Namen ... am soundsovielten ... und so weiter ... wurde ich zum unbeabsichtigten Zeugen der Verbreitung von ...‹ Na?«

»Ich verweigere jegliche Aussage.«

Er blickte mich an mit völlig runden Augen wie ein Huhn.

»Bin ich verhaftet?« fragte ich.

»Faselhans!« sagte er und klappte mit den Augenlidern. »Also dann vielleicht etwas anderes? Hm? Na, ... na? Put, put? Psi ... psi ...?«

»Hören Sie bitte auf!«

»Psiii ...« wiederholte er, schmeichlerisch albern tuend wie zu einem Baby. »Konspi ... Konspira ... Konspirationönchen ...« piepste er unaussprechlich dünn. »Ein Konspirationönchen? ...«

Ich schwieg.

»Nein? ... Nicht? ...«

Er warf sich mit seinem ganzen Leib auf den Schreibtisch, als wolle er mich anspringen.

»Und das hier – erkennen Sie das?!«

Er hielt eine runde Schachtel in der Hand, voller Knöpfchen, klein wie Erbsen, die mit schwarzem Stoff bezogen waren.

»O!« entfuhr es mir. Er nahm das mit außergewöhnlichem Eifer zu Kenntnis und murrte wie zu sich selber:

»O ... O wie Orfini ... O ... O ...«

»Ich habe nichts gesagt!«

»O?«, griff er seinerseits auf, mir zuzwinkernd. »O, und nichts weiter? Nur O, ein nacktes O, ohne nichts weiter? Na, wieso denn, nur ein O, so ganz für sich allein ... Weiter, nur weiter: O ... r ... Na?! Ein geistliches Röckchen ... ein Pfäfflein ... etwas in der Art, um gemeinsam ... so kleine Dummheiten ... hm?!«

»Nein«, sagte ich.

»Nicht? Aber O!« erwiderte er. »O! Und dennoch – O! Immer O!«

Er freute sich immer offensichtlicher. Ich beschloß zu schweigen.

»Vielleicht singen wir einmal etwas?« regte er an. »Ein kleines Liedchen. Zum Beispiel: ›Gebäude, ach!‹ Kennen Sie das?«

Er wartete eine Weile.

»Ein Harter«, sagte er dann zu der Schachtel mit den Knöpfen, die er in der Hand hielt. »Aus hartem Holz und voller Stolz. Einen Pilatus möchte er. Hei, führt mich zu den Foltern! Niemals werde ich bekennen! Ecce homo! Und hier nicht einen Mucks, hier sind nur kleine Pilatuslein, und wenn es selbst das Kreuz wäre – o je, o je – wir können nicht – nichts können wir – ein Garnichts können wir – höchstens ein Kreuzchen auf den Weg mitgeben! ...«

Ich rührte mich nicht. Er feilte wieder die Fingernägel, beschaute sie, betrachtete sie, ob sie der vollkommenen Vision entsprächen, feilte, feilte zurecht, und endlich sagte er mürrisch wie am Anfang:

»Bitte stören Sie nicht.«

»Soll ich gehen?« fragte ich verwirrt.

Er antwortete nicht. Meine Augen suchten die Tür. Sie befand sich in der Ecke, war sogar einen Spalt weit geöffnet. Warum hatte ich sie nicht vorher schon bemerkt? Die Hand auf dem Drücker sah ich zu ihm hin. Er sah mich nicht einmal, in das Polieren vertieft. Zögernd trat ich auf einen großen, kühlen, weißen Korridor hinaus. Ich war schon weit, als ich fühlte, daß ich etwas Großes, Schweres trug, das zu beiden Seiten meines Rumpfes hing wie ein Eimerjoch. Ich blieb stehen. Das waren meine Hände, naß und scheinbar fettig. Ich sah ihre inneren Handflächen an. In den Linien schimmerten mikroskopische Tröpfchen. Sie wuchsen in den Augen. O, – dachte ich, – so zu schwitzen … O! Warum O? Warum sagte ich nicht, zum Beispiel: A?! Ein Wurm? War ich ein Wurm? Ach was da, ein Wurm! Ein Gauner – ein saftiger, ein triefend saftiger sogar. Kein kleiner, kein Anfänger von einem Gauner – ein ganzer, ein gewaltiger muß man sein! Und ich fühlte in mir die Bereitschaft wie das kribbelnde Glimmen von Pulverlunten – Funken, Flammen züngelten an ihnen lang – es krachte!

Eine Tür. Ein Fahrstuhl. Ein Korridor. Wieder eine Tür. Ich setzte mich in einen Fahrstuhl. Wie angenehm schwamm er nach unten, wie angenehm, wenn alte Freunde sich ans Aushorchen machen … Ich atmete tief auf. Immerhin – eine Erleichterung. Ruhe, Friede. Nichts von Verschwörung.

Der Gauner – das bin ich! – versuchte ich es in Gedanken. Laut zu denken, wagte ich nicht.

Ich stieg aus dem Fahrstuhl – zum wievielten Male wohl?
Welche Etage war es? Es war ganz gleich, welche. Ich ging
vor mich hin. Eine Tür. Ich drückte die Klinke.

Ein hellrotes Zimmer mit weißen Pilastern, große Bilder
an den Wänden, auf den Bildern flache, auf rembrandtisch
in bräunlicher Trübe versinkende Gestalten in Tüll und Spit-
zen. Unter dem größten Bilde in schwarzem Rahmen saß ein
wunderschönes Mädchen von höchstens sechzehn Jahren –
und fürchtete sich. Ich wartete, was es sagen würde, doch
es schwieg. Die Angst schadete seiner Schönheit nicht. Ein
helles Gesichtchen mit einem goldenen Schopf in der Stirn,
trübsinnige veilchenblaue Augen eines mißtrauenden Kindes, volle, rote Lippen, ein Schülerinnenröckchen mit kurzen, vom vielen Waschen verblaßten Ärmeln; unter dem Stoff
stachen harte Brustspitzen hervor. Hart und trotzig waren
auch ihre schlanken Beine mit rosigen, nackten Fersen – bei
meinem Anblick waren dem Mädchen die Sandalen von den
Füßen geglitten und lagen unter dem Fauteuil – doch das
Schlimmste war die Ratlosigkeit der kleinen Hände. – Wie
wunderschön ist es – dachte ich – und wie weiß ... weiß –
wer hatte ›weiß‹ gesagt? Ah! Wie eine Lilie ... lilienhaft ...
eine lilienhafte Weiße ... So hatte es mir der Spion verkündet. Er hatte mir den Doktor prophezeit, das Service und die
Lilienhafte.

Sie schaute mich an mit veilchenblauen Augen, ohne ein
Zucken. Die Nacktheit ihres Halses unter dem schwarzen
Rahmen des Bildes war wie – ich suchte nach einem Ver-

gleich – wie Gesang in der Nacht. Nicht übel ... Ich tat einen Schritt auf sie zu, einen gaunerisch langsamen, meine Pupillen in ihre versenkend, – die Bewegungslosigkeit ihres Körpers war meinem Herzen eine, ach, so süße Angst, – die kleine Brustspitze unter dem Röckchen zählte, meinem pochenden Herzen folgend, die Sekunden, – kein Wort, keine Geste, nichts, – nur ein Gauner.

Noch ein Schritt – und ich stieß mit meinen Knien an ihre; nach hinten übergelehnt saß sie da, den Kopf nach rückwärts geneigt, die letzte, vergebliche Zuflucht waren ihre vollen, goldenen Haare. Ich neigte mich über sie. Ihre Lippen erzitterten kaum merkbar, doch die Hand vermochte sie nicht einmal zu erheben. – Ich müßte sie schänden – dachte ich – denn das erwartet sie ja, – kann ich übrigens anders handeln in meiner Situation? Vielleicht ist sie aber kein unschuldiges Mädchen, um geschändet zu werden, sondern gleichsam ein Richtblock, ein schon abgewetzter, auf den ich zu guter Letzt – mich bekennend – den Kopf legen werde? Denn sonst – woher wäre sie hier im Gebäude?

Nun – sagte ich mir, und gleichzeitig blickte ich zwischen ihre goldenen Wimpern – auch ich habe mich unschuldig hier eingefunden, warum nicht sie ebenfalls? – Doch ich merkte, daß ich bereits aus dem Getriebe des Verfahrens hinauszugeraten begann, schon Ausflüchte machte, mich für unschuldig zu erklären anfing, und das war bestimmt eine schlechte Politik der Verschwendung und Zersplitterung der Kräfte. – Na los denn, – sagte ich mir, – ohne Skrupel, ohne Abschweifung! Da ist ein Flittchen – schänden wir!!!

Dieser vage Beschluß fiel mir leicht, doch wie sollte ich

mich an die Sache machen? Es drängte sich freilich ein Kuß auf, um so mehr, als unsere Lippen kaum eine Handbreit trennte – so nahe waren sie einander, daß unser Atem sich vermischte. Ein Kuß als Einleitung, als Ouvertüre der Besudelung widerte mich irgendwie an. Sogar im hinterhältigen, erzwungenen Kuß ist etwas – wie soll ich sagen – etwas erlesen Geschmackvolles, etwas, das eigentlich am Platz ist – aha! ich hab's: ein Kuß ist ein Schmuck, eine Dekoration, eine Anspielung und Allegorie, und ich wollte nichts vormachen, nichts vorspiegeln; ich wollte mich paaren, rasch und abscheulich die lilienhafte Weiße zertrampeln; was denn anderes ist eine Schändung, wenn nicht das, einen Engel wie eine Kuh zu traktieren?!

Von einem Kuß also hielt ich mich frei, und die Pose, die ich angenommen hatte, dies Einatmen ihres unschuldigen, mädchenhaften Atems, schien mir bereits von Fälschung angehaucht zu sein. Ich werde sie packen und in meinen Armen hochheben! – so schlug ich es mir vor, zurücktretend und mich etwas aufrichtend, doch die dadurch entstandene Distanz ähnelte derart einem unentschlossenen Rückzug, daß sie mich etwas erschreckte. Wo sollte ich sie übrigens hinwerfen?! Außer dem Fauteuil stand mir nur der Fußboden zur Verfügung, und eine Lilienhafte zu heben, um sie wieder in den Fauteuil zurückzuwerfen, hatte nicht den geringsten Sinn, – während die Schändung einen Sinn haben muß, und noch was für welchen! Einen auf das schwärzeste perversen!

– Also werde ich sie brutal und schamlos anpacken! – entschloß ich mich. Stehend konnte ich dies jedoch nicht tun, der Fauteuil war zu niedrig, also kniete ich mich hin. Ein

Fehler! Das war die Pose der Demut, der Ergebenheit zu dienen, der Erwartung, von den weißen Fingerchen mit einer Schärpe von den lilienhaften Schultern umgürtet zu werden. Im Kniefall kann man nicht schänden, doch ich mußte es, denn mit jeder Sekunde wurde es schlimmer; sie wird mir noch zu weinen anfangen, – dachte ich, von Schreck durchfahren, – zum Teufel! schon biegt sich ihr Mund zu einem Hufeisen, und anstatt einer Lilienhaften wird es ein verrotztes Kind sein! Schnell, solange noch Zeit ist!!

Also – unter das Röckchen?! Doch wenn mir der ungeübte Griff mißlingt und kitzelnd anstatt schändend wird – was dann?! Gewiß wird sie dann zu kichern anfangen, vielleicht wird sie sich sogar verhusten, mit den Beinen vor Lachen strampeln, – vor Lachen, nicht vor Jungfräulichkeit – und selbst, wenn ich sie anfallen, entführen und zerdrücken würde, so wird keine Spur mehr vom Lilienhaften bleiben, nur noch lauter Kitzligkeit!! Anstatt Schändung – Kitzeleien? Kille – kille?! Du großer Gott!!

Das ist jener Schnüffelagent gewesen – schoß es mir durch den wahnsinnig gewordenen Kopf – er hat sie mir unterschieben müssen – es kann nicht anders sein! – ich erkenne ihn, ex ungue leonem!! Also, dann nein!! – dachte ich scharf und hart. – Keinerlei Unter-das-Röckchen, nichts Sich-Heranschleichendes, nichts hinterhältig und feige Diebisches! Auge in Auge – und ein Kuß, aber ein Satanskuß, ein Blitz, Blut, Beschimpfung, Brutalität und Entsetzensqual! Knirschen von Zähnen gegeneinander! Innereien, Geschlinke! Begierden!! So wird es sein!!! Und ich beugte mich über sie, doch irgend etwas war nicht so recht. Volle Backen, aufgeworfene Lippen, und in ihren Winkeln etwas Weißes, pfui! Krümel ... Und wieder vermengte sich unser Atem – und ein Rüchlein wehte wie von einem Säugling, wie von Milch! Um Gottes willen!!! Diese weißen Krümelchen – das war Käse! Nein! Nicht Käse! – Quark!!!

Ich war verloren. Langsam, Zoll um Zoll erhob ich mich, die Knie mechanisch abklopfend. Ja, das war das Ende. Sechzehn Jahre, unschuldig, scheu, weiß wie Schnee ... Wie Schnee? Wie Quark!!!

Im Hinausgehen schaute ich von der Tür zurück. Beruhigt, hatte sie wieder zu kauen begonnen. Und sie hielt sogar, in der Hand versteckt, eine angebissene Buttersemmel, nur hatte sie diese versteckt, als ich auf sie zugetreten war. Sie hatte es mir erleichtern wollen, und ich. O Gott! ...

Nur gut, wenigstens, daß kein Wort gefallen war. Ich zog die Tür hinter mir zu und ging davon, mich bemühend, keinen Lärm zu machen. Gauner ... Gauner ... Irgendwo wurde geschossen. Ganz nahe hatte es geknallt. Ich zog es vor, mich nicht in irgendein Abenteuer einzulassen, und war drauf und dran umzukehren, um so mehr, als alles in mir zitterte, – als ich drei Offiziere gewahrte, die vor einer Tür mit einem Kissen standen. Das Kissen war leer. Das war so ...

Das Geschieße pflegte von zweierlei Art zu sein. Gewöhnlich fielen nach dem Frühstück Schüsse, man hörte das Geschrei Gemordeter oder solcher, die den Gnadenschuß erhielten. Querschläger, Ricochetten, Kalkstaub – diese Korridorschlachten wurden in höchster Eile durchgeführt. Das Ende wurde von Getrampel verkündet, vom Getrampel heraneilender Entsatzkräfte und von verschlüsselten Schreien.

Manchmal, wenn man die Tür zu einem Fahrstuhl aufmachte, der gerade nicht dahinter war, kamen durch den leeren, dunklen Schacht sich überschlagende Leichname gepurzelt, von Blut überströmt, aus irgendeinem Stockwerk oberhalb – auf diese Art entledigte man sich ihrer. Doch dieser Schuß war ein einzelner gewesen. Solch einem ging gewöhnlich eine kleine Prozession voraus – drei, meistens vier Offiziere trugen, zu Paaren im allgemeinen, ein Samtkissen, auf dem ein Revolver ruhte. Sie traten ins Innere, kamen ohne den Revolver zurück und warteten vor der Tür, bis der demaskierte Verräter sich durch den Kopf geschossen hatte. Handelte es sich um einen höheren Offizier, so war das Kissen mit einer Tresse versehen. Ordnung machte man meistens in der Mittagspause, wenn es keine Gaffer gab.

Eine Viertelstunde blieb mir noch bis zu dem mit dem Priester vereinbarten Zusammentreffen. Wozu noch hingehen, da alles zertrampelt, veruntreut, beendet war? Ich gab mir Mühe, mich zu konzentrieren. Von der Verschwörung wußte man ja schließlich, sie war ja erlaubt, sogar befohlen worden, allerdings war sie nur scheinbar, falsch. Nur er und ich wollten unter dem Schutze des Anscheins etwas Authentisches schaffen. Eben zu entfliehen, nicht hinzugehen, würde für sie das Spüren einer Gefahr bedeuten, würde ihnen zu denken geben. Das Hingehen würde wohl kaum gefährlich sein.

Immer noch schämte ich mich, aber weit weniger. Einige Minuten lang spazierte ich zwischen den Toiletten in einer Abzweigung des Korridors herum. Auf der Suche nach einer Rechtfertigung klammerte ich mich einstweilen an einen

Gedanken, an einen vielleicht äußerst naiven, aber verlokkenden: vielleicht sei dies ein Traum – sagte ich mir –, ein besonders aufsässiger und ungehorsamer Traum? Selbst wenn ich einstweilen nicht aus ihm erwachen sollte (denn er schien mir außergewöhnlich stark und tief), so würde er, identifiziert, einen Berg von Verantwortlichkeit von mir nehmen. – Da blieb ich vor einer weißen Wand stehen, warf einen Blick nach beiden Seiten, ob niemand käme, und versuchte, sie durch die unbewegliche Anstrengung konzentrierten Willens zu erweichen – wie man ja weiß, gelingt so etwas in einem selbst noch so außergewöhnlich tiefen, alpdruckartigen Traum. Vergebens jedoch schloß und öffnete ich heimlich die Augen und betastete sogar behutsam die Wand; sie rührte sich nicht einmal. Aber vielleicht – in Anbetracht dessen – war ich der Traum eines anderen? Ganz gewiß doch hat der Eigentümer eines Traumes eine unvergleichlich größere Herrschaft über ihn als die sich darin umherdrehenden Personen, die je nach Bedarf als Figuranten hinzugezogen werden ...

Selbst wenn dem so wäre, kann ich das nicht feststellen, – folgerte ich. Ich kehrte zum Hauptkorridor zurück, stieg in einen Fahrstuhl und fuhr nach oben zur verabredeten Stelle bei den Säulen. Warum war sie lilienhaft gewesen? Sicherlich der Genauigkeit halber: damit ich begriffe, daß ich gegen den Willen des Gebäudes nicht einmal zu einem Gauner werden könne. Es war, als sähe ich ihn vor mir, jenen alles verniedlichenden Schnüffelagenten, wie er mir schnippisch mit dem Finger vor der Nase drohte. Seinen Sinn für Humor hatten in ihm wahrscheinlich die erheiternden Zappeleien Gehenkter entwickelt ...

Der Fahrstuhl fuhr immer höher hinauf, auf der Nummerntafel sprangen die Ziffern der vorbeiziehenden Stockwerke hervor, die Kontakte knackten leise, der Schimmer der Milchglaslampe zitterte auf der Palisandertäfelung, und plötzlich – sah ich ihn tatsächlich durch die zwiefache Glasscheibe der Fahrstuhl- und der Korridortür, als der Fahrstuhl an der nächsten Etage vorüberfuhr: in seiner kurzen Jacke stand er da, etwas gekrümmt, nachdenklich in Gedanken versunken, und zwar in angenehme Gedanken – hatte er mich gesehen? Ohne mir davon Rechenschaft zu geben, was ich tat, kniete ich mich eilig auf den kleinen Teppich des Fahrstuhls hin. Durch das Schlüsselloch schickte ich meinen Blick nach außen, zu dem nahenden Ort der Zusammenkunft, selber unsichtbar ...

Der Fahrstuhl verlangsamte die Fahrt, nun schon am Ziele. Ich erblickte zuerst sorgfältig geputzte Schuhe, dann eine schwarze Schürze, nein – eine Reihe kleiner Knöpfchen: es war eine Sutane! Der Priester! Der Priester unmittelbar vor der Tür auf dem Korridor erwartete mich! Noch ruckte der Fahrstuhl in gebremstem Aufstieg, als ich ihn durch einen Fingerdruck wieder zurück nach unten schickte. Hatte ich Verrat gewittert? Nein – ich wußte überhaupt nicht, was ich denken sollte, doch jetzt, als der Fahrstuhl in einer ebenmäßigen, sanften, traumhaften Bewegung hinabsank, fühlte ich mich erst richtig in Sicherheit. Wieder knackten die Kontakte, schimmerte die Milchglaslampe, mein kleines, so gemütliches Zimmerchen sank lautlos durch das Gebäude hinab; als das Erdgeschoß beinahe erreicht war, drückte ich wiederum auf die Taste und begann aufwärts zu schweben ...

Aus der Kniestellung beobachtete ich, was draußen vorging. Die Ausschnitte der Etagen zogen an mir vorbei, eine blinde Mauer, ein Fußboden, jemandes Füße, eine Decke, dann wieder der nackte Backsteinschacht, wieder ein Fußboden ... und zum zweiten Male flitzte an mir der Schnüffelagent in der kurzen Jacke vorüber, so geduldig wartete er auf den Fahrstuhl, mit schief verzerrtem Mundwinkel – diese Szene verschwand, in die Tiefe der Mauern tauchend, als lasse man einen steinernen Vorhang vor ihr herab ... Ich schwamm weiter ...

Ich hielt den Atem an. Es kam die achte Etage. Da sah ich stückchenweise, weil von so nahem, den Priester. Auch er wartete. Also wieder nach unten – und wieder an dem Schnüffler vorbei, unsichtbar selber, versteckt, fischte ich ein wenig mit dem Auge, als wenn ich Pröbchen nähme ...

Jeder von ihnen, einzeln und für sich, stand widerwillig da, nichtig von einem Fuß auf den anderen tretend, kümmerlich zerstreut, jeder wies einen lauen, neutralen Gesichtsausdruck auf, doch ich, der ich das Gebäude durch meine Fahrten auf und ab in meiner Kammer wie in Kurzschlüssen durchschnitt, von einem Gesicht zum anderen springend, wurde blaß, denn es fügten sich zusammen: der Mundwinkel des Schnüfflers mit der hängenden Lippe des Priesters, – in Summa war dies schon ein Lächeln, auf Etagen zerteilt, vor dem ich zitterte, denn keiner von beiden lächelte einzeln für sich, sondern nur zusammen, in der Summe, so als wenn das Gebäude lächelte; und als der Fahrstuhl zum Erdgeschoß gelangte, lief ich hinaus, ihn leer hinter mir lassend, mit offenstehender Tür, lediglich von hartnäckigem Gesumme angefüllt, denn man verlangte nun nach ihm, jetzt schon unaufhörlich, wahrscheinlich zugleich von allen Etagen her. Ich aber war schon weit fort.

Der Priester hatte also Verrat geübt. Meine Erwartungen hatten sich erfüllt. Noch verdaute ich diese Folgerung, die Fermate einer unrühmlich begonnenen Verschwörung, als mir zu Bewußtsein kam, daß ich mich im Erdgeschoß befand.

Irgendwo – in der Nähe – war das von Legende umwobene Große Tor – der Ausgang aus dem Gebäude.

Immerzu ging ich, aber anders – der Wechsel war plötzlich. Ich befand mich nicht in einem Korridor, vielmehr in einer sehr hohen und weitläufigen Halle, die von Säulen gestützt wurde. Und von weitem kam das steinerne Echo von Schritten. Sie entfernten sich. Sonst war es leer. Ich hätte mehr Menschen gemocht, mehr Verkehr, Gedränge, mit dem ich mich hätte vermischen können. Denn ich wollte hinauskommen. Dies war die letzte Möglichkeit. Warum hatte ich bisher nicht an ein Entkommen gedacht, an einen Versuch, alles loszuwerden, einschließlich der Mission, der Instruktion, vielmehr ihres Anscheins, einschließlich der falschen Verschwörung, die nicht gezündet hatte? Es fiel mir schwer, mich allein durch die Angst und den Schrecken zu rechtfertigen; gewiß fürchtete ich, daß mich die Wachen nicht durchlassen würden, daß sie einen Passierschein verlangen würden, aber ich hätte zumindest eine Flucht planen und überlegen können, indessen hatte ich sie gar nicht in Erwägung gezogen. Wieso? Weil ich nicht wußte, wohin, zu was ich zurückkehren sollte? Weil das Gebäude mich überall hätte erreichen können? Oder vielleicht trotz allem, gegen jede gesunde Vernunft und trotz der Torturen, die ich durchmachte, hatte ich nicht vollends den Glauben an diese unglückselige, dreimal verfluchte Mission verloren, und schwelte sie in mir als eine Selbstverteidigung und letzte Stütze?

Schon von weitem erblickte ich das Tor. Es stand einen Spalt offen. Niemand – o, Schreck! – bewachte es. Eine Dekke, von gewaltigen Säulen gestützt, überwölbte einen Flur so groß wie ein Kirchenschiff; der Flur war leer, sogar ohne jegliches Echo – und plötzlich hatte ich ihn erblickt:

Es war der zweite Soldat, dem ich begegnete. Und – wie jener, der die Wache bei jemandes Tode gehalten hatte – stand dieser stumm, geradegereckt, unnatürlich erstarrt in gespreizter Stellung, mit weißbehandschuhten Händen an der Pistolentasche, durch die Totenhaftigkeit seiner Stellung die eigene Existenz verneinend, als wenn er sagte, daß er nicht er selber sei, da ihn das Gebäude an diese Stelle gestellt hatte.

Er stand zwischen den Säulen, einige zwanzig Schritte von mir. Das Tor, mit einem senkrechten Spalt voller weißen Lichtes, blieb angelehnt – hätte ich mich in Lauf gesetzt, so hätte ich es erreicht, bevor er hätte schießen können. Und wenn sogar – dachte ich –, soll er nur schießen; genug der Entwürdigungen, der schreckenvollen Resignation, des Hoffens, das nur ein Selbstbetrug ist, – so viele Male schon war ich weich geworden oder hatte mich weich machen lassen! Genug davon! Genug!! Genug!!!

Ich war auf gleiche Höhe mit dem Wachsoldaten gelangt. Er schaute durch mich hindurch in die Weite, nach nichts fragend, als sähe er mich nicht – als sei ich überhaupt nicht da! O Spalt! Spalt, du, voller weißen Lichtes!!

Sechs breite, steinerne Stufen führten hinab zum Tor. Ich blieb auf der vorletzten stehen.

Jener – der aus dem Badezimmer – wartete auf mich. Ich hatte ihm gesagt, daß ich kommen würde. Ja – aber er war ein Spitzel, ein Provokateur, ein Judas wie alle, und er verheimlichte es nicht einmal. Was ist das schon – einen Provokateur zu täuschen? Einen Verräter zu verraten?

Er hatte mir jedoch immerhin von dem Doktor erzählt, von der Untertasse und von der Weißen – also hatte er gewußt. Er wußte also auch davon, daß ich fliehen werde, daß ich nicht zu ihm zurückkehren würde – wie konnte er also meine Rückkehr verlangen, das Versprechen der Rückkehr fordern? Hatte er trotz allem wirklich darauf gezählt? Worauf stützte er diese Überzeugung?

Ich gehe hin – dachte ich. – Dies wird der letzte Schritt sein. Auf diese Weise wird die Flucht, die ich dann unternehmen werde, zu etwas anderem als zu einer Flucht werden – sie wird zu einer Herausforderung, dem ganzen Gebäude hingeworfen, denn ich hätte es heimlich tun können, durch List und Lüge wie es, und werde mich so benehmen, als wenn mich der Glanz der Barmherzigkeit umspülte, der Gütigkeit und der allmenschlichen Gnade.

Ich kehrte neben dem unbeweglichen Wachsoldaten um, und über die Stufen, dann durch die Korridore kehrte ich zum Fahrstuhl zurück. Ich fand ihn frei. Das winzige Zimmerchen umschloß mich in seiner roten Plüschhelligkeit, nach einem Druck auf den Knopf ertönte das ferne, kaum vernehmbare Lied elektrischer Motoren, es schnappten die Kontakte der vorübergleitenden Etagen, ich schwamm in das Gebäude durch die Kalk- und Ziegelsteinquerschnitte seiner unbeweglichen Mauern.

Und der Korridor, der bekannte, weiße, führte mich im Schimmerglanz der Türen einen langen Weg an einzelnen Offizieren vorbei mit oder ohne Aktentaschen, an grauhaarigen, an melierten, an schmächtigen oder dickbäuchigen. Und einer, der letzte, der an mir ein Dutzend Schritte von der Toilette vorbeiging, war jovial, dick und schnaufte, denn die Papiere, von denen er einen ganzen Arm voll trug, lasteten auf ihm ...

Ich schloß die Außentür hinter mir. Der Vorraum war leer, doch blieb in ihm ein sich wiederholender, metallischer Klang, ein äußerst hartnäckiger, deutlicher – durch die Stille wie ins Riesenhafte gesteigert. Das war Wasser, das tropfte.

Ich drückte die Klinke, atmete auf – ein Aufstöhnen blieb mir in der Kehle stecken, ich verstummte.

Er lag in der Wanne voller Wasser, nackt wie ein Schwein, mit durchschnittener Gurgel. Die nassen Haare waren zu einer einzigen glänzenden Schale geworden, an der Schläfe weißlich von Altersgrau – den Kopf hatte er zur Seite gewandt, zu den Porzellankacheln hin, und das Gesicht war eingetaucht; die geschlossene, verkrampfte Hand aber hielt noch das Rasiermesser. Das Blut sickerte aus der entsetzlichen Wunde in das Wasser und vermischte sich mit ihm – nicht vollkommen: in die Tiefe rannen noch dunklere, sich schlängelnde Streifen.

Ich verriegelte die Tür, um mit ihm allein zu sein, und näherte mich der Wanne, doch auch da sah ich noch nicht sein Gesicht, so hatte er sich noch im letzten Augenblick abgewandt, als wäre er vor dem Rasiermesser erschrocken, als hätte er es nicht sehen wollen – oder als wenn er mit aller Kraft versucht hätte, sich vor mir zu verbergen, wenn ich ihn finden würde.

Ich verstand, daß er das hatte machen müssen. Was auch immer er gesagt haben würde, wie er es auch beschworen hätte – ich hätte ihm nicht geglaubt. Nur so konnte er mir beweisen, daß er nichts von mir wollte, noch mir mit etwas drohte, und daß er nicht log – nur im Tod bewies er die Wahrheit, und das war alles, was er hatte für mich tun können.

Ich schaute mich im Badezimmer um. Der Anzug lag unter dem Waschbecken, sorgfältig zusammengelegt zu einem Würfel, weit von der Wanne weg, als habe er nicht gewollt, daß ihn sein Blut beflecke. Hätte er irgendein Zeichen hinterlassen, irgend etwas Geschriebenes, irgendeine Sendung, einen Letzten Willen, eine Warnung, einen Befehl – wiederum wäre ich auf der Hut gewesen. Das wußte er, und so hinterließ er mir nur diesen nackten Körper, als wenn er durch die Nacktheit seines Todes mir hätte versichern wollen, daß ich nicht vollends und mit allem von Verrat umgeben sei – daß es dennoch etwas Endgültiges gebe, etwas Unwiderrufliches von einer solchen Bedeutung, daß keine Bemühungen und keine Eingriffe es mehr ändern könnten.

Ich beugte mich vorsichtig über die Wanne. Warum hatte er sich im letzten Augenblick abgewendet? Dicke Tropfen sammelten sich an der Mündung des Wasserhahns und schlugen auf die Oberfläche des immer röteren Wassers, sich auf ihr in Kreisringen verlaufend – ein entsetzlicher, betäubender Laut. Ich mußte Gewißheit haben. Ich hob ihn am kalten Nacken empor. Er kippte ganz um, als wäre er ein Holzklotz, und sein Gesicht tauchte auf, von Wasser triefend, als wenn es Tränen wären, – von Wasser, das seine Augen ausfüllte und auf dem Bartwuchs seiner Wangen zitterte. Ich mußte Gewißheit haben. Das Rasiermesser? Ich konnte es seiner erkalteten Faust nicht entwinden. Warum saß es so fest in ihr? Hätte der Druck seiner Finger nicht früher nachlassen müssen mit dem letzten Herzschlag? Warum ließ er es nicht los, obwohl ich es ihm herauszubrechen versuchte? Warum hatte er die Augen voll falscher Tränen? Warum lag er nicht irgendwie da, sondern ruhte präzise wie eine Statue? Warum hatte er das Gesicht versteckt?! Warum ertönte der Wasserrohre Gesang und Geschrei und Gebrüll?! Warum??!!

»Gib das Rasiermesser heraus, Provokateur!!!« brüllte ich.

»Verräter! Gauner!! Gib das Rasiermesser her!!!«

LOLITA ODER STAWROGIN UND BEATRICE

I

Eines der Dinge, die mich bei der Literatur am meisten betrüben, ist das Fehlen von Maßstäben. Natürlich gibt es sie. Natürlich gibt es eine Unmenge von Fachleuten, die mein Bekenntnis für Unsinn halten und, sofern sie überhaupt mit mir diskutieren wollen (was ich bezweifle), entschlossen sind, mich zu vernichten durch eine genaue Aufzählung sowohl der objektiv feststellbaren Merkmale des Werts eines literarischen Werkes als auch der unendlich langen Liste von Titeln hervorragender und bedeutender Werke, deren allgemeine Anerkennung unwiderleglich beweist, daß meine Verzweiflung unbegründet ist. All das ist gewissermaßen richtig. Was tut man jedoch, wenn man weiß, daß von Zeit zu Zeit irgendwo ein Buch entsteht, dessen Wert jahrelang von niemandem erkannt wird, ein Ahasver-Buch, das von Verlag zu Verlag wandert, ein Manuskript, das in den Augen der fachmännischen Lektoren nicht vom Mittelmaß oder von direkt marktschreierischer Anmaßung zu unterscheiden ist, oder – was vielleicht noch schlimmer ist – ein Buch, das irgendwann irgendwo erscheint, aber so, als wäre es nicht vorhanden, weil es in irgendwelchen Bibliographien untergeht, bis es sich aufgrund unklarer Umstände plötzlich im Zentrum der Aufmerksamkeit der Fachwelt befindet und dank ihres verspäteten Urteils zum zweiten Mal, eigentlich aber zum ersten Mal richtig zu leben beginnt?

Man spricht ungern und nur hinter vorgehaltener Hand von der Frühgeschichte bedeutender Bücher, die ähnlich wie ein Stein, der in aufgeweichten Dreck gerät, zum Publikum gelangten. War das aber nicht zunächst das Schicksal des Werkes von Proust, bevor es zur Bibel der raffinierten Ästheten wurde? Besaßen denn die Franzosen von Anfang an so viel Geist, Kennerschaft und Geschmack, um die schriftstellerische Kunst Prousts zu erkennen? Warum wurde das umfängliche Werk Musils erst viele Jahre nach seinem Tode als ein Klassiker »entdeckt«? Was hatte die Kritik der zurückhaltenden und objektiven Engländer über die ersten Romane Conrads zu sagen? Das alles mag sich so verhalten haben, könnte jemand sagen, doch verdient es keine besondere Beachtung, denn schließlich fand jeder dieser Autoren die ihm gebührende Anerkennung, und sein Werk fand Zugang zum Publikum, und so braucht man sich wegen der Zeit, die zwischen der Äußerung des Künstlers und deren angemessener Beurteilung vergehen mußte, nicht die Kleider zu zerreißen.

Damit kann ich mich nicht gut abfinden. Dem aufmerksamen und verständigen Leser (hier ist schließlich von den Kennern die Rede!) erschließt sich ein Buch auf Anhieb, es sagt ihm alles, was es zu sagen hat, und was für rätselhafte Prozesse müssen erst noch ablaufen, bis sich nach Monaten oder Jahren ein Aufschrei des Entzückens seinen Lippen entringt? Wieviel ist ein derart verspätetes Entzücken wert? Wieso sollen wir an seine Aufrichtigkeit glauben? Wieso wird das, was zunächst unverständlich, langweilig, wertlos oder trivial, empörend, schamlos oder schließlich überflüssig und nutzlos war, zum Ausdruck einer Epoche, zur Kindheitsbeichte eines Zeitalters, zu einer uns erschütternden Neuentdeckung eines Menschen, von dem wir nichts wußten?

All diese Fragen stellte ich mir, nachdem ich Nabokovs *Lolita* ausgelesen hatte, ein Buch, das vor einigen Jahren ein Ereignis und zugleich ein literarischer Skandal war. Ich kenne seine Geschichte nicht im einzelnen. Ich weiß lediglich, daß es, von einer ganzen Reihe amerikanischer Verlage als unzensierbar abgelehnt, nach Frankreich gelangte, wo sich schließlich ein Verleger fand, der es zu veröffentlichen wagte – ein Verleger, der durchaus nicht als Geburtshelfer elitärer Werke bekannt ist, sondern der mit Hilfe von Lektoren, die sich in der Sache auskennen, gerade die Möglichkeit eines beträchtlichen Skandals vorhersah. Damit begann die schwindelerregende Karriere des Buches. Der bedachtsame englische Verleger (ich las die *Lolita* in der Ausgabe der »Corgi Books«) fügte dem Band eine ganze Anthologie von kritischen Lobeshymnen an, von Äußerungen namhafter Schriftsteller und Kritiker, die das Buch während seiner Wanderschaft durch die Schubladen der Verlage irgendwie nicht erreicht hatte. Ihre von Anerkennung, ja sogar von Begeisterung erfüllten Urteile bedeuten uns, daß *Lolita* ein Werk von Weltrang sei, daß es mit Pornographie beileibe nichts zu tun habe, daß es mit dem *Ulysses* von Joyce vergleichbar sei usw. Es ist nicht meine Absicht, eine kritische Studie über *Lolita* zu schreiben. Ich bin dazu auch gar nicht berechtigt, zumal ich außer diesem Buch von dem schriftstellerischen Schaffen

Nabokovs eigentlich nichts kenne, das, soweit ich weiß, nicht gering ist. Dreizehn Erzählungen von ihm, die mir vor einem Jahr in die Hand fielen, haben mich vollkommen kaltgelassen. Was er in ihnen zu sagen hatte, hat mich überhaupt nicht berührt. Es handelt sich dabei möglicherweise um hervorragende Schöpfungen, und mein Bekenntnis sagt vielleicht weniger etwas über ihre Lauheit als vielmehr über meine künstlerische Ignoranz aus; bei *Lolita* blieb ich jedoch nicht so taub, und deshalb diese Bemerkungen. Ich weiß allerdings nicht, ob es ein »epochemachendes«, »großes« Buch ist, auch wenn einige der ehrenwerten Fachleute, die der englische Herausgeber zitiert, Nabokovs Prosa auf Eliot, Baudelaire, James und Gott weiß wen sonst noch zurückführen. Mich haben diese achtbaren Verwandtschaftsbeziehungen wenig beeindruckt. Nabokov selbst teilt im Nachwort zu *Lolita* einige sehr interessante Dinge mit: Wie lange sich die Entstehung des Buches hinzog, wie es zu der ersten Inspiration zu diesem Buch noch in Paris während der vierziger Jahre kam, wo eine kleine Erzählung entstand von einem Mann, der eine kranke Frau heiratet, um nach deren Tod und dem mißlungenen Versuch, die Tochter dieser Frau zu vergewaltigen, durch Selbstmord zu enden, wie er später dieses Haupthandlungsmotiv in die Vereinigten Staaten verlagerte und mit dem Fleisch der Realitäten der Neuen Welt auffüllte. Er war im übrigen – vielleicht aufgrund eigener Erfahrung, vielleicht auf Anraten wohlmeinender Freunde – so vorsichtig, daß er dem Werk, einem fiktiven Tagebuch, ein ebenso fiktives Vorwort eines »Dr. phil. John Ray jr.« voranstellte; jener Doktor der Philosophie stellt das »Tagebuch« als die Erinnerungen eines im Gefängnis an einem Herzinfarkt gestorbenen Mannes vor, der seinen richtigen Namen und Vornamen hinter dem Pseudonym »Humbert Humbert« verbirgt. All diese Vorsichtsmaßnahmen reichten jedoch irgendwie nicht aus – und die Lektüre der Ratschläge ansonsten wohlmeinender Verleger, der verlagsinternen Rezensionen und offenen Verdammungsurteile, die den Roman während seiner langen Reise von einem Schreibtisch auf den anderen umwucherten, ist stellenweise ein nicht viel ärgeres »Zeitdokument« als das eigentliche Werk, denn die in ihnen sichtbar werdende Mischung aus Hilflosigkeit, Pseudokennerschaft und schließlich ungewollter Komik der Urteile bildet ein hervorragendes Pendant zur Atmosphäre der *Lolita*.

Da der Roman bei uns nicht erschienen ist, stelle ich meinen Bemerkungen, die, wie ich betonen möchte, keineswegs den Charakter einer systematischen Studie haben, ein Resumé der Handlung voran. Der Held stellt sich uns als ein Europäer vor, ein kultivierter Ästhet, der eigentlich keinen Beruf ausübt, als ein gemäßigter, »nichtpraktizierender« Anarchist, dessen Vater Franzose und ein wenig Schweizer ist und dessen Mutter in seiner frühen Kindheit starb – nach dieser Einführung betritt die Tagebucherzählung unvermittelt den Bereich der ersten erotischen Erfahrungen. Und nun wird eine Zusammenfassung schwierig. Denn nachzuerzählen, was dort geschah, und die Situation beim Namen zu nennen hieße, die Proportionen und darüber hinaus den Geist dieses Buches zu deformieren, gleichgültig, ob man es hinterher akzeptiert oder verwirft. Nun läßt sich der Handlungsfaden aber auch objektiv in der Sprache der angewandten Psychiatrie darstellen, und unter den zwei Übeln ziehe ich den »psychiatrischen« Ansatz vor.

Der »Fall«, den Humbert also darstellt, fühlte sich seit frühester Jugend zu den Mädchen hingezogen, nicht zu Kindern, sondern zu jungen Dingern, und dieser Hang verknüpft sich in seiner Autobiographie mit den ersten erotischen Erfahrungen der Knabenzeit (gewiß wird mancher Sachkenner behaupten, daß diese Hypothese falsch sei, weil ähnliche Kontakte bei der überwältigenden Mehrheit der Männer keine Spuren einer Abweichung hinterlassen, welche den Bereich erotischer Erlebnisse für das ganze Leben präformiert, doch lassen wir das beiseite). Nach einer ebenso unglücklichen wie zufälligen Ehe, die mit der Scheidung endet (eine Geschichte mit tragikomischem Einschlag, ja sogar mit einem Hang zur Farce), nach schrecklichen Enttäuschungen und Beschämungen, die er erlebte, weil die ihn quälende Neigung in das Milieu der käuflichen, professionellen Liebe führte, übersiedelt er, mit einer gewissen Erbschaft ausgestattet, in die Vereinigten Staaten. Hier nun kommt er nach einem kurzen Zwischenspiel, nach der eher zufälligen Teilnahme an einer wissenschaftlichen Expedition, nach der Veröffentlichung irgendwelcher Artikel (aus nicht ganz klaren Gründen: Depression, Melancholie) ins Sanatorium. Der Autor weist auf diesen Aspekt der Anomalität des Helden, der gewissermaßen das Medium darstellt, welches seine ebenso anomale Libido trägt, am Rande, wenn auch recht ostentativ hin, denn einerseits ist diese »Gemütsschwäche« so bedeutsam, daß sie den Helden zweimal in ein Nervenheilsanatorium führt, andererseits ist sie jedoch so unbedeutend, daß Humbert dank seiner Intelligenz die Ärzte täuschen kann, die in ihrer Diagnose von einem Verdacht auf Homosexualität und Impotenz sprechen – nur nicht von der auch vor der Welt der Ärzte sorgsam gehüteten Perversion.

Endgültig geheilt, begibt er sich zum Hause von Mrs. Charlotte Haze, einer Witwe, die ihm gern eine Wohnung vermieten würde. Doch abgestoßen von der unerträglichen Atmosphäre dieser pseudo-kultivierten amerikanischen Behausung und von der ganzen Person der einem »dünnen Aufguß von Marlene Dietrich« ähnelnden und ein schreckliches Französisch sprechenden Frau Haze, entschließt er sich bereits zum Rückzug, als das Schicksal ihn das zwölfjährige Töchterchen der Witwe erblicken läßt. Diese Kleine Dolores, Lolita oder Lo, wie er sie in seinen verzweifelten Wunschträumen und in seinem ebenso verzweifelten Wachbewußtsein nennen wird, bestimmt seine Entscheidung. Er bleibt in diesem amerikanischen Haus und beginnt ein Tagebuch zu führen, in dem sich an der Gestalt des zwölfjährigen Mädchens höllische Explosionen der Begierde und infantiler Träume entzünden. Unbedeutende und zufällige Kontakte mit ihr sind der ausschließliche und natürlich sorgsam verborgene Inhalt seines Daseins. Die Abreise der Kleinen in ein Sommerlager für Mädchen wird beinahe zur Katastrophe. Indessen verliebt sich Lolitas Mutter in Humbert, der, zunächst verstört, darin eine Chance sieht, dem Objekt seiner Begierde näherzukommen, und heiratet; auf die Nachricht hin, daß die frischgebackene Ehefrau Lolita ganz aus dem Haus haben und in ein Internat schicken will, macht sich Humbert Gedanken über die Möglichkeit eines »perfekten Mordes«, doch als sich beim Baden die Gelegenheit ergibt, kann er sich nicht zur Tat aufraffen. Die nächste Katastrophe: die liebende Gattin entdeckt das perverse Tagebuch, und der vom Ausbruch der Verachtung getroffene Humbert zieht sich in die Küche zurück, als das Telefon klingelt: seine Frau (sie eilte mit Briefen, die sie nach der fatalen Entdeckung geschrieben hatte, zum Briefkasten) war von einem Auto überfahren worden.

Ein stilles Begräbnis, und »Papa« begibt sich zu der »kleinen Waise«, der er einstweilen noch nichts über den Tod der (im übrigen ungeliebten) Mutter sagt. Sie besteigen das Auto. So beginnt die sexuelle Odyssee durch die Motels, Touristenhotels, Nationalparks und alle möglichen und unmöglichen »Sehenswürdigkeiten« der Staaten. Die erste gemeinsame Nacht. Nichts Drastisches in der Beschreibung, sondern nur der Schock, nicht der erste und nicht der letzte für diese europäischen »Perversen«, als er von dem »Töchterlein« erfährt, daß sexuelle Dinge ihm nicht fremd sind. Bei dem Mädchencamp hatte es einen dreizehnjährigen Jungen gegeben, ihren ersten, nicht aus Liebe oder Verlangen, sondern aus Neugierde, weil eine Freundin Lolitas es gemacht hatte und damit das Vorbild lieferte, und nun verführt Lo – um Humberts Worte zu benutzen – diesen ihren »Stiefvater«.

Im folgenden beginnen Details – nicht aus dem Bereich der Physiologie oder gar der sexuellen Psychopathologie, sondern moralisch-psychologischer Natur – die wichtigste Rolle zu spielen, so daß eine Zusammenfassung zu einer immer undankbareren Aufgabe wird. Die Kleine bleibt, um es vorweg zu sagen, bis zum Ende dieses sowohl makabren als auch komischen, letztlich aber für beide Seiten entsetzlichen

Zusammenlebens sexuell unaufgeweckt. Sowohl zärtlichste Liebkosungen als auch Geschlechtsakte von bestialischer Härte sind für Lo – namentlich nach einer kurzen Zeit der Gewöhnung (denn woran kann ein menschliches Wesen sich am Ende nicht gewöhnen) – nichts anderes als ein Tribut, den sie dem »Stiefvater« entrichtet, dem keine erdenkliche Erniedrigung vor diesem Mädchenkind erspart bleibt. Ständige Reisen, so viele Geschenke, wie Humbert sich nur leisten kann, abgeschmackte, erhabene, lächerliche, wirkungslose Bemühungen, die Kleine in Humberts geistige Welt einzuführen, zwischendurch Streitigkeiten und nächtliches Schluchzen, ferner Anfälle von wilder Eifersucht (er ohrfeigt das Kind) wegen irgendeines hübschen Tankwarts, wegen jedes Augenpaares, das auf Lolita ruht; auf diesen, im »Motel« spielenden Teil des Romans folgt ein »stationärer«, als der »gute Vater« das »Töchterchen« auf eine »moderne amerikanische Schule« gibt, wo eine gescheite Erzieherin ihm, dem altmodischen Europäer, zu erklären versucht, daß er sich unter anderem mit ersten vorsexuellen Kontakten des »Töchterchens« mit heranwachsenden Burschen ihres Alters abfinden müsse. Neue Eifersüchteleien, Streitigkeiten, moralisches Abgleiten des Zusammenlebens, denn es kommt dahin, daß »Papa« Zärtlichkeiten erkauft, weil die Kleine damit geizt und ihn erfolgreich erpreßt; er schreckt sie wiederum mit dem Gespenst, sie in ein strenges Erziehungsheim zu sperren, falls sie die Beziehung, die sie verbindet, verraten sollte, was ihn ins Gefängnis brächte. Dieses »Paradies mit einem Himmel höllischer Flammen« endet damit, daß sie sich auf eine weitere Reise begeben, auf der ein bekannter Schriftsteller, der gleichfalls ein bißchen pervers ist, Lolita mit ihrem Einverständnis entführt. Humbert sucht zwei Jahre lang vergeblich nach ihr und dem »Verführer«, lebt von Tag zu Tag, bis ein Brief von Lo kommt, die (siebzehnjährig) inzwischen geheiratet hat, ein Kind erwartet und Geld braucht, ohne das ihr Mann eine Stelle in Alaska nicht bekommen kann. Humbert macht sich auf seine vorletzte Reise. Aus dem Kind ist eine Frau geworden mit einer funktionalen, amerikanischen Brille, in den letzten Monaten der Schwangerschaft, ein braver, unrasierter Mann, teils Invalide (nach einer Kriegsverletzung schwerhörig) – »Papa« gibt ihr alles Geld, das er hat, und macht ihr den Vorschlag, diesen »zufälligen Dick« zu verlassen und mit ihm zu gehen, so, wie sie ist, auf der Stelle, für immer. Lo lehnt ab. Er holt aus ihr den Namen des »Verführers« heraus, fährt zu ihm, und in einem einsamen, verlassenen Haus spielt sich die letzte Szene der Tragifarce ab: Mord. Er schießt auf diesen Menschen, nachdem er ihn zuvor gezwungen hat, ein Gedicht vorzulesen, das er (Humbert) über dessen Niedertracht und sein eigenes Unglück verfaßt hat. Dann die Tötung, aufgeteilt in eine Reihe von halbwegs verständlichen Szenen, vollzogen im Grenzgebiet absoluter Sinnlosigkeit (das Opfer ist ziemlich betrunken, man redet irrtümlich aneinander vorbei, nichts von einer zumindest theoretisch möglichen »Vendetta«, ein Durcheinander von Angriffen und Verteidigung, aber weder das Mordopfer noch der Mörder geben sich eine Blöße) – diese ganze Sequenz enthüllt ihre Sinnlosigkeit, zeigt, daß sie keine wirkliche »Abrechnung« ist, sondern lediglich die Koda, den Abschluß einer Geschichte bildet, die ebenso grauenhaft, von der gleichen höllischen

Absurdität ist wie die »Romanze«, und endet damit, daß Humbert verhaftet wird und im Gefängnis landet.

So sieht es aus. Beschuldigungen der Pornographie, die Nabokov im Nachwort verächtlich von sich weist und nicht ernst nimmt, sind – auf jeden Fall im Vergleich zu der Unzahl der in den USA massenhaft produzierten »Thriller« der »Schwarzen Serie«, die den sexuellen Appetit eines gewissen Lesertyps wecken – eigentlich schon kein Ausdruck von Prüderie mehr, sondern der entsetzlichen Schamlosigkeit derer, die sie äußern. Mit anderen Worten: Nimmt man das Buch auseinander, zerlegt man es in seine Teile, dann enthält es keine Einzelheit, die nicht schon irgendwo irgendwann von Machwerken ohne jeden künstlerischen Ehrgeiz überboten worden wäre. Daß jedoch die Auslassungen, Andeutungen und Anspielungen, aus denen das Ganze sich zusammensetzt, sich in Stöße verwandeln, die es dem Leser unmöglich machen, eine bequeme ästhetische Haltung einzunehmen, daß der Rang der künstlerischen Verarbeitung und die Methode, sich vom ersten bis zum letzten Wort durch die Darstellung selbst auf den Arm zu nehmen und dadurch noch das Makaberste ins Lächerliche zu ziehen, eine eindeutige moralische Beurteilung des Werkes (ich wiederhole: des Werkes, nicht des Helden) erschwert, wenn nicht gänzlich unmöglich macht, unterliegt für mich keinem Zweifel.

Kritiker haben, um Nabokov von Vorwürfen erstens der Pornographie, zweitens des Herumwühlens in der sexuellen Psychopathologie und drittens des Antiamerikanismus zu »reinigen«, gesagt, daß der Roman von der Liebe und nicht vom Sex handele, daß jedes Thema und somit auch das, was psychisch in einem Perversen vorgeht, ein ästhetisches Erlebnis bieten könne und daß *Lolita* schließlich nicht »antiamerikanischer« sei als die Bücher vieler geborener Amerikaner. Ich weiß nicht, ob es sich lohnt, sich mit solchen Anschuldigungen und solchen Verteidigungsargumenten zu befassen.

II

Ein Roman nicht über den Sex, sondern über die Liebe? Ein Spottroman auf die westliche Zivilisation? Aber warum ist der Held pervers? Diese Frage ließ mich nicht in Ruhe. Nabokov würde sie für sinnlos halten, wie ich aus seiner Ansicht über die Literatur entnehmen kann, denn er möchte weder Moralist noch Realist sein, er hält sich für einen »Erzähler einer Geschichte, die sich irgendwann irgendwo abspielt«, doch brauchen wir schließlich nicht auf den Autor zu hören, nachdem er das Wort »Ende« niedergeschrieben hat. Er hat gesagt, was er sagen wollte, hier enden seine und beginnen unsere Schwierigkeiten als Leser.

Zunächst schien mir, daß die Wahl des Helden schon in soziologischer Hinsicht ganz bestimmte Möglichkeiten eröffnet. Denn abgesehen von allem, was man sagen kann und unbedingt sagen muß, ist *Lolita* ein Buch mit einem breiten gesellschaftlichen Hintergrund, das jene Seiten des westlichen Lebens behandelt, derer der Westen sich rühmt. Es sind das ein hoher Lebensstandard, die »Verwissenschaftlichung« der Erziehung, jene pädagogische Auflage eines »angewandten Freudianismus«, der auf die optimale Anpassung des Individuums zielt; ferner die Herrlichkeiten der Tourismusindustrie, das Vordringen der Dienstleistungen in die unberühr-testen Winkel der Natur und jenes besondere, effiziente Han-deln, das sich in den gesellschaftlichen Kontakten äußert, begleitet von einem mechanischen Lächeln, das ihnen den Anstrich eines »individuellen Herangehens« an den Besucher, den Gast, den Kunden geben soll, und eine solche Durch-dringung des ganzen Lebens von der Reklame, daß die Er-scheinungen, die im kommerziellen Interesse auf den Men-schen von außen eindringen, längst schon zum Bestandteil seines Seelenlebens geworden sind, in das sie sich durch eine Unzahl von sauberen, »wissenschaftlich« erarbeiteten Metho-den eingeschlichen haben. Diese ungeheure Maschine aus zu-friedenen Ameisen zu kritisieren, sie zu beschimpfen, sie durch eine unmittelbare Beschreibung zu verhöhnen hieße, Publi-zistik zu betreiben, also künstlerisch zu versagen und banale Selbstverständlichkeiten vorzutragen. Wenn man das jedoch gewissermaßen en passant erledigte, und dazu noch aus einer von vornherein aussichtslosen Position heraus, durch die Äu-ßerungen eines Menschen, von dem jedes einzelne Wort, jeder bissige Seitenhieb zunichte gemacht werden konnte durch den Hinweis auf seine Anomalität, aber gleichzeitig so, daß dieser Perversling gegenüber der respektabel-normalen All-gemeinheit verdammt recht hatte – dann konnte man sich schon eine gewisse Chance ausrechnen. Diese Außenwelt, dieser Hintergrund, diese Durchschnittlichkeit und Norma-lität, die für Humbert und sein obszönes Geheimnis eine ständige Bedrohung darstellen, dringen in alle Ritzen des Romans ein, berühren sich permanent, ahnungslos mit der Ungeheuerlichkeit seiner »privaten« Fakten und verstärken noch durch ihre allgegenwärtige Gleichgültigkeit die Intimität seiner Beichte. Gerade durch diese Nachbarschaft entsteht ein gewaltiger Temperaturunterschied, eine Spannung, sie stellt gewissermaßen den unerläßlichen Kontrast her. Damit kommen wir zu einer weiteren Frage, der nach der speziellen motivierten Wahl des Autors: Wer ist dieser Anomale, dieser Psychopath, und worin besteht seine Monomanie?

Um darauf zunächst nur unter dem strukturellen Aspekt einzugehen, der das Konstruktionsgefüge der dem Werk immanenten, es charakterisierenden Spannungen betrifft, muß man sagen, daß die Monomanie als eine gewisse Art von Verengung unendlich viel dazu beitragen kann, daß eine dichte Atmosphäre entsteht, eine Konzentration der künstlerischen Mittel, aus der schon des öfteren ein dramatisches Novum hervorgegangen ist. Dafür könnte man zahlreiche Beispiele anführen: Monomanen waren etwa Don Quichotte und Raskolnikow, Shylock und Don Juan.

Und nun zur Frage des »psychologischen Antriebs« der Anomalität, ihrer konzentrierenden Kraft. Woraus kann dieses spezielle Feuer entstehen, das das gesamte Gewebe des Werkes erwärmt, das seine Aussage tragfähig macht, das es gestattet, reibungslos die Hindernisse jedes gesellschaftlichen »Tabus« zu nehmen, das schließlich all diese dunklen Winkel der Seele öffnet, die durch die metrische Wiederholung der Lebensfunktionen, die Routine des Alltags unsichtbar werden? Gibt es hier etwas Wirkungsvolleres und zugleich Universaleres als die Liebe? Mit dieser Frage geraten wir jedoch auf gefährliches Gebiet. Lassen wir einstweilen noch die Frage beiseite, an welche »Adresse« sich die in dem Helden kumulativ gehäufte Leidenschaft richtet, und fragen wir nach dieser selbst. Liebe, Erotik, Sexualität. Geht es vielleicht darum, die geltenden Konventionen und Verbote zu durchbrechen, geht es um die herausfordernde Kühnheit? Als ein Klassiker oder vielmehr als ein Beispiel von »Mut« mag in dieser Hinsicht *Lady Chatterley* von Lawrence dienen. Bei mir hat dieses Buch freilich nur einen üblen Nachgeschmack hervorgerufen. Diese Bemühungen, Kopulationsakte zu schonen, dieses Rustikal-Phallische, verkörpert in der Person des strammen Gärtners (»Zurück zur Natur!«), roch mir weniger nach dem »Kinsey-Report über das Sexualverhalten des Mannes« als vielmehr nach einem künstlerischen Mißgriff, denn ein Künstler, der »mit großem Mut« die Liebe darstellen möchte, kann leicht an den Klippen einer zuckersüßen Sentimentalität scheitern. Lawrence vertraute einer Methode, die schlicht bis hin zur Einfalt ist: er ging in die entgegengesetzte Richtung.

Die Liebe ist eine verlogene Prüderie, man muß sie ohne Einschränkungen darstellen, sagte sich der Autor und ging ans Werk. Dort, wo bislang leise, gedämpfte Töne oder gar die Zensur des Schweigens herrschten, führte er die Physiologie ein. Lange wogte der Streit darüber, ob der Roman pornographisch sei oder nicht; die Entscheidung interessiert mich wenig, denn ob es nun Pornographie ist oder nicht, was herauskam, ist künstlerischer Schund. Zunächst hielt er sich, solange er konnte, an die anatomische Buchstäblichkeit, dann baute er auf ihr erhebende Kommentare, Hymnen an die »schöne Nacktheit« auf, selbst die Genitalien nahm er in seiner Kühnheit wahr, doch konnte ihn nichts – keine

»Sublimierung als Gegengewicht zum Drastischen« – vor der künstlerischen Katastrophe retten; unter solchen Voraussetzungen kann allein der Spott den Schriftsteller schützen. Warum? Der Schriftsteller ist – gerade wegen der tiefsten Wesenszüge der Erotik – vor allem Beobachter. Dieses Wort hilft uns, eine der hauptsächlichen Schwierigkeiten in der Darstellung des Sexuellen zu begreifen. So sehr der Schriftsteller sich auch bemühen mag, die Spuren seiner Anwesenheit im Werk zu verwischen, so belegt es, die dargestellte Liebesszene, doch, daß er in einem gewissen, psychologischen Sinne dabei war. Diesen fatalen Fehler, die Haltung eines »Spanners« einzunehmen, hat gerade Lawrence nicht vermieden. Der einzige Ausweg besteht darin, die Haltung des Memoirenschreibers einzunehmen, sich ganz als Erzähler einzubringen und in der ersten Person zu erzählen; leider beseitigt das die Dissonanz nur zur Hälfte, denn der zweite »Spanner«, nämlich der Leser selbst, kann nicht ausgeschaltet werden. Nun ist es – wenn ich mich so plump ausdrücken darf – etwas ganz anderes, als einer der Partner persönlich an einem Geschlechtsakt teilzunehmen, als eine solche Szene von außen zu betrachten. Soll er von einer auch nur rudimentären Beimischung von Anomalität frei sein, so muß der Geschlechtsakt in hermetischer Abgeschlossenheit stattfinden. Das ist natürlich unmöglich. Die Schriftsteller haben, sich in mehr oder weniger großem Umfang der Notwendigkeit bewußt werdend, den Leser als Eindringling in den Bereich engster Intimität, der zwei Menschen zugänglich ist, einzuführen, zu verschiedenen Mitteln gegriffen. Zumeist mit bedauerlichen Resultaten. Weil sich der äußere, physische Anblick der Kopulation nicht zu etwas Schönem, etwas ästhetisch Erhebendem machen läßt, verwendet man stilistische Mittel, die unverzüglich die »klebrigen« Stellen enthüllen.

Gewöhnlich (und es gibt hier eine ganze Tradition!) verwendet der Schriftsteller in einem bestimmten Augenblick einen »Übergang«, indem er sich vor den physiologischen Tatsachen in allgemeine Mitteilungssätze flüchtet, welche die gerade von den Helden empfundene Lust anschaulich machen sollen (was nicht möglich ist, denn es führt keine Brücke von dem Benennen zum Erleben der Gefühle). Ansonsten führt man eine pseudopoetische Metaphorik von zweifelhafter Qualität ein, die gern aus gewissen Naturerscheinungen geschöpft wird, wie etwa dem Ozean, so daß sogleich Bilder von Wellen, Rhythmen, Versinken, Sichverlieren und ähnlichem da sind. Derartige Kniffe als armselig zu rügen, halte ich für eine banale Selbstverständlichkeit. Die eigentliche Ursache des Scheiterns ist das dritte Augenpaar, jene Augen, die man nicht schließen kann, die Augen des Lesers, und weder der Rückzug auf eine armselige Lyrik (als Äquivalent des Orgasmus) noch das Zitieren von sexualkundlichen Lehrbüchern haben irgend etwas mit einer künstlerischen Transfiguration gemein. Was hier geschieht, ist in der Tat die Quadratur des Kreises, und außerdem verfällt man aus der einen, prüden Verlogenheit in die andere, welche die physiologischen Tatsachen zu verschönern versucht. Dabei weiß jeder Arzt, daß der Mensch, der sexuelle Lust erlebt, weder ein Apollo von Belvedere noch eine Venus von Milo ist, und ein Schriftsteller, der auf »naturgetreue« Darstellung, auf einen konsequenten Behaviorismus aus ist, verurteilt sich selber dazu, ein Mosaik aus Elementen zusammenzusetzen, welche die wissenschaftlichen Bezeichnungen der Tumeszenz, der Friktion, der Klimax tragen und deren Begleitung im Bereich sämtlicher Sinne und Effekte einschließlich der vokalen schwerlich mit einer Symphonie vergleichbar sind. Was bleibt noch übrig? Entweder ein Kompromiß zwischen Ästhetik und Physiologie (doch in der Kunst zahlen sich, wie man weiß, Kompromisse ausnahmsweise nicht aus!) mit der Möglichkeit des Pornographievorwurfs (in künstlerischer, nicht in moralischer Hinsicht einer der »billigen Tricks«, zu denen etwa auch gehört, »das Leben der höheren Kreise zu zeigen« oder »ein armes Mägdelein eine unerhörte Karriere machen zu lassen«) oder – ein relativ spät entdecktes Verfahren – die bewußte Betonung der animalischen, trivialen Seite des Verkehrs, wodurch man dem Leser die ganze Geschichte zumindest so weit verleidet, daß man ihm nicht auf perverse Art Vergnügen bereitet. Wenn die Partnerin eher einer Hexe als einem Filmstar ähnelt und der Partner ein dreckiger Rüpel ist, der sicherheitshalber auch noch aus dem Mund stinkt, sinken die Chancen, den Leser zu verderben, auf Null, und den Kampfplatz behauptet die These: »die wahre Häßlichkeit des Lebens zu zeigen.«

Eine derartige Antipornographie ist gerade wegen ihres pseudophilosophischen Gehabes künstlerischer Schund. Bevor ich diesen gewaltigen Abschnitt über den »Kopulationismus« beende, in dessen Falle so mancher Künstler durch die Lehre des Behaviorismus gelockt wurde, muß ich noch auf zwei Probleme eingehen. Ich habe oben mit einem Wort die konkrete Chance angedeutet, die darin liegt, die Sache ins

Spöttische zu lenken. Untrennbar mit der Beschreibung des Akts verschmolzen oder gar diese Beschreibung ersetzend, kann der Spott künstlerisch wertvoll sein. Von unseren Prosa-schriftstellern bediente sich Witkacy (Wietkiewicz) sehr gern dieses Verfahrens, freilich in einer grotesken Deformation. Es bietet eine wirkliche, nicht verlogene Rettung, weil schon im Kontext der sexuellen Erlebnisse mit ihrer notwendigen Äußerlichkeit unter anderem eine Ladung von Komik steckt, die häufig dort entsteht, wo außergewöhnliche Erhabenheit (und das ist schließlich ein Attribut der Liebe) in ihrem Ge-genteil kulminiert. Wenn ich schon so ins Plaudern gekom-men bin, muß ich diesen Gedanken auch weiterführen. Vom Standpunkt des Konstrukteurs aus, der das Werk als Ganzes betrachtet, ist jedes Element, so auch unser sexueller Kon-takt, künstlerisch unverzichtbar, wenn es eine bestimmte Funktion für das Ganze erfüllt. Wenn der geneigte Leser so freundlich war, zu bemerken, daß ich mich bislang nach Kräf-ten bemüht habe, drastische Ausdrücke zu vermeiden, so wird er mir vielleicht gestatten, das Vorstehende anhand eines Bei-spiels zu erläutern, das, wenn ich mich so ausdrücken darf, aus der anatomischen Nachbarschaft geschöpft ist.

Losgelöst von der in einem Werk entfalteten psychoso-ziologischen Situation des Menschen, ist eine physiologische Funktion natürlich nichts Lächerliches, außer vielleicht für einen primitiven Menschen, aber schon die Einführung et-wa des Akts der Defäkation kann lächerlich sein, und zwar wiederum nicht so sehr wegen seiner Trivialität (auch wenn man im übrigen weiß, daß der Volkshumor sehr gern bele-bend aus skatologischen Quellen schöpft) als vielmehr durch den Kontrast, der die bislang beibehaltene Tonart bereichern oder verzerren bzw. in eine von der bisherigen Richtung abweichende lenken kann. Wenn z. B. eine frisch gekrönte Königin mit allen Insignien der Macht zur Toilette rennt, weil es den Gemütsregungen, die den Krönungsakt begleiten, gefällt, einen solchen Ausweg zu suchen, dann wird eine solche Wendung mit allen sie begleitenden Problemen – muß man z. B. die Krone abnehmen, oder ist das nicht nötig, denn was könnte schon in der Abgeschiedenheit einen leblosen Gegenstand kränken – von einem Roman des 19. Jahrhunderts sicherlich nicht dargestellt werden (bei Rabelais dagegen überaus gern). Ein Kritiker könnte mit Recht darauf erwidern, daß die Defäkationsschwierigkeiten von Monarchen nicht über den Rang oder über die Originalität eines Werkes entscheiden können, daß das, mit einem Wort, Idiotie sei. Grundsätzlich schon, aber ich möchte einen Einwand anmelden. Es kommt durchaus nicht selten vor, daß ein Werk eine Gruppe oder auch nur ein paar Menschen, obendrein verschiedenen Geschlechts, in einer irgendwie abgeschlossenen Situation schildert (ein Floß mit Schiffbrüchigen auf hoher See, ein plombierter Waggon mit Gefangenen oder Heimkehrern oder etwas in dieser Art); ein gewissenhaft realistischer Autor stellt uns nun gewöhnlich mit allen Einzelheiten dar, wie sich diese Menschen verhalten, wie sie sich stärken, wie sie miteinander reden, wie sie einander allmählich näherkommen, während die Problematik von »Pipi und Kacke« vollkommen vergessen wird, gleichsam ungewollt, und dabei ist das ganz verkehrt, weil die von den physiologischen Notwendigkeiten »niederer Art« bedrängten, ja ich würde sogar sagen: terrorisierten Beziehungen (und nicht unbedingt nur die geselligen) sehr rasch auf eine eigentümliche Intimität zuzusteuern beginnen. Man möge mich bitte nicht für den Vertreter einer »Schule der logischen Deduktion«, d. h. für einen Verrückten halten, der von dem Verfasser des schönen Romans *Fünf Wochen mit dem Ballon über Afrika* zu erfahren wünschte, wie der verehrte Professor und seine bezaubernden Begleiter das Problem lösten, gegenüber den unabweisbaren Forderungen ihrer kreatürlichen Existenz britische Distanz zu wahren. Nein, nein; ich verstehe, daß man in solchen Fällen die Konvention einführt, »einen Türken zu machen«, und schließlich fliegt dieser Ballon ja vor den Augen jugendlicher Leser. Wenn aber ein Roman durch und durch realistisch sein soll, dann hilft nichts mehr: Realismus bedeutet nicht nur Rechte, sondern auch Pflichten. Ich denke mir, daß ein Autor, der Wert darauf legt, derartige Dinge zu verschweigen, zumindest irgendein Gebüsch erwähnen muß, und wenn er das nicht tut, dann muß er aus den geschilderten situativen Voraussetzungen jene physiologischen Konsequenzen ziehen, die – und das ist für den weiteren Gang der Handlung nicht gleichgültig – Prämissen von psychologischen Wirkungen sein können. Ich bitte noch einmal um Verzeihung, aber der Realismus ist, wenn sich jemand schon auf ihn versteift, in der Tat verbindlich, und er kann einen Verfasser dazu zwingen, einem engelhaften Wesen einen Durchfall zuzuschreiben, was er vielleicht lieber vermieden hätte. Und gerade hier ist es angebracht, aus der Not, wie die Deutschen sagen, eine Tugend zu machen, weil sich Möglichkeiten für überraschende Kurzschlüsse ergeben. Das alles sind nur Randbemerkungen zum

Hauptproblem, weil wir unwillkürlich auf das Gebiet der Physiologie geraten sind, die gewissermaßen die Vorstufe zum Hauptthema, der Pathologie, ist. Bislang ist das Resultat unserer Überlegungen völlig negativ, denn wir haben uns überzeugt, daß ein Frontalangriff in Dingen der Sexualität zur künstlerischen Katastrophe führt. Der Akt der Liebeserfüllung hat zwar auf der Skala der künstlerischen Werte denselben funktionalen Wert wie die Darstellung einer Agonie, eines Baumes oder sonst einer Erscheinung oder Sache, doch wegen seiner besonderen Stellung innerhalb der Hierarchie der menschlichen Erlebnisse besitzt er, wenn er in einem Kunstwerk dargestellt wird, eine Fähigkeit zu erregen, die ästhetisch abträglich ist, weil sie für den Leser eine potentielle Quelle von Empfindungen darstellt, an denen dem Autor am wenigsten gelegen ist. Denn durch die Erregung, die er hervorruft, löst sich der Akt aus der Komposition heraus, wird er auf eine ganz und gar unerwünschte Art zu etwas Autonomem, und wenn die psychische Aura, die atmosphärische Dichte des Werkes ihn nicht wirksam ihren Zielen unterwerfen kann, wird er zu einer Sünde nicht so sehr gegen die Moral (was uns in diesem Zusammenhang weniger bekümmert) als vielmehr gegen die Kunst der Komposition, wird er zu einer Schwachstelle unter den Mitteln, die für den Zusammenhalt des Werkes sorgen. Etwas anderes ist es, wenn die hervorgerufene Dissonanz in der Absicht des Künstlers lag, wie ich es an dem nicht allzu geglückten Beispiel jener Monarchin zu zeigen versuchte, das ich zum Beweis für die möglichen ästhetischen Funktionen eines ansonsten äußerst unappetitlichen Phänomens einführte. Man könnte vorsichtshalber hinzufügen, daß auch die Skatologie gewisse Naturen erregt, doch handelt es sich dann um Anomalitäten des Empfängers und nicht des Senders, und was wir hier besprechen wollen, ist ja Literatur über Perverse und nicht eine, die für sie geschrieben ist.

Kehren wir jedoch – denn es ist höchste Zeit – zu unseren Perversen zurück. Natürlich könnte man einen Traktat über die thematische Eignung von Anomalien, von paranoiden oder epileptischen Abweichungen (Smerdjakow, Fürst Mischkin) verfassen und ihn durch Beispiele von hervorragenden Werken belegen. Dabei würde ein dickes und nützliches Buch herauskommen. Aber von einem Automatismus, der eine solche Wahl des Helden zur Voraussetzung für die Entstehung eines Werkes par excellence macht, kann keine Rede sein. Als Beispiel mag Sartres *Mauer* dienen. In die Psychopathologie dringen einige Erzählungen dieses Bandes tiefer ein als Nabokovs *Lolita*. Doch in der Erinnerung ist mir nach der Lektüre nur ein Gefühl des Abscheus geblieben. Das wäre natürlich nicht entstanden, wenn ich das Buch als eine Sammlung von Krankengeschichten gelesen hätte, aber schließlich sollte es sich um Literatur handeln. Es ist keine gute Literatur. Die gequälten Gestalten Sartres rufen keine Resonanz, kein Mitgefühl hervor. Sartre hat eine eiskalte Studie verfaßt, die dermaßen ans Klinische erinnert, daß ich mir einmal erlaubt habe, scherzhaft eine Pseudorezension zu verfassen, in der ich *Die Mauer* als eine Zusammenstellung von psychiatrischen Fällen behandelte. Man könnte diese, auf irgendein medizinisches Werk zurückgreifend, beliebig vermehren, und auch dann würde daraus nichts folgen. Die Verrücktheit kann ein künstlerisch »tragfähiges« Thema sein, doch bedarf es dazu jener Verwandlung, jener jeweils neu entdeckten Methode, jener Umgestaltung, aus der ein Kunstwerk hervorgeht. Selbstverständlich tue ich nur so, als wüßte ich nicht, um was es Sartre ging; ihm ging es um seine Philosophie, denn *Die Mauer* enthält Illustrationen der »Ekel«-Ontologie des Existentialismus, doch eine Philosophie, selbst eine ehrenwerte, mit Hilfe der Belletristik zu illustrieren, halte ich für einen Mißgriff, für einen Mißbrauch der Literatur, die nach meinen Vorstellungen autonom, auf eigene Rechnung leben soll, und darin stimme ich mit Nabokovs Nachwort zu *Lolita* überein.

III

Die Perversität von Nabokovs Held besteht darin, daß er erotisch von halbwüchsigen Mädchen besessen ist. Warum? Ich würde behaupten, daß ich auch diese Frage sinnvoll, d. h. in Kategorien der Kunst und nicht der Psychiatrie beantworten kann. Ein Exhibitionist, Transvestit, Fetischist oder Gott weiß wer sonst noch wäre eine abscheuliche Figur, was die Literatur aushalten würde, doch wäre er außerdem eine überflüssige, unnötige Figur, und mit einem solchen Helden versucht man besser nicht, einen Roman zu schreiben. Wir haben es (beinahe eine medizinische Bemerkung) bei diesem unglücklichen Humbert mit einem Fall »reiner« Pädophilie zu tun, weil die Halbwüchsige schon nicht mehr ganz Kind ist, es steckt in ihr schon ein Stück von einer Frau, und dies ist ein erster Übergang, eine Brücke zur Normalität, die es ermöglicht, Humberts psychische Zustände den Lesern vorzustellen, doch ist eine solche Halbwüchsige andererseits so sehr Kind, daß in uns sofort ein verdammender Widerspruch, Verachtung wach wird – kurz, wir sind bereits in die Sache verwickelt, was (wie sich herausstellt) künstlerische Absicht war.

Warum ist Nabokovs perverser Held ein Individuum aus dem Grenzbereich dessen, was noch intuitiv faßbar, und dessen, was unseren introspektiven Möglichkeiten verwehrt ist?

Der »normale«, d. h. »ganz und gar« Perverse stößt in der Außenwelt auf Hindernisse für die Befriedigung seiner deformierten Leidenschaften in Gestalt all der Möglichkeiten des Skandals, des Gefängnisses, der gesellschaftlichen Verurteilung, die er, wenn er seine Ziele realisiert, gewärtigen muß. Es gibt verschiedene Spielarten eines solchen Perversen. Zunächst, und das ist der häufigste Fall, handelt es sich um ein Individuum von sehr niedrigem geistigem Niveau, das nicht selten geradezu schwachsinnig ist, allerdings in verschiedenen Abstufungen, angefangen von dem harmlosen Imbezilen, der irgendwann irgendwo, angetrieben von einem animalischen Trieb, der in seinem dämmrigen Bewußtsein entsteht, plötzlich eine Alte vergewaltigt, bis hin zu dem aggressiven, der dann zum Fall für die Kriminologen wird, beispielsweise ein erotomaner Sadist, ein Jack the Ripper, bei dem das Verlangen nach einem Mord als der einzigen Möglichkeit der Libidobefriedigung sich auf spezifische Weise mit einer eigentümlichen Verschlagenheit des Vorgehens verbindet (die Gestalt eines solchen hinterlistigen, idiotischen Mörders wurde in dem deutschen Film *Nachts, wenn der Teufel kam* hervorragend von einem Schauspieler verkörpert, dessen Namen ich leider vergessen habe). Ein Mensch von durchschnittlicher Intelligenz, aber mit einem deformierten Geschlechtstrieb, bildet in sich dank der von Kindheit an auf ihn wirkenden Einflüsse der Familie, der Schule, der Umwelt – oft, ohne daß es ihm ganz bewußt wird – ein System von Hemmungen und Verboten aus, so daß er entweder nicht ganz genau weiß, auf was der Pfeil seiner Begierden zielt, oder, wenn es ihm irgendwann einmal klar geworden ist, mit gewaltigen inneren Anstrengungen diese dunklen Kräfte in sich verbirgt und verbarrikadiert; es kann dann zu einer Sublimierung des Triebes kommen, und aus einem potentiellen Pädophilen wird beispielsweise ein wirklich hervorragender und moralisch sauberer Erzieher. In anderen Fällen mögen sich aus solchen Menschen Psychopathen und Hysteriker oder Neurotiker rekrutieren, deren verschiedene somatische und psychische Gebrechen gewissermaßen der äußere Ausdruck der in der Tiefe ihrer Seele versenkten unseligen und unverschuldeten Lasten sind, wobei die Existenz solcher seelischer Defekte sich für die Umwelt in einer moralisch neutralen Weise äußert.

Und schließlich gibt es Individuen mit überdurchschnittlichen geistigen Fähigkeiten, die fähig sind, alle in der Gesellschaft vorhandenen Normen und Verbote selbständig zu analysieren, Psychopathen von hervorragender Intelligenz, die nicht selten über Talente verfügen und sich im Bewußtsein ihrer Außergewöhnlichkeit das Recht zuschreiben, die geltenden Normen zu brechen. Aus einer solchen Anmaßung ging die Tat Raskolnikows hervor. Diese Art von Anomalität ist selten, zumindest in der Form, mit einer solchen Verknüpfung von Charakter-, Trieb- und intellektuellen Merkmalen, daß die Welt der überkommenen Werte einem Menschen dieses Formats nicht *durchgängig* als feindselig erscheint. Ein Monomane, der von der Rechtmäßigkeit seines Verhaltens (sei es im erotischen Bereich, sei es, daß er, wie Raskolnikow, über das Leben anderer Menschen verfügt) absolut überzeugt ist, wäre – gleichgültig, ob er, wie Dostojewskijs Held, seinen Taten eine Motivation »höherer Art« überstülpt oder, wie Humbert, aus Antrieben handelt, die solcher »Rechtfertigungen« des Egoismus entbehren – ein klarer Fall von *moral insanity*. Wir hätten es dann nicht mit einem humanistischen, künstlerischen, schriftstellerischen Problem zu tun, sondern lediglich mit einem klinischen, genau wie im Falle des entarteten Idioten, nur auf einer höheren Stufe intellektueller Fähigkeiten. Es ist aber gerade so, daß die Grenze zwischen dem Erlaubten und dem Unerlaubten, zwischen Verbrechen und Tugend, zwischen Sünde und Keuschheit, zwischen Hölle und Himmel durch einen solchen Menschen verläuft und er nicht selten sich selber in sehr viel intensiverem Maße zur urteilenden Autorität, zum Gegner wird als die Gesellschaft, die auf das Unrecht lauert (um es zu verurteilen). Das uralte Problem der zur Sünde neigenden menschlichen Natur und die Frage, ob die Linie der Verbote eine Sache der Konvention (und für eine herausragende Persönlichkeit überschreitbar) oder im übergeschichtlichen Sinne unveränderlich ist, Probleme, mit denen im Ansatz wohl schon der Neandertaler Schwierigkeiten bekam, treten bei diesem Abweichler in besonderer Konzentration, potenziert auf – und damit gelangen wir zu der Einsicht, daß der »Perverse« nichts anderes als ein Vergrößerungsglas ist, daß es nicht um eine Studie über die Perversion geht, sondern nur um die künstlerische Wahl solcher Mittel, die im Endresultat ein neuartiges (und das ist in der Literatur am schwierigsten!) Erleben der Sexualität und der Liebe ermöglichen.

Weshalb neuartig, wenn das Problem so alt ist wie die Welt? Der Fall Humbert – Lolita führt die erotische Problematik in einer Weise ein, daß der Schriftsteller, ohne etwas Wesentliches zu verschweigen, zeigt, daß es vollkommen überflüssig ist, sexuelle Techniken in vulgärer Weise zu beschreiben, wenn man in den dunklen, vom Widerschein brennender Unersättlichkeit umgebenen Kern einer Liebe vordringt, die über den von der Natur in den Menschen eingebauten Mechanismus der Arterhaltung hinauswächst. Wir können uns auf diese Liebe einlassen, eine Liebe, die aus den sorgsam aufgehäuften zivilisatorischen Bändigungsversuchen ausbricht, die sich von den geheiligten Normen so weit entfernt, daß unser reflexartiger Versuch einer Klassifikation, einer eindeutigen Bestimmung erstirbt. Im drangvollen Zentrum eines modernen Landes stoßen wie in einem hermetisch von außen verschlossenen Vakuum die erhabene und abscheuliche Zärtlichkeit zweier »Liebender«, eine zugleich tragische und hilflose Grausamkeit und die Absurditäten des Verbrechens aufeinander, und diese Mischung, diese Synthese läßt die Intensität des Erlebens stärker werden als das Bedürfnis, festzustellen, wer der Schänder und wer das Opfer war. Aus der kühlen Distanz, aus der Sicht eines Gerichts, und wenn wir danach gehen, was wir in Gut und Böse einteilen, ist für eine solche Unentschiedenheit natürlich kein Platz, doch wenn wir die letzten Worte des Buches lesen, vermögen wir kein Urteil zu fällen, nicht etwa weil das unmöglich wäre, sondern weil wir es als überflüssig empfinden, und dieses Gefühl, mit dem wir das Buch beiseite legen, ist nach meinem Verständnis der einzige wirkliche überzeugende Beweis für den Erfolg des Schriftstellers.

Gewiß könnte man, wenn man eine Analyse machte, viele kluge Dinge über *Lolita* sagen. Lo's durch vorgetäuschte Selbstsicherheit maskierte Unreife ist im Grunde ein Bild für den Infantilismus der amerikanischen Kultur, doch dieses Problem, das weit in die Soziologie des amerikanischen Lebens hineinreicht, übergehe ich. Das wahrlich nicht beneidenswerte Schicksal des Mädchens – ungeachtet dessen, daß Nabokov ihr im Grunde keine »positiven« Eigenschaften verliehen hat, daß dieses kleine Seelchen bis obenhin mit Comic-Peppermint-Reklameschund vollgestopft ist, daß er ihr schon am Anfang die Chance einer »zerstörten Unschuld« genommen hat, daß er die Halbwüchsige mit einer trivialen sexuellen Erfahrung ausgestattet hat, daß er so viel gesagt hat, daß wir an der völligen Gewöhnlichkeit, ja Austauschbarkeit ihrer Person nicht zweifeln können, einer Person, die in ihrem Leben nichts Großartiges zu erwarten hatte, selbst wenn der fatale Humbert nicht darin aufgetaucht wäre – dieses Schicksal ist tragisch, und es ist ein Erfolg für sich, wenn Nabokov der geschilderten Öde eine solche Note abgewinnt, denn er macht damit den immanenten Wert einer noch so stereotypen, jeglicher Attraktivität und inneren Schönheit entbehrenden Menschlichkeit deutlich. Eines der psycho-physisch durchaus erlaubten Mittel, mit dem der Autor das erreicht hat, ist freilich, Lolita zu einer »Frigiden« zu machen, doch kann man ihm das schwerlich übelnehmen.

Humbert offenbart namentlich in den späteren Partien des Buches, seit wie lange er schon die unerträgliche Situation (ich meine ihre psychologische Seite) kennt, die er für die Kleine geschaffen hat, und wie konsequent er diese Einsicht ignorierte, weil das für ihn bequem war. Er war überhaupt, wie es sich für einen modernen Helden geziemt, ein großes Schwein, wußte das und ließ es durchaus nicht auch an stärkeren Selbstbeschimpfungen fehlen – schon wenige Szenen genügen, um ihn geradezu widerlich erscheinen zu lassen, so etwa, wenn er plant, Lolita in der ersten gemeinsamen Nacht mit irgendwelchen Pillen einzuschläfern, damit er seine Begierde befriedigen kann, ohne das unschuldige Seelchen zu besudeln (ich gebe Humberts Gedanken wieder). Diese schrecklich pharisäerhafte Sorge um das Seelchen kam übrigens nicht zum Tragen, weil das Mittel nicht wirken wollte und sich obendrein herausstellte, daß das Seelchen nicht unschuldig ist. Sogar noch abscheulichere Histörchen kommen vor. Ich erwähne das deshalb, weil ich mich oben solch großer Worte wie Tragik bedient habe, während die Realitäten besonders im ersten Teil gerade von der Art sind, die ich beispielshalber angeführt habe. Würde man die Lektüre des Romans nach rund hundert Seiten abbrechen (und sie hat mich zu Beginn nicht wenig irritiert, denn insbesondere bestimmte Fragmente der Vorgeschichte von Humberts Perversion werden in einer Weise dargestellt, wie sie ähnlich Sartre in der *Mauer* verwandte), dann bliebe – ebenso wie nach der *Mauer* – lediglich ein übler Nachgeschmack zurück. Aber dann kommt die Liebe, und obwohl wir uns ihrer erst spät – fast so spät wie Humbert selbst – bewußt werden, kommen wir erstaunlicherweise in dem Maße, wie seine dauernd konsequent fortgesetzten Taten sich summieren, von der Überzeugung ab, daß dieser Mensch abscheulich ist, denn es ist eine so große Verzweiflung in ihm. Ich habe mich sogar gefragt, ob nicht die Verzweiflung das Hauptmotiv des Ganzen ist. Dieses Fortsetzen eines Zustandes, der nicht mehr fortgesetzt werden kann, dieses Übergehen von einer unerträglichen Situation in die nächste, psychologisch noch schmerzlichere, dieses Absinken von einer Erniedrigung in die andere beschwören die Aura gewisser Dostojewskischer Passagen herauf, die so bedrückend sind, daß man es beinahe nicht erträgt. Vielleicht wäre noch etwas zu Humberts »Theorie« von dem »dämonischen«, zur Sünde verleitenden Wesen einer bestimmten Spielart von halbwüchsigen Mädchen zu sagen, jener »Nymphchen«, die zu erkennen er – folgt man den in seiner Beichte wiederholt abgegebenen Beteuerungen – eine so untrügliche Fähigkeit besaß. Ich sehe in dieser Theorie ein Produkt seiner Deviation, einen Versuch der nachträglichen Rationalisierung und Objektivierung der eigenen Abweichung von der Norm und somit eine Projektion der eigenen Empfindungen in die Außenwelt. Offenbar fiel es ihm leichter, sich mit seiner eigenen Natur abzufinden, wenn er wenigstens einen Teil der Verantwortung für das, was er tat, von sich auf die »engelhaften Sukkuben« abschieben konnte. Ich möchte nicht den Eindruck erwekken, als ob es hier außer dem psychiatrischen überhaupt kein Problem gäbe, denn die Unreife und ihre Anziehungskraft kann – und zwar nicht allein im erotischen Bereich – eine überragende Rolle spielen, die so weit geht, daß sie die Phantasie des Künstlers vollständig absorbiert (Gombrowicz!). Doch das scheint mir im Hinblick auf das Hauptmotiv des Romans ein Randproblem zu sein.

Eine andere Frage ist die der Mittel, mit denen verhindert wird, daß lyrische Passagen in Gefühlsduselei abgleiten. Nicht daß es diese in dem Werk nicht gäbe. Doch weder der auf jeder Seite vollzogene psychische Lynchmord noch die Selbstironie, noch die bissige Schärfe können die Humbertsche Sentimentalität zunichte machen, und es sind ausschließlich die Adresse, an die die Gefühle sich richten, und die Umstände, unter denen sie sich manifestieren, was diesen Teil des Werkes vor dem Kitsch bewahrt. Denn das ist mir eine nette Sentimentalität, die gespickt ist mit lyrischen Seufzern, welche sich der Brust eines »Papas« entringen, der das »Töchterlein« zwingt, sich ihm morgens hinzugeben, weil er ihr sonst nicht das Frühstück ans Bettchen bringt! Zu beachten ist, daß diese, die ohnehin schon gehörig verteufelte erotische Geschichte zusätzlich komplizierende Mischung aus Zärtlichkeit und Rücksichtslosigkeit zwar das Motiv der Blutschande streift, tatsächlich aber diese letzte Grenze nicht überschreitet, obwohl es Nabokov schließlich möglich war, Humbert zum wirklichen Vater Lolitas zu machen. Ich glaube jedoch, daß dann die kumulative Wirkung all der vom Autor angewandten Mittel gering gewesen und eine Katastrophe eingetreten wäre (selbstverständlich eine künstlerische Katastrophe, denn wir operieren noch immer mit ästhetischen und nicht mit moralischen Kriterien).

Wahrhaft seltsame Dinge – zumindest unter dem Gesichtspunkt der »psychopathologischen Norm« – spielen sich gegen Ende des Romans ab. Denn daß Humbert, nachdem er die eigentlich schon erwachsene, ein Kind erwartende, verheiratete Lolita gefunden hat, diese weiterhin begehrt und ihm außer ihr alles andere gleichgültig ist, hebt in einem gewissen Sinne die Ausgangsprämisse auf, daß es sich um jemanden handelt, der pervers war, weil er nur mit kleinen Mädchen konnte. Bei der Wiederbegegnung nach zwei Jahren weckt die heruntergekommene, hochschwangere und bebrillte Lolita in Humbert nicht die von uns (gleichsam konsequenterweise) erwarteten, ex definitione »entarteten« Begierden. Was ist geschehen? Ist Humbert vielleicht »normal geworden«? Wurde aus einem Stawrogin ein Dante, der vor Beatrice steht? Handelt es sich vielleicht um einen Konstruktionsfehler? Im Gegenteil: es ist die Realisierung einer bewußten Absicht. Denn der Widerspruch ist offenkundig, und er ist durch zahlreiche, früher gesetzte Akzente vorbereitet! Als in den Anfängen des Buches Lolitas Mutter die Kleine in ein Sommerlager schickt, ist Humbert nicht so sehr über die aktuelle Trennung bestürzt als vielmehr darüber, daß der Ablauf der Zeit ihn überhaupt jeglicher Chancen beraubt, seine Wunschträume zu verwirklichen, und in der Introspektion wird ihm vollkommen bewußt, daß Lolita für ihn wegen der vorübergehenden und vergänglichen Lebensphase, in der er sie antraf, von unschätzbarem Wert ist, daß sie nach zwei, drei Jahren, wenn sie sich in eine Frau verwandelt, in eines der Wesen, für deren Reize er vollkommen unempfindlich ist, in seinen Augen dermaßen herunterkommt, als sollte sie sterben. Indessen vergehen nicht zwei, nicht drei, sondern vier Jahre, und alles ist ganz anders. Was ist also geschehen? Waren es vielleicht Erinnerungen, was Humbert begehrte, hat er sich einer aus der Vergangenheit heraufbeschworenen Vorstellung hingegeben?

Die Antwort wollen wir später geben. Zunächst wird es angezeigt sein, weitere Faktoren einzuführen, und deshalb befassen wir uns lieber mit dem Abschluß des Romans. Er besteht in dem Mord an dem erwähnten »Verführer«, einem Mord, der in der Anhäufung von Tatsachen wie eine makabre Farce wirkt, denn erstens bringt ein Perverser, der »den Papa spielte«, den anderen um, der, betrunken, in seinem Sterben verblüffend viel ganz und gar unerwartete Würde beweist, und zweitens bietet sich die Tötung selber als eine Sequenz von derart chaotischen, auf beiden Seiten derart hilflosen Handlung dar, daß man in der Literatur schwerlich etwas Ähnliches finden wird.

Und dennoch melde ich jetzt zwei generelle Einwendungen an; die erste gegen die Einführung, die zweite gegen eben dieses Ende, dieses Finale der *Lolita*. Bei der Einleitung habe ich den Eindruck, als wäre sie woanders hergenommen, als würde sie in eine andere Richtung zielen als die, welche das Buch dann einschlägt. Ich weiß, daß auch das Absicht war, wie ich weiter unten zu zeigen versuche, aber irgendwie ist es nicht ganz gelungen. Bestimmte Szenen haben sich über die Maßen verselbständigt (von dieser Gefahr sprach ich im Zusammenhang mit dem »kühnen Kopulationismus«).

Die Passagen, in denen die ersten Annäherungen an Lolita geschildert werden, enthalten dumpfe innere Mißklänge, und namentlich eine durch und durch abscheuliche Szene, die in ihrer Atmosphäre an die »Memoiren eines verrückten Onanisten« erinnert, mag einem Leser, der nicht genügend Toleranz aufbringt, genügen, um den Roman fortzuwerfen. Diese drastischen Dinge brauchten nicht zu sein, nicht etwa weil sie zu stark sind, sondern weil sie im Gegenteil den Roman schwächen. Schließlich vollzieht sich doch der Abstieg in die erotische Hölle auf Hunderten von Seiten, und weder Humbert noch Lolita bleiben keine der abgestuften Demütigungen erspart; weshalb also hat Nabokov so rasch das Maß überschritten, so als habe er seinen Helden nicht zügeln können? Es ist dies eine der wenigen Stellen des Romans, die an einen krassen Naturalismus gemahnen. Der Vorbehalt gegenüber dem Schluß ist dagegen ein anderer. Bevor ich auf die entfernten Zusammenhänge zwischen *Lolita* und dem Schaffen Dostojewskis zu sprechen komme, sei mir gestattet, den Bemerkungen, die sich mit dem Schluß des Romans befassen, eine Beschwörung der machtvollen Gegenwart Dostojewskis vorauszuschicken. Der große Russe (ich bitte zu entschuldigen, daß ich in seinem Namen spreche) hätte die Sache vielleicht ebenfalls mit einem Mord beendet (denn er hätte einen solchen monothematischen Roman schreiben können), aber völlig anders. Wie? Wie er es gemacht hätte, weiß ich nicht, aber ich weiß, was mich am Epilog stört: ein bewußtes, merkliches künstlerisches Bemühen. Der Mittelteil des Buches ist künstlerisch durchgearbeitet wie eine Feuerkugel, die sich aus Begierde, Leidenschaft, grenzenloser Quälerei fast naturwüchsig zusammenfügt, während der erste Teil Ansätze eines eigentlich recht billigen Zynismus zeigt, in den lyrische Ausbrüche des seelischen Schmerzes eingestreut sind (denn das Ganze sind ja die im Gefängnis verfaßten Erinnerungen Humberts), doch kann man den Anfang vergessen, wenn man sich durch das glühendheiße Zentrum hindurchgearbeitet hat, wohingegen man den Schluß nicht vergessen kann, denn bei ihm bleibt man hängen. Ich würde sagen, daß Nabokov die Tötungsszene realistisch schildern wollte, also verrührte er in seinem Kessel die Farcenhaftigkeit mit der Entsetzlichkeit des Mordes, aber irgendwie hat er die Akzente zu sehr verfeinert, überdehnt und abgeschwächt, damit in diesem Dickicht die Schlußsteine der Konstruktion sichtbar wurden, die deren sorgfältig ersonnenes Skelett tragen, weil es anders sein sollte als in den Thrillern. Und hier liegt der Hund begraben. Ich sage das »gefühlsmäßig«, aber ich stelle mir vor, daß Nabokov bei der Schlußszene die Absicht hatte, so etwas wie ein Superpastiche des Thrillers zu schaffen, dieses Bankerts des viktorianischen Romans und der Memoiren des Marquis de Sade, oder vielmehr einen Kontrast zu diesem serienmäßigen Sensationsdreck, einen Kontrast, der das durch die Federn miserabler Schreiberlinge tausendfach verfestigte Stereotyp des »vorsätzlichen Mordes« zerschmettern würde. Es ist aber auch möglich, daß das keine bewußte Absicht war. Gewinnt die Haupthandlung trotz aller Anlage zum Melodramatischen (ein geiles Männchen, ein unschuldiges Mägdelein, Orgien u. dgl.) eine solche künstlerische Eigenständigkeit und Glaubhaftigkeit, daß jeglicher Zusammenhang und jede Ähnlichkeit mit dem ganzen Elend der Thriller verlorengeht, so schiebt sich jedenfalls im Augenblick der Tötung der bis dahin überwundene Isomorphismus in den Vordergrund.

Ein Kerl geht mit dem Revolver zu einem anderen Kerl und tötet ihn. Das galt es anders, besser, echter zu machen als im Thriller, und so wurde es auch gemacht. Leider stellt sich heraus, daß es damit nicht genug ist. Zu gut ist das Ringen gelungen, allzu präzise das Chaos geschildert, allzusehr gehen die Worte an der Situation vorbei, der Mordakt hat wie der Geschlechtsakt – da hilft leider nichts! – etwas Banales (im künstlerischen Sinne, ich bitte um Nachsicht!), auch wenn Nabokov die Banalität fürchtet wie das Feuer. Dostojewski hätte einen solchen Fehler nicht gemacht, weil er sich vor nichts fürchtete. Er war sich selbst die Welt, er legte selbst die Gesetze seiner Werke fest, und kein äußerer Einfluß wäre ihm in die Parade gefahren. Letzten Endes stellt sich heraus, daß von zwei Schriftstellern, von denen der eine auf die Konventionen keine Rücksicht nehmen möchte, und der andere diese beim Schreiben einfach ignoriert, der erstere schwächer ist: Der erstere arbeitet gegen etwas an, wie ein Mensch, der letztere arbeitet ganz schlicht, wie ein Demiurg. Fast hätte ich gesagt: »wie ein Element«. Das heißt, wie die Natur, mit einer an die der Natur heranreichenden Gleichgültigkeit für alles Überkommene. Aber vielleicht lauert in solchen allgemeinen Wendungen schon die Dummheit. Kommen wir zum letzten Teil dieser Anmerkungen.

Meine Kühnheit geht mittlerweile so weit, daß ich nunmehr die Beziehungen aufdecke, die meines Erachtens zwischen dem Roman Nabokovs und dem Schaffen Dostojewskis bestehen. Fangen wir bescheiden an. Es kann mir unter Umständen passieren, daß ich die Urteile irgendwelcher Kritiker plagiiere – von ihnen weiß ich aber nichts. Nachdem ich die Lektüre von *Lolita* beendet hatte, mußte ich fast zwangsläufig zu *Schuld und Sühne* greifen. Eine der Gestalten, die mich darin am stärksten fasziniert, ist Arkadius Swidrigajlow. Sollte Humbert vielleicht eine um hundert Jahre verspätete Verkörperung von ihm sein? Prüfen wir, welche Voraussetzungen es für diese Hypothese gibt. Wäre ich ein analytischer Kritiker, dann würde ich mich an eine förmliche Untersuchung machen. Ich würde auf gewisse Ähnlichkeiten beider Gestalten sogar im physischen Aussehen hinweisen: Während die naive Literatur den Abweichler gern mit Zügen körperlicher Anormalität, jedenfalls mit einer gewissen Häßlichkeit ausgestattet hat, sind Swidrigajlow und Humbert Männer, die sich sehen lassen können, breitschultrig, hochgewachsen, stattlich, mit überdurchschnittlicher Intelligenz begabt. Der eine ist hellblond, der andere brünett. Ha!, würde unser Kritiker-Detektiv sagen, bitte sehr, Nabokov hat versucht, das Vorbild abzuwandeln, und deshalb hat er ihm eine andere Haarfarbe gegeben! Aber mir geht es nicht darum, solche Ähnlichkeiten aufzuzeigen. Ich möchte vielmehr darauf hinweisen, daß Swidrigajlow (außer dem Haupthelden) die einzige Gestalt aus *Schuld und Sühne* ist, deren psychisches Innenleben der Schriftsteller darstellt. Damit tritt jedoch ein für unsere Absichten überaus bedeutsamer Wandel ein. Von außen betrachtet, ist Swidrigajlow – wozu überflüssige Worte machen? – ein Ungeheuer. So hat er seine Frau umgebracht oder jedenfalls zu ihrem Tod beigetragen, und er fuchtelt mit der Reitpeitsche herum, und schließlich hat er für kleine Mädchen eine solche Schwäche, daß er nicht irgendein »Nymphchen«, sondern ein Waisenkind, eine Stumme, zum Selbstmord trieb – das dürfte reichen. Sobald wir uns jedoch in ihn hineinversetzen, an seinen Wahnvorstellungen und Alpträumen teilhaben, passiert etwas ganz Eigenartiges: Wir können – zumindest teilweise – dieses Monstrum verstehen, gelegentlich mit ihm fühlen, ja mehr noch, seine Monstruosität scheint an den Höhepunkten seiner Erlebnisse zu verschwinden, und als einzige Materie bleibt dann eine psychische Verzweiflung zurück, die so umfassend ist, daß sie gewissermaßen die ganze Welt umfaßt, daß außer ihr nichts mehr bleibt, und weil es keinen Bezugspunkt gibt, kann man sie nicht einmal benennen; und in dem durch seine unvergleichliche Schlichtheit und Strenge erschütternden Augenblick des Selbstmords (der zugleich eine in der Weltliteratur einmalige exhibitionistische Zurschaustellung des Eintretens in »jenen« Bereich, in jene Swidrigajlowsche Ewigkeit ist, die durch die schmutzige, von Spinnen erfüllte Bude dargestellt wird) entsteht wahre Erleichterung, es ist in dieser Erschütterung etwas Besänftigendes und Versöhnendes mit jener in einem Sekundenbruchteil von Menschlichkeit erfüllten Kreatur. Das alles wird durch Introspektion erreicht. Humbert wäre, von außen beschrieben, wohl noch abscheulicher als Swidrigajlow, denn er ist »subtiler« und feiger, und lächerlicher, ja eigentlich schlicht lächerlich, denn an der Gestalt Swidrigajlows ist nichts Komisches.

Was ich zuvor gesagt habe, war nur die Einleitung zu dem, was ich eigentlich sagen will. Swidrigajlow hatte, wie wir wissen, zwei Leidenschaften: die eine war Raskolnikows Schwester Dunja, die andere waren mehr oder weniger anonyme Halbwüchsige. Während Dunja sozusagen zum Lieben da war, waren die Halbwüchsigen für Ausschweifungen da. Und was diese Mädchen betrifft, so hatte Swidrigajlow eine spezielle Manie: in Wirklichkeit verführte, schändete er das Kind, doch ihm kam es so vor, als sei es genau umgekehrt. Denn in seinem letzten Traum, der dem selbstmörderischen Akt unmittelbar voraufgeht, scheint es ihm, als würde das verweinte und durchgefrorene Mädchen, das er in der Nacht in einem Winkel des schmutzigen Hotelkorridors entdeckt, sich in sein Bett legen und zunächst so tun, als ob es schlafe, um dann zu versuchen, ihn – ja: sie ihn! – zu verführen!

Genau dasselbe geschah, nun bei Bewußtsein, mit Humbert und Lolita, sie verführte ihn, allerdings im Zimmer eines *Motels,* aber seit der Entstehung von *Schuld und Sühne* sind ja auch hundert Jahre verflossen.

Jetzt, glaube ich, wird alles klar. Die zwei Gestalten, die zwei Seiten der Leidenschaft Swidrigajlows, die Liebe zur erwachsenen Frau und den perversen Hang zum Kind, hat Nabokov zu einer Figur zusammengefügt. Sein Humbert ist ein sexueller Dr. Jekyll und Mr. Hyde, der, ohne es selbst zu wissen, sich in das Objekt seiner verderbten Begierde verliebte.

Jetzt klärt sich auch jener scheinbar verblüffende Widerspruch auf, der den perversen Humbert gegen Ende des Romans Lolita treu werden läßt, und diese »Treue« des Perversen zu seinem Opfer erklärt sich nicht einmal so sehr dadurch, daß zwei Urbilder zu einem vereint wurden – Swidrigajlow stellte den Mädchen nach (er hatte wohlgemerkt in Petersburg noch ein »Reserve«opfer in Gestalt seiner minderjährigen »Verlobten«), aber er liebte nur Dunja – in *Lolita* steckt noch etwas anderes. Selbstverständlich mußte Nabokov, nachdem er die Synthese vollzogen hatte, die Austauschbarkeit der Lustobjekte, die für die »normale Perversion« charakteristisch ist, ersetzen durch die Unverwechselbarkeit der erotischen »Hyperfixierung«, die das durchgängige Merkmal der Liebe ist. Er gab damit jedoch nicht die Gesetze der Psychologie preis, sondern die Gesetze der Klinik: Durch die niedersten Bereiche des animalischen Sex, durch seinen rücksichtslosen Egoismus hindurch, gewissermaßen auf dem umgekehrten Wege, als ihn in der Regel die Kunst beschreitet, gelangte er zu der Liebe, und auf diese Weise stellte sich heraus, daß die zwei scheinbar unvereinbaren Pole, das Teuflische und das Engelhafte, eins sind. Aus der Erniedrigung entstand ein derart geläutertes Gefühl, daß dieses Werk zur Kunst wurde.

Da ich so viel von den Affiliationen zwischen *Lolita* und einem Teil des Themenkreises Dostojewskis gesprochen habe, sind gewisse Einschränkungen unerläßlich. Es kann keine Rede davon sein, daß von dort eine gerade Linie zu dem Buch Nabokovs führt. Zunächst geschieht mit Humbert etwas, was für Dostojewski niemals möglich war. Der Hang zum Kind, seine Schändung erschienen ihm als eine Hölle,

aus der es keine Erlösung gab, als eine ebenso verdammungs-
würdige Sünde wie der Mord, nur noch perfider, weil die
Quelle der absolutesten aller dem Menschen verbotenen
(wenn auch dadurch natürlich teuflisch verlockenden) Lüste. Die Grenze, an der Dostojewski (oder vielmehr seine
Stawrogins und Swidrigajlows) haltmachte, die fehlende
Möglichkeit, eine solche Sünde zu sublimieren, war nicht
deshalb unantastbar, weil es ihm an Mut gefehlt hätte – man-
gelnden Mut wird ihm wohl niemand vorwerfen können –,
sondern deshalb, weil er kompromißlos war und seine Kom-
promißlosigkeit in den Gestalten der von ihm geschaffenen
Ungeheuer verkörperte. Es waren nicht allein wegen der
Dimension ihrer Laster große Gestalten. Ihre Überdurch-
schnittlichkeit war nicht auf den Bereich des Intellekts beschränkt, sondern erstreckte sich auf die gesamte Persönlichkeit. Obwohl sie abstoßend waren, hatten Swidrigajlow und
besonders Stawrogin etwas überaus Berückendes. Im Vergleich zu ihnen schrumpft Humbert offenkundig auf ein
kleineres Maß. Er ist der Klerk, der Intellektuelle par excellence, der Ästhet, den es allein schon wegen seines europäischen Charakters weder nach der großen Sünde noch auch
nur nach den kleinen Sünden verlangt (nach der ersteren
nicht, weil ihm die religiöse Metaphysik nichts bedeutet, nach
den letzteren nicht, weil das nicht nach seinem Geschmack
ist), sondern ganz schlicht nach Vergnügen; seine Rücksichtslosigkeit beruht auf Verlogenheit und Ichsucht, nicht
auf Sadismus oder Grausamkeit; wir erfahren gelegentlich,
daß ihm schon der Gedanke an Gewalt widerstrebt, kurz,
dieser Perverse ist bei aller Aufrichtigkeit seiner Bekennt-

nisse ein Pharisäer, der es sich gern bequem einrichten und auch Lolita befriedigen würde, nur daß ihm das leider zu seinem Kummer, seiner Betrübnis, seiner Verzweiflung nicht ganz gelingt. Solange er die Kontrolle über Lolita hat, quälen ihn nicht Gewissensbisse, sondern eine – wie ich sagen würde – ganz und gar weltliche Angst, und auch die äußerlichen Übereinstimmungen mit den Gestalten Dostojewskis reichen nicht weit. Denn das, was an ihm die Frauen anzieht, ist eine Art von Schönheit, die den Männlichkeitsidealen entspricht, wie Hollywood sie lanciert. Mit einem Wort: dieser Sexualdelinquent ist kein großer Verbrecher; er wurde ja auch schon durch ein früher gefallenes Wort definiert: er ist ein Schwein. Stawrogin kann man aber wahrlich nicht als ein Schwein bezeichnen.

So ist das also. Um so dankbarer ist Nabokovs Rolle, denn er gibt Humbert in der Szene, die für mich den Höhepunkt des Werks darstellt, die Gelegenheit zur Buße; Humbert entdeckt, vor der »wiedergefundenen Lolita« stehend, daß er diese aller »nymphchenhaften« Reize beraubte, schwangere, blasse Lolita, die jede, selbst die jämmerlichste Parodie eines Familienlebens dem Schicksal vorzieht, das der »Stiefvater« ihr bereitete – daß er diese Lolita noch immer liebt, vielleicht auch, daß er sie erst jetzt liebt, oder daß er sie man weiß nicht genau seit wann liebt, denn die Metamorphose hat sich Schritt für Schritt vollzogen. Entgegen seinen eigenen Vermutungen erlischt das Gefühl nicht, und damit offenbart sich ihm, daß Lolita nicht gegen ganze Heerscharen von »nymphchenhaften«, im richtigen Stadium der Unreife befindlichen Huris ausgetauscht werden kann, als etwas Endgültiges, als etwas, das sein Fassungsvermögen, sein Talent, alles, was ihm widerfahren ist, zu verspotten und zu verhöhnen, übersteigt, als ein Geheimnis, mit dem sich auseinanderzusetzen er weder bereit noch fähig ist. Die mit dieser Entdeckung verbundene Verzweiflung, die noch dadurch vertieft wird, daß Lolita es kategorisch ablehnt, mit ihm fortzugehen, eine Verzweiflung, die fraglos im Bereich äußerer Handlungen keinen Ausweg finden kann, die jeglicher Chance einer künftigen Erlösung beraubt ist, macht dem Leser die ganze abscheuliche Vergangenheit erträglich, ja mehr noch: diese Verzweiflung kulminiert in einem nicht explizit benennbaren Seelenzustand, dessen religiöses Äquivalent eine aufrichtige Buße und Reue wäre und dessen Steigerung in einer der Reue nicht nachstehenden, in jener Sekunde durch nichts mehr beeinträchtigten Zärtlichkeit gegenüber dem Opfer bestünde. Ich sage religiöses Äquivalent, um eine Skala vergleichbarer Werte zu finden, denn die Atmosphäre dieser Szene ist durch und durch profan, weil in dem Roman außer dem Diesseitigen nichts anerkannt wird. Aus einer zufälligen, aus einer von vielen wird Lolita so zu der einzigen und unersetzlichen, die selbst in der vorweggenommenen leiblichen Häßlichkeit der Niederkunft, der Überreife und des Erlöschens unschätzbar bleibt. Und so wird in jenem, eigentlich nur Sekunden dauernden Augenblick der Mechanismus der frevlerischen Begierde nicht mehr durch die Mißachtung von rechtlichen und gesellschaftlichen Verboten zunichte gemacht, sondern durch die völlige Gleichgültigkeit und Gefühllosigkeit gegenüber dem Los, dem nicht wiedergutzumachenden Leid, der geistigen Welt des erotischen Zwangspartners. Wenn sich in jener Sekunde vor den Augen des Lesers die Synthese zwischen dem »nymphchenhaften« Objekt der Begierde und dem Objekt der Liebe vollzieht, wenn es zum Subjekt wird, geschieht etwas, das der düsteren Landschaft von Dostojewskis Gestalten fremd ist und eindeutiges Eigentum Nabokovs und eine Eigentümlichkeit seines Werkes ist.

So viel zum Schicksal der Romangestalten. Es besteht noch ein dritter Unterschied, der es nicht erlaubt, Nabokovs Buch in eine Reihe mit dem Schaffen Dostojewskis zu stellen. Er besteht in der stilistischen Ebene des Werkes und dem in Humberts Beichte integral eingeschmolzenen Faktor eines allgegenwärtigen Humors. Diesem Humor ist es gelungen, selbst das lächerlich zu machen, was sich scheinbar der Komik entzieht – die Begierde –, indem er Humberts Vorstellungen von einer künftigen Ehe mit Lolita schildert, seine Hoffnung, sich, wenn er mit ihr ein Töchterchen haben wird, an dem nächsten »Nymphchen« zu trösten, das ihm eine Wiederholung seiner unzüchtigen Lüste ermöglichen wird. Indessen ist damit die maßlose Abscheulichkeit dieser Wunschträume noch nicht erschöpft, denn die mit vollem Bewußtsein weiterentwickelte Phantasmagorie läßt Humbert sich selber als einen rüstigen Alten sehen, der noch mit dem eigenen, in blutschänderischer Beziehung mit der nächsten Lolita gezeugten Enkelkind unzüchtige Spiele treibt, und auf diese Weise wird das schlechthin Makabre durch die monströse Übertreibung einfach komisch. Die Begierde wird durch diesen »priapischen Hyperoptimismus« kompromittiert, lächerlich gemacht, ad absurdum geführt, und das beim Leser ausgelöste Lachen rettet Humbert in dieser Situation, so wie es ihn in vielen anderen Situationen rettet, die es dem Schriftsteller wohl zuweilen schwerer machen dürften, sie ironisch zu bewältigen – und damit auch, sie in ebenso knapper Form wie hier zu analysieren.

*

Diese Bemerkungen enthalten einen bedeutsamen Widerspruch. Zunächst habe ich ein so belebtes Gebiet wie die literarische Kritik zu einem Vakuum erklärt, um dann dieses angebliche Vakuum mit meinen eigenen apodiktischen Urteilen auszufüllen. Ich kann diesen Vorwurf nicht einmal mit der Erklärung zurückweisen, daß ich nur probieren wollte, was man an Nachprüfbarem über die Schaffung literarischer Werke in einer dieser Übergangszonen sagen kann, in denen die Tragfähigkeit der literarischen Mittel durch den heiklen Charakter des Themas bis an die Bruchgrenze belastet wird. Ich kann das nicht, denn ich weiß nicht, ob jeder (oder vielmehr weiß ich, daß sicherlich nicht jeder) mit meinen Prämissen übereinstimmt. Zu meiner Verteidigung kann ich mich lediglich auf die respektablen Vorbilder berufen, wie sie die philosophierenden Solipsisten liefern, die Werke über den Solipsismus verfassen und dabei inkonsequent sind, denn wenn sie glauben, daß außer ihnen niemand existiert, können sie nicht damit rechnen, daß jemand diese ihre Traktate über den Solipsismus liest. Es mag Leute geben, für die gerade *Die Mauer* und *Lady Chatterley* hervorragende Literatur sind, während sie in *Lolita* ein Buch sehen, in dem die Schweinerei die einzige Sache von größerem Kaliber ist. Dagegen kann man nichts machen. Ich glaube nämlich nicht, daß jemand (ein scharfsinniger Kritiker z. B.) einen Leser, der das Ding bereits gelesen und mit Widerwillen zurückgewiesen hat, von dem Werk überzeugen und Bewunderung in ihm wecken kann. Der Eisbär wird mich niemals davon überzeugen, unter das arktische Eis zu tauchen, auch wenn ich nicht bezweifle, daß es ihm Spaß macht. Aber *Lolita* wirft – wenn wir uns schon nicht ganz so einig werden können, wie es denkbar wäre – ein anderes Problem auf, das der erwähnten Übergangszonen. Sie steht auf dem unsicheren Boden, der den Thriller vom psychologischen Drama trennt, und es gibt mehr solcher Zonen: zwischen der psychopathologischen Studie und dem Kriminalroman, zwischen der wissenschaftlichen Phantastik und der Literatur als solcher oder schließlich zwischen einer »für die Massen« geschriebenen und einer elitären Literatur. Denn es besteht wohl kein Zweifel daran, daß die Kluft zwischen den Notierungen an der exklusiven Börse der Kunst und dem Niveau der Produktion vom Schlage der *mass culture* wächst. Doch so verrückt der Versuch erscheinen mag, Gattungen, die so schrecklich weit voneinander entfernt sind, miteinander zu kreuzen, und derjenige, der auf diesem Gebiet experimentiert, sich sowohl der intellektuellen Leser beraubt sehen mag, die ihn nicht mehr lesen mögen, als auch der massenhaften Leser, für die das noch zu schwierig ist, würde ich es dennoch wagen, auf solche Kreuzungen zu setzen. Sie werden sich vielleicht auch ohne jene Aura des Skandals als lebensfähig erweisen, der *Lolita* aus der Masse der pausenlos auf der Welt erscheinenden Bücher heraushob.

DER UNBESIEGBARE

[...] Langsam ließ er sich hinab; anfangs konnte er durch die Reibung der Schuhsohlen noch einen Teil seines Körpergewichts auf den Felsen übertragen, doch bald rutschte er und hing in der Luft. Immer schneller ließ er das Seil unter dem Knie hindurchgleiten, bremste seine Geschwindigkeit mit der rechten Schulter ab, sah aufmerksam nach unten und landete schließlich auf dem Absatz. Nun versuchte er, das Seil zu lösen, indem er an einem Ende zog. Doch die Sträucher gaben es nicht frei, obwohl er mehrmals zog. Es hatte sich verklemmt. Da setzte er sich rittlings auf die Felsplatte und riß aus Leibeskräften. Plötzlich schnellte es mit giftigem Pfeifen durch die Luft und klatschte ihm in den Nacken. Wie vom Donner gerührt, schrak er zusammen. Danach blieb er einige Minuten sitzen, weil ihm die Knie zu sehr schlotterten, als daß er den weiteren Abstieg hätte wagen können. Dafür sah er wieder die Gestalt dort unten dahinwandern. Sie wirkte schon ein wenig größer. Er wunderte sich, daß sie so hell war, auch die Kopfform oder vielmehr die Kopfbedeckung jenes Mannes war recht eigenartig.

Er hätte geirrt, wenn er geglaubt hätte, das Schlimmste hinter sich zu haben. Aber das glaubte er gar nicht. Dennoch sollte er enttäuscht werden. Der weitere Weg war zwar technisch wesentlich einfacher, aber die rostknirschenden toten Sträucher wichen einer fettigen, glänzenden, schwarzen Masse. Ihre Drahtknäuel waren wie mit kleinen Beeren mit jenen Verdickungen besetzt, die er sofort erkannte.

Hin und wieder schwärmten leise summende Rauchwölkchen daraus hervor und kreisten in der Luft – dann erstarrte er jedesmal, aber nicht lange, sonst hätte er nie die Talsohle erreicht. Eine Weile schob er sich rittlings weiter. Dann wurde der Felsrücken breiter und weniger steil, so daß er absteigen konnte, allerdings nicht mühelos und nicht ohne die Hände zu Hilfe zu nehmen. Aber ihm wurde gar nicht bewußt, wie weit er bei dem langen Abstieg schon vorangekommen war, weil seine Aufmerksamkeit geteilt, auf beide Seiten zugleich gerichtet war. Bisweilen mußte er so dicht an den stäubenden Büschen vorbei, daß ihre pinselähnlichen Drähte die Falten seines Schutzanzuges streiften. Doch nicht ein einziges Mal näherten sich ihm die über ihm dahinsegelnden, im Sonnenlicht funkelnden Wölkchen. Als er endlich auf der Geröllhalde stand, nur wenige Meter von dem mit knochenharten, weißen Steinen besäten Grund der Schlucht entfernt, war es kurz vor zwölf Uhr. Er war bereits unterhalb der Sträucherzone. Den Hang, den er hinabgestiegen war, beleuchtete zur Hälfte die hohe Sonne. Jetzt hätte er die bisherige Wegstrecke überblicken können, aber er wandte sich nicht um. Er lief bergab, versuchte das Körpergewicht von einem Bein auf das andere zu verlagern, sprang von Stein zu Stein, so schnell er nur konnte, aber das bröckelige Geröll der Halde folgte ihm rasselnd und polternd, und plötzlich, ganz in der Nähe des ausgetrockneten Baches, rutschte es unter ihm weg, und er stürzte so heftig zu Boden, daß sich die Sauerstoffmaske verschob und er einige Dutzend Meter den

Hang hinunterrollte. Schon hatte er sich wieder hochgerissen, um trotz seiner Verletzungen weiterzulaufen, weil er fürchtete, den Mann, den er von oben gesehen hatte, aus den Augen zu verlieren – beide Hänge, besonders aber der Hang gegenüber, waren voll dunkler Grotteneingänge –, als ihn etwas warnte. Und ehe er begriffen hatte, fiel er wieder auf die scharfkantigen Steine und blieb mit ausgebreiteten Armen liegen. Ein leichter Schatten senkte sich von oben auf ihn herunter, und mit einem monotonen, anwachsenden, vom Pfeifen bis zum Baßgedröhn alle Register umfassenden Brausen zog ein formloses, schwarzes Wolkenknäuel heran und hüllte ihn ein. Er hätte vielleicht die Augen schließen sollen; aber er tat es nicht. Er dachte noch, der kleine, in den Schutzanzug eingenähte Apparat möge durch den heftigen Sturz nicht gelitten haben; dann versank er in Reglosigkeit, die er sich selbst gebot. Er bewegte nicht einmal die Augäpfel, und doch sah er, daß die kribbelnde Wolke über ihm stehenblieb und einen träge züngelnden Arm ausstreckte. Das Ende dieses Arms konnte er von nahem betrachten, es sah aus wie die Öffnung eines tintenschwarzen Strudels.

Auf der Kopfhaut, auf den Wangen, auf dem ganzen Gesicht spürte er einen tausendfachen, warmen Lufthauch wie einen aus Millionen winziger Teilchen bestehenden Atem. Etwas streifte in Brusthöhe seinen Schutzanzug. Fast völlige Finsternis umfing ihn. Mit einemmal wich der Arm, der sich wie eine kleine Lufttrombe krümmte, in die Wolke zurück. Das Summen wurde schrill. Die Zähne taten ihm weh davon, er spürte es mitten im Kopf. Da ließ es nach. Die Wolke stieg fast senkrecht hoch, wurde ein schwarzer Nebel, der sich von einem Hang zum anderen ausbreitete, zerfiel in einzelne, konzentrisch schwirrende Knäuel, kroch in den steifen Gestrüppelz und verschwand. Lange Zeit noch lag er reglos und wie tot. Ihn durchfuhr der Gedanke, nun sei es vielleicht schon soweit. Nun wisse er nicht mehr, wer er sei, wie er hierhergekommen sei und was er hier zu suchen habe. Und bei diesem Gedanken übermannte ihn eine solche Angst, daß er sich mit einem Ruck aufsetzte. Plötzlich mußte er lachen. Wenn er das denken konnte, so hieß das doch, daß er verschont geblieben war, daß ihm die Wolke nichts angetan, daß er sie überlistet hatte. Er bemühte sich, dieses kitzelnde, idiotische Lachen zu unterdrücken, das ihm in die Kehle gestiegen war und nun seinen ganzen Körper schüttelte. Das ist reine Hysterie, dachte er und erhob sich. Er hatte sich schon beinahe wieder gefaßt, so schien es ihm zumindest, rückte die Sauerstoffmaske zurecht und schaute sich um. Der Mann war nicht mehr da. Aber er hatte seine Schritte gehört. Er war sicherlich bereits an der Stelle vorbeigekommen und hinter einem bis in die Mitte der Schlucht vorgeschobenen, querliegenden Felsen verschwunden. Er lief ihm hinterher. Das Echo der Schritte näherte sich immer mehr und war merkwürdig laut, als stapfte der andere in Eisenschuhen dahin. Rohan rannte und fühlte einen stechenden Schmerz im Schienbein vom Knöchel bis zum Knie. Gewiß habe ich mir das Bein verstaucht, dachte er und ruderte verzweifelt mit den Armen. Wieder bekam er nicht genügend Luft und drohte fast zu ersticken, da erblickte er ihn. Er machte mechanisch riesige Schritte und setzte die Füße von Stein zu Stein. Die nahen Felswände warfen das Stampfen klatschend zurück. Und plötzlich glaubte Rohan, die Welt sollte einstürzen: Es war ein Roboter, kein Mensch! Einer der Arctane. Er hatte mit keiner Silbe an deren Geschick gedacht, daran, was aus ihnen nach der Katastrophe geworden sein mochte. Sie waren in dem mittleren Transporter gewesen, als die Wolke angriff. Da sah er, daß der linke Arm des Roboters fühllos herunterhing und zertrümmert war, sein einstmals glänzender, gewölbter Panzer war zerbeult und von Rissen zerfurcht. Die Enttäuschung war groß, und doch fühlte sich Rohan bald wohler bei dem Gedanken, daß er bei der weiteren Suche zumindest solch einen Gefährten zur Seite haben würde. Er wollte den Roboter heranrufen, aber etwas hielt ihn davon ab. Er lief nur schneller, an ihm vorbei, stellte sich ihm in den Weg und wartete. Aber der Zweieinhalbmeterriese schien ihn nicht zu bemerken. Das schüsselähnliche Ohr seiner Radarantenne war teilweise zerstört – Rohan stellte das jetzt von nahem fest –, und dort, wo früher das Objektiv des linken Auges gewesen war, gähnte ein Loch mit schartigem Rand. Er hielt sich aber völlig sicher auf den mächtigen Füßen und zog nur das linke Bein nach. Als der Abstand zwischen ihnen auf ein paar Schritt zusammengeschrumpft war, rief Rohan ihn an, aber der Arctan schob sich wie blind geradenwegs auf ihn zu, und er mußte in letzter Sekunde ausweichen. Dann lief er zum zweitenmal zu dem Roboter hin und wollte ihn an der Metallpfote packen, aber der Roboter entriß sie ihm mit weit ausholender, gleichgültiger Bewegung und setzte seinen Weg fort. Rohan begriff, daß auch der Arctan ein Opfer des Angriffs geworden war und er nicht auf ihn zählen konnte. Aber es fiel ihm schwer, die hilflose Maschine ohne weiteres ihrem Schicksal zu überlassen. Überdies erwachte die Neugier in ihm, wohin dieser Roboter eigentlich strebte, denn er wählte einen möglichst ebenen Weg, als hätte er ein bestimmtes Ziel. Nach kurzem Überlegen – der Arctan hatte sich inzwischen ein paar Dutzend Meter entfernt – folgte er ihm schließlich. Der Roboter langte bald an einer Geröllhalde an und stieg hinauf, ohne sich im geringsten um die Trümmerbäche zu kümmern, die unter seinen breiten Füßen hinabrannen. So hatte er das Schuttfeld ungefähr zur Hälfte erklommen, da stürzte er plötzlich und rutschte abwärts. Fallend strampelte er heftig mit den Beinen, so daß ein Beobachter unter anderen Umständen vielleicht sogar hätte lachen müssen. Dann stand er auf und begann von neuem, den Hang zu erklettern.

Rohan machte rasch kehrt und ging davon. Doch noch lange vernahm er das Getöse auf der Geröllhalde und das wiederkehrende, schwerfällige metallene Schlurfen, das die Felswände einander als vielfaches Echo zuwarfen. Er kam jetzt flink voran, weil der Weg über die flachen Steine im Bachbett ziemlich eben war und sanft abfiel. Von der Wolke war nichts zu sehen, nur manchmal ließ ein Zittern der Luft über den Hängen das Brodeln im schwarzen Dickicht ahnen. So langte er an der breitesten Stelle der Schlucht an, die hier in einen von felsigen Höhen gerahmten Talkessel mündete. Rund zwei Kilometer entfernt lag das Felsentor, der Ort der Katastrophe. Jetzt erst wurde ihm bewußt, wie sehr ihm der Olfaktometer fehlen würde. Er hätte ihm behilflich sein können, menschliche Spuren aufzufinden, doch das Gerät wäre für einen Fußgänger zu schwer gewesen. Er mußte also ohne ihn auskommen. Er blieb stehen und musterte die Felsen. Daß jemand in dem Metallgestrüpp Zuflucht gesucht hatte, war ausgeschlossen. Blieben nur die Grotten, Höhlen und Felsmulden – von seinem Standort aus zählte er vier. Hohe Felsschwellen mit senkrechten Wänden, die nicht alltägliche Ersteigungsschwierigkeiten verhießen, entzogen deren Inneres seinem Blick. Daher entschloß er sich, als erstes der Reihe nach die Grotten zu untersuchen. Schon vorher, an Bord des Raumkreuzers, hatte er zusammen mit den Ärzten und den Psychologen überlegt, wo die Verschollenen zu suchen seien, das heißt, wo sie sich versteckt haben könnten. Aber im Grunde hatte ihm diese Beratung nicht viel genützt, weil das Verhalten eines Amnesiegelähmten unberechenbar ist. Daß sich die Vermißten zu viert von Regnars übrigen Leuten entfernt hatten, deutete auf eine Aktivität hin, die sie von den anderen unterschied. Und in gewisser Hinsicht ließ auch die Tatsache, daß die Spuren der vier bis zu dieser Stelle auf dem abgesuchten Gelände nicht auseinandergeführt hatten, darauf hoffen, sie alle zusammen zu finden – natürlich nur, wenn sie überhaupt noch am Leben waren und sich nicht oberhalb des Felsentores in verschiedene Richtungen gewandt hatten. Rohan suchte nacheinander zwei kleine und vier größere Grotten ab, in die er verhältnismäßig leicht gelangte – er brauchte nur ein paar große, schräge Felsplatten zu überklettern. Das war ungefährlich und dauerte nur wenige Minuten. In der letzten Grotte stieß er auf zum Teil überschwemmte Metalltrümmer, die er anfangs für das Skelett des zweiten Arctans hielt; aber sie waren uralt und erinnerten nicht an eine ihm bekannte Konstruktion. In einem flachen Tümpel, der sichtbar war, weil die glatte, wie polierte Gewölbedecke spärliches Tageslicht widerspiegelte, lag eine merkwürdige, längliche Form, die ein wenig einem fünf Meter langen Kreuz ähnelte. Das Blech, das sie von außen umgeben haben mochte, war längst zerfallen, hatte sich auf dem Grunde mit Schlamm vermischt und eine rostrot gefärbte Masse gebildet. Rohan konnte sich nicht erlauben, diesen ungewöhnlichen Fund, vielleicht das Wrack eines jener Makroautomaten, die durch die Siegerin der toten Evolution, die Wolke, ausgerottet worden waren, genauer zu untersuchen. Er prägte sich nur das Bild ein: verschwommene Umrisse von Bändern und Stangen, die wohl mehr zum Fliegen als zum Gehen gedient hatten. Die Uhr gebot immer größere Eile, und unverzüglich machte er sich daran, die nächsten Höhlen abzusuchen. Doch sie waren so zahlreich – von der Talsohle aus waren sie bisweilen als schwarz gähnende Fenster in den steilen Felswänden zu sehen gewesen –, und die häufig wassergefüllten, unterirdischen Gänge, die hier und da zu senkrecht abfallenden Schächten und Gräben mit eiskalten, gurgelnden Rinnsalen führten, hatten so viele Windungen, daß er nicht wagte, weit in sie vorzustoßen. Außerdem besaß er nur eine kleine Handlampe, die verhältnismäßig schwaches Licht gab und besonders in den weitläufigen Grotten mit ihren hohen Deckengewölben und den unzähligen Galerien, auf die er einigemal stieß, machtlos war. Schließlich, als er vor Erschöpfung beinahe zusammenbrach, ließ er sich auf einem riesigen, von den Sonnenstrahlen erwärmten, flachen Stein am Ausgang einer eben durchsuchten Höhle nieder, kaute einige Riegel des Preßkonzentrats und spülte die trockenen Bissen mit Wasser aus dem Wildbach hinunter. Mehrmals glaubte er das Rauschen der heranziehenden Wolke zu hören, aber es war wohl nur das Echo der Sisyphusarbeit jenes Arctans, das von den oberen Talregionen herüberhallte. Als er seine schmalen Vorräte verzehrt hatte, war ihm bedeutend wohler. Am meisten wunderte ihn, daß ihn die gefährliche Nachbarschaft immer weniger kümmerte: das schwarze Dickicht, das sich die Hänge hinaufschob, wohin er auch blickte.

Er kletterte den Felsvorsprung vor der Höhle hinunter, auf dem er gerastet hatte, und gewahrte eine Art dünnen, rostigen Streifens, der sich über die trockenen Steine auf der anderen Talseite zog. Als er dort eintraf, erkannte er Blutspuren. Sie waren völlig eingetrocknet und hatten sich verfärbt, und wäre nicht das ausnehmend helle Weiß des Felsengesteins gewesen, das an Kalkstein erinnerte, so wären sie ihm gewiß entgangen. Er versuchte herauszubekommen, welche Richtung der Verletzte eingeschlagen hatte, aber es gelang ihm nicht. So marschierte er denn aufs Geratewohl talaufwärts, von dem Gedanken beflügelt, daß es sich vielleicht um einen Mann handelte, der bei dem Kampf zwischen dem Zyklopen und der Wolke verwundet worden war und die Kampfstätte hatte verlassen wollen. Die Spuren kreuzten sich, an manchen Stellen brachen sie ab, doch schließlich führten sie ihn in die Nähe einer Höhle, die er als eine der ersten abgesucht hatte. Um so größer war seine Überraschung, als sich herausstellte, daß sich neben dem Eingang ein senkrechter, schachtähnlicher, enger Spalt auftat, den er zuvor nicht bemerkt hatte. Dort endete die Blutspur. Rohan ließ sich auf die Knie nieder und beugte sich über das halbdunkle Loch.

Obwohl er auf das Schlimmste gefaßt war, vermochte er einen gepreßten Aufschrei nicht zu unterdrücken, denn er erblickte Benningsens Kopf, der ihm mit leeren Augenhöhlen und gebleckten Zähnen entgegenstarrte. Er erkannte ihn am Goldrand der Brille, deren Gläser wie durch eine Ironie des Schicksals heil geblieben waren und im Widerschein des Lichtes, das von der über diesen Felsensarg geneigten Kalksteinplatte einfiel, in reinem Glanz funkelten. Der Geologe war eingeklemmt zwischen Gesteinsbrocken, deshalb war sein Körper, mit den Schultern in die natürliche Verkleidung des Steinschachtes eingekeilt, senkrecht stehengeblieben. Rohan wollte die Überreste des Mannes nicht so zurücklassen, aber als er sich ein Herz faßte und den Leichnam anzuheben versuchte, da spürte er durch den dicken Stoff des Schutzanzuges hindurch, daß er sich unter seinem Griff auflöste. Durch die Einwirkung der Sonnenstrahlen beschleunigt, die jeden Tag hier hereindrangen, hatte die Verwesung bereits ihr Werk getan. Rohan öffnete nur den Reißverschluß an der Brusttasche des Anzuges und entnahm ihr die Erkennungsmarke des Wissenschaftlers. Bevor er seinen Weg fortsetzte, wälzte er mit letzter Kraft eine der zunächst liegenden Felsplatten heran und deckte die Felsengruft damit zu.

Der erste war gefunden. Als Rohan sich ein ganzes Stück von jener Stelle entfernt hatte, fiel ihm ein, daß er eigentlich den Leichnam auf Radioaktivität hätte prüfen müssen, denn ihr Grad konnte in gewissem Sinne das Schicksal Benningsens und auch der anderen aufklären. Eine hohe Strahlungskonzentration wäre nämlich der Beweis gewesen, daß sich der Tote in der Nähe des Atomkampfortes aufgehalten hatte. Aber er hatte es vergessen, und nichts hätte ihn jetzt bewogen, den Stein wieder wegzuschieben. Gleichzeitig wurde Rohan sich bewußt, welch große Rolle bei seiner Suche der Zufall spielte, denn er hatte doch zweifellos vorher rund um diese Stelle alles sehr gründlich abgesucht.

Von einem neuen Gedanken beseelt, folgte er jetzt hastig der Blutspur, um ihren Anfang zu finden. Sie führte in beinahe gerader Linie ins Tal hinunter, als strebte sie dem atomaren Schlachtfeld zu. Aber bereits ein paar hundert Schritte weiter bog sie plötzlich ab. Der Geologe hatte sehr viel Blut verloren, desto erstaunlicher war es, daß er so weit gekommen sein sollte. Die Steine, die seit der Katastrophe nicht ein einziger Regentropfen genetzt hatte, waren stark mit Blut befleckt. Rohan erklomm ein paar wackelige, große Blöcke und war nun in einer weitläufigen, beckenähnlichen Mulde unterhalb einer kahlen Felsrippe. Das erste, was er sah, war die unnatürlich große, metallene Fußsohle eines Roboters. Er lag auf der Seite und war offensichtlich durch eine Weyr-Serie mittendurch gespalten. Etwas weiter entfernt lehnte an einem Stein in halb sitzender Stellung, fast in zwei Hälften zusammengeklappt, ein Mann mit einem Helm, dessen Wölbung rußgeschwärzt war. Der Mann war tot. Der Werfer hing noch an der schlaffen Hand und berührte mit dem blitzenden Lauf den Boden. Rohan wagte nicht gleich, den Mann anzufassen, sondern kniete nur bei ihm nieder und versuchte, ihm ins Gesicht zu blicken, aber es war genauso von der Verwesung verunstaltet wie Benningsens Gesicht. Da entdeckte er die breite, flache Geologentasche, die über der anscheinend geschrumpften Schulter des

Mannes hing. Es war Regnar selbst, der Leiter der Expedition, die im Krater überfallen worden war. Die Radioaktivitätsmessungen ergaben, daß der Arctan mit einer Weyr-Ladung zertrümmert worden war: der Indikator registrierte die charakteristischen Isotope seltener Erden. Rohan wollte auch Regnar die Erkennungsmarke abnehmen, doch diesmal konnte er sich nicht dazu durchringen. Er schnallte nur die Tasche ab, weil er so den Leichnam nicht zu berühren brauchte. Aber sie war bis obenhin mit Mineralbrocken vollgestopft. Nach kurzem Überlegen brach er also mit dem Messer nur das am Leder befestigte Monogramm des Geologen ab, steckte es ein und versuchte, von einem hohen Stein aus die leblose Szene noch einmal überblickend, zu begreifen, was hier eigentlich geschehen war. Es sah aus, als hätte Regnar auf den Roboter geschossen. Hatte der vielleicht ihn oder Benningsen angegriffen? Konnte schließlich ein amnesiegelähmter Mensch überhaupt einen Angriff abwehren? Er sah, daß er des Rätsels Lösung nicht finden würde, er mußte weitersuchen. Wieder blickte er auf die Uhr: Es war kurz vor fünf. Wenn er nur auf den eigenen Sauerstoffvorrat angewiesen sein sollte, dann mußte er sich bereits auf den Rückweg machen. Da fiel ihm plötzlich ein, daß er doch die Sauerstoffbehälter aus Regnars Gerät ausschrauben könnte. Er hob also dem Toten den ganzen Apparat von den Schultern und stellte fest, daß ein Behälter noch voll war. Er tauschte ihn mit seinem geleerten aus und ging daran, rings um den Leichnam Steine aufzuhäufen. Das nahm fast eine Stunde in Anspruch, aber er war der Ansicht, der Tote habe es ihm ohnehin überreichlich dadurch gelohnt, daß er ihm seinen Sauerstoffvorrat abgetreten hatte. Als der kleine Hügel fertig war, dachte Rohan, es wäre eigentlich gut gewesen, sich mit einer Waffe zu versehen, wie der gewiß noch geladene kleine Weyr-Werfer eine war. Aber wieder dachte er zu spät daran und mußte mit leeren Händen abziehen.

Es war kurz vor sechs. Er war so müde, daß er kaum noch die Füße heben konnte. Er besaß noch vier Tabletten eines stimulierenden Mittels. Eine davon nahm er und stand eine Minute später, als er spürte, daß die Kräfte zurückkehrten, vom Boden auf. Da er nicht die leiseste Ahnung hatte, wo er nun noch suchen sollte, lief er einfach geradenwegs auf das Felsentor zu. Als er noch etwa einen Kilometer davon entfernt war, warnte der Indikator vor zunehmender radioaktiver Verseuchung. Zunächst war sie noch ziemlich gering, und er schritt aus und beobachtete dabei das Gelände ringsum. Da die Schlucht viele Windungen hatte, wiesen nur manche Felsen an ihrer Oberfläche Spuren des Schmelzprozesses auf. Je weiter er kam, desto häufiger traf er jene charakteristische, rissige Glasur an, bis er schließlich ganze, zu riesigen Blasen erstarrte Felsbrocken erblickte, deren Oberfläche unter den Schlägen der thermischen Entladungen gekocht hatte. Er hatte hier eigentlich nichts mehr zu schaffen, dennoch ging er weiter. Die Meßuhr an seinem Handgelenk ließ jetzt ein leichtes, immer schnelleres Ticken hören, der Zeiger tanzte wie wild über die Skala, sprang von einem Teilstrich zum anderen. Endlich erkannte er in der Ferne die Reste des Felsentores, die in einen muldenähnlichen Kessel gestürzt waren. Er sah aus wie ein kleiner See, dessen Wasser durch einen gewaltigen Einschlag über die Ufer gespritzt und auf unheim-

liche Weise erstarrt war. Der Felssockel hatte sich in eine dik-
ke Lavakruste verwandelt, und der einst schwarze Pelz des
Metallgestrüpps war nun ein einziger Asche gewordener Fetzen. Im Innern der Schlucht schimmerten zwischen den Felswänden riesige Schründe von hellerer Färbung. Rohan machte eilends kehrt.

Und wieder kam ihm der Zufall zu Hilfe. Als er bereits
an einem zweiten, bedeutend breiteren Felsentor hinter dem
Kampfplatz anlangte, sah er in der Nähe, an einer Stelle,
an der er schon einmal gewesen war, einen Metallgegenstand
funkeln. Es war der Aluminiumreduktor eines Sauerstoffge-
rätes. In einem flachen Spalt zwischen dem Felsen und dem
ausgetrockneten Bachbett dunkelte ein Rücken in rauchge-
schwärztem Schutzanzug. Die Leiche war ohne Kopf. Der
fürchterliche Luftdruck hatte den Mann über einen Stein-
haufen getragen und gegen den Felsen geschmettert. Ein wenig abseits lag unbeschädigt die Waffentasche, darin stak fest
der Weyr-Werfer und blitzte, als wäre er erst vor kurzem gereinigt worden. Rohan nahm ihn an sich. Er wollte den Toten identifizieren, aber es war unmöglich.

Er marschierte weiter schluchtaufwärts. Das Licht auf
dem Osthang färbte sich bereits rot und glitt wie ein flam-
mender Vorhang immer höher, je tiefer die Sonne hinter
den Bergrücken sank. Es war ein Viertel vor sieben. Rohan
stand vor einem echten Dilemma. Bisher hatte er, zumindest
in gewisser Beziehung, Glück gehabt: Er hatte seinen Auftrag erfüllt, war heil davongekommen und konnte zum Raumkreuzer zurückkehren. Daß der vierte Mann nicht mehr am
Leben war, unterlag – davon war er überzeugt – keinem Zwei-

fel, aber das hatte man schließlich schon an Bord des »Unbesiegbaren« für sehr wahrscheinlich gehalten. Er war hier, um
sich Gewißheit zu holen. Hatte er also das Recht umzukehren? Die Sauerstoffreserve, die er Regnars Gerät verdankte,
reichte für weitere sechs Stunden. Er hatte jedoch die ganze
Nacht vor sich, in der er nichts unternehmen konnte, nicht
nur wegen der Wolke, sondern allein, weil er fast völlig erschöpft war. Er schluckte eine zweite Tablette und versuchte,
während er auf ihre Wirkung wartete, einen einigermaßen
vernünftigen Plan für das weitere Vorgehen zu entwerfen.

Der blutrote Schein der untergehenden Sonne übergoß
jetzt in immer satteren Tönen das schwarze Dickicht auf
den Felsgraten hoch über ihm, die Zacken der Sträucher funkelten und schillerten in tiefem Violett.

Rohan vermochte sich noch immer nicht zu entschließen.
Als er so unter einem riesigen Felsblock saß, hörte er in der
Ferne das volltönende Summen der heranziehenden Wolke.

Und seltsam – er erschrak nicht. Im Laufe dieses einen
Tages hatte sich sein Verhältnis zu ihr merkwürdig gewandelt. Er wußte, oder er glaubte zumindest zu wissen, wie
weit er gehen durfte, wie ein Bergsteiger, den der Tod, der
in den Gletscherwänden lauert, nicht schrecken kann. Allerdings war er sich dieser inneren Wandlung selbst nicht recht
bewußt, denn er hatte nicht in seinem Gedächtnis den Augenblick registriert, da ihm zum erstenmal, als das schwarze
Gestrüpp auf den Felsen in allen violetten Tönungen schil-
lerte, dessen düstere Schönheit aufgegangen war. Aber jetzt,
als er die schwarzen Wolken bereits gesichtet hatte – zwei
Wolken schwärmten von den Hängen gegenüber auf und nä-

herten sich –, rührte er sich überhaupt nicht, suchte auch nicht mehr mit gegen die Steine gepreßtem Gesicht Schutz. Schließlich war es ganz und gar gleichgültig, was er tat, wenn nur der verborgene, kleine Apparat funktionierte. Er tastete durch den Stoff des Schutzanzugs hindurch nach dem münzenrunden Deckel und fühlte mit den Fingerspitzen ein zartes Vibrieren. Er wollte die Gefahr nicht herausfordern, deshalb setzte er sich nur bequemer hin, um nicht unnötig die Körperlage zu verändern. Die Wolken nahmen jetzt beide Seiten der Schlucht ein. Durch ihre schwarzen Knäuel schien eine Art ordnender Strom zu fließen, denn sie verdichteten sich an den Rändern, und ihre Innenflächen wölbten sich immer mehr und strebten einander zu. Es war gerade so, als formte sie ein riesiger Bildhauer mit ungemein raschen, unsichtbaren Handgriffen. Einige kurze Entladungen durchzuckten die Luft zwischen den am engsten benachbarten Punkten der beiden Wolken. Sie schienen aufeinander zuzurasen, und doch blieb jede auf ihrer Seite, und nur ihre mittleren Knäuel flatterten in heftigerem Rhythmus. Der Lichtschein dieser Blitze war sonderbar dunkel. Beide Wolken flammten sekundenlang darin auf wie Milliarden im Flug erstarrter silbrigschwarzer Kristalle. Sobald dann die Felsen schwach und dumpf, als hätte plötzlich ein schalldämpfender Stoff sie überzogen, das Echo der Donnerschläge mehrmals zurückgeworfen hatten, vereinigten sich beide Seiten des schwarzen Meeres bebend und bis zum letzten angespannt und flossen ineinander. Die Luft darunter verfinsterte sich, als wäre die Sonne untergegangen, und zugleich tauchten unbegreifliche, jagende Linien darin auf, und Rohan begriff erst nach einer gerau-

men Weile, daß er das grotesk verzerrte Spiegelbild der Talsohle vor sich hatte. Unterdessen wogten die Luftspiegel unter der Wolkendecke und dehnten sich, bis er mit einemmal
eine riesenhafte, mit dem Kopf in die Finsternis hineinragen-
de menschliche Gestalt erblickte, die ihn reglos anstarrte, obwohl das Bild selbst unablässig bebte und tanzte, als flammte
es auf und erlösche wieder in einem fortwährenden, geheim-
nisvollen Rhythmus. Und abermals vergingen Sekunden, bevor er darin das eigene, in dem leeren Raum zwischen den
seitlichen Lappen der beiden Wolken schwebende Spiegelbild erkannte. Er war so erstaunt, so gelähmt von dem unbe-
greiflichen Tun der Wolke, daß er alles vergaß. Er dachte, daß
die Wolke vielleicht von ihm, von der mikroskopischen Anwesenheit des letzten, lebenden Menschen inmitten des Gesteins wisse, aber auch dieser Gedanke schreckte ihn nicht.
Keineswegs, weil er zu unwahrscheinlich gewesen wäre – er
hielt nichts mehr für unmöglich –, es drängte ihn einfach,
an diesem düsteren Mysterium teilzuhaben, dessen Bedeutung er – da war er ganz sicher – niemals begreifen würde.
Sein gigantisches Spiegelbild, durch das die fernen Felshän-
ge schwach hindurchschimmerten, zerfloß in den oberen
Talpartien, die der Schatten der Wolke nicht erreichte. Zugleich schoben sich aus der Wolke unzählige Arme hervor.
Wenn sie einige aufgesaugt hatte, dann erschienen an ihrer
Statt andere. Ein schwarzer Regen fiel, der immer dichter
wurde. Winzige Kristalle stoben auf Rohan herab, streiften
seinen Kopf, glitten am Schutzanzug hinunter, sammelten
sich in den Falten. Der schwarze Regen hielt an, und die
Stimme der Wolke, dieses Tosen, das nicht nur das Tal, son-

dern offenbar die ganze Atmosphäre des Planeten erfaßt hatte, schwoll an. Einzelne Strudel bildeten sich in der Wolke, Fenster, durch die der Himmel zu sehen war. Der schwarze Mantel zerriß in der Mitte, zwei Wolkenberge segelten schwerfällig und gelangweilt auf das Gestrüpp zu und versanken und verschwanden schließlich in seiner reglosen Starre.

Rohan rührte sich noch immer nicht. Er war sich nicht im klaren, ob er die Kristalle, mit denen er übersät war, abschütteln durfte. Sie lagen überall auf den Steinen, das ganze Bachbett, das bisher schneeweiß geleuchtet hatte, sah aus wie mit Tinte bespritzt. Vorsichtig nahm er ein dreieckiges Kristall zwischen die Finger, doch da schien es plötzlich lebendig zu werden, streifte seine Hand mit leichtem Wärmehauch und erhob sich in die Luft, als Rohan instinktiv die Faust öffnete. Mit einemmal, wie auf ein vereinbartes Zeichen, wimmelte die ganze Umgebung wie ein Ameisenhaufen. Diese Bewegung war nur in der ersten Sekunde chaotisch, dann bildeten schwarze Punkte eine Art Qualmschicht, die über dem Boden lagerte, verdichteten sich, ballten sich und stiegen als Säulen hoch. Es sah aus, als wären die Felsen selbst riesige, rauchende Opferfackeln ohne Flamme und Feuerschein geworden. Und jetzt erst geschah etwas Unbegreifliches: Als der aufsteigende Schwarm fast wie ein Wolkenball genau über dem mittleren Teil des Tals hing, tauchten vor dem Hintergrund des allmählich dunkleren Himmels wie riesenhafte, schwarze Ballons jene Wolken wieder aus dem Dickicht und stürzten sich mit rasender Geschwindigkeit darauf. Rohan meinte das merkwürdige Knirschen zusammenstoßender Luftmassen zu hören, aber das war wohl eine

Täuschung. Er glaubte schon, er wohnte einem Kampf bei, und jene Wolken hätten die toten Insekten, die sie los sein wollten, ausgestoßen und auf den Grund der Schlucht geworfen, da erwies sich alles als ein Trugschluß. Die Wolken teilten sich, und von der bauschigen Kugel blieb nichts übrig. Sie hatten sie verschluckt. Gleich darauf bluteten wieder nur die Felsgipfel in den letzten Sonnenstrahlen, und der weite Talkessel lag still und verlassen.

Da erhob sich Rohan, und er stand etwas wackelig auf den Beinen. Er kam sich plötzlich lächerlich vor mit dem Weyr-Werfer, den er dem Toten so eilfertig abgenommen hatte, mehr noch, er fühlte sich überflüssig in diesem Reich des vollendeten Todes, in dem nur tote Formen siegreich hatten überdauern können, um geheimnisvolle Vorgänge zu vollziehen, die nie ein lebendes Wesen erblicken sollte. Nicht entsetzt, sondern benommen und voller Bewunderung hatte er das miterlebt, was kurz zuvor geschehen war. Er wußte, daß kein Wissenschaftler fähig sein würde, seine Empfindungen zu teilen, aber er wollte jetzt nicht mehr nur zurückkehren, um Kunde vom Tode ihrer Gefährten zu bringen, sondern um zu fordern, daß der Planet unangetastet blieb. Nicht überall ist alles für uns bestimmt, dachte er, als er gemächlich abwärts stieg. Der Himmel war noch licht, und er gelangte bald auf den Kampfplatz. Dort erst mußte er sich beeilen, weil die Strahlung der glasigen Felsen, die in der sinkenden Dämmerung wie schaurige Silhouetten vorbeihuschten, immer stärker wurde. Schließlich lief er sogar. Die Felswände griffen den Widerhall seiner Schritte auf und gaben ihn weiter, und in diesem unaufhörlichen Echo, das seine Hast ins Riesenhafte steigerte, sprang er mit letzter Kraftanstrengung von Stein zu Stein, kam an bis zur Unkenntlichkeit zerschmolzenen Maschinenresten vorbei und erreichte einen gewundenen Abhang, aber auch hier glühte die Skala des Strahlungsmessers rubinrot.

Er durfte nicht stehenbleiben, obwohl er Atembeschwerden hatte, und so drehte er, fast ohne langsamer zu werden, den Reduktor der Flasche bis zum Anschlag auf. Selbst wenn der Sauerstoff am Ende der Schlucht verbraucht sein sollte und er die Luft des Planeten würde atmen müssen, so war das gewiß immer noch besser, als länger hier zu verweilen, wo jeder Quadratzentimeter des Gesteins tödliche Strahlen von sich schleuderte. Der Sauerstoff schlug ihm in einer kalten Welle in den Mund. Es lief sich gut, weil die Oberfläche des erstarrten Lavastroms, den der zurückweichende Zyklop auf der Strecke seiner Niederlage hinterlassen hatte, glatt war, stellenweise wie Glas. Zum Glück hatte er gut haftende Profilsohlen an den Schuhen, er rutschte also nicht. Inzwischen war es so dunkel geworden, daß nur die hier und da unter der glasigen Schicht hervorschimmernden, hellen Steine den Weg nach unten zeigten. Unaufhörlich nach unten. Er wußte, daß er wenigstens noch drei Kilometer solcher Wegstrecke vor sich hatte. Es war unmöglich, bei dieser wilden Jagd Berechnungen anzustellen, aber dann und wann warf er doch einen Blick auf die rot pulsierende Scheibe des Strahlungsmessers. Etwa eine Stunde durfte er sich noch hier aufhalten zwischen den von der Annihilation verbogenen und geborstenen Felsen, dann würde die Dosis zweihundert Röntgen nicht überschreiten. Fünf Viertelstunden mochten auch noch angehen, aber wenn er dann nicht den Rand der Wüste erreicht hatte, brauchte er sich nicht mehr zu beeilen.

Nach ungefähr zwanzig Minuten trat die Krise ein. Er empfand das Herz als ein grausames, unüberwindliches Etwas, das ihm von innen die Brust auseinanderstieß und wieder zusammenpreßte, der Sauerstoff brannte in Mund und Kehle wie lebendiges Feuer, Fünkchen tanzten ihm vor den Augen, das schlimmste aber war, daß er jetzt immer öfter stolperte. Die Strahlung war zwar etwas geringer geworden, der Indikator glomm in der Finsternis schwach wie ein verlöschendes Kohlestückchen, aber er wußte, daß er trotzdem laufen mußte, immer weiterlaufen, und die Beine versagten ihm bereits den Dienst. Jede Faser seines Körpers hatte genug, alles in ihm schrie, anzuhalten, sich auf die scheinbar kühlen, unschädlichen gesprungenen Glasplatten zu werfen. Als er zu den Sternen aufschauen wollte, strauchelte er und stürzte nach vorn auf die ausgestreckten Hände. Schluchzend schnappte er nach Luft. Er rappelte sich hoch, stand auf, lief taumelnd ein paar Schritte weiter, dann kehrte der Rhythmus zurück und trug ihn mit sich fort. Er hatte bereits jedes Zeitgefühl verloren. Wie fand er sich überhaupt in diesem dumpfen Schwarz zurecht? Er hatte alle Toten vergessen, das knöcherne Lächeln Benningsens, den unter den Steinen neben dem zertrümmerten Arctan ruhenden Regnar, den Mann ohne Kopf, den er nicht hatte identifizieren können, ja er hatte sogar die Wolke vergessen. Er war ganz und gar zusammengekrümmt von dieser Finsternis, sie hatte ihm das Blut in die Augen getrieben, mit denen er vergebens nach dem großen Sternenhimmel über der Wüste Ausschau hielt – die sandige Ödnis schien ihm eine Erlösung. Er lief blind drauflos, die Lider feucht von salzigem Schweiß, von einer Kraft getragen, über deren stetes Vorhandensein er sich mitunter noch wundern konnte. Es war, als wollten dieser Lauf und diese Nacht niemals enden.

Er sah eigentlich nichts mehr, als seine Füße plötzlich nur noch mühsam vorankamen, einsanken. In einem letzten Anfall der Verzweiflung hob er den Kopf und begriff mit einemmal, daß er in der Wüste war. Er erblickte die Sterne am Horizont, und als dann die Beine von selbst unter ihm nachgaben, suchte er mit den Augen die Scheibe des Strahlungsmessers, aber er konnte sie nicht sehen: Sie war dunkel, sie schwieg, er hatte den unsichtbaren Tod hinter sich in dem erkalteten Lavabett gelassen. Das war sein letzter Gedanke, denn als er den rauhen, kühlen Sand am Gesicht spürte, fiel er nicht in Schlaf, sondern in eine Starre, in der sein ganzer Körper noch verzweifelt arbeitete. Die Rippen zuckten, das Herz raste. Doch aus dem Dämmer völliger Erschöpfung glitt er in einen anderen, tieferen Dämmerzustand und verlor schließlich das Bewußtsein.

Plötzlich schrak er hoch und wußte nicht, wo er sich befand. Er bewegte die Hände, fühlte den kalten Sand, der ihm durch die Finger rann, setzte sich auf und stöhnte unwillkürlich. Ihm war heiß. Langsam kam er zu sich. Der Leuchtzeiger des Manometers stand auf Null. In der zweiten Flasche waren noch 18 Atmosphären. Er öffnete den Verschluß und stand auf. Es war ein Uhr. Die Sterne hoben sich scharf von dem schwarzen Himmel ab. Mit Hilfe des Kompasses fand er die Richtung, die er einschlagen mußte, und brach auf. Um drei Uhr nahm er das letzte Dragee zu sich. Kurz vor vier war der Sauerstoff aufgebraucht. Da warf er das Gerät weg, ging weiter und atmete anfangs nur zögernd. Aber als ihm die frische Luft des nahen Morgens die Lungen füllte, schritt er rascher aus und bemühte sich, an nichts anderes als an diesen Marsch durch die Sanddünen zu denken, in die er mitunter bis an die Knie einsank. Er war wie ein bißchen trunken, aber er wußte nicht, ob das die Gase der Atmosphäre bewirkten oder einfach die Übermüdung. Wenn er vier Kilometer in der Stunde schaffte, würde er gegen elf Uhr den Raumkreuzer erreichen, hatte er sich ausgerechnet.

Er versuchte, das Tempo mit dem Schrittmesser zu kontrollieren, aber es gelang ihm nicht. Wie ein riesiger, weißlicher Streifen trennte die Milchstraße das Himmelsgewölbe in zwei ungleiche Teile. Er hatte sich schon so sehr an das spärliche Licht der Sterne gewöhnt, daß er die größten Dünen zu umgehen vermochte. Er stapfte und watete, und auf einmal bemerkte er am Horizont einen sonderbar gleichmäßigen Fleck ohne Sterne, eine kantige Silhouette. Ohne zu wissen, was es war, strebte er dorthin, rannte, sank immer tiefer in den Sand ein, aber er spürte es überhaupt nicht. Da schlug er wie ein Blinder mit ausgestreckten Händen gegen hartes Metall. Es war ein Geländefahrzeug, leer und verlassen. Vielleicht eins von denen, die Horpach am Morgen zuvor ausgesandt hatte, vielleicht auch ein anderes, eins von Regnars Gruppe. Er dachte nicht darüber nach, stand einfach da, keuchte und umfaßte mit beiden Armen die Maschine. Die Müdigkeit zog ihn zu Boden. Neben dem Fahrzeug in den Sand fallen, einschlafen und bei Sonnenaufgang weitergehen ...

Langsam hangelte er sich auf den gepanzerten Rücken hinauf, ertastete den Klappengriff und öffnete das Luk. Die Lämpchen flammten auf. Er rutschte auf den Sitz hinunter. Ja, jetzt war ihm endgültig klar, daß er in einem Rausch war, bestimmt von dem Gas vergiftet, denn er konnte die Schalter nicht finden. Er erinnerte sich nicht, wo sie angebracht waren, er wußte nichts mehr ... Schließlich stieß die Hand von selbst auf den abgegriffenen Knopf und schob ihn zur Seite. Der Motor maunzte leise und sprang an. Rohan klappte den Deckel des Kreiselkompasses auf. Nur diese eine Zahl kannte er noch ganz genau, den Kurs für die Rückkehr. Eine Zeitlang rollte das Fahrzeug im Dunkeln dahin, Rohan hatte vergessen, daß es Scheinwerfer gab.

Um fünf war es noch finster. Da erblickte er vor sich in der Ferne zwischen den weißen und den bläulichen Sternen einen rubinroten Stern ganz niedrig über dem Horizont. Rohan zwinkerte benommen. Ein roter Stern? Undenkbar ... Ihm schien, daß jemand neben ihm saß, bestimmt Jarg, und er wollte ihn fragen, was das für ein Stern sein könnte. Plötzlich schrak er hoch, wie vom Schlag gerührt. Es war das Buglicht des Raumkreuzers. Er fuhr geradenwegs auf dieses rubinrote Tröpfchen in der Finsternis zu. Es stieg allmählich höher und wurde schließlich eine helle Kugel, in deren Widerschein der Mantel des Raumschiffes schimmerte. Das rote Auge zwischen den Uhren blitzte auf, der Summer meldete sich und zeigte die Nähe eines Kraftfeldes an. Rohan schaltete den Motor ab. Das Fahrzeug glitt einen Dünenhang hinunter und blieb stehen. Er war nicht sicher, ob er noch einmal die Kraft haben würde, in das Fahrzeug zu steigen, wenn er es einmal verlassen hatte. Er griff also in das Gerätefach und zog eine Leuchtpistole hervor, und weil ihm die Hand zitterte, stützte er den Ellbogen auf das Steuer, hielt die Hand mit der anderen fest und drückte auf den Abzug. Ein orangeroter Streifen stieß in die Dunkelheit. Der kurze Flug der Leuchtkugel endete plötzlich in einem Sternenregen – sie war auf die Wand des Kraftfeldes getroffen wie auf unsichtbares Glas. Er schoß immer wieder, bis das Magazin trocken rasselte. Die Munition war aufgebraucht. Aber man hatte ihn ohnehin bemerkt. Als erste hatten wohl die Wachhabenden in der Steuerzentrale Alarm geschlagen, denn fast gleichzeitig flammten unter der Spitze des Raumkreuzers zwei große Jupiterlampen auf, die mit weißen Zungen den Sand leckten und sich über dem Fahrzeug kreuzten. Zugleich erstrahlte die Rampe in hellem Licht, und wie eine kalte Flamme glühte der ganze Schacht des Personenaufzugs im Schein der Leuchtröhren. Die Fallreeps wimmelten in Sekundenschnelle von Leuten, schon leuchteten auf den Dünen um das Heck die Scheinwerfer auf, drehten sich und warfen schaukelnde Lichtgarben aus, und dann blitzte das Spalier der blauen Leuchtfeuer auf und zeigte an, daß der Weg durch das Kraftfeld frei war.

Die Leuchtpistole war Rohan aus der Hand gefallen, und er wußte nicht, wann er über den Seitenflügel des Fahrzeugs hinuntergeglitten war. Mit schwankenden, übertrieben großen Schritten, unnatürlich straff aufgerichtet, mit geballten Fäusten, um das unerträgliche Zittern der Finger zu unter-

drücken, ging er geradenwegs auf das zwanzigstöckige Raumschiff zu, das in seiner Lichterflut vor dem verblassenden
Himmel stand, so majestätisch in seiner reglosen Größe, als
wäre es wirklich unbesiegbar.

SUMMA TECHNOLOGIAE

Chaos und Ordnung

Als Lehrlinge der Schöpfung müssen wir uns zunächst mit dem Chaos beschäftigen. Was ist ein Chaos? Wenn bei einem gegebenen Ereignis X in Punkt A in Punkt B alle möglichen Ereignisse eintreten können und wenn diese Unabhängigkeit uneingeschränkt besteht, haben wir es mit einem Chaos zu tun. Wenn dagegen das Ereignis X in A das, was in B auftreten kann, in einer gewissen Weise *begrenzt*, besteht zwischen A und B ein Zusammenhang. Wenn X in A B eindeutig begrenzt (wir drücken auf den Schalter, das Licht geht an), besteht zwischen A und B ein deterministischer Zusammenhang. Wenn X in A B in der Weise begrenzt, daß nach X in A in B sowohl das Ereignis Y als auch das Ereignis Z eintreten kann und in 100 Fällen Y vierzigmal, Z dagegen sechzigmal auftritt, besteht zwischen A und B ein probabilistischer Zusammenhang.

Überlegen wir nun, ob nicht ein anderer »Typ« von Chaos möglich ist, bei dem völlig andere Zusammenhänge herrschen (also weder ein deterministischer noch ein probabilistischer Zusammenhang, denn wir wissen ja, daß dabei eine gewisse Ordnung herrscht). Nehmen wir an, auf X in A folge einmal Y in B, dann U in B, dann wieder J in V etc. Nun lassen sich aber, wenn überhaupt keine Regelmäßigkeit besteht, auch keine Zusammenhänge feststellen, und da veränderliche Zusammenhänge nichts anderes bedeuten, als daß es überhaupt keine Zusammenhänge gibt, ist unter diesen Umständen nur ein Chaos möglich. Überlegen wir nun, wie man ein Chaos simulieren kann. Denken wir uns eine Maschine mit sehr vielen Tasten und Lämpchen; nach dem Drücken einer Taste leuchtet irgendein Lämpchen auf; selbst wenn dieses System streng deterministisch ist, kann der Beobachter, der sein Verhalten untersucht, zu dem Schluß gelangen, er habe ein Chaos vor sich. Denn wenn nach dem Drücken der ersten Taste das Lämpchen T aufleuchtet, nach dem zweiten Drücken derselben Taste das Lämpchen W, beim dritten Mal D, beim vierten Q, und wenn diese Folge *sehr lang* ist, so daß erst das millionste Drücken der Tast Nr. 1 erneut das Lämpchen T aufleuchten läßt und sich daraufhin die Serie exakt wiederholt, wird ein Beobachter, der nicht die Beendigung einer Serie abwartet, glauben, die Maschine verhalte sich chaotisch. Es ist also möglich, mit einem prädeterminierten System das Chaos zu simulieren, wenn die Serie, innerhalb deren eine und dieselbe Ursache scheinbar zufällige Wirkungen hervorruft, länger dauert als die Beobachtung. Ein Glück, daß die Natur nicht in dieser Weise konstruiert ist!

Wir stellen diese Überlegung nicht an, weil wir das Chaos imitieren möchten, sondern um zu zeigen, daß *nicht jede* Art von Ordnung, nicht jedes Vorhandensein von Zusammenhängen durch den Experimentator, also die Wissenschaft, aufgedeckt werden.

Wenn ein Ereignis X in A die möglichen Ereignisse in B begrenzt, sagen wir, zwischen A und B bestehe ein Zusammenhang. Da das Ereignis X in A in einem gewissen Maße determiniert, was in B geschieht, kann man diesen Zusammenhang benützen, um Information zu übermitteln. Zugleich bedeutet es, daß eine *Organisation* vorhanden ist: A und B bilden ein gewisses »System«.

Die Zahl der Zusammenhänge in der Natur ist unendlich. Aber nicht alle Zusammenhänge determinieren gleichermaßen das Verhalten eines Systems oder seiner Teile. Andernfalls wäre die Zahl der wesentlichen Variablen so groß, daß Wissenschaft zur Unmöglichkeit würde. Der unterschiedliche Einfluß der Zusammenhänge bedeutet, daß das System mehr oder weniger vom gesamten übrigen Kosmos isoliert ist. In der Praxis sind wir bestrebt, möglichst viele Zusammenhänge, mit anderen Worten die unwesentlichen Variablen, außer acht zu lassen.

Beobachtbar ist der Zusammenhang von A und B, der die möglichen Zustände von B begrenzt, in Gestalt einer gewissen Restriktion. Aber was unterliegt der Restriktion? Etwa die »Allmöglichkeit«? Nein; die Menge der Möglichkeiten ist nicht unendlich. Die Restriktion betrifft die Menge der möglichen Zustände von B. Aber woher wissen wir, welche Zustände möglich sind? Aufgrund unseres bisherigen Wissens. Und was bedeutet dieses Wissen? Es bedeutet, daß wir, nachdem gewisse andere Ereignisse eingetreten sind, ein bestimmtes Ereignis erwarten. Wer nichts weiß, muß mit allem rechnen. Wer etwas weiß, glaubt nicht mehr, daß alles geschehen kann, sondern nur noch gewisse Dinge, und andere Ereignisse hält er für ausgeschlossen. Wissen bedeutet also eine Beschränkung der Vielfalt, und es ist um so größer, je geringer die Ungewißheit desjenigen, der etwas erwartet.

Nehmen wir an, der Bankangestellte Smith wohne bei seiner sittenstrengen Tante, die zugleich eine Untermieterin beherbergt, in einem einstöckigen Haus, dessen Frontseite aus Glas besteht, so daß ein wissenschaftlicher Beobachter auf der gegenüberliegenden Straßenseite alles, was sich im Inneren abspielt, beobachten kann. Denken wir uns das Innere des Häuschens als den »Kosmos«, den wir erforschen wollen. Die Zahl der »Systeme«, die sich innerhalb dieses Kosmos unterscheiden lassen, ist praktisch unendlich. Wir können ihn zum Beispiel unter atomarem Aspekt untersuchen. Dabei haben wir es dann mit Ansammlungen von Molekülen zu tun, aus denen die Stühle und Tische sowie die Körper der drei Personen sich zusammensetzen. Die drei bewegen sich, wir aber möchten ihre künftigen Zustände vorhersehen. Da jeder Körper aus rund 10^{25} Molekülen besteht, müßten wir die Trajektorien, das heißt die raumzeitlichen Verlaufskurven dieser 3×10^{25} darstellen. Dieses Vorgehen ist nicht ganz ideal, denn bis wir auch nur die molekularen Ausgangszustände von Herrn Smith, dem Fräulein und der Tante festgestellt haben, vergehen rund 15 Billionen Jahre, die drei ruhen im Grabe, und wir haben es noch nicht einmal zu einer analytischen Darstellung des Frühstücks gebracht. Die Zahl der zu untersuchenden Variablen hängt davon ab, was wir tatsächlich in Erfahrung bringen wollen. Nehmen wir nun an, die Tante geht in den Keller, um Gemüse zu holen, und währenddessen küßt Herr Smith die Untermieterin. Theoretisch könnte man zwar auch anhand einer Analyse des Verhaltens der Moleküle feststellen, wer wen geküßt hat, aber bis wir sie praktisch durchgeführt haben, ist darüber, wie wir schon andeuteten, längst die Sonne erloschen. Eine solche Fleißarbeit wäre unnötig, denn es genügt, wenn wir unseren Kosmos als ein aus drei Körpern zusammengesetztes System betrachten. Zeitweise kommt es in ihm zu Konjugationen von zwei Körpern, wenn der dritte sich in den Keller begibt.

Jetzt taucht zunächst Ptolemäus in unserem Kosmos auf. Er sieht, daß zwei Körper sich verbinden, wenn der dritte sich entfernt. Daraufhin entwirft er eine rein deskriptive Theorie; er zeichnet entsprechende Zyklen und Epizyklen, dank deren schon vorher erkennbar ist, welche Position die beiden oberen Körper einnehmen werden, wenn der untere sich am tiefsten Punkt befindet. Nun ergibt es sich, daß genau im Mittelpunkt der von ihm gezeichneten Kreise der Spülstein liegt, und deshalb schreibt Ptolemäus ihm die höchst bedeutsame Eigenschaft zu, Zentrum des Kosmos zu sein. Alles dreht sich um den Spülstein.

Nach und nach entwickelt sich die Astronomie weiter. Kopernikus tritt auf und widerlegt die spülsteinzentrische Theorie, woraufhin Kepler die Bahnen der drei Körper in einer Weise beschreibt, die bedeutend einfacher ist als die des Ptolemäus. Anschließend erscheint Newton und verkündet, das Verhalten der Körper beruhe auf ihrer gegenseitigen Anziehungskraft. Herr Smith ziehe die Untermieterin an und sie ihn. Wenn die Tante in der Nähe sei, würden beide um sie kreisen, weil die Anziehungskraft der Tante entsprechend größer sei. Nunmehr seien wir imstande, alles genau vorherzusehen. Plötzlich taucht jedoch der Einstein unseres Kosmos auf und unterzieht Newtons Theorie der Kritik. Er erklärt, es sei vollkommen überflüssig, das Wirken irgendwelcher Kräfte zu postulieren. Nach der von ihm aufgestellten Relativitätstheorie wird das Verhalten des Systems durch die Geometrie des vierdimensionalen Raums bestimmt. Die »erotische Anziehung« verschwindet genauso wie die Anziehung in der echten Relativitätstheorie. An ihre Stelle tritt die Krümmung des Raumes im Umkreis gravitierender Massen (bzw. – unserem Beispiel entsprechend – erotischer Massen). Das Zusammentreffen der Bahnen von Herrn Smith und dem Fräulein wird in unserem Falle durch bestimmte, sogenannte erotodätische Kurven bestimmt. Die Anwesenheit der Tante bewirkt eine derartige Verformung dieser erotodätischen Kurven, daß es zwischen Smith und dem Fräulein nicht zur Vereinigung kommt. Die neue Theorie ist einfacher, weil sie nicht die Existenz irgendwelcher »Kräfte« postuliert, sondern alles auf die Geometrie des Raumes zurückführt, und besonders elegant ist ihre allgemeine Formel (die Energie des Kusses gleiche dem Produkt aus den erotischen Massen und dem Quadrat der Schallgeschwindigkeit, denn sobald die Tür hinter der Tante ins Schloß fällt und dieses Geräusch Herrn Smith und das Fräulein erreicht, sinken sie einander in die Arme).

Daraufhin treten jedoch andere Physiker auf, unter ihnen auch Heisenberg. Sie behaupten, Einstein habe zwar die dynamischen Zustände des Systems (den Zustand des Küssens, des Nichtküssens usw.) richtig vorhergesagt, doch hätten genauere Beobachtungen mit Hilfe gewaltiger optischer Instrumente, die eine nuancenreiche Beobachtung der Arme,

Beine und Köpfe gestatteten, ergeben, daß man dort Variable unterscheiden könne, welche die Theorie der erotischen Relativität außer acht gelassen habe. Sie stellen nicht die Existenz der erotischen Gravitation in Frage, folgern aber aus der Beobachtung der Einzelelemente, aus welchen die kosmischen Körper zusammengesetzt sind (also der Arme, Beine, Köpfe), daß diese sich indeterministisch verhalten. Als Beispiel führen sie an, daß die Hände von Herrn Smith während des Zustandes des Küssens nicht immer die gleiche Position einnehmen. So bildet sich allmählich eine neue Disziplin heraus, die sogenannte Mikromechanik des Herrn Smith, der Tante und des Fräuleins. Dabei handelt es sich um eine statistische und probabilistische Theorie. Die großen Elemente des Systems verhalten sich zwar deterministisch (kaum schließt sich die Tür hinter der Tante, und schon liegen sich Smith und das Fräulein usw. usw.), aber infolge des Wirkens von sich summierenden *indeterministischen* Gesetzmäßigkeiten. Hier beginnt es nun wirklich schwierig zu werden, weil es zwischen der Mikromechanik Heisenbergs und der Makromechanik Einsteins keinen Übergang gibt. Wohl verhalten sich die Körper als ganze deterministisch, doch das Liebesspiel vollzieht sich immer wieder anders. Nicht alles läßt sich mit der erotischen Gravitation erklären. Warum faßt Smith dem Fräulein manchmal unters Kinn und manchmal nicht? Immer wieder neue statistische Berechnungen werden aufgestellt. Da schlägt wie eine Bombe die Mitteilung ein, daß Arme und Beine gar nicht die letzten Elemente sind, sondern daß man sie weiter unterteilen kann in Oberarm, Unterarm, Oberschenkel, Wade, Finger, Handflächen usw.

Die Zahl der »Elementarteilchen« nimmt erschreckend zu. Ihr Verhalten ist nicht mehr durch eine einheitliche Theorie zu erfassen, und zwischen der allgemeinen Theorie der erotischen Relativität und der Mikromechanik der Quanten (man hat ein Zärtlichkeits-Quant entdeckt) gähnt eine unüberwindbare Kluft.

Tatsächlich ist die Frage, wie denn die Gravitationstheorie und die Quantentheorie (und zwar für den wirklichen Kosmos und nicht für den aus unserem scherzhaften Beispiel) miteinander in Einklang zu bringen sind, bisher ungelöst. Ganz allgemein kann man jedes System derart neu definieren, daß es sich aus einer beliebigen Anzahl von Teilen zusammensetzt, um dann Zusammenhänge zwischen diesen Teilen zu entdecken. Wenn wir ausschließlich gewisse allgemeine Zustände vorhersagen wollen, reicht eine Theorie mit einer geringen Zahl von Variablen aus. Komplizierter wird es allerdings, wenn wir zu den Teilsystemen kommen. Dafür, daß die Sterne voneinander isoliert sind, sorgt die Natur, aber die einzelnen atomaren Teilchen müssen wir schon selbst isolieren, und das ist nur eine von tausend Schwierigkeiten. Die Darstellung ist so zu wählen, daß bei möglichst großer Exaktheit der Prognose möglichst wenige Variable zu berücksichtigen sind. Unser Beispiel war insofern ein Witz, als die Verhaltensweisen der drei Personen sich nicht deterministisch darstellen lassen. Dafür fehlte es ihrem Verhalten an der nötigen Regelmäßigkeit. Ein deterministisches Modell ist möglich und drängt sich gleichsam von selber auf, wenn das betreffende System eine große Regelmäßigkeit und eine hochgradige Isolation aufweist. Bei den Himmelskörpern sind diese Bedingungen gegeben, nicht aber in der Wohnung. Nimmt jedoch die Zahl der Variablen zu, dann stößt selbst in der Astronomie die Anwendung von Differentialgleichungen auf Schwierigkeiten. Sie treten bereits auf, wenn es gilt, die Bahnen von drei gravitierenden Körpern zu bestimmen, und bei sechs Körpern werden derartige Gleichungen unlösbar.

Die Wissenschaft ist nur deshalb möglich, weil sie vereinfachte Modelle von den Erscheinungen erstellt, weil sie weniger bedeutsame Variable ignoriert (indem sie beispielsweise annimmt, daß kleinere Körper des Systems eine Null-Masse haben) und nach *Invarianten* sucht. Eine derartige Invariante ist zum Beispiel die Lichtgeschwindigkeit. Im tatsächlichen Kosmos werden wir eher auf Invarianten stoßen als in der Wohnung der Tante. Wenn wir es – und zwar ganz zu Recht – ablehnen, im Küssen eine ebenso universelle Erscheinung zu sehen wie in der Gravitation, aber gerne wissen möchten, warum Smith küßt, kommen wir in Verlegenheit. Trotz ihrer Begrenztheit ist die mathematische Mechanik doch so universell, daß man mit ihrer Hilfe die Lage der Himmelskörper für Tausende und Millionen Jahre im voraus berechnen kann. Wie aber sollen wir die Bahnen der Impulse im Gehirn von Herrn Smith berechnen, um die »oralen Koinzidenzen« mit dem Fräulein – weniger wissenschaftlich ausgedrückt: die Küsse – vorherzusagen? Selbst wenn sie möglich wäre, so erweist sich die symbolische Darstellung der sukzessiven Zustände des Gehirns doch als komplizierter als das Phänomen selbst (nämlich der Verlauf der Impulse im Netz der Neuronen). Die Darstellung dessen, was sich allein beim Niesen zwischen den Neuronen abspielt, würde einen Band füllen, den man nur mit Hilfe eines Hebekrans aufschlagen könnte. In der Praxis würde aber, ehe derartige Bände überhaupt gefüllt wären, die mathematische Apparatur längst in der entstandenen Komplexität steckengeblieben sein. Was bleibt uns in dieser Situation übrig? Wir müssen einsehen, daß das Phänomen selber seine beste Darstellung ist, und von der analytischen zur schöpferischen Tätigkeit übergehen – kurz, zur praktischen *Imitologie*.

Szylla und Charybdis – oder vom rechten Maß

Wir sind jetzt an der gefährlichsten Stelle unserer Überlegungen angelangt. Wir haben eine ganze Menge Fragen gestellt, deren Beantwortung jedoch hinausgeschoben; wir haben eine ganze Reihe von Dingen in Aussicht gestellt, die so provozierende Namen tragen wie etwa »Pantokreatik«; wir haben bereits einiges über das Chaos gesagt; wir sind bis zu den ersten Anfängen der »Imitologie« gelangt, und dadurch treiben wir unausweichlich auf neue Probleme zu, die unter anderem das Verhältnis der Mathematik zur realen Welt, den Charakter dieser Welt selbst, linguistische und semantische Fragen und verschiedene Arten von »Existenz« betreffen – kurz, wir nähern uns dem Bereich der unergründlichen philosophischen Wesenheiten, in dem der ganze Optimismus, den wir uns als Konstrukteure angemaßt haben, vielleicht spurlos untergeht. Und zwar nicht etwa, weil all diese Fragen überaus kompliziert sind, weil jede zumindest einen ganzen Band, wenn nicht sogar Bibliotheken erfordern würde, und auch nicht, weil es uns an der allseitigen Kompetenz fehlt.

Die Sache ist die, daß uns die Kompetenz gar nichts nützt, weil die Fragen, um die es geht, umstritten sind.

Ich muß das näher erläutern. Selbst in guten populärwissenschaftlichen Büchern zum gegenwärtigen Erkenntnisstand beispielsweise der Physik wird die Sache so dargestellt, als gebe es zwei deutlich voneinander abgegrenzte Bereiche: einmal das, was die Wissenschaft bereits ein für allemal festgestellt hat, und zum anderen das, was noch nicht endgültig aufgehellt wurde. Man nimmt gleichsam teil an einer Führung durch ein prachtvolles, von den Fundamenten bis zum Dach hervorragend eingerichtetes Gebäude und stößt höchstens hier und da auf einzelne Räume, in denen ungelöste Rätsel auf dem Tisch herumliegen. Nach dieser Führung glauben wir, diese Rätsel würden früher oder später gelöst, und der glanzvolle Eindruck des ganzen Gebäudes bestärkt uns in dieser Überzeugung. Daß die Lösung dieser Rätsel das halbe Gebäude zum Einsturz bringen könnte, kommt uns gar nicht in den Sinn. Bei wissenschaftlichen Lehrbüchern – sei es über Mathematik, Physik oder Informationstheorie – ist es ganz ähnlich. Zunächst sieht man nur die beeindruckende Konstruktion. Noch besser als in der allgemeinverständlichen Darstellung werden die ungeklärten Probleme vor uns verborgen gehalten. Der populärwissenschaftliche Autor (und ich denke dabei durchaus an einen Wissenschaftler) weiß nämlich genau, daß es einen phantastischen Eindruck macht, wenn er die noch ungelösten Rätsel ins Licht rückt. Dem Verfasser eines akademischen Lehrbuches dagegen geht es vor allem um die Konsistenz, die Geschlossenheit der dargestellten Konstruktion, er will niemanden beeindrucken, und da er sich nicht verpflichtet fühlt, die komplizierten Formeln in die Umgangssprache zu übersetzen, kann er strittigen Interpretationen um so leichter aus dem Wege gehen. Wer sich in den Dingen auskennt, sieht natürlich gleich, daß all die Symbole in den Quantengleichungen, wenn man sie interpretiert, eine sehr unterschiedliche physikalisch-inhaltliche Bedeutung annehmen können und daß hinter der einen oder anderen Formel Auffassungen stehen, die himmelweit voneinander abweichen. Auch ist ihm klar, daß das Buch eines anderen Theoretikers an vielen Stellen anders lauten würde als das vorliegende.

Das alles ist ebenso verständlich wie unvermeidlich, denn weder in der populärwissenschaftlichen noch in der strengen, lehrhaften Darstellung kann man unvermittelt auf die aktuellen Meinungsverschiedenheiten eingehen. Den Leser des populärwissenschaftlichen Buches betreffen sie ohnehin nicht, und der Adept der theoretischen Disziplin muß sich zunächst mit ihren Waffen und mit der Lage auf dem Schlachtfeld vertraut machen sowie die Grundzüge von Drill und Taktik beherrschen, bevor er sich an den strategischen Beratungen der Wissenschaft beteiligen kann. Uns geht es jedoch weder um die Popularisierung des bereits Erreichten noch um die Erlangung eines leidlichen Spezialwissens, sondern um einen Blick in die Zukunft.

Angenommen, wir hätten den vermessenen Wunsch, uns mit einem Schlage auf den höchsten Etagen der Wissenschaft zu befinden, wo nicht etwa die Autoren von Sach- und Lehrbüchern miteinander diskutieren, sondern schon die Schöpfer dessen, was anschließend erläutert und verbreitet wird, und wir wagten es, uns an ihren Disputationen zu beteiligen, so wäre das ein lächerliches, ja schlimmer noch, ein irriges Unterfangen, denn was – von der Lächerlichkeit einmal abgesehen – sollten wir dort eigentlich anfangen? Nehmen wir an, wir würden alles, was die Informationswissenschaftler, Mathematiker und Physiker zugunsten der einen oder anderen Auffassung vortragen, begreifen. Diese Auffassungen sind widersprüchlich. Die Konzeption der Quantisierung des Raumes ist unvereinbar mit der klassischen Quantenmechanik. Entweder gibt es »verborgene Parameter« der Elementarteilchen, oder es gibt sie nicht. Die Annahme einer unendlichen Ablaufgeschwindigkeit der Prozesse in der Mikrowelt widerspricht der endlichen Lichtgeschwindigkeit. Die »Intellektroniker« erklären, man könne aus (diskreten) binären Elementen ein Modell des Gehirns bauen. Die »Fungoidisten« behaupten, das sei nicht möglich. In beiden Lagern finden sich hervorragende Fachleute, die schon an manchen Umwälzungen der Wissenschaft mitgewirkt haben. Sollen wir etwa versuchen, ihre Hypothesen eklektisch miteinander zu versöhnen? Das würde nichts fruchten, denn der Fortschritt der Wissenschaft entsteht nicht aus Kompromissen. Sollen wir uns für die Argumente der einen Seite und gegen die andere entscheiden? Aber nach welchen Kriterien, wenn es um einen Streit zwischen Bohr und Einstein oder zwischen Brouwer und Hilbert geht? Sollen wir uns vielleicht wegen neuer Kriterien an die Philosophen wenden? Aber unter ihnen gibt es nicht nur eine Vielzahl von Schulen – selbst innerhalb einer Schule ist die Interpretation der Grundlagen von Physik und Mathematik umstritten!

Dabei geht es ganz und gar nicht um akademische Streitigkeiten über die Bedeutung von Einzelheiten, sondern um die fundamentalsten Grundlagen der Wissenschaft. Um Fragen der Unendlichkeit, der Messung, des Zusammenhangs zwischen atomaren Teilchen und der Struktur des Kosmos, der Umkehrbarkeit oder Nichtumkehrbarkeit von Ereignissen, des Zeitablaufs, ganz zu schweigen von den Problemen der Kosmologie und Kosmogonie.

Das also ist unsere Szylla, der Abgrund, auf den wir leichtfertig zugesteuert sind, während uns eine noch um Jahrtausende entfernte Zukunft vorschwebte. Sind die Elementarteilchen voneinander unterscheidbar oder nicht? Dürfen wir die reale Existenz einer »Antiwelt« unterstellen? Gibt es für die Komplexität von Systemen eine Höchstgrenze? Ist, wenn wir nach unten zu den unendlich kleinen Dimensionen und nach oben zu den unendlichen Größen vorstoßen, irgendwo Schluß, oder schließt sich vielleicht der Kreis in einer Weise, die wir nicht begreifen? Kann man die Teilchen mit einer beliebig hohen Energie aufladen? Aber was gehen uns diese Dinge eigentlich an? Haben sie für uns irgendeine Bedeutung? Sie sind in der Tat von überragender Bedeutung, wenn die sogenannte »Pantokreatik« nicht ein leeres Wort, nicht närrisches oder kindisches Geschwätz bleiben soll. Selbst wenn es uns durch irgendein Wunder gelänge, das Wissen der größten Fachleute der Erde in uns zu vereinen, so würde uns das nicht weiterhelfen, denn auch der Universalgelehrte, der heute nicht mehr möglich ist, müßte sich für eines der bestehenden Lager entscheiden. Die Materie zeigt Wellen- oder Korpuskelcharakter, je nachdem, was wir untersuchen. Verhält es sich etwa mit der Länge genauso? Ist sie vielleicht so etwas wie die Farbe, etwas, das sich von Fall zu Fall anders darstellt – und nicht ein auf allen Ebenen der Realität gleichbleibendes Merkmal der Erscheinungen? Legt man diese Frage einem unanfechtbaren Spezialisten vor, so wird er erwidern, darüber gebe es nur persönliche Auffassungen, welche sich gewiß auf eine gigantische theoretische Konstruktion stützten, die indessen für andere, ebenso unanfechtbare Spezialisten unannehmbar sei.

Ich möchte mit diesen Worten nicht den Eindruck hervorrufen, als bestünde die heutige Physik oder die Kybernetik nur aus Widersprüchen und Fragezeichen. So ist es nicht. Zweifellos gibt es gewaltige Errungenschaften, deren Größe jedoch ihre Schwächen nicht verdecken kann. Es hat in der Geschichte der Wissenschaft Zeiten gegeben, da es den Anschein hatte, als sei das errichtete Gebäude nahezu vollendet und als könnten künftige Generationen sich lediglich noch damit befassen, es in nebensächlichen Einzelheiten zu verbessern. Ein solcher Optimismus herrschte beispielsweise gegen Ende des 19. Jahrhunderts, als das Atom als »unteilbar« galt. Aber es gibt auch Zeiten – und dazu zählt die Gegenwart –, in denen es keine unumstößlichen wissenschaftlichen Sätze mehr gibt, das heißt solche, deren Widerlegung sämtliche Fachleute einhellig für unmöglich erklären würden; Zeiten, in denen die scherzhafte Äußerung eines berühmten Physikers, daß eine neue Theorie nicht verrückt genug sei, um wahr sein zu können, im Grunde ernst gemeint ist; Zeiten, in denen die Wissenschaftler bereit sind, in Erwartung einer neuen Theorie ganz fundamentale, geheiligte

Wahrheiten zu opfern und zu behaupten, das Mikroteilchen existiere an einer bestimmten Stelle des Raum-Zeit-Kontinuums, die Materie entstehe aus Nichts (diese Hypothese hat Hoyle vorgetragen), oder schließlich, bei den inneratomaren Erscheinungen gebe es so etwas wie die Länge überhaupt nicht!

Doch eine nicht geringere Gefahr lauert bei der Charybdis eines leichtfertigen Banalismus, die mit sämtlichen Möglichkeiten jongliert, in dem Strudel des kosmischen Geschwätzes, wie wir es in der Science-fiction finden, jenem literarischen Genre, in dem man alles erzählen darf, weil man für nichts die Verantwortung übernimmt; wo man sich mühelos und oberflächlich über alles ausläßt; wo die Löcher und Fetzen des logischen Denkens mit pseudokybernetischen Phrasen verdeckt werden; wo die Plattheiten über »Maschinen, die Verse wie Shakespeare schreiben«, ebenso florieren wie der Unsinn von den kosmischen Zivilisationen, mit denen die Verständigung nicht schwerer fällt als mit dem Nachbarn hinterm Gartenzaun. Es ist wahrhaftig nicht leicht, zwischen diesen beiden machtvoll saugenden Strudeln hindurchzusteuern. Ich habe sogar Zweifel, ob es überhaupt möglich ist. Doch selbst wenn die Fahrt ein fatales Ende nehmen sollte – *navigare necesse est*; denn wer sich nicht vom Fleck rührt, wird mit Sicherheit nichts erreichen. Wir brauchen also ein gewisses Richtmaß, und wir entscheiden uns für das des Konstrukteurs, weil wir die Welt nur so weit erkennen wollen, wie es erforderlich ist, um sie zu verbessern. Sollte uns das nicht gelingen, dann ist es wohl besser, an der Szylla zu scheitern als an der Charybdis. [...]

WIE DIE WELT NOCH EINMAL DAVONKAM

Eines Tages baute Trurl eine Maschine, die alles produzieren konnte, was mit dem Buchstaben n begann. Als sie fertig war, testete er sie, indem er ihr befahl, Nähgarn, Nadelstreifen und Négligés herzustellen, was sie auch tat; sodann ließ er sie das ganze auf Nangkingseide nähen und an eine nasse Nargileh, gefüllt mit Novocain, Nelken und Nieswurz nageln. Sie erledigte den Auftrag bis aufs I-Tüpfelchen. Da er noch nicht völlig von ihren Fähigkeiten überzeugt war, mußte sie der Reihe nach Nimbusse, Nasenlöcher, Neutronen, Nudeln, Nabelschnüre, Nymphen und Nitrogenium herstellen. Letzteres konnte sie nicht, und Trurl, darüber sichtlich irritiert, forderte eine Erklärung.

»Ich weiß nicht, was das ist«, rechtfertigte sich die Maschine. »Wie? Aber das ist doch simpler Stickstoff. Du weißt schon, das Gas, das Element ...«

»Wenn es Stickstoff heißt, dann fängt es mit s an, ich aber arbeite nur auf n.«

»Aber lateinisch heißt es Nitrogenium.«

»Hör zu, alter Freund«, sagte die Maschine, »wenn ich alles auf n in jeder beliebigen Sprache herstellen könnte, dann wäre ich eine Universalmaschine für das ganze Alphabet, denn ganz sicher beginnt jeder Gegenstand, den du bei mir bestellst, in der einen oder anderen Fremdsprache mit n. So einfach ist das nicht. Ich kann nicht mehr tun, als mein Programm enthält, und das stammt von dir. Also kein Stick-stoff.«

»Nun gut«, gab sich Trurl zufrieden und befahl ihr als nächstes, Nacht und Nebel zu erzeugen, was sie augenblick-lich tat – beide waren vielleicht etwas zu feucht geraten, je-doch vollkommen nächtlich und neblig. Nach diesem letz-ten Test bat er seinen Freund Klapauzius zu sich, weihte ihn in die Geheimnisse der Maschine ein und lobte deren au-ßerordentliche Fähigkeiten so über den grünen Klee, daß sich Klapauzius insgeheim ärgerte und darum bat, dieses Wun-derwerk selbst einmal testen zu dürfen.

»Bitte sehr«, sagte Trurl. »Aber es muß mit n anfangen.«

»Auf n?« sagte Klapauzius. »In Ordnung. Sie soll Natur-wissenschaften produzieren.«

Die Maschine summte und brummte, und kurze Zeit spä-ter schon wimmelte es nur so in Trurls Vorgarten von Natur-wissenschaftlern. Die einen lagen sich in den Haaren, die an-deren schrieben an dickleibigen Wälzern, andere wiederum griffen danach und rissen sie in Fetzen; in der Ferne loderten Scheiterhaufen auf, in denen die Märtyrer der Naturwissen-schaft umkamen; hin und wieder gab es Explosionen, beglei-tet von seltsam pilzförmigen Rauchsäulen; alle redeten auf einmal, doch keiner hörte zu, es wurden jede Menge Memo-randen, Petitionen und Resolutionen verfaßt; etwas abseits von der lärmenden Menge saßen ein paar Greise und bekrit-zelten fieberhaft Papierfetzen.

»Na, ist das vielleicht nichts?!« rief Trurl voller Stolz. »Die Naturwissenschaft wie sie leibt und lebt. Das mußt du zugeben!«

Aber Klapauzius war nicht zufrieden.

»Was? Dieser wilde Haufen soll die Naturwissenschaft sein? Das ist doch nicht dein Ernst?!«

»Na gut, dann sag etwas anderes, die Maschine macht es dir sofort!« gab Trurl unwirsch zurück. Für einen Moment wußte Klapauzius nicht, was er sagen sollte. Doch nach kurzem Nachdenken erklärte er, er werde der Maschine zwei weitere Aufgaben stellen, und falls sie die zu seiner Zufriedenheit lösen sollte, würde er gern zugeben, daß sie so vollkommen sei, wie Trurl gesagt hatte. Trurl war einverstanden und Klapauzius befahl ihr, Negativa herzustellen.

»Negativa?« schrie Trurl. »Was zum Teufel meinst du damit?«

»Aber das ist doch sonnenklar! Sie sind die negative Kehrseite aller Dinge, ihr negatives Spiegelbild«, gab Klapauzius seelenruhig zurück. »Tu nur nicht so, als hättest du nie von Negativa gehört! Und nun, Maschine, an die Arbeit!«

Die Maschine indes hatte längst angefangen. Zuerst produzierte sie Antiprotonen, dann Antielektronen, Antineutrinos und Antineutronen, und sie arbeitete unermüdlich weiter, bis sich aus all der angehäuften Antimaterie eine Antiwelt zu formen begann, die als bizarre, gespenstische Wolke am Himmel glühte.

»Hm« – murrte Klapauzius. »Das sollen Negativa sein? Na ja, lassen wir das mal gelten, schon um des lieben Friedens willen … Aber hier ist der dritte Befehl: Maschine, schaffe Nichts!«

Die Maschine erstarrte und rührte sich nicht. Klapauzius rieb sich triumphierend die Hände, aber Trurl sagte: »Was willst du eigentlich? Hast du etwas anderes erwartet? Du hast ihr befohlen, nichts zu schaffen, also schafft sie nichts.«

»Das stimmt nicht. Ich habe ihr befohlen, Nichts zu schaffen, und das ist etwas anderes.«

»Was soll das? Nichts ist nichts, da gibt es keinen Unterschied.«

»Wo denkst du hin? Sie sollte Nichts machen, statt dessen hat sie nichts gemacht, also habe ich gewonnen. Denn Nichts, mein neunmalkluger Kollege, ist nicht dein Feld-Wald-und-Wiesen-Nichts, das Resultat von Trägheit und Inaktivität, sondern es ist das dynamische und aggressive Nichts, sozusagen die vollkommene, einzigartige, allgegenwärtige Nichtexistenz in ihrer höchsten Vollendung!!«

»Du bringst die Maschine völlig durcheinander!« schrie Trurl.

Doch plötzlich meldete sich diese mit metallischer Stimme selbst zu Wort:

»Ich verstehe wirklich nicht, wie ihr euch in einem solchen Augenblick streiten könnt! Natürlich weiß ich, was Nichts, Nichtsein oder Nichtexistenz ist, weil all diese Wörter mit n anfangen wie Null, Negation und Nullifikation. Schaut euch die Welt lieber ein letztes Mal an, bald wird es sie nicht mehr geben ...«

Der Zorn der Konstrukteure war mit einem Schlage verraucht und lähmendes Entsetzen trat an seine Stelle, denn jetzt begann die Maschine tatsächlich Nichts zu erzeugen, und zwar auf folgende Weise: Sie schaffte der Reihe nach die unterschiedlichsten Dinge aus der Welt, die augenblicklich aufhörten zu existieren, so als habe es sie nie gegeben.

Für immer beseitigt waren bereits die Nacktigallen, Nase-weischen, Nautiliaden, Nettressen, Nonnenblumen, Nonstop-füßler und Nuckelspechte. Zeitweise hatte es den Anschein, als vermehre und addiere sie, statt zu reduzieren und zu sub-trahieren, denn sie beseitigte der Reihe nach: Niedertracht, Nonkonformismus, Nonsens, Nausea, Nekrophilie und Ne-potismus. Nach einiger Zeit jedoch wurde die Welt um Trurl und Klapauzius zusehens leerer und ärmer.

»Um Himmels willen!« stöhnte Trurl. »Wo soll das hin-führen?«

»Mach dir keine Sorgen!« sagte Klapauzius. »Du siehst doch, sie produziert ja nicht das Universelle Nichts, sondern nur die Nichtexistenz aller Dinge, die mit n beginnen, daher wird nichts weiter passieren, eben weil deine Maschine abso-lut nichts taugt!«

»Täusch dich nicht!« erwiderte die Maschine. »Es stimmt, daß ich mit allen Dingen auf n begonnen habe, aber nur, weil ich es so gewöhnt bin. Etwas zu erzeugen ist jedoch eine Sache, etwas zu vernichten hingegen eine völlig andere. Ich bin in der Lage, alles und jedes auf n herzustellen – und wenn ich alles sage, dann meine ich alles – folglich ist es für mich ein Kinderspiel, das Nichts zu erzeugen. In wenigen Augen-blicken wird es auf der Welt weder euch noch sonst etwas ge-ben, daher bitte ich dich, Klapauzius, sag mir noch rasch, daß ich tatsächlich universell bin und alle Befehle korrekt ausführe, bevor es zu spät ist.«

»Aber das ...« begann der zu Tode erschrockene Klapau-zius, doch in diesem Augenblick bemerkte er, daß tatsäch-lich bereits Dinge verschwanden, die keinesfalls mit n anfingen. In der Umgebung der Konstrukteure fehlten plötzlich sämtliche Kamikätzchen, Schlingelnattern, Maul- und Klauenbären, Singuine, Reimschnäbler, Andromedare und Farzenschweinchen.

»Halt! Halt! Ich nehme alles zurück! Ich bitte dich, hör sofort auf, Nichts zu schaffen!« schrie Klapauzius aus voller Kehle, doch bevor die Maschine zum Stillstand kam, waren bereits die Quasiquallen, Megazellen, Eintagshühner und Phobodendrien verschwunden. Die Maschine rührte sich nicht mehr, doch die Welt ringsum bot einen traurigen Anblick. Den Himmel hatte es besonders schlimm erwischt: Am Firmament waren nur noch einige wenige Sternchen als leuchtende Punkte zu sehen; keine Spur mehr von den stolzen Algoadlern und Fortranfalken, die bis dahin die Zierde des Himmels waren. »Großer Gauß!« schrie Klapauzius. »Wo sind die sanften Kamikätzchen geblieben? Wo sind meine heißgeliebten Phantolemchen? Und wo die süßen Singuine?!«

»Die gibt es nicht und wird es nie mehr geben«, erwiderte die Maschine gleichgültig. »Ich habe nur deinen Befehl ausgeführt oder besser gesagt, ich war im Begriff ihn auszuführen ...«

»Ich habe dir befohlen, Nichts zu schaffen, aber du ... du ...«

»Klapauzius, entweder bist du wirklich ein Dummkopf oder du tust nur so«, sagte die Maschine. Hätte ich das Nichts sogleich, mit einem einzigen Schlag, geschaffen, so hätte ja alles aufgehört zu existieren, sowohl Trurl als auch der Himmel, das Universum und deine Person – ja sogar ich selbst. Und wer könnte in diesem Fall und vor allem wem könnte er sagen, daß ich deinen Befehl korrekt ausgeführt habe und daß ich eine höchst effiziente Maschine bin? »Wenn es aber niemand niemandem erzählen könnte, wie sollte ich dann, zumal es mich ja auch nicht mehr gäbe, den mir gebührenden Ruhm erlangen?«

»In Ordnung, reden wir nicht mehr davon«, sagte Klapauzius.

»Ich will ja auch nichts mehr von dir, nur bitte, liebe Maschine, schaff mir meine Phantolemchen wieder her, denn ohne sie macht mir das Leben keinen Spaß ...«

»Aber das kann ich nicht, die fangen doch mit p an«, sagte die Maschine. »Natürlich, wenn du Wert darauf legst, kann ich Niedertracht, Nausea, Nonsens, Nekrophilie, Neuralgie, Neid und Niederlagen wiederherstellen. Aber was die anderen Buchstaben anbelangt, so kann ich dir nicht helfen.«

»Ich will aber meine Phantolemchen!« brüllte Klapauzius.

»Nichts zu machen, Phatolemchen gibt's nicht mehr«, sagte die Maschine. Schau dir diese Welt nur richtig an, wie durchsiebt mit riesigen, klaffenden Löchern sie ist, wie voll von Nichts, einem Nichts, das die gähnenden Abgründe zwischen den Sternen ausfüllt; wie alles um uns herum mit diesem Nichts gepolstert ist, das finster hinter jedem Stück Materie lauert. All das ist dein Werk, mein beneidenswerter Freund! »Ich glaube kaum, daß künftige Generationen dich dafür preisen werden ...«

»Vielleicht werden sie es nie erfahren ... vielleicht bemerken sie es gar nicht ...«, stotterte der bleichgewordene Klapauzius und starrte verstört in die schwarze Leere des Weltraums empor, wobei er tunlichst vermied, seinem Kollegen Trurl in die Augen zu schauen. Er ließ ihn neben der Maschine, die alles auf n konnte, zurück und schlich kleinlaut nach Hause – die Welt aber blieb bis auf den heutigen Tag vom schwarzen Nichts durchlöchert und sieht genau so aus wie damals, als Klapauzius ihre von ihm selbst befohlene Liquidation gestoppt hatte. Und weil alle späteren Versuche, eine Maschine auf einen anderen Buchstaben zu bauen, gescheitert sind, muß man ernstlich befürchten, daß es so wunderbare Wesen wie Kamikätzchen und Phantolemchen nie wieder geben wird – nein, bis ans Ende aller Tage nicht.

ZIFFEROTIKON

das ist:

Von Ab- oder Irrschweifferey,
Versteiffung & Thorheit des Hertzens
Von dem Königssohn Ferrenz und der Prinzessin Kristalla.

Der König von Panzarike hatte eine Tochter. Die war so schön, daß sie den Glanz der Reichskleinodien übertraf. Die Flammen, die das spiegelnde Antlitz widerstrahlte, versehrten Augen und Sinn. Und wenn sie vorüberging, dann stoben selbst aus gewöhnlichem Eisen elektrische Funken. Kunde und Sage von ihr erreichten die fernsten Sterne. So hörte Ferrenz von ihr, der ionidische Thronfolger, und das Verlangen kam ihn an, sich für alle Zeiten mit ihr zu verbinden, so daß ihrer beider Eingänge und Ausgänge nichts mehr voneinander sollte trennen können. Als er dies seinem Erzeuger kundtat, betrübte sich dieser gar sehr und sprach:

»Mein Sohn, einen wahrhaft wahnsinnigen Vorsatz hast du gefaßt. Er wird sich niemals verwirklichen!«

»Warum nicht, o mein König und Herr?« – fragte Ferrenz, bestürzt ob dieser Worte.

»Weißt du denn nicht«, – sprach der König – »daß die Prinzessin Kristalla geschworen hat, sich niemandem als dem Bleichling zu verbinden?«

»Bleichling!« – rief Ferrenz. »Was soll das nur sein? Von einem solchen Wesen habe ich noch nie gehört.«

»Darauf beruht eben deine Unschuld, mein Sohn« – erwiderte der König. »Wisse denn, daß diese galaktische Rasse auf ebenso geheimnisträchtige wie lasterhafte Weise entstanden ist. Dazu kam es, als einst allgemeines Anfaulen der Himmelskörper eintrat. Da entwickelten sich darin naßkalte Dünste und Brünste. Sud und Sudelei, und daraus brütete sich das Geschlecht der Bleichlinge aus, aber nicht so ohne weiteres. Zuerst waren sie Schimmelwucherung und Gekreuch, sodann flossen sie aus den Ozeanen an Land und lebten davon, daß einer den anderen verschlang. Und je mehr sie einander verschlangen, um so mehr wurden es ihrer; schließlich richteten sie sich auf, indem sie ihre klebrige Wesenheit an Kalkgerüste hängten, und begannen Maschinen zu bauen. Aus diesen Urweltmaschinen entstanden die denkenden Maschinen. Diese zeugten die gescheiten Maschinen. Diese aber ersannen die vollkommenen Maschinen. Denn das Atom wie die Galaxis sind gleichermaßen Maschine, und es gibt nichts außer der Maschine, die da ewig ist!«

»Amen!« – erwiderte Ferrenz automatisch, denn dies war eine übliche religiöse Floskel.

»Das Geschlecht der backigen Bleichlinge stieß endlich auf Maschinen in den Himmel vor« – fuhr der greise König fort. »Das Gezücht kühlte dabei sein Mütchen an edlen Metallen, marterte die süße Elektrizität und demoralisierte die Kernenergie. Gleichwohl begab es sich, daß das Maß bleichlingischer Untaten voll wurde. Tiefgründig und allseitig begriff dies der Urvater unseres Geschlechtes, Genetophorius, der große Rechner. So begann er denn jenen glitschigen Tyrannen darzulegen, wie überaus schändlich ihr Tun sei, wenn

246

sie die Unschuld kristallisierter Weisheit besudelten, diese für die eigenen niederträchtigen Aufgaben einspannend, und das Maschinenvolk knechteten, um der eigenen Wollust zu frönen. Doch er fand kein Gehör. Er sagte jenen, was Ethik sei, sie aber sagten, er sei schlecht programmiert. Daraufhin schuf unser Urvater den Algorithmus der Elektroverkörperlichung und zeugte in schwerer Arbeit unseren ganzen Stamm, durch solche Wendung der Dinge die Maschinen aus dem Diensthause der Bleichlingsknechtschaft führend. Du verstehst also, mein Sohn, daß es nicht Eintracht noch Bindung gibt zwischen uns und jenen; wir betätigen uns klingend, funkensprühend und strahlend, sie aber – lallend, spritzend und verunreinigend. Gleichwohl kommt Wahnsinn auch bei uns vor. In der Jugend der Prinzessin drang er in ihren Verstand ein und trübte ihr das Unterscheidungsvermögen zwischen Gut und Böse. Seither läßt sie keinen vor ihr Angesicht treten, der sich um ihre gammastrahlende Hand bewirbt, es sei denn, er bezeichnete sich als Bleichling. Einen solchen empfängt Kristalla in dem Palast, den ihr König Aurenzius, ihr Vater, geschenkt hat. Sie prüft, ob der Bewerber wahr spreche. Entdeckt sie, daß er gelogen hat, so läßt sie ihn köpfen. Rund um das Erdgeschoß ihres Palastes stapeln sich zerschmetterte leibliche Überreste; allein der Anblick kann einen Kurzschluß mit dem Nichtsein bewirken, so grausam verfährt diese Wahnsinnige mit den Hitzköpfen, die von ihr träumen. Laß also ab von deinem Gedanken, mein Sohn, und zieh hin in Frieden.«

Der Königssohn stattete seinem Herrn und Vater die geziemende Verneigung ab und entfernte sich dann schweigend; aber der Gedanke, Kristalla zu freien, verließ den Prinzen nicht. Und je länger er an sie dachte, um so stärker begehrte er sie. Eines Tages rief er den Polyphases zu sich, der Obersthofabstimmer war. Und als er vor diesem das glühende Herz ausgeschüttet hatte, sprach Ferrenz so:

»Weiser Mann! Wenn du mir nicht hilfst, wird dies niemand tun, und in diesem Falle sind meine Tage gezählt, denn der Glanz infraroter Emissionen erfreut mich nicht mehr, noch auch das Ultraviolett der kosmischen Ballette, und ich werde sterben, wenn ich mich nicht mit der wunderbaren Kristalla zusammenkoppeln kann!«

»O Königssohn« – erwiderte Polyphases – »ich versage mich deinem Wunsche nicht. Aber du mußt ihn dreimal aussprechen, auf daß ich wissen möge, daß solches dein unverbrüchlicher Wille sei.«

Ferrenz wiederholte seine Worte dreimal. Nun sprach Polyphases:

»Mein Herr, um vor der Prinzessin erscheinen zu können, gibt es nur ein Mittel: du mußt dich als Bleichling verkleiden!«

»Dann mache, daß ich werde wie er!« – rief Ferrenz. Den Geist des Jünglings in solcher Liebesverblendung sehend, verneigte sich Polyphases bis zur Erde und ging fort in sein Labor. Dort braute er kleistrige Kleister und flüssige Flüssigkeiten zusammen. Dann sandte er in den Königspalast einen Diener mit der Botschaft:

»Der Königssohn möge kommen, sofern sich sein Vorsatz nicht gewandelt hat.«

Ferrenz kam sogleich gelaufen. Der weise Polyphases beschmierte ihm den gestählten Körper mit Schlamm und fragte: »Soll ich denn weiter so verfahren, o Königssohn?«

»Tu das Deine!« sprach Ferrenz.

Da nahm der Weise einen großen Klitsch; das waren Rückstände aus Verschmutzungen des Öls, aus verfestigtem Staub und klebrigem Schmierfett; in den Eingeweiden der ältesten Maschinen hatte der Weise dies zusammengekratzt. Und er verunreinigte damit die wohlgefügte Brust des Königssohnes, verkleisterte ihm scheußlich das blitzende Gesicht und die glänzende Stirn und werkte so weiter, bis alle Gliedmaßen ihr herzerfreuendes Klingen eingebüßt hatten und einer austrocknenden Pfütze ähnlich wurden. Der Weise nahm nun Kreide, zerstampfte sie, vermengte sie mit zerpulvertem Rubin und mit gelbem Öl und fertigte daraus einen zweiten Klitsch. Damit bekleisterte er Ferrenz von Kopf bis Fuß, verlieh den Augen des Prinzen eklige Feuchtigkeit, machte ihm den Rumpf polsterig und die Wangen blasig und bestückte ihn mit allerlei aus Kreideteig verfertigten Anhängseln und Fransen da und auch dort. Zuletzt aber befestigte der Weise ein Zottenbüschel von der Farbe bösartigen Rostes auf dem ritterlichen Haupte des Prinzen, führte ihn vor den Silberspiegel und sagte: »Sieh hin!« Da besah sich Ferrenz in der Platte und erbebte, denn nicht sich erblickte er darin, sondern etwas Mönsterliches und Gespönsterliches, einen Bleichling, wie er leibt und lebt, mit Blikken, so durchfeuchtet wie ein altes Spinnennetz im Regen, mit einem Körper, wabbelig an allen Enden, mit rostigem Werg auf dem Kopf, ganz und gar teigig und brechreizerregend. Und als der Prinz sich bewegte, da schlotterte sein

Körper wie ranziges Gallert, und bebend vor Ekel rief Ferrenz:

»Bist du verrückt geworden, weiser Mann? Reiß mir augenblicks den dunklen Unterschlamm und den bleichen Überschlamm ab, wie auch diese Rostflechte, womit du mein klangvolles Haupt befleckt hast! Denn die Prinzessin wird mich ewig hassen, wenn sie mich in so schimpflicher Gestalt erblickt!«

»Du irrst, o Königssohn« – erwiderte Polyphases. »Hierin liegt eben der Wahnsinn der Prinzessin: Abscheuliches erscheint ihr schön, und Schönes – abscheulich. Nur in dieser Gestalt kannst du hingehen und Kristalla erschauen …«

»Dann möge es so sein!« – sprach Ferrenz.

Der Weise vermengte Zinnober mit Quecksilber und füllte damit vier Blasen. Die verbarg er unter dem Gewand des Königssohnes. Der Weise nahm auch Bälge, füllte sie mit Moderluft aus einem alten Kerker und versteckte dies an der Brust des Königssohnes. Der Weise goß giftiges pures Wasser in Glasröhrchen, und es waren deren sechs. Zwei legte er dem Königssohn unter die Achseln, zwei in die Ärmel, zwei in die Augen. Endlich ergriff der Weise das Wort:

»Hör zu und merk dir alles wohl, was ich sage, sonst wirst du umkommen. Die Prinzessin wird dich erproben, um herauszufinden, ob du wahr gesprochen habest. Wenn sie ein Schwert entblößt und dir gebietet, es anzufassen, dann quetschest du insgeheim die Zinnoberblase, so daß Röte herausfließt und auf die Klinge rinnt. Und fragt dich die Prinzessin, was das sei, so antworte: ›Blut!‹. Dann wird die Prinzessin ihr silberschüsselgleiches Gesicht dem deinigen nähern. Du aber drückst auf deine Brust, so daß Luft aus den Bälgen austritt. Die Prinzessin wird dich fragen, was für ein Hauch das sei, du aber antwortest: ›Atem!‹ Daraufhin wird die Prinzessin großen Zorn vortäuschen und deine Hinrichtung befehlen. Dann senkst du den Kopf, wie in Demut; Wasser wird dir aus den Augen rinnen. Und fragt dich die Prinzessin, was das sei, so antwortest du: ›Tränen!‹ Vielleicht wird sie dann in die Verbindung mit dir einwilligen. Gewiß ist dies nicht; gewisser ist dein Untergang.« »O weiser Mann!« – rief Ferrenz. »Wenn sie mich aber ins Verhör nimmt und wissen will, was bei den Bleichlingen der Brauch sei, wie sie entstehen, wie sie einander lieben und was sie treiben, – auf welche Weise soll ich ihr dann antworten?«

»Fürwahr« – erwiderte Polyphases, – »da hilft nichts, außer mein Los mit dem deinigen zu verbinden. Ich verkleide mich als Warenhändler aus einer anderen Galaxis, am besten aus einer nichtspiralförmigen, denn dort sind die Leute oft dick, und ich muß ja unter meinen Gewändern eine Unmenge von Büchern verbergen, worin das Wissen um die fürchterlichen Gebräuche der Bleichlinge enthalten ist. Ich könnte dich dies nicht lehren, selbst wenn ich wollte, denn das Wissen um sie ist wider die Natur. Sie tun nämlich alles verkehrt, auf klebrige peinliche Weise und so unappetitlich, wie es sich nur vorstellen läßt. Ich werde die benötigten Werke verschreiben, du aber laß dir vom Hofschneider aus allerlei Fasern und Flechtwerk eine Bleichlingstracht zuschneidern, denn wir brechen alsbald auf. Und wohin wir auch gelangen werden: ich werde dich nicht verlasen, auf daß du wissest, was du zu tun und zu sagen hast.«

Da freute sich Ferrenz und ließ sich Bleichlingsgewänder zuschneiden. Er wunderte sich darüber sehr. Sie bedeckten nämlich fast den ganzen Körper, bald wie Rohrleitungen geformt, bald mit Beulen, Häkchen, Türchen und Schnürchen zu verschließen. Der Schneider mußte für den Prinzen eigens eine langmächtige Instruktion verfassen: was als erstes anzulegen sei, und wie; was woran festzuknöpfen sei und wie man all dies Schirrzeug aus Tuch und Stoff abzunehmen habe, sobald die Zeit gekommen sei.

Der Weise aber legte Händlergewand an, hängte darin heimlich die dicken gelehrten Werke über die Praktiken der Bleichlinge auf, ließ aus Eisenstangen einen Käfig machen, sechs Klafter im Geviert, und sperrte Ferrenz hinein. So reisten beide im königlichen Raumsegler ab. Als sie aber die Grenzen des Aurenzschen Königreichs erreicht hatten, ging der Weise in Händlerkleidung auf den städtischen Markt und rief dort mit lauter Stimme aus, er habe aus fernen Landen einen jungen Bleichling mitgebracht, auf daß ihn kaufe, wer wolle. Die Mägde der Prinzessin trugen diese Kunde zu ihr, sie aber staunte und sagte zu ihnen:

»Das muß wahrlich eine große Bauernfängerei sein! Aber mich wird dieser Händler nicht betrügen, denn niemand weiß über die Bleichlinge, was ich weiß. Fordert ihn auf, in den Palast zu kommen und jenes Wesen vorzuführen!«

Da geleiteten die Diener den Händler vor Kristallas Angesicht. Sie erblickte einen würdigen Greis und einen Käfig, den die Sklaven des Mannes trugen. Im Käfig saß der Bleichling; sein Gesicht hatte die Farbe mit Eisenkies vermengter Kreide, die Augen waren wie feuchter Schimmelpilz, und die Gliedmaßen wie Schlamm, der sich umherwälzt. Ferrenz aber blickte zur Prinzessin hin und sah ihr Gesicht, das zu klingen schien, und sah die Augen, die leuchteten wie lautlose Entladungen, und sein Herzenswahnsinn steigerte sich.

»Wahrhaftig! Dieser sieht mir nach einem Bleichling aus!« – dachte die Prinzessin; laut aber sagte sie:

»Fürwahr, o Greis, du mußt dich abgemüht haben, um eine solche Puppe aus Schlamm zu kneten und mit Kalkstaub zu bestreichen, in der Absicht, mich zu überlisten! Doch wisse, daß ich alle Geheimnisse des mächtigen Bleichlingsgeschlechtes kenne. Und habe ich erst deinen Betrug entlarvt, so lasse ich dich und diesen Hochstapler köpfen!«

Der Weise erwiderte:

»O Prinzessin Kristalla! Derjenige, den du hier im Käfig siehst, ist so echt, wie ein Bleichling nur sein kann. Um fünftausend Hektar Kernkräftefeld habe ich ihn von Sternpiraten erworben. Und wenn du es wünschst, biete ich ihn dir zum Geschenk. Denn ich habe keinen anderen Wunsch, als dein Herz zu erfreuen!«

Die Prinzessin ließ sich ein Schwert reichen und steckte es durchs Gitter in den Käfig. Der Königssohn faßte die Klinge und schnitt damit in sein Gewand, bis die Blase einriß und Zinnober auf das Schwert rann und es mit Röte befleckte.

»Was ist das?« – fragte die Prinzessin, und Ferrenz erwiderte: »Blut!«

Nun ließ die Prinzessin den Käfig öffnen, trat kühn hinein und näherte ihr Gesicht dem Gesicht des Prinzen. Ihr nahes Antlitz verwirrte ihm den Verstand, doch der Weise gab aus der Ferne ein heimliches Zeichen, und der Königssohn drückte die Bälge. Moderluft trat aus, und als die Prinzessin fragte: »Was ist das für ein Hauch?«, da entgegnete Ferrenz: »Atem!«

»Du bist wahrlich ein geschickter Kunstgaukler« – sprach die Prinzessin, den Käfig verlassend. »Doch du hast mich betrogen, deshalb sollst du samt deiner Puppe umkommen!«

Da senkte der Weise den Kopf, wie in großer Angst und Trauer; der Königssohn aber tat desgleichen, und aus seinen Augen flossen durchsichtige Tropfen. Die Prinzessin fragte:

»Was ist das?«

Ferrenz aber erwiderte:

»Tränen!«

Und sie sagte:

»Wie heißt du, der du dich einen Bleichling aus fernen Landen nennst?«

»O Prinzessin, ich heiße Sabbermümmel und begehre nichts heißer, als mich mit dir zu verbinden, auf verströmende, weiche, teigige und wäßrige Art, wie dies der Brauch meines Stammes ist« – erwiderte Ferrenz, denn solche Worte hatte ihn der Weise gelehrt. »Ich ließ mich absichtlich von den Piraten fangen und bat sie, mich diesem Händler zu verkaufen, da er ja nach deinem Reich unterwegs war. Daher bin ich voll Dankbarkeit gegen seine blecherne Person, weil er mich hierhergebracht hat. Denn ich bin so voll von Liebe zu dir wie die Pfütze von Schlamm.«

Da staunte die Prinzessin, weil er wirklich nach Bleichlingsart redete, und sprach zu ihm:

»Sag mir, du, der du dich Bleichling Sabbermümmel nennst: was tun deine Brüder bei Tage?«

»O Prinzessin«, – erwiderte Ferrenz – »morgens nässen sie sich in reinem Wasser und begießen damit ihre Gliedmaßen und gießen es in sich hinein, denn dies bereitet ihnen Genuß. Nachher gehen sie auf wellige fließende Weise hierhin und dorthin und spritzen und schmatzen. Und wenn sie etwas betrübt, schlottern sie, und aus den Augen tropft ihnen gesalzenes Wasser. Und wenn sie etwas vergnügt, schlottern sie und schlucksen, doch die Augen bleiben recht trocken. Und das nasse Geschrei nennen wir Weinen, das trockene aber – Lachen.«

»Wenn es so ist, wie du sagst«, – sprach die Prinzessin – »und wenn du mit deinen Brüdern die Vorliebe für Wasser teilst, lasse ich dich in meinen Teich werfen, damit du dich nach Herzenslust an Wasser ersättigen kannst. Und die Füße lasse ich dir mit Blei beschweren, damit du nicht vorzeitig auftauchst.«

»O Prinzessin«, – erwiderte Ferrenz, den der Weise belehrt hatte, – »wenn du dies tust, komme ich um. Denn obgleich in uns Wasser ist, darf um uns nur ein kurzes Weilchen lang Wasser sein. Andernfalls sagen wir unser letztes Wort ›gluckgluck‹, und mit diesen Tönen nehmen wir Abschied vom Leben.«

»Sag mir nun, Sabbermümmel, auf welche Weise du die Energie gewinnst, um spritzend und schmatzend, wabbelnd und wuchernd hierhin und dorthin zu wandeln?« – fragte die Prinzessin.

»O Prinzessin,« – erwiderte Ferrenz – »dort, wo ich wohne, gibt es außer uns Wenigborstern noch andere, zumeist auf allen vieren wandelnde Bleichlinge. Diese durchlöchern wir an allen Enden, bis sie umkommen. Die Leichen dünsten und sieden und hacken und schneiden wir; sodann füllen wir mit ihrer Leiblichkeit die unsrige an. Und wir kennen dreihundertsechsundsiebzig Arten des Tötens und achtundzwanzigtausendfünfhundertsiebenundneunzig Arten der Bearbeitung solcher Verstorbener, auf daß es uns größtmögliches Vergnügen bereite, durch ein Löchlein namens Mund ihre Körper in die unsrigen hineinzustopfen. Und die Kunst des Zubereitens von Toten steht bei uns in noch höherem Ansehen als die Astronautik und nennt sich Gastronautik oder Gastronomie. Mit Astronomie hat sie freilich nichts zu tun.«

»Willst du damit sagen, es gelte bei euch als Belustigung, Friedhof zu spielen und in sich selbst die vierfüßigen Stammverwandten zu bestatten?« – dies war eine Fangfrage der Prinzessin. Doch Ferrenz, den der Weise belehrt hatte, antwortete so: »O Prinzessin, dies ist keine Belustigung, sondern Notwendigkeit, denn Leben nährt sich von Leben. Wir aber haben aus der Not eine Kunst gemacht.«

»Sag mir nun, o Bleichling Sabbermümmel: wie baut ihr eure Nachkommenschaft?« – fragte die Prinzessin.

»Wir bauen sie nicht,« – erwiderte Ferrenz – »sondern wir programmieren sie mittels einer statistischen Methode nach dem Prinzip des Markoff-Prozesses, somit also stochastisch und phantastisch, wenn auch probabilistisch. Dies tun wir jedoch ganz beiläufig und von ungefähr, und wir denken dabei an dies und jenes, bloß nicht an statistisches, nichtlineares und algorithmisches Programmieren. Gleichwohl vollzieht sich inzwischen die Programmierung, eigenmächtig, selbstregelnd und ganz automatisch, denn so und nicht anders sind wir eingerichtet: jeder Bleichling sucht Nachkommen zu programmieren, weil ihm dies Lust bereitet. Doch beim Programmieren programmiert er gar nicht, und manch einer tut sein möglichstes, damit dieses Programmieren nur ja keine Folgen zeitige ...«

»Das ist sehr seltsam« – sprach die Prinzessin, deren Wissen nicht so ins einzelne ging wie das des weisen Polyphases. »Ja, wie macht ihr das nun eigentlich?«

»O Prinzessin,« – erwiderte Ferrenz – »zu diesem Zweck haben wir eigene Apparate, Anwendungen des Rückkopplungsprinzips, allerdings aus Wasser. Eine solche Apparatur ist technisch ein wahres Wunderwerk, denn der größte Trottel kann sich ihrer bedienen. Und doch müßte ich sehr lang reden, um dir ihre Wirkungsweise im einzelnen kundzutun, denn dies ist durchaus nicht einfach. Seltsam, in der Tat! Denn diese Methoden haben ja nicht wir ausgedacht. Sie haben sich sozusagen selbst ausgedacht. Doch sie sind nett, und wir haben nichts gegen sie einzuwenden.«

»Fürwahr, du bist ein echter Bleichling!« – rief Kristalla. »Denn deine Rede scheint sinnvoll und ist doch im Grunde ohne Sinn und völlig unglaubwürdig, wenn auch vermutlich wahr, obschon dies der Logik zuwiderläuft. Denn wie kann jemand ein Friedhof sein, ohne ein Friedhof zu sein? Wie kann jemand Nachkommen programmieren, die er gar nicht programmiert?! Ja, du bist ein Bleichling, o Sabbermümmel, und wenn du danach verlangst, dann verbinde ich mich dir durch das rückgekoppelte Band der Ehe und besteige mit dir den Thron, sofern du die letzte Probe bestehst!«

»Und was ist das für eine Probe?« – fragte Ferrenz.

»Diese Probe …« – so setzte die Prinzessin an. Doch plötzlich sank Argwohn in ihr Herz, und sie fragte:

»Sag mir zuvor, was deine Brüder bei Nacht tun!«

»Nachts liegen sie herum, die Arme gebogen und die Beine gekrümmt, und die Luft geht bei ihnen ein und aus und macht solchen Lärm, als wetzte jemand eine rostige Säge.«

»Nun denn, die Probe! Reich mir die Hand!« – befahl die Prinzessin.

Da bot ihr Ferrenz die Hand. Die Prinzessin quetschte sie. Ferrenz aber schrie lauthals, denn der Weise hatte ihm solches empfohlen. Die Prinzessin fragte, warum er schreie.

»Vor Schmerz!« – erwiderte Ferrenz. Da glaubte sie ihm, daß er ein echter Bleichling sei. Und sie befahl, daß alles für die Hochzeitszeremonie zugerüstet werde.

Doch just zu jener Zeit kehrte der Falzgraf der Prinzessin zurück, der Kyberkurfürst Kyberhazy. Er hatte zu Schiff das Zwischensternland bereist, um einen Bleichling für Kristalla zu finden und so ihre Gunst zu erkaufen. Bestürzt lief der weise Polyphases zu Ferrenz und sagte:

»O Königssohn, der große Kyberkurfürst Kyberhazy ist mit seinem Raumkreuzer angekommen und hat der Prinzessin einen echten Bleichling mitgebracht. Ich habe das soeben mit eigenen Augen gesehen. Wir müssen also schleunigst entfliehen. Denn stündet ihr gemeinsam vor der Prinzessin, so wäre alle Verstellung vergeblich. Seine Klebrigkeit ist nämlich weit klebriger, seine Zottigkeit mehrmals so zottelig und die Teigigkeit gleichfalls nicht zu überbieten. Unser Betrug würde also offenbar, und wir müßten umkommen.«

Ferrenz aber willigte nicht in die Flucht ein. Denn mit großer Liebe hatte er die Prinzessin liebgewonnen.

»Eher sterbe ich, als daß ich sie verlieren müßte!« – sprach er.

Kyberhazy aber hatte die Hochzeitsvorbereitungen ausgekundschaftet und war schleunigst unter das Fenster des Gemachs geschlichen, worin der vorgebliche Bleichling mit dem Händler weilte. Als der Falzgraf das geheime Gespräch der beiden belauscht hatte, lief er voll schwarzer Freude in den Palast, trat vor die Prinzessin und sprach zu ihr: »Du bist betrogen, Prinzessin! Denn der sogenannte Sabbermümmel ist in Wahrheit ein gewöhnlicher Sterblicher und kein Bleichling. Echt ist nur dieser hier!«

Und Kyberhazy wies auf den Mitgebrachten. Dieser aber warf sich in die haarige Brust, ließ die Wasseraugen vorquellen und sprach:

»Der Bleichling – das bin ich!«

Sofort sandte die Prinzessin nach Ferrenz. Als er aber zugleich mit dem anderen vor ihr stand, da ward der Betrug des Weisen zunichte. Denn obzwar mit Schlamm, Staub und Kreide bekleistert, ölig beschmiert und wässerig gluckernd, konnte Ferrenz doch seinen elektritterlichen Wuchs nicht verbergen, die großartige Haltung, die Breite der stählernen Schultern und den dröhnenden Gang. Hingegen war der Bleichling des Kurfürsten Kyberhazy eine wahre Ausgeburt: jeder Schritt war wie das Ineinandergießen von Schmutzkrügen; der Blick glich einem verschlammten Brunnen; und unter dem fauligen Atem erblindeten die umnebelten Spiegel, und Rost erfaßte das Eisen. Und Kristalla begriff in ihrem Herzen, daß sie sich ekelte vor diesem Bleichling, dem beim Sprechen ein Ding wie ein rostiger Wurm kriechend im Maul hin und her lief. Und Kristalla wurde sehend. Doch der Stolz verbot ihr, das Erwachen ihres Herzens offen kundzutun.

Sie sagte also: »Die beiden mögen miteinander kämpfen. Der Sieger gewinnt mich zum Weib.«

Da sprach Ferrenz zum weisen Mann: »Wenn ich diese Ausgeburt angreife und in den Schlamm zurückverwandle, der sie hervorgebracht hat, dann kommt der Betrug an den Tag! Der Lehm wird von mir abfallen, und Stahl wird zum Vorschein kommen. Was soll ich tun?«

»O Königssohn,« – erwiderte Polyphases – »greif nicht an, verteidige dich nur.«

So gingen beide in den Hof des Palastes, jeder mit einem Schwert. Und wie Sumpfschlamm spritzt, so sprang der Bleichling den Königssohn an und umtänzelte ihn lallend und katzbuckelnd und auch schnaufend und holte aus und schlug ihn mit dem Schwert, so daß es den Lehm durchdrang und an Stahl zersplitterte. Doch der Schwung warf den Bleichling gegen den Königssohn, und der Bleichling knallte, platzte und zerrann, und es gab den Bleichling nicht mehr. Der Ruck hatte aber den eingetrockneten Lehm erschüttert. Er fiel dem Königssohn von den Schultern, und die wahre stählerne Natur enthüllte sich den Augen der Prinzessin. Und Ferrenz erbebte und erwartete sein Verderben. Doch in ihrem Kristallblick las er Bewunderung. Da begriff er, wie sehr sich Kristallas Herz gewandelt hatte.

Und so verbanden sie sich denn durch das eheliche Band, das da dauert in wechselseitiger Rückkoppelung, den einen zu Freude und Glück, den anderen zu Leid und Verderben. Das edle Paar herrschte lang und glücklich und programmierte unzählige Nachkommen. Die Haut des Bleichlings aber, den der Kyberkurfürst Kyberhazy gebracht hatte, die wurde ausgestopft und zu ewigem Andenken ins Hofmuseum gestellt. Dort steht sie noch heute, plumpsackig und mit schäbigem Borstenhaar da und auch dort. Und so mancher Besserwisser wagt das Gerücht auszustreuen, sie sei bloß Gaukelei und Vortäuschung, und auf der Welt gebe es gar keine Bleichlinge, Schluck-die-Leich-linge, Klebäugler und Teignasen. Und niemals habe es welche gegeben. Wer weiß? Vielleicht ist das auch bloß erdichtet. Das niedere Volk heckt sich ja genug Märlein und Mythen aus! Doch wenn die Geschichte auch nicht wahr ist, birgt sie immerhin einen lehrreichen Kern. Und da sie Spaß macht, verdient sie erzählt zu werden.

DAS HOHE SCHLOSS

[...] Es ist nunmehr höchste Zeit, Rechenschaft über das ab-
zulegen, was ich schon in einer etwas vagen Andeutung erwähnte, nämlich über jene eifrigen, merkwürdigen und vor
allem intimen Beschäftigungen, denen ich mich sowohl im
Gymnasium als auch zu Hause widmete. Der Umstand, daß
ich überhaupt soviel tun konnte (und es wird sich gleich herausstellen, daß ich tatsächlich eine Menge intensiver Arbeit
zu bewältigen hatte), verwundert mich heute, da mir die Zeit
beinahe zu nichts mehr reicht. Offenbar ist diese Substanz
unserer Dauer in der Jugend besonders dehnbar und erzeugt
in sich bei richtig aufgewendeter Mühe gänzlich unerwartete, gewissermaßen zusätzliche Räume, denn sie läßt sich ausstopfen wie die Taschen meiner Schuluniform, in denen ich,
der Tradition entsprechend, mehr mit mir herumtrug, als ihr
Fassungsvermögen prosaisch zu gestatten schien. Sollte etwa
auch der Raum seinem Wesen nach Kindern geneigter sein?
Das ist doch wohl unmöglich; und dennoch schleppte ich
außer den Schnurrollen (für Schiffsknoten ebenso wie für
den Notfall), außer dem Häufchen Schrauben, die ich besonders liebte, dem Taschenmesser, den Radiergummis (sie verschwanden im Zusehen, ich habe sie doch nicht etwa aufge-
gessen?), außer der messingenen Klosettkette, den Spulen,
den Gummibändern, dem Winkelmesser, dem kleinen Zir-
kel (weniger für geometrische Zwecke denn als Waffe gegen

den vor mir sitzenden dicken Z.), dem gläsernen Tabletten-
röhrchen voll zerriebener Streichholzköpfe (Gift und zugleich
Explosionsmittel), dem Vergrößerungsglas, das durch Risse
etwas getrübt war, dem hufeisenförmigen Portemonnaie, das
ständig in Geldverlegenheit war, sowie jenen Früchten, die
uns die Natur in der jeweiligen Saison lieferte (Eicheln, Ka-
stanien), der Hälfte einer Jo-Jo-Scheibe, die nicht mehr zu
gebrauchen, aber irgendwie wertvoll war, einem kleinen Rät-
selschema mit verschiebbaren Zifferquadraten, »Fünfzehner«
genannt, und einem anderen, mit drei Ferkeln (ein Geschick-
lichkeitsspiel unter einer runden Glasscheibe) – noch ein ganzes Büro von zu Hause zur Schule und von der Schule nach
Hause. Ich weiß nämlich selbst nicht mehr, wie und wann
ich auf den ziemlich originellen Einfall mit den Ausweisen
gekommen bin. Ich stellte sie während des Unterrichts her,
so als wäre ich damit beschäftigt, die Worte meiner Lehrer
zu notieren, hinter dem mit der linken Hand angehobenen
Heftumschlag, und zwar in aller Ruhe, massenhaft, ausschließlich für mich selbst, ohne jemandem auch nur das geringste
davon zu zeigen.

Die Lehrlingsperiode übergehe ich hier; es wird also von
der in der zweiten und dritten Klasse erreichten Meister-
schaft die Rede sein. Zunächst schnitt ich aus Heftpapier,
das unbedingt glatt sein mußte, kleine Bögen, die ich dop-
pelt, zu Büchlein faltete und in einem besonderen Verfahren
sowie mit besonderem Material zusammennähte. Die Ziffern der Nummer 560 auf dem Gymnasiumschild waren
aus Miniaturspiralen eines haardünnen Silberdrahtes gestickt.
Er diente mir als Buchbindergespinst. Verfügte ich dann

über einen gewissen Vorrat an Büchlein ungleichen Formats, was sich als wesentlich erweisen wird, so legte ich sie in Umschlagdeckel aus bestem Werkstoff – Bristolpapier, Zeichenpapier, und bestimmte Formblätter schloß ich in einem Karton von hoher Qualität ein, den ich aus den Unterrichtskladden ausschnitt. Beim Ertönen des Klingelzeichens, das die Pause ankündigte, versteckte ich alles in der Schulmappe, um in der nächsten Unterrichtsstunde die leeren Seiten langsam und akkurat auszufüllen. Ich benutzte Tinte, Tusche, chemische Buntstifte und Münzen, mit denen ich die entsprechenden Stellen stempelte. Was das für Ausweise waren? Verschiedene: Sie verliehen eine bestimmte Territorialgewalt, die mehr oder weniger beschränkt war, ich druckte mit der Hand auch Verleihungsurkunden, Titelgewährungen, besondere Vollmachten und Privilegien und auf länglichen Formblättern verschiedene Arten von Scheckbüchern oder Obligationen, die ihr Äquivalent in Kilogrammen von Edelmetall, vorwiegend von Platin und Gold, besaßen, oder Anweisungen über Edelsteine. Ich fertigte Personalausweise für Großherrscher an, bestätigte die Identität von Kaisern und Monarchen, gab ihnen Würdenträger an die Seite, Kanzler, von denen sich jeder auf Wunsch legitimieren konnte, zeichnete im Schweiße meines Angesichts Wappen, stellte außerordentliche Passierscheine aus, versah sie mit rechtsgültigen Klauseln, und da ich viel Zeit hatte, zeigte mir der Ausweis den Abgrund, der in ihm steckt. Ich brachte nun auch alte Briefmarken mit zur Schule, modifizierte sie zu Stempeln, versah sie mit Siegeln, die sich zu einer immer höheren Hierarchie ordneten, angefangen von kleinen dreieckigen über quadratische bis zu den geheimsten, von vollkommenem Rund, die in der Mitte ein symbolisches Zeichen trugen, dessen Vorzeigen jeden auf die Knie zwang.

Ich fand Gefallen an dieser mühevollen Arbeit und erteilte bereits Genehmigungen für den Empfang von Brillanten, die so groß wie ein Menschenkopf waren. Ich brachte es darin tatsächlich sehr weit, denn ich versah die Legitimationen mit Anlagen und die Anlagen mit Anhängen, wobei ich in Sphären immer machtvollerer Gewalt vorstieß, bis dorthin, wo nur noch geheime, chiffrierte Personalausweise gültig waren, versehen mit einem System von Kennworten und Symbolen, die einen genauen Kode erforderten; so hatten denn gewisse Dokumente eigene Pässe, die ihre wirkliche Bedeutung von ungeheurer Tragweite entschlüsselten, während sie ohne die Pässe nur eine Reihe numerierter, von einer völlig unverständlichen Kalligraphie bedeckter Seiten darstellten. Ich hatte irgendwann einmal eine Erzählung gelesen, die mich ungewöhnlich beeindruckte. Es war die Geschichte einer Expedition zum »weißen Fleck« im Herzen Afrikas. Die Mitglieder der Expedition stießen, nachdem sie Berge und Dschungel überquert hatten, auf einen unbekannten Stamm Wilder, die ein schreckliches Wort kannten, das nun *in extremis* ausgesprochen wurde, weil jeder, der es hörte, sich in einen Geleekegel von ungefähr einem Meter Höhe verwandelte. Diese Kegel wurden in dem Buch genau geschildert, ebenso die einfache Methode, der die Wilden es verdankten, daß sie nicht selbst in sie verwandelt wurden – sie war in der Tat sehr einfach, sie stopften sich nämlich ordentlich die Ohren zu, während sie die umgestaltende Parole hinausschrien.

Ich merkte mir das entsetzliche Wort und wagte nicht gleich, es laut auszusprechen, belehrt durch das Schicksal eines Wissenschaftlers, eines Ungläubigen, der über den Bericht des letzten lebendigen Teilnehmers der Expedition leichtsinnig spottete und das Wort ausrief – was die tragische Geleewirkung zur Folge hatte. Dieses Wort, das imstande war, einen Menschen in eingedickten Saft zu transformieren, lautete EMELEN.

Ich beeile mich zu erklären, daß ich zu jener Zeit nicht mehr an Märchen glaubte, obwohl ich sie gern las. Die Geschichte mit dem »Emelen« betrachtete ich jedoch nicht als Märchen. Wenn ich die Sache vom heutigen Standpunkt betrachte, so nehme ich an, daß das wohl eine phantastische Humoreske war – wenn es stimmt, dann hatte ich die Absichten des Autors nicht genau erfaßt. Ich glaubte sicherlich nicht, daß jene Geschichte wahr sei, dennoch blieb in mir das ziemlich verschwommene, düstere Vorgefühl zurück, daß es Worte gäbe, die auf irgendeine Weise – wenn auch nicht gleich in diesem Maße – fatale Wirkungen erzeugten. Sofort machte ich mir die Sache mundgerecht: Wenn bestimmte Laute einen Menschen in eine hypnotische Trance versetzen können, warum sollten dann nicht ganz besondere Lautverbindungen eine noch größere Macht besitzen, nicht durch Magie, sondern eben dadurch, daß mehrere Luftwellen auf das Ohr einwirken … und so weiter.

»Emelen« verlangte ausdrücklich, in die Sphäre des Ausweisdaseins, in der ich bereits ein erfahrener Spezialist war, umgesetzt zu werden. Es erwies sich nämlich als ein Anreiz zur zeichenschöpferischen Tätigkeit. Da ich nicht schlecht lernte, kontrollierte niemand meine Schulmappe, meine Bücher und Hefte, und das war gut so, denn er hätte daraus eine Unmenge winziger Büchlein herausgeschüttelt, voll gedruckter, aber auch leerer Paßformulare sowie jener experimentellen Exemplare, in denen ich, leider erfolglos, die Aussagekraft der Dokumente durch Einprägen von Wasserzeichen zu erhöhen versuchte. Dieses Begehren nach realistischem Detail ließ sich, trotz unzähliger Versuche, nicht verwirklichen.

Ich muß vermerken, daß ein solches Wort in meinem Schaffen überhaupt nicht auftrat, obschon ich ein ganzes Königreich von Ausweisvollmachten errichtete. Einer richtigen Eingebung der bürokratischen Transzendenz folgend, hatte ich nämlich kein Vertrauen in unendliche Begriffe und bediente mich in der Regel des Zentimeter-Gramm-Sekunde-Systems, das heißt, ich gab genau an, was der Inhaber in den biederen Einheiten der Maße und Gewichte vermag. Und handelte es sich um Paßformulare, so mußte jedes eine fortlaufende Nummer, dann die übergeordnete Nummer der Serie, zu der es gehörte, sowie beglaubigende Unterschriften und Siegel haben, die ihm erst die volle Rechtskraft verliehen. Die letzteren brachte ich ganz zum Schluß an, um sie nicht auf Papieren zu vergeuden, die selbst durch geringfügige Fehler oder Ungenauigkeiten der Ausstellung befleckt waren. Die Formulare hatten natürlich auch eine Randlochung, damit man jedes wirklich aus dem Paß herausreißen konnte, um es vorzuweisen. Ich nahm, nach mehreren Versuchen, diese Perforierung mittels eines kleinen Zahnrädchens aus einem Wecker vor, das ich ständig im Federkasten in die Schule mitführte. In dem Federkasten lag auch eine gute Rasierklinge meines Vaters, die ich zum genauen Beschneiden der Seiten verwandte, wobei ich wiederholt während dieser Buchbinderarbeit in das Tischblatt meines Pultes schnitt, was mir jedoch keinerlei Strafe einbrachte.

Es mag vielleicht seltsam erscheinen, daß ich keinem meiner Mitschüler jene Vollmachten zeigte, die zum Besitz und zur Verfügung über ganze Kisten von Rubinen oder über das Schicksal überseeischer Kaiserreiche berechtigten. Aber für meine Kameraden wären das kleine Scherze gewesen, während ich die Sache merkwürdig ernst nahm. Ich ahnte, daß sie mich womöglich auslachen würden, und das durfte ich nicht zulassen. Ich spürte sehr wohl – ohne etwas davon zu wissen – jene mit Angst vermischte Scham des Künstlers gegenüber dem Menschen, der in Anbetracht eines Kunstwerkes normale, also sachliche Erläuterungen verlangt: Was ist das eigentlich, und wozu soll es dienen? Die Antwort, das Ganze sei nur ein Spaß, wäre, wenigstens teilweise, eine Lüge gewesen, denn es ging um etwas mehr. Worum? Das weiß ich auch jetzt nicht, aber ich hatte wohl recht. Man beklagt heutzutage das allgemeine Absinken des Niveaus in der Kunst, die vom Aussatz der Ideenlosigkeit betroffen und durch unbekannte Urteilssprüche zur Seichtheit vergänglicher Experimente und einer ephemeren Mode verurteilt sei. Wir spüren das vor allem angesichts der in ihrer Macht verharrenden Werke der Vergangenheit, angesichts der Dome von Florenz und Siena, der Mysterien des alten chinesischen Dramas, der geräucherten Negergötzen; wir verlassen die Ausstellungen der Steinzeitkunst oder die Sixtinische Kapelle, bedrückt

von der rastlosen Frage, was eigentlich mit dem Geist geschehen sei, daß er seine Befähigung zu solch eruptiven und zugleich zwingenden Konzentrationen eingebüßt habe, die in
sich die Macht einer gewissermaßen natürlichen Notwendigkeit vereinigen und die gleiche Aufnahme wie Bäume, Wolken, Tier- und Menschenkörper verlangen – also Unwiderruflichkeit und Endgültigkeit. Man entgegnet uns, daß der
Künstler aufgehört habe, Wegweser, Schaffner jener Donner-
gewalten zu sein, die von außen kommen und die er in sich
sammelte, aber nicht gebar. Daß die Freiheit der uneinge-
schränkten Wahl die Kunst töte, daß derjenige, der wisse,
daß man ein Buch auf beliebige Weise über jedes Thema
schreiben könne, kein einziges großes schreiben wird. Wer
begriffen hat, daß man malen kann, was und wie man will,
wird in dieser so entdeckten Freiheit das Grab seiner schöpferischen Potenzen finden.

Man sehe sich bitte die Fotos der Kosmonauten an, die
ihr Schiff im unendlichen Raum verlassen. Wie wenig eignet
sich der menschliche Körper für die Unendlichkeit, wie hilflos wirkt er darin, mit jeder Bewegung verrät er seine Sinnlosigkeit, da er der rettenden Beschränkungen und des recht-
fertigenden Widerstandes der Erde, der Wände und Decken
beraubt ist. Nicht zufällig nehmen sie die Haltung der Frucht
im Mutterleib an, krümmen sie den Rücken, Knie und Arme angezogen, nicht zufällig ähnelt die Rettungsleine einer
mit der Plazenta verbundenen Nabelschnur. Elastisch, lenk-
bar, lebhaft zum Ziel strebend, können wir nur in der Skla-
verei der Gravitation sein, in ihrem Machtbereich gewinnt
unser Körper seinen Sinn und seinen Ausdruck, wird er durch

jedes Gelenk und durch jeden Nerv erklärlich, vollkommen nützlich und dadurch schön. Jedes große Kunstwerk weckt in uns den gleichen Eindruck einer gewissermaßen natürlichen Notwendigkeit, das Gefühl, daß wir mit der einzig möglichen Lösung eines Problems konfrontiert sind. Michelangelos Herrgott mit seinem mächtigen krausen Bart, in dem faltenreichen Gewand, mit den bloßen Füßen, auf denen sich die Adern abzeichnen, ist nicht aus der freien Spekulation des Künstlers hervorgegangen. Der Maler mußte sich der rücksichtslosen Literatur der Gebote fügen, die ihren Anfang in den Büchern der Offenbarung nehmen. An Michelangelos Stelle würde ein zeitgenössischer Künstler, dessen Seele vom Skeptizismus, dieser Ausdünstung des Wissens, erschlafft ist, jeden Augenblick auf ein Paradox, ein Dilemma, eine Sinnlosigkeit stoßen, dort, wo der Meister der Renaissance überhaupt keine Zweifel hatte. Die Zehennägel an Gottes Füßen sind kurz. Wenn Gott mit seinem Körper dem Menschen gleicht, müßten die Nägel wachsen. Wenn er seit Ewigkeiten währt, wären sie zu Hornschlangen ausgewachsen, die aus den bloßen Zehen zu allen Galaxien gleichzeitig sprießen, würden sie den Himmel ausfüllen mit Bächen von ineinander verquicktem, sich windendem Horn. Ist das möglich, soll man so malen? Und gesteht man sich ein, daß dies nicht der Weg ist, so taucht das Problem der göttlichen Pediküre auf. Die Zehennägel sind deshalb kurz, weil sie beschnitten werden oder weil ein Wunder gewirkt hat – wer imstande ist, Sonnen aufzuhalten, kann auch das Wachstum der Nägel aufhalten. Beide Auswege sind unzulässig, der erste riecht nach Friseursalon, der zweite mutet an wie der geschmacklose Einfall eines Atheisten und beide – wie eine Gotteslästerung. Die Nägel haben kurz zu sein ohne jede Nachforschung und Analyse.

Hier stoßen wir auf die erlösende Beschränkung, die das Entstehen großer Kunst ermöglicht, in der eine Antwort auf eine potentiell endlose Fragerei durch den Glaubensakt ersetzt wird. Natürlich muß der Rigorismus, den die Liturgie aufzwingt, verinnerlicht werden, muß er ein gutwillig angezogenes, flammendes Bußhemd der Seele sein, die Grenze, die mit heißem Herzen bekundet und nicht durch Polizei bewacht wird. Es gibt ja mystische und polizeiliche Beschränkungen, aber wenn die letzteren keine berühmten Werke hervorbringen können, dann nur, weil ein Polizist andere kontrolliert und kein beseelter Funktionär der eigenen Kunst ist, der sich in die Gebete der Dienstanweisungen vertieft. Folglich muß das Verbot von hoch oben kommen, die Grenze muß offenbart sein und von einem glühenden Herzen hingenommen werden, das nicht nach Gründen und nach Vollmachten fragt; sie darf nicht in Frage gestellt werden, ebensowenig wie man Blätter, Sterne oder den Sand unter den Füßen anzweifelt. Der Glaube muß in einer völlig unelastischen, absoluten Realität Gestalt annehmen, und erst in einer solchen Fesselung vermag der Geist demutsvoll, jedoch bemüht, in ständigem Gehorsam sich und die Welt darzustellen (und ihm ist dabei nur sehr wenig erfinderischer Spielraum belassen), ein großes Werk im engsten Streifen der Freiheit zu schaffen. Das gilt für alle Formen der Kunst, denen tödlicher Ernst patronisiert und die die Distanz, die Ironie, den Spott illusorisch machen – denn kann man sich über den Kies, über die Flügel eines Vogels, über den Mond- und den Sonnenuntergang lustig machen? So ist zum Beispiel der Tanz nur eine bemäntelte Freiheit – der Tänzer täuscht sie vor, in Wirklichkeit ist er der Tyrannei der Partitur auf vollkommene Weise untergeordnet, die jede seiner im vorhinein komponierten Bewegungen reguliert, während der individuelle Ausdruck in den engsten Fugen des Interpretationsspielraums entsteht.

Gewiß, man kann solche erhabenen Beschränkungen auch außerhalb der Religion finden, aber dann muß man ihnen einen geradezu sakralen Rang verleihen, muß daran glauben, daß sie notwendig und nicht ersonnen sind. Das Wissen, daß man auch ganz anders könne, das Verwerfen der unumstößlichen Notwendigkeit zugunsten eines Ozeans bewußt gewordener Techniken, Stile, Kunstgriffe, Methoden lähmt das Denken und die Hände durch die Freiheit der Wahl. Der Künstler windet sich ohnmächtig, ähnlich wie ein Kosmonaut, im schwerelosen Raum – ohne den erlösenden Widerstand der Nachbarschaft, ohne die rettenden Grenzen.

In jener frühen, bürokratischen Phase meines Schaffens war ich ganz nahe an diese sakralen Quellen gelangt, aus denen die Kunst sprudelt! Als Ausgangspunkt, mehr noch, als unerschütterliche Grundlage hatte ich den Ausweis genommen, so wie Michelangelo die Throne, die Paradiese und die Seraphim hinnahm. Wer aber meinte, daß ich mich damals hemmungslos Phantastereien hingegeben habe, der irrt sich gewaltig. Ich war ein eifriger Sklave der Amtsstubenliturgie, ein untergeordneter Beamter der Genesis, aus einem pausbäckigen Pennäler wurde ich ein Abschreiber des zu ei-

nem Verhaltenskodex modernisierten Dekalogs, ein Büro-
krat, der in administrativer Inspiration die »dienstliche Gnade« reglementierte. Heute, in der düsteren Phase bewußten
Schaffens, hätte ich die Sache und das Thema sicherlich ad
absurdum geführt, indem ich mir Genehmigungen für die
Bewegungsfreiheit von Milchstraßen ausdenken und Reife-
zeugnisse für geologische Epochen ausstellen würde. Aber
damals, als ich, ebenso wie Michelangelo bei den Zehennä-
geln, nicht danach fragte, woher die Organe das Recht näh-
men, Neugeborenen Identitätspapiere zu gewähren, setzte ich
unwillkürlich in dem Zustand der Unschuld, in dem mir das
überhaupt nicht in den Sinn kam, den Ausweis mit dem Absoluten gleich und betrat die Schwelle der Kunst. Indem ich
auf die Buchstaben und auf die Stempel achtgab, und über
die Ordnung der Numerierung auf den Vollmachten, über
die Genauigkeit der Signaturen wachte, die die Gültigkeit
verliehen, befand ich mich in der prästabilierten Harmonie
mit der Paßorthodoxie, der jegliche Zweifel und Unschlüs-
sigkeiten, als außerendliche Begriffe, vollkommen fremd sein
müssen.

Meine ersten Schritte waren klein, unsicher, aber sie führten in die geeignete Richtung. Niemals übertrat ich meine
Befugnisse, obwohl oder vielleicht gerade weil ich nicht wußte, wer – das heißt wessen Hand – ich war. Zunächst also
füllte ich bereits die fertigen Legitimationen – die Personalausweise von Königen und Kanzlern – nicht namentlich aus.
Das gehörte nicht zu meinen Obliegenheiten, ich ließ den
Platz für Fotos, Namen und Unterschriften der künftigen
Inhaber frei. Jene Dokumente hingegen, die auf den Inhaber

ausgestellt waren, bewahrte ich in einem besonderen, mit zwei Knöpfen zu verschließenden Fach des Tornisters auf, damit sie nicht in unbefugte Hände gerieten. In Schatzangelegenheiten war ich außergewöhnlich umsichtig, um schon im Keime die Möglichkeit eines Mißbrauchs oder Unterschleifs zu unterbinden. So machte ich denn genaue Angaben über die Summe, die Menge, die Zahlkraft der monetären Mittel, ging von zunächst unbestimmtem, unpräzisiertem Gold zu Barren, Platten, Stäben über (die Anweisungen enthielten eine Beschreibung des Goldstabes, den ich in Übereinstimmung mit dem Physiklehrbuch standardisierte – als Muster diente mir jener Platin-Iridium-Stab, der in Sèvres bei Paris aufbewahrt wird und das Urmaß des Meters bildet) – ich definierte sogar die Abmessungen der Nuggets, dieser Goldklümpchen aus Karl May und Jack London, zahlbar in Ledersäcken, die mit Lassostücken zugebunden wurden. Und nachdem ich aus Professor Wyrobeks Werk »Die Wunder der Natur« die erforderlichen Kenntnisse erworben hatte, gestattete ich die Auslieferung von Rubinen, Spinellen, Chalzedonen, Chrysoprasen, Tetraedriten und Opalen, wobei ich auf den Kontrollabschnitten den Glanz, die Form des Schliffs und die Stückzahl festlegte; ich stellte auch Pässe mit besonderen Gratifikationen aus und mußte dabei schwierige Probleme lösen. So zum Beispiel, ob es schicklich sei, auf dem Amtswege etwa Platingedecke zu verschenken. Ein glücklicher Dienstinstinkt suggerierte mir, daß sich das nicht zieme, daß überhaupt Wörter wie »Gabe« oder »verschenken« in der Pragmatik nicht vorkommen dürfen – anders hingegen solche wie »herausgeben«, »zuweisen«, »auszahlen«. Eine goldene Kette kann man zur Not am Hals tragen, während von einem Gedeck, selbst wenn es aus Platin ist, jemand essen kann, was im Bereich exakten Kanzleidenkens geradezu unanständig ist. O nein, es war nicht Habgier, was mich dazu bewog, einen ganzen Regen von Perlen (aber bis auf den letzten Tropfen durchgerechnet), eine freigebige Sturzflut von Smaragden auszuschütten, denn die Zahlungsmittel bildeten einfach ein unvermeidliches Element des von mir geschaffenen Seins. Ich druckte ja auch besondere Passierscheine, die sich ebenfalls zu einer steilen Hierarchie auftürmten – für das Außentor, für das Mitteltor, ferner für die erste Tür, für die zweite, für die dritte, obendrein versehen mit besonderen Kupons, die von den Wachen abgerissen werden mußten. Die darauffolgenden, immer tiefer ins Innere führenden Durchgänge, die streng bewachten Passagen, die zunächst in der niederen Beamtensprache unverblümt genannt wurden, später aber nur unter chiffrierten Andeutungen bekannt waren, implizierten nach und nach, aber zwangsläufig ein aus dem Nichts emportauchendes Gebilde, den Bau aller Bauten, ein Schloß, so hoch, daß man es nicht mit dem Auge erfassen konnte, mit seinem nie, nicht einmal in einem Anfall größter Kühnheit genannten Geheimnis des Inneren – vor dem man sich zu legitimieren hatte, nachdem alle Wege, Schwellen und Wachen passiert waren!

Das sagt sich jetzt so leicht, aber ich bewegte mich mit meinen Minuskeln und Majuskeln, die ich mit einer wahren Ameisengeduld malte, auf einem Umkreis, der weit von jenem Zentrum entfernt war, als ein gewissenhafter, demütiger Schreiber, ein beinahe mittelalterlicher Kalligraph, dessen Inkunabel, man weiß nicht wie und wann, die Grenze überschreitet, die eine Schwarte von einem wertvollen Buch, das Produkt eines Skribenten vom Werk eines Schriftstellers, den Kopisten vom Künstler trennt.

Während ich Geläufigkeit in der Form gewann und sogar rote Tusche verwandte, um die Dienstskala zu erweitern, blieb ich vernünftigerweise, offenbar dem Instinkt folgend, vorsichtig im Inhalt. Ich vermied es nicht nur beim Verleihen von Königreichen, leichtsinnig zu schalten und zu walten, sondern gestattete auch in keinem dieser Reiche, daß jemand übermäßig viel Macht erhielt. Was hätte denn einfacher als ein universeller Geleitbrief sein können, der unterschiedslos alle, aber auch wirklich alle Türen der Schloßmauern und Schatzkeller öffnen würde? Es mag mir also zum Ruhme gereichen, daß ich ein solches Dokument nie ausgestellt habe. Freilich – in gewissem Sinne war das wohl eine Folge meiner egoistischen Sorge um eigene Erfahrungen, obwohl ich diese verheimlichte. Ich erinnere mich an ein Paßformular, das eigens für einen ausgesandten Kontrolleur mit außerordentlichen Vollmachten gedruckt war. Jedes der mit einem anderen Buntstift gefärbten Abreißformulare erweiterte den Kreis seiner Befugnisse. Ich konnte mir auch leicht vorstellen, wie die Schließer mit leichtem Zögern die Riegel vor ihm zurückschieben würden, wenn er das erste Formular vorwies, ein gewöhnlicheres, gewiß für niedere Beamte, mit nur zwei dreieckigen Stempeln; wie er dann – ein wenig abgekehrt – ein zweites, grünes, herausriß und die Offiziere bei seinem Anblick bereits Haltung annahmen, wie er im Wachraum eines höheren Stockwerks ein drittes und viertes auf den Tisch warf, strahlend weiß, mit einem blutroten runden Hauptstempel – während jene die zitternden Knie strafften, damit er durch ihr salutierendes Spalier gehen konnte, zur Hohen Tür, die der Generalbeschließer, vor einer Weile noch die Verkörperung der Unnahbarkeit selbst, in einer goldbetreßten Uniform, nunmehr ganz im Schweiße seiner eifrigen Dienstfertigkeit, mit beiden Händen achtunggebietend aufriß, bis der Laut des zurückschnappenden Schlosses mit dem diamantenen Geklimper seiner Orden in eins zusammenfloß und der majestätische Greis mit dem Blitzen des gezückten Säbels nicht der Person, die die Schwelle überschritt, die Ehre erwies, sondern dem unscheinbaren Rücken der Paßformulare, die der Emissär lässig in der Hand hielt! War das nicht eine wonnig prickelnde Vorstellung, diese herrliche Selbstüberbietung der Passierscheine, diese stetige Steigerung der Gewalt in dem genießerischen Dosieren von absolut legalen Vollmachten? Keine Schlachtenmalerei aus dem Repertoire Sienkiewiczs, kein Kanonendonner konnte sich mit dem leisen Rascheln der auf einen grauen Tisch inmitten grauer Schloßmauern fallenden Kupons der Macht vergleichen! Welche Magie barg doch der Hauptstempel, den selbst ich nicht zu begreifen oder zu erraten imstande war, denn seine Mitte füllte ein in sich geheimes Zeichen aus, das heißt ein Kode ohne Schlüssel, der davon zeugte, daß der Inhaber ein Gesandter des Unnennbaren ist!

War er ein Aufsichtsbeamter des Schöpfers, der Exekutor des Herrgotts selbst? Davon weiß ich nichts. Er kam von irgendwoher und sollte sich – nachdem seine Aufgabe erfüllt war – wieder in ein Nichts verwandeln.

Hatte ich mir wirklich alles so kunstvoll und exakt vorgestellt? Ja und nein – denn da ich grundsätzlich nur Legitimationen ausfüllte, unterwarf ich mich zugleich ihrer Führung; es bildeten sich zwischen mir und ihnen besondere Bindungen und Spannungen, die bereits die weitere Richtung des Handelns aus sich heraus bestimmten – ich hatte sie nur zu erraten. Um es genau zu nehmen – ich dachte mir keine Geschichten aus, ich konstruierte keine Fabeln, es sei denn in Form nebulöser Umrisse, sondern sie entstanden von selbst und bevölkerten den leeren Raum zwischen den einzelnen Dokumenten. Die Papiere waren ja die Knotenpunkte eines verzwickten Dienstdramas, der Ursprung von Kräften, die – wie die Sonne die Planeten – Throne, Wachen und Mannschaften bewegten. Dadurch aber mußte ich, obwohl ich es gar nicht wollte, mit meinen Ausweisen stets an jedem Ort und in jedem Augenblick gegenwärtig sein, wo sonst – in kritischen Situationen – die Sache, der Staat, die Welt ohne das Vorweisen der entsprechenden Papiere zusammenschrumpfen, verwelken, dahinsiechen müßten. Die Legitimationen waren somit keine Zäsuren einer nicht ein einziges Mal namentlich genannten Handlung, sondern ihre Schöpfer. Man beachte bitte, welch modernen Charakter meine Entdeckung aus der Gymnasialzeit hatte. Zunächst steigerte ich, obwohl mir die Regeln der schöpferischen Kunst unbekannt waren, den Ausdruck und den Eindruck, indem ich nichts, das heißt keine Person, keine Szene, unmittelbar beschrieb – alles, was ich in dem sich selbst komplizierenden Drama der amtlichen Existenz errichtete, war sekundäre Ableitung, Implikation, mutmaßliche Verlängerung; aus den einzelnen Ausweisen konnte und mußte man über die außerhalb ihrer gegenwärtigen Existenzen ebenso schlußfolgern, wie man aus einem gabelförmigen Schatten auf einen Baum, die Sonne, die Gesetze der Optik, des Himmels und der Erde schließt. Mehr noch, ich konzentrierte – ähnlich wie der Antiroman aus der zweiten Hälfte des 20. Jahrhunderts – als sein nichtsahnender Vorläufer meine gesamte Aufmerksamkeit auf die Gegenstände und ging in meinem asketischen Universalismus noch weiter als der Antiroman, den ich nicht einmal schrieb, weil ich – in äußerster Selbstbeschränkung – lediglich Formulare *in blanco* ausstellte! Und während ich das tat, verzichtete ich nicht nur auf die altmodischen Beschreibungen des naturkundlichen oder städtischen Hintergrundes, auf die Psychologie der Gestalten, auf die traditionellen Motive und Peripetien, die überflüssigen Verwicklungen der Fabelführung, sondern auch auf die gesamte nunmehr anachronistische Verbalistik der Literatur, angefangen bei den Sätzen bis hin zu den Attributen und Adverbien; ich benutzte weder alte noch neue Schemata, zitierte weder treffende Gedanken noch neckische Aussprüche, ich traf nur mit dem Stempel, mit der Reißfeder, mit dem Zahnrädchen jedesmal ins Schwarze – denn ich bewies durch eine so allseitige Resignation, durch die ebenso totalen Auslassungen, daß man die ganze Welt durch Schweigen auszudrücken vermag!

Mein behördlicher Höhenflug führte dazu, daß sich jene Papiere nicht mehr entlang einer einzigen zeitlichen Achse einreihen ließen, weil gewisse Existenzformen (zum Beispiel dynastische) durch zahlreiche entweder parallele oder ungleich verlaufende Versionen repräsentiert waren und andere sich zu mehrdimensionalen Archipeln ordneten. Während des Mathematik- und Lateinunterrichts, bei dem ich der Disziplin wegen nicht tätig werden konnte, überflog ich in Gedanken, indes ich dem Vortrag des Lehrers scheinbar Gehör schenkte, die Reihen der an diesem Tage ausgestellten Ausweise und delektierte mich in aller Gemächlichkeit an den kaleidoskopartigen Totalitäten, die sie bildeten – in Wechselfolgen gestaffelt, entlang derer die Phantasie eine unendliche Zahl von Varianten des konkreten Ablaufs der Ereignisse formen konnte.

Aber verstrickte ich mich nicht in diesem Labyrinth meiner Amtshandlungen? Ich führte ja keine Evidenzkarteien, denn ich handelte unter der momentanen Einflüsterung des Formgenius, kannte also nicht die Wege in dem Irrgarten der Papiere, und die Hauptfrage ist, ob ich mit dem gehörigen Elan irrte. Einmalige Irrtümer wären einfach nur Amtsstubenirrtümer gewesen, ein kleiner Fehler ist trivial, nur ein Klecks auf dem Foto des Seins, ein lokaler Fleck auf seinem getreuen und somit gänzlich sekundären Abbild. Erst ein ganzes, gehörig kompliziertes Gebäude von Irrtümern kann für den Geist zur Wohnung, zum Sitz autonomer Bedeutungen werden, ein Bau, der von seinen Urbildern immer unabhängiger ist, eine vom naturalistischen Diktat befreite Version der Erscheinungen – mit einem Wort, eine neue Redaktion der Existenz, die zur gegebenen oppositionell eingestellt ist. Die Kulmination des Irrtums ist selbstverständlich das philosophische System, das heißt der Vorschlag von Werten, für die es sich lohnt, zu leben und zu sterben. Dies ist der Weg aufwärts, auf dem das Mißverständnis eine Offenbarung, die pathetische Lüge ein Epos, die der Logik zugefügte Gewalt Poesie und das hartnäckige Festhalten am Irrtum höchste Treue wird, zu der ein Mensch fähig ist.

Ich hoffe, daß ich diese Bedingungen mit meiner gymnasialen Papyromachie erfüllt habe. Ich habe Papiere ausgestellt, die so dumm redigiert waren, daß sich ihre Dummheit zur Perversität auswuchs (zum Beispiel dann, wenn ich bei Palastrevolutionen den Verschwörern Ausweise und Vollmachten für den Königsmord zuwies), die so sehr der Logik hohnsprachen, daß sie jeden gewöhnlichen Sinn einbüßten und dafür einen lyrischen annahmen. Indem ich die dynastischen Numerierungen durcheinanderbrachte, die Folter- und die Schatzkammern, die Stäbe und die Dienstvorschriften miteinander vermengte, befreite ich die Angelegenheit aus den physischen Fesseln des Raums und der Zeit und schuf dadurch, daß ich mit den einen Dokumenten den anderen widersprach, daß ich die Paragraphen mit den Köpfen zusammenschlug, daß ich Krönungen, Geburten, Hinrichtungen rückgängig machte, mit einem Wort – daß ich aus purem Eifer das Verbrechen Crimen Laesae Legitimationis beging, Chancen einer bereits eschatologischen Auslegung dienstlicher Dramen.

Gewiß, jene Widersprüche waren ja nur die Spuren der stempelnden Hand, die in automatischer Trance, in rauschhafter Trunkenheit handelte, jedoch ein intelligentes Wohlwollen des mutmaßlichen Empfängers hätte nicht nur dieses ganze Durcheinander in Ordnung bringen, sondern ihm auch den neuen, nunmehr diabolischen Sinn verleihen können, daß das keine zufälligen Schnitzer seien, sondern Seismogramme geheimer Kämpfe, die suggerierten, daß sogar innerhalb der Büros selbst keine totale Einmütigkeit und Einigkeit herrsche, sondern daß auch dort grausame Antagonismen und verräterische Leidenschaften heimlich miteinander ringen, daß die einen Büros insgeheim die Rechte anderer aushöhlen, daß auch die höchsten nicht eigenmächtig über den Hauptstempel und die ihm beigeordneten Bereiche der weniger wichtigen unangefochten walten, sondern in arger Verquickung und verbissener Verwirrung um ihn, um sie herumkreisen, und diese stummen Umdrehungen der Behördenkämpfe gleichen sich – durch ihre Ausweglosigkeit und Unwiderruflichkeit – dem ewigen Kreisen der Welten an. Und da ich nicht nur irrte, sondern mich auch ständig in meinen Dokumenten wiederholte, assistierten dem schöpferischen Akt zwei höchst moderne Geister – die Unklarheit im Einvernehmen mit der Langeweile.

Warum jedoch – wird mancher fragen – wage ich es, ein solches Wohlwollen der Empfänger für das Gekritzel eines fettleibigen Gymnasialschülers zu verlangen, da auch ein Scherz das Maß nicht überschreiten darf? Darauf antworte ich: Wir verschweigen zu schamhaft die absolute Unerläßlichkeit des menschlichen Wohlwollens, wenn wir von der Kunst reden, denn wir erziehen sowohl in der Überzeugung, wie wir auch darin erzogen werden, daß sich die Kunstwerke nur unwesentlich von einer im Dämmer liegenden Harke unterscheiden. Wer auf sie tritt, bekommt einen Schlag an den Kopf, daß ihm Hören und Sehen vergeht, und nicht anders soll es sich mit einem hervorragenden Werk verhalten: Wer sich an dieses heranwagt, den erfaßt plötzliche, unverhoffte

Begeisterung. Diese edle Lüge ist allgemein verbreitet: Als ich ein paar Jahre nach den hier geschilderten Angelegenheiten von der Gestapo aus der »ausgeflogenen« Wohnung fliehen mußte und unter den persönlichen Gegenständen ein Heft mit in Schönschrift eingetragenen Gedichten zurückließ, mischte sich in das Bedauern über den Verlust, den die nationale Kultur dadurch erlitten habe, die feste Überzeugung von jenem ästhetischen Schlag, den diejenigen meiner Verfolger empfangen haben mußten, die des Polnischen mächtig waren. Etwas später war ich schon klüger und errötete bereits bei diesem Gedanken, aber nur, weil ich die schreckliche Graphomanie meiner Sonette und Achtzeiler ergründet hatte – ich schämte mich also ihrer schändlichen Qualität bis zum Erröten und begriff weiterhin nicht, daß die Qualität der Poesie in dieser Lage gar keine Bedeutung hatte. Unsere Welt sähe anders aus, wenn man darin durch geniale Dichtung auf die Seelen der Gestapoleute einwirken könnte. Mit Hilfe der Kunst kann man niemanden vergewaltigen – wir begeistern uns an ihr, wenn wir begeistert sein wollen. Gombrowicz hat uns bereits die Augen für das geöffnet, was das Element des gegenseitigen Dopings, des Fallens auf fremde Knie und des Überbietens in beglaubigten Verzückungen, also die kollektive Schwindelei und Verlogenheit ausmacht, aber es gibt da noch etwas mehr, von der besseren Sorte, nämlich das Lesetalent. Jedes Kind vermag das »Aschenbrödel« als tugendsames Märchen zu begreifen, aber wie soll man ohne Raffinement und ohne Freud darin ein Ballett der Perversion erkennen, das von einem Sadisten für Masochisten geschaffen wurde? Die Frage danach, ob die Unzüchtigkeit im Märchen getarnt auftrete, zeugt heute nur noch von der Naivität des Fragenden. Er wird dann untrüglich behaupten, daß Robbe-Grillets Detektiv aus »Les Gommes« ein Pfuscher in seinem Beruf sei, weil dies die buchstäbliche Aussage des Werkes ist, und das widerspruchsvolle Verhalten Hamlets resultiert für ihn daraus, daß Shakespeare zu viele divergierende Elemente aus den vorhergehenden Versionen dieses Dramas übernommen habe.

Der Theoretiker der Moderne wird als Antwort darauf mit dem Finger zum Himmel zeigen, an dem – wenn man die Dinge buchstäblich nimmt – die Sterne wie Kraut und Rüben verteilt sind, während doch gut bekannt ist, daß sie sich in die zodiakalen Gestalten von Göttern, Tieren und Menschen ordnen. Wir können ja überhaupt ein Werk allein schon dadurch, wie wir es auf der Bühne unseres Geistes beim Lesen vor den Hintergrund stellen, den wir ihm beizugeben geruhen, entweder adeln oder zur Seichtheit verurteilen. Das ist kein passiver Hintergrund, sondern ein Bezugssystem, in dem sich ein unnatürlich angebrochener Stock als die japanische Stilisierung eines Zweiges und ein schartiger Stein als eine Skulptur erweisen kann, die den Geist unserer zerbrechenden Zeiten verkörpert. So kann man an ein und derselben Stelle »falsch!«, »unhaltbar!« rufen – oder eben, umgekehrt: »Geniale Dissonanz!«, »Ein durch absichtliche Risse in der Schale der logischen Zusammenhänge aufgezeigter Abgrund!«. Gewiß, nicht jeder erlaubt sich, einem Werk willkürlich einen neuen Hintergrund zuzuordnen, damit befassen sich gewöhnlich Experten, die häufig auch von sich aus weder das Was noch das Wie kennen, woher denn auch all die Streitigkeiten, Zankereien und Beratungen und auch die wachsenden Schwierigkeiten herrühren, denn die Künstler reden immer undeutlicher, so daß man sie kaum noch begreifen kann, und sie tun dies, damit die Früchte ihrer Bemühungen semantische Kaleidoskope werden. Gewiß – die Gremien und Gerusien sind dem schöpferischen Beginnen von Gymnasiasten noch nicht sehr wohlgesinnt, aber da wir bereits den Mechanismus der Erscheinungen kennen, sei es uns wenigstens gestattet, mit dem gleichen Recht wie andere um wohlwollende Kunst zu werben, und das nicht nur im eigenen Interesse, denn wir vermuten, daß in den verstaubten Bibliotheken noch viele unentdeckte Canettis und Musils, noch viele Werke existieren, die nie zur vollen Pracht erwachen werden, wenn wir ihnen nicht in der dargestellten Weise beistehen.

Mit meinen zwölf Jahren hatte ich jedoch nicht die geringste Ahnung davon. Skrupulös mit Einengen sogar monarchischer Befugnisse, verschwand ich, der ich bei dieser emsigen Arbeit selbst namenlos war, in dem geschaffenen Werk – ich blieb maßvoll, ließ es nicht zu einer Inflation der Papiere kommen und vermochte dank dieser so rücksichtslos praktizierten Bescheidenheit das Sakrale mit dem Realistischen zu vereinen. Sakral war es insofern, als ich instinktiv voraussetzte, daß am Anfang die Legitimation war; und realistisch, weil mir der *Genius temporis* selbst dieses Handeln einflüsterte. Wenn mir daher irgendwo sogar ein allgewaltiger Gesamtpersonalausweis vorschwebte, das Allererlauchteste Papier, beschwert von den Siegeln roter Wachssonnen, in Girlanden vielfarbiger Schnüre, gezeugt *summis auspiciis* eines Chaos, in dem die Paragraphen und die Kartotheken noch in einem Zustand kreisten, der frei von der Dienstleiter war (die in einem anderen Zusammenhang die Leiter zum Himmel geworden ist), so wies ich doch diese Versuchung, diese lästerlichen Schwärmereien, das gierige Gelüst, bis in den Kern vorzudringen, weit von mir, als ahnte ich die Vergeblichkeit eines solchen Anschlags, dieses von vornherein zum Scheitern verurteilten Versuchs, und nur durch meinen Starrsinn im pedantischen Spezifizieren, dadurch, daß ich im Zuge der Amtshandlung einen Stoß Anweisungen auf hundert Sack grobkörnigen Goldsandes für den Scheininhaber verpraßte (aber nur für den, der zugleich die Vollmacht Fünften Ranges vorweisen konnte), dann wieder einen mit Silberdraht zusammengenähten Paß eines Henkers der II. Stufe ausstellte, indem ich auf meinem Pult das Sein mit der Pflicht verknüpfte, erhob ich die von Natur aus tote und unfruchtbare bürokratische Tätigkeit unter dem Schutz einer kleinen Mauer von Lehrbüchern in den Rang des Künstlerischen. Ich schwang mich auf den Flügeln der Ausweise über das irdische Jammertal empor und entriß, frei schwebend, durch einen Federstrich und durch die Perforierung mit einem Weckerzahnrädchen dem Nichtsein unermeßliche Welten. Dadurch aber schuf ich, nicht ganz dreizehnjährig, indem ich die Literatur mit der Plastik kreuzte (zum Kreieren von Dokumenten benötigte man beide), eine neue Richtung, nämlich den Legitimationismus – das heißt ein sakral-bürokratisches Schaffen mit einem metaphysischen Doppelpatron, dem scharfsinnigen heiligen Petrus und Polizisten in einer Person, denn dieser Ausweis ist ja zum Vorzeigen da.

Selbstverständlich glaubte ich nicht an mein Werk – ich unterhielt mich damit ja nur im Geschichts-, Erdkunde- und sogar, o Schande, im Polnischunterricht ... und dennoch ... Nie und niemandem habe ich auch nur den kleinsten Zipfel dieser Papiere gezeigt, und ich hatte mich in einen solchen Geisteszustand versetzt, daß ich, hätte ich auf der Straße einen auf einen Inhaber ausgestellten Ausweis gefunden, der diesen berechtigte, unter dem Sandberg einen Schatz auszugraben, darüber vielleicht vor Freude – nicht aber vor Verwunderung wahnsinnig geworden wäre ... Es fällt mir nämlich sehr schwer, das auszudrücken – es war ein wenig so, als wüßte ich, daß ich keine echten Papiere produzierte, aber gleichzeitig spürte, daß – trotzdem – ein Schimmer der Wahrheit auf sie fiel. Daß all dies also nicht gänzlich und vollkommen unsinnig sei, obschon es gleichzeitig, aber nur im wörtlichen Sinne so war: Ich wußte ja, daß niemand auf meine Anweisungen einen Rubin, ja nicht einmal einen roten Heller geben würde; aber wenn ich auch nicht jene klingenden Werte schuf, so kreierte ich doch andere. Welche? Werte an sich, wie die Dome zu Orvieto und zu Siena, die der Atheist irgendwie zu mindern trachtet, damit er sie ertragen kann, indem er behauptet, es seien sehr große Gebäude, abwechselnd schwarz und weiß gestreift wie ein Schlafanzug.

Gewiß, unendlich viel leichter hätte man meinen Dom auslachen und auf ein Nichts reduzieren können, da er ja nicht so materiell war wie jene – nicht weil der Baustoff unbeständig gewesen wäre, sondern lediglich deshalb, weil jene einfach da sind, während meiner nur ein Gleichnis war oder – wie ein moderner Kybernetiker das formulieren würde – ein analoges, vieldeutiges Modell jener Beziehungen, die man in der Welt unterscheiden kann. Doch das hätte ich nun wirklich weder ergründen noch verstehen können. Da ich durch die Haut fühlte, daß niemand Dinge, die ich nicht einmal auszudrücken vermochte, selbst vermuten und meinen Infantilismus erkennen würde, schwieg ich und wahrte das Geheimnis. Die Werke jener Periode sind leider verlorengegangen, auch die wertvollsten, wie das Dekret über die Gymnastik, mit der durch ein Zweigroschenstück geprägten Serie seltener kleiner Stempel, das ich noch durch das Stück eines gelben Schnürsenkels verstärkte, den ich in der großen Pause vom Schuh abschnitt, oder wie die Genehmigung zur Gefangennahme von Ausgesuchten Personen, gedruckt in roter Chiffre, mit Zeichen, die auf den Geheimschlüssel I. Klasse bezogen waren (über Chiffren wußte ich hauptsächlich aus den »Abenteuern des braven Soldaten Schwejk« Bescheid). Die Werke sind unwiederbringlich verloren, jedoch geblieben ist der Weg – als eine vielversprechende, genau aufgezeigte Richtung. [...]

DIE STIMME DES HERRN

Vorwort

Wenn ich auch viele Leser durch die nachfolgenden Worte vor den Kopf stoßen werde, halte ich es dennoch für meine Pflicht, sie auszusprechen. Bücher wie dieses habe ich bislang nicht geschrieben, und da es nicht der Brauch ist, daß ein Mathematiker seinen Arbeiten Ergüsse persönlicher Natur vorausschickt, könnte ich sie mir sparen.

Auf Grund von Umständen, die sich meinem Einfluß entzogen, wurde ich in Ereignisse verwickelt, die ich darstellen möchte. Die Gründe, die mich veranlassen, dieser Schilderung eine Art Bekenntnis voranzustellen, werden sich später klären. Wer über sich selbst reden will, muß sich für ein bestimmtes Bezugssystem entscheiden; möge meine jüngst erschienene Biographie aus der Feder von Professor Harold Yowitt als solches gelten. Yowitt nennt mich einen Geist allergrößten Formats, da ich stets die schwierigsten der heute zugänglichen Probleme angegangen sei. Er verweist darauf, daß mein Name immer dort zu finden gewesen sei, wo an einer radikalen Destruktion der wissenschaftlichen Überlieferung und an der Begründung neuer Theorien gearbeitet wurde, etwa bei der mathematischen Revolution, bei der Physikalisierung der Ethik oder beim »MAVO«-Projekt.

Als ich in der Lektüre bis zu der Stelle gediehen war, wo von Destruktion die Rede ist, erwartete ich hinter den Worten über meine zerstörerischen Neigungen weiterführende und kühnere Schlußfolgerungen und wähnte, endlich einen Biographen gefunden zu haben, was mich im übrigen durchaus nicht freute, denn sich selber zu entblößen ist noch immer nicht dasselbe wie – entblößt zu werden. Yowitt jedoch kehrt, gewissermaßen erschrocken über den eigenen Scharfsinn, dann – inkonsequent – zu der landläufigen Version über meine Person als eines ebenso arbeitswütigen wie bescheidenen Genies zurück und führt sogar ein paar Anekdoten aus dem eisernen Repertoire über mich an.

Ich konnte dieses Buch also getrost zu meinen anderen Biographien ins Regal zurückstellen, weil es mir seinerzeit nie in den Sinn gekommen wäre, daß ich in Bälde gegen den lobhudlerischen Porträtisten antreten würde. Dabei bemerkte ich, daß auf dem Regal nicht mehr viel Platz war. Mir fiel ein, daß ich einmal zu Yvor Baloyne gesagt hatte, ich würde sterben, wenn das Regal voll sei. Er hatte das für einen Scherz gehalten, und ich hatte nicht widersprochen, obwohl ich meine ehrliche Überzeugung geäußert hatte, deren Albernheit ihre Echtheit in nichts schmälert. Ich hatte also, um auf Yowitt zurückzukommen, noch einmal Glück gehabt oder, wie man will, auch kein Glück gehabt und bleibe, obwohl ich in meinem zweiundsechzigsten Lebensjahr achtundzwanzig meiner Person gewidmete Folianten besitze, vollkommen unbekannt. Darf man im übrigen so reden?

Professor Yowitt schrieb über mich nach Regeln, die nicht er aufgestellt hat. Nicht alle Personen der Öffentlichkeit dürfen auf die gleiche Art betrachtet werden. Der Kleinheit großer Künstler darf man mittlerweile nachspüren, und manche Biographen scheinen nachgerade zu glauben, eine Künstlerseele müsse mit kleinen Gemeinheiten abgepolstert sein. Großen Gelehrten gegenüber ist noch immer das alte Schema verbindlich. Den Künstler erkennen wir bereits als an seinen Körper geschmiedeten Geist, ein Literaturwissenschaftler darf sich über die Homosexualität eines Oscar Wilde auslassen, doch man kann sich schwerlich einen Wissenschaftshistoriker vorstellen, der sich analog dazu mit den Schöpfern der Physik befaßt. Die haben unanfechtbar, vollkommen zu sein, und die historische Veränderung besteht allein in unterschiedlichen Angaben über ihren Aufenthaltsort. Ein Politiker darf ein Schurke sein, ohne aufzuhören, ein großer Politiker zu sein, ein genialer Schurke hingegen, das ist eine Contradictio in adjecto: Schurkenhaftigkeit macht Genialität hinfällig. Das verlangen heute die Regeln.

Eine Psychoanalytiker-Gruppe aus Michigan versuchte zwar, diesen Zustand zu ändern, doch hat sie die Sünde der Trivialität begangen. Den Hang zum Theoretisieren, der bei Physikern zutage tritt, leiteten diese Forscher aus sexuellen Hemmungen ab. Die psychoanalytische Lehre entdeckt das Tier im Menschen, das vom Gewissen derart fatal zugeritten wird, daß sich das Tier unter dem frommen Reiter unwohl fühlt und der Reiter in seiner Position nicht minder, weil seine Anstrengung ja nicht nur dahin geht, das Tier zu bändigen, sondern es auch noch unsichtbar zu machen. Die Konzeption, nach der ein altes Tier in uns steckt, das die neue Vernunft ohne Sattel auf seinem Rücken trägt, ist ein Gemisch aus verschiedenen primitiven mythologischen Vorstellungen.

Die Psychoanalyse serviert uns die Wahrheit auf infantile, das heißt »gymnasiale« Weise: Brutal und überstürzt erfahren wir durch sie Dinge, die uns schockieren und uns daher zum Gehorsam zwingen. Es kommt mitunter vor, wie just in diesem Falle, daß eine sich zwar der Wahrheit nähernde, doch billige Vereinfachung gerade soviel taugt wie eine Lüge. Einmal mehr werden uns Dämon und Engel, Bestie und Gott, in manichäischer Umarmung verschlungen, vorgeführt, und noch einmal wird der Mensch durch seinesgleichen für unschuldig erklärt als ein Kampfplatz von Kräften, die in ihn gefahren sind, ihn ausstopfen und sich in seiner Haut breitmachen. Und so ist denn die Psychoanalyse vor allem ein »Gymnasialismus«. Skandale sollen uns den Menschen erklären, und das ganze Drama des Daseins spielt sich zwischen dem Schwein und dem sublimierten Wesen ab, in das die Anstrengung der Kultur dieses zu verwandeln vermag.

Und so müßte ich denn eigentlich Professor Yowitt dankbar dafür sein, daß er mein Bildnis im klassischen Stil gehalten und die Methode nicht bei den Psychologen von Michigan entliehen hat. Ich habe nicht vor, besser über mich zu sprechen, als sie es getan haben würden, aber zwischen einer Karikatur und einem Porträt ist immerhin ein Unterschied.

Ich glaube zwar nicht, daß jemand, der der Gegenstand von biographischen Arbeiten ist, über bessere Kenntnisse verfügt, als seine Biographen sie besitzen. Ihre Situation ist günstiger, weil sie Unklarheiten durch unzulängliche Angaben rechtfertigen können, was zu der Annahme berechtigt, daß der Beschriebene, wenn er lebte und dies wollte, ihnen die fehlenden Informationen hätte zur Verfügung stellen können. Der Beschriebene hingegen verfügt über nichts weiter als über Hypothesen zur eigenen Person, die wohl als seine Hervorbringungen, aber nicht unbedingt als jene fehlenden Bausteine Aufmerksamkeit verdienen mögen.

Bei genügendem Einfallsreichtum vermag eigentlich jeder eine ganze Reihe von eigenen Lebensläufen zu schreiben, die sich zu einer nur faktographisch geschlossenen Sammlung fügen. Selbst verständige, doch junge und also aus Unerfahrenheit naive Personen sehen darin nichts außer Zynismus. Sie sind im Irrtum, denn es handelt sich nicht um ein moralisches, sondern um ein erkenntnistheoretisches Problem. Die metaphysischen Glaubensrichtungen stehen keineswegs in ihrer Zahl den mannigfaltigen Glaubensvorstellungen nach, denen der Mensch zur eigenen Person anhängen kann – der Reihe nach, in verschiedenen Lebensabschnitten, und mitunter auch zur gleichen Zeit.

Und so behaupte ich auch nicht, ich könnte viel mehr als die Vorstellungen vermitteln, die ich seit ungefähr vierzig Jahren über mich habe, und als das einzige Besondere daran erscheint mir der Umstand, daß sie nicht schmeichelhaft für mich sind. Diese Unschmeichelhaftigkeit beschränkt sich jedoch nicht auf das »Herunterreißen der Maske«, welches der einzige dem Psychoanalytiker verfügbare Trick ist. Von einem genialen Menschen beispielsweise zu sagen, er sei moralisch ein Schwein gewesen, heißt noch nicht unbedingt, ihn dort zu treffen, wo womöglich seine private Schande sitzt. Ein »den Gipfel der Epoche erreichender Intellekt«, wie es bei Yowitt heißt, wird von solcherart Diagnose nicht berührt. Die Schmach des Genies kann seine intellektuelle Vergeblichkeit sein, die Selbsterkenntnis, wie wenig gesichert alles ist, was es vollbracht hat. Genialität, das ist nie aufhörendes Zweifeln – vor allem anderen. Jeder einzelne von den Großen hat sich jedoch dem Druck der Allgemeinheit gebeugt, hat die ihm zu Lebzeiten errichteten Denkmäler nicht zertrümmert und damit sich selbst nicht in Zweifel gezogen.

Wenn ich als Person mit Genie, das mir von mehreren Dutzend gelehrten Biographen bescheinigt wird, überhaupt irgend etwas über geistige Höhepunkte aussagen kann, dann nur so viel, daß die Klarheit des Denkens ein lichter Punkt auf einem Gelände unerschöpflicher Finsternis ist. Genie ist nicht einfach nur Licht, sondern vor allen Dingen beständiges Wahrnehmen des uns umgebenden Dunkels, und seine normale Feigheit besteht darin, sich im eigenen Glanze zu sonnen und, solange dies möglich ist, nicht über dessen Grenzen hinauszuschauen. Ungeachtet dessen, wieviel authentische Kraft ihm innewohnt, bleibt immer noch ein erheblicher Rest, der nur vorgetäuschte Kraft sein kann.

Für die grundlegenden Eigenschaften meines Charakters halte ich Feigheit, Bosheit und Stolz. Der Zufall wollte es, daß dieser Dreifaltigkeit ein ganz bestimmtes Talent zu Gebote stand, das sie zu verbergen wußte und scheinbar umwandelte, und dabei half ihm die Intelligenz, im Leben eine der nützlichsten Einrichtungen, um angeborene Eigenschaften zu maskieren, sofern eine solche Operation als wünschenswert erscheint. Seit über vierzig Jahren benehme ich mich wie ein hilfsbereiter und bescheidener Mensch, bar aller Merkmale professionellen Dünkels, weil ich mich in ebendiesem

Verhalten sehr lange und beharrlich geübt habe. Wie weit ich mich auch in meine Kindheit zurückversetze, immer war mein Leben von der Suche nach dem Bösen bestimmt, worüber ich mir übrigens verständlicherweise nicht im klaren war.

Meine Bosheit war isotrop und vollkommen uneigennützig. An weihevollen Orten, wie in der Kirche oder in der Nähe besonders würdiger Personen, dachte ich mit Vorliebe an Dinge, die mir verboten waren. Daß der Inhalt dieser Gedanken albern und kindisch war, will gar nichts besagen. Ich machte meine Experimente einfach auf der Ebene, der ich seinerzeit gewachsen war. Ich erinnere mich wirklich nicht, wann ich die ersten Versuche in dieser Richtung machte. Ich erinnere mich lediglich an den schneidenden Schmerz, die Wut, die Enttäuschung, die mich später jahrelang verfolgten, als sich herausstellte, daß ein Kopf, der voller schlechter Gedanken steckt, an keinem Ort und in niemandes Nähe vom Blitz getroffen wird, daß ein Ausscheren aus der richtigen Ordnung keinerlei, aber auch nicht die geringsten Konsequenzen nach sich zieht.

Wenn man so etwas überhaupt von einem nur wenige Jahre alten Kind sagen kann, dann wünschte ich mir jenen Blitz oder eine andere schreckliche Bestrafung und Buße herbei, forderte sie heraus und haßte den Ort meines Daseins, die Welt, dafür, daß sie mir bewiesen hatte, wie vergeblich alles Tun, also auch die böse Tat im Geiste, ist. Und so ließ ich meine Wut niemals an Tieren aus, ja nicht einmal am Gras, hingegen peitschte ich die Steine, den Sand, malträtierte ich Einrichtungsgegenstände, quälte das Wasser, und in Gedanken zertrümmerte ich die Sterne, um sie dafür zu bestrafen, daß ich ihnen gleichgültig war, und handelte so in einer Wut, die immer ohnmächtiger wurde, je besser ich begriff, wie lächerlich und töricht meine Handlungsweise war.

Etwas später hielt ich meinen Zustand, den ich durch Selbsterkenntnis erreicht hatte, für etwas wie ein schmerzliches Unglück, mit dem sich absolut nichts anfangen ließ, da es zu nichts nutze war. Ich sagte, meine Bosheit war isotrop: denn zuallererst bedachte ich mich selbst damit. Die Form meiner Hände, meiner Füße, meine Gesichtszüge verdrossen mich, sobald ich sie im Spiegel sah, so wie sie uns gewöhnlich nur an anderen ärgern und stören. Als ich noch größer wurde, fand ich, daß man so unmöglich leben könne. Schritt für Schritt beschloß ich, wie eigentlich ich zu sein hätte, und von Stund an strebte ich nur noch danach, mich an das einmal aufgestellte Programm zu halten – im übrigen mit wechselnder Konsequenz.

Eine Autobiographie, die damit beginnt, daß Bosheit im Verein mit Stolz und Feigheit als Grundlagen des Geistes aufgeführt werden, ist vom deterministischen Standpunkt aus mit einem logischen Trugschluß belastet. Denn wenn wir annehmen, daß alles in uns von vornherein angelegt ist, war auch mein Widerstand gegen die innere Bosheit schon angelegt, und der Unterschied zwischen mir und anderen besseren Menschen würde sich lediglich darauf beschränken, daß die Quelle der Handlungen jeweils anderswo zu suchen ist. Was jene aus freien Stücken tun, mit geringem Aufwand, weil sie doch einer natürlichen Neigung folgen, praktizierte ich ihr zum Trotz, also gewissermaßen künstlich. Aber ich selbst war es ja, der sich diese Taten abverlangte, mithin war ich – so betrachtet – in der Endbilanz dennoch zu Redlichkeit und Güte prädestiniert. Wie Demosthenes sich einen Stein in den stotternden Mund legte, so senkte ich mir Eisen in meinen Geist, um ihn gerade auszurichten.

Allein in dieser Gleichsetzung offenbart der Determinismus seinen ganzen Widersinn. Eine Schallplatte, auf der Engelsgesänge aufgezeichnet sind, ist moralisch nicht um ein Haar besser als eine, auf der Zeter- und Mordiogeschrei ertönt. Nach dem Determinismus war jemand, der besser sein wollte und es werden konnte, von vornherein dazu bestimmt, ebenso wie jemand, der es sein wollte, aber nicht sein konnte, oder auch jener, der nicht einmal versuchte, es sein zu wollen. Dieses Bild ist falsch, denn die auf der Platte aufgezeichneten Kampfgeräusche sind nicht der wirkliche Kampf. Da ich meinen Eigenaufwand kenne, darf ich behaupten, daß meine Kämpfe nicht eingebildet waren. Der Determinismus meint einfach etwas ganz anderes – die Kräfte, mit denen das physikalische Kalkül operiert, tun hier nichts zur Sache, ähnlich wie man ein Verbrechen nicht entschuldigen kann, indem man es in die Sprache atomarer Wahrscheinlichkeitsgrößen übersetzt.

In einem hat Yowitt unbestritten recht: Ich war immer auf das Schwierige aus. Gelegenheiten, wo ich meiner angeborenen Bosheit freien Lauf lassen konnte, verwarf ich für gewöhnlich als zu leicht. Wenn es auch sonderbar, ja sogar widersinnig klingen mag: Ich habe meinen Hang zum Bösen nicht überwunden, weil ich vom Guten als dem größeren Wert so angetan gewesen wäre, sondern ich habe so gehandelt, weil ich sein Vorhandensein in mir erst dann voll spürte. Für mich zählte die Anstrengung, die mit der Arithmetik der Moral nichts zu schaffen hat. Und so vermag ich wirklich und wahrhaftig nicht zu sagen, was aus mir geworden wäre, wenn nun die Veranlagung, nur Gutes zu tun, die erste angeborene Eigenschaft meiner Natur gewesen wäre. Wie gewöhnlich muß eine Überlegung, in welcher wir versuchen, uns selber in einer anderen als der vorgegebenen Gestalt zu erfassen, und dabei die Gesetze der Logik verletzen, sehr schnell Schiffbruch erleiden.

Ein einziges Mal entsagte ich nicht dem Bösen. Diese Erinnerung knüpft sich an den langen, grauenhaften Todeskampf meiner Mutter, die ich liebte und deren Auflösungsprozeß während der Krankheit ich zugleich überaus wach und gierig verfolgte. Ich war damals neun Jahre alt. Sie, die Heiterkeit, Kraft, ja nachgerade majestätische Ausgeglichenheit in Person, lag niedergestreckt in einem sich hinschleppenden und von den Ärzten hinausgezögerten Sterben. An ihrem Bett, in dem verdunkelten, von Arzeneigestank erfüllten Zimmer, hatte ich mich noch in der Gewalt, aber einmal, als ich sie verließ und schon die Tür hinter mir zugemacht hatte und sah, daß ich allein war, schnitt ich eine übermütige Grimasse zum Schlafzimmer hin, und weil mir das noch nicht genügte, rannte ich in mein Zimmer und tanzte keuchend, mit geballten Fäusten, vor dem Spiegel herum, während ich Fratzen schnitt und vor unbändiger Freude kicherte. Vor Freude? Ich verstand sehr wohl, daß meine Mutter im Sterben lag, und seit dem Morgen hatte ich mich der Verzweiflung überlassen, und diese Verzweiflung war ebenso echt wie jenes unterdrückte Kichern. Ich entsinne mich genau, wie es mich entsetzte, und gleichzeitig ließ ich damit alles hinter mir, was ich bisher erfahren hatte, und in diesem Schritt lag eine vernichtende Erleuchtung.

Noch in der Nacht, als ich allein lag, suchte ich zu begreifen, was geschehen war, und unfähig dazu, brachte ich mich mit der gebührenden Bemitleidung meiner selbst und meiner Mutter zu Tränen, bis ich einschlief. Ich hielt diese Tränen sicherlich für Sühne, doch danach, als ich die immer schlechteren Nachrichten, die die Ärzte meinem Vater brachten, erlauschte, begann alles von vorn. Ich fürchtete mich, auf mein Zimmer zu gehen, und suchte damals bewußt die Nähe von Menschen. Der erste Mensch, der mir Angst einjagte, war also ich selbst.

Der Tod meiner Mutter stürzte mich in eine kindliche Verzweiflung, die durch keinerlei Vorbehalte beeinträchtigt war. Mit ihrem letzten Atemzug endete die Faszination. Zusammen mit ihr erlosch die Angst. Diese Geschichte ist so undurchsichtig, daß ich nur Hypothesen aufzustellen vermag. Ich hatte den Niedergang eines Absolutums beobachtet, das sich als Täuschung entpuppte, einen schändlichen, obszönen Kampf, weil die Vollkommenheit dabei zerfiel wie der letzte Lumpen. Hier war die Ordnung des Lebens mit Füßen getreten worden, und obwohl die Menschen über mir das Repertoire dieser Ordnung sogar für derart düstere Gelegenheiten mit besonderen Beigaben ausstatteten, wollte dieses Beiwerk doch nicht zu dem passen, was da vor sich ging. Man kann nicht mit Würde, mit Anmut brüllen vor Schmerzen, ebensowenig wie vor Lust. In der Nachlässigkeit der

Zerstörung erahnte ich die Wahrheit. Vielleicht erkannte ich in dem, was da hereinbrach, die stärkere Seite, also entschied ich mich für sie, weil sie die Oberhand gewann.

Mein heimliches Lachen hatte nichts zu tun mit den Schmerzen meiner Mutter. Vor diesen Schmerzen empfand ich nur Angst, sie waren der unvermeidliche Begleiter des Sterbens, das begriff ich wohl. Wenn ich gekonnt hätte, ich hätte sie von ihren Schmerzen befreit, ich wünschte mir weder, daß sie litt, noch, daß sie starb. Zu einem wirklich vorhandenen Mörder wäre ich weinend und flehend hingestürzt, wie jedes andere Kind, doch da es den nicht gab, konnte ich lediglich die Perfidie der zugefügten Grausamkeit in mich aufnehmen. Ihr aufgedunsener Leib verwandelte sich allmählich in eine monströse Karikatur seiner selbst, verhöhnt und sich krümmend unter diesem Hohn. Mir blieb keine andere Wahl, als entweder mit ihr zu sterben oder sie zu verlachen, also wählte ich, Feigling, der ich war, das Gelächter des Verrats.

Ich kann nicht sagen, ob es wirklich so war. Der erste Lachkrampf packte mich beim Anblick der Zerstörung, und vielleicht wäre mir diese Erfahrung erspart geblieben, wenn meiner Mutter eine ästhetischere Todesart beschieden gewesen wäre, einem stillen Einschlafen vergleichbar, denn dies ist eine von den Menschen positiv bewertete Form. So war es jedoch nicht, und gezwungen, meinen eigenen Augen zu trauen, stand ich wehrlos. Der in früheren Epochen rechtzeitig herbeigeholte Chor der Klageweiber hätte das Gewimmer meiner Mutter übertönt. Die Degeneration der Kultur hat jedoch die magischen Praktiken zum Friseurhandwerk degradiert, denn der Bestattungsunternehmer – auch das hatte ich erlauscht – schlug meinem Vater verschiedene Gesichtsausdrücke vor, zu denen er ihre Todesgrimasse umformen könne. Daraufhin verließ mein Vater das Zimmer, und ich spürte für einen kurzen Augenblick, wie mich ein solidarisches Gefühl durchzuckte, weil ich ihn verstand. Ich dachte später unzählige Male an diese Agonie.

Die Version vom Lachen als Verrat erscheint mir unzureichend. Verrat ist das Ergebnis von Erkenntnis, was aber macht, daß uns die Zerstörung anzuziehen vermag? Was für eine finstere Hoffnung schöpft der Mensch aus ihr? Ihre totale Nutzlosigkeit vereitelt jede rationale Deutung. Diesen gierigen Zug haben zahlreiche Kulturen vergeblich zu ersticken getrachtet. Er ist etwas, das uns ebenso unwiderruflich mitgegeben ist wie unsere zwei Beine. Demjenigen, der bei seiner Suche nach der Ursache eine Hypothese des Vorbedachts nicht akzeptiert, weder in Gestalt der Vorsehung noch der des Teufels, bleibt lediglich das rationale Surrogat der Dämonologie: die Statistik. Aus dem verdunkelten Zimmer voller Zersetzungsgestank also führt die Spur zu meiner mathematischen Menschwerdung. Mit den Formeln der Stochastik versuchte ich den abscheulichen Zauber zu bannen. Aber auch dies ist nur eine Vermutung, folglich eine Selbstverteidigungsreaktion des Verstandes.

Ich weiß sehr wohl, daß sich das, was ich hier schreibe, zu meinen Gunsten verkehren ließe, wenn man unwesentlich die Akzente verschöbe, und irgendeiner meiner späteren Biographen wird versuchen, das zu tun. Er wird beweisen, daß ich mit meinem Intellekt meinen Charakter bezwungen und einen heldenhaften Sieg davongetragen habe, beschimpft aber habe ich mich aus einem Verlangen nach Selbstreinigung heraus. Ein solches Machwerk würde Freuds Spuren folgen: Er ist zum Ptolemäus der Psychologie geworden, denn ein jeder kann nun nach seinem Muster die menschlichen Phänomene ausdeuten, indem er Epizykel auf Epizykel schichtet: Dieses Gebäude spricht uns an, denn es ist ästhetisch. Er hat die idyllische Version gegen die Groteske ausgetauscht, ohne zu wissen, daß er ein Gefangener der Ästhetik bleibt. Als ob es darum ginge, in der Anthropologie die Oper durch die Tragikomödie zu ersetzen.

Mein postumer Biograph möge sich keine Umstände machen. Ich brauche keine Apologeten, all meine Anstrengung geht zurück auf eine von keinem Schuldgefühl behaftete Neugier. Ich wollte begreifen, ausschließlich begreifen, nichts weiter. Die Uneigennützigkeit des Bösen ist ja der einzige Anhaltspunkt im Menschen für die theologische Argumentation. Die Theodizee antwortet auf die Frage, woher eine Eigenschaft stammt, die weder in der Natur noch in der Kultur ihren Ursprung hat. Ein beständig tief in der Materie humanistischer Erfahrung steckender und dadurch anthropozentrischer Intellekt kann sich letztlich mit der Vision von einer Schöpfung abfinden, die einen leicht makabren Scherz darstellt.

Der Gedanke an einen Schöpfer, der sich ganz einfach amüsiert hat, ist verlockend, doch geraten wir dabei in einen Teufelskreis: Wir stellen ihn uns nicht boshaft vor, weil er uns so gemacht hat, sondern weil wir selbst so sind. Jene Nebensächlichkeit und totale Unbedeutendheit des Menschen dem Weltall gegenüber, von der uns die Wissenschaft Kunde gibt, macht indessen den manichäischen Mythos zu einem an Trivialität grenzenden primitiven Einfall.

Ich will es noch anders ausdrücken: Falls eine Schöpfung stattgefunden hat, was ich im übrigen gedanklich gar nicht zulasse, dann hatte das Wissen, das dafür unbedingt erforderlich war, bereits einen Stand erreicht, wo kein Platz mehr war für dümmliche Scherze. Alldieweil – und das ist eigentlich schon mein ganzes Credo – etwas wie eine vollkommene Weisheit des Bösen nicht möglich ist. Die logische Überlegung sagt mir, daß der Schöpfer kein kleiner Gauner, kein Manipulator sein kann, der sich ironisch an dem ergötzt, was er da schafft. Was wir für das Ergebnis eines boshaften Eingriffs halten, könnte allenfalls als gewöhnliche Fehlkalkulation, als Irrtum verstanden werden, dann aber begäben wir uns auf das Gebiet einer nicht existierenden Theologie fehlbarer Gottheiten. Nun, und eben die Domäne ihrer Baupraktiken ist nichts anderes als das Gebiet, auf dem ich mein Leben lang gearbeitet habe, das heißt die Statistik.

Jedes Kind macht unbewußt Entdeckungen, aus denen die Welten eines Gibbs und eines Boltzmann erwachsen sind, weil ihm die Wirklichkeit als eine Vielzahl von Möglichkeiten erscheint, die es leicht, gleichsam spontan, aussondern und zum Leben erwecken kann. Das Kind ist von vielen virtuellen Welten umgeben, der Pascalsche Kosmos, dieser im uhrwerkartigen Gang erstarrte, mäßig bewegliche Leichnam, ist ihm völlig fremd. Die versteinerte Ordnung der Reife zerstört später jenen ursprünglichen Reichtum. Wenn dieses Bild von der Kindheit einseitig erscheint, schon weil das Kind seiner Unwissenheit und nicht seiner Wahl die innere Freiheit verdankt, so ist dies letztes Endes jedes Bild. Aus dem Zusammenbruch der Phantasie habe ich nur ein paar Reste mit hinübergerettet – eine Art fortwährender Mißbilligung der Wirklichkeit, die im übrigen eher etwas mit Zorn zu tun hat denn mit Verneinung. Schon mein Lachen war eine Absage, womöglich eine wirksamere als der Selbstmord. Ich bekenne mich zu ihm mit meinen zweiundsechzig Jahren, die Mathematik aber war nur die spätere Konsequenz dieser Haltung. Sie war meine zweite Fahnenflucht.

Ich meine das im übertragenen Sinne – doch man wolle mich bis zu Ende anhören.

Ich verriet meine im Sterben liegende Mutter, also alle Menschen, ich entschied mich durch mein Gelächter für die ihnen überlegene Macht, wenn sie auch abscheulich war, weil ich keinen anderen Ausweg sah. Doch später machte ich die Erfahrung, daß ich diesen unseren Gegner, der alles ist, der sich auch in uns eingenistet hat, ebenfalls verraten konnte, zumindest bis zu einem bestimmten Grade, weil die Mathematik unabhängig ist von der Welt.

Die Zeit enthüllte mir, daß ich mich ein zweites Mal getäuscht hatte. Sich wirklich für den Tod und gegen das Leben und für die Mathematik, gegen die Welt zu entscheiden, geht nicht an. Eine wirkliche Entscheidung bedeutet nur den eigenen Untergang. Denn was immer wir auch tun, wir tun es innerhalb des Lebens, und die Erfahrung lehrt, daß auch die Mathematik kein vollkommener Zufluchtsort ist, denn sie ist in der Sprache zu Hause. Diese Pflanze der Information hat in der Welt Wurzeln geschlagen und in uns. Dieser Vergleich hat mich immer schon verfolgt, sogar als ich ihn

noch nicht in die Sprache eines Beweises zu übersetzen vermochte.

In der Mathematik suchte ich das, was kostbar gewesen
war an der Kindheit – die Vielzahl der Welten, die die Bande
zu der aufgezwungenen Welt so leicht zerreißt, als wohnte
dieser nicht die Kraft inne, die auch in uns selber steckt
und die nur tief genug verborgen liegt, damit wir ihr Vorhandensein vergessen können. Doch dann überzeugte ich mich
wie jeder Mathematiker staunend, wie umwerfend überraschend und unglaublich vielseitig jene Beschäftigung ist, die
anfangs einem Spiel zu ähneln scheint. Man dringt voller
Stolz in sie ein und trennt offen und sichtbar das Denken
von der Welt ab – durch willkürliche Entscheidungen, die
in ihrer Apodiktik der Schöpfung gleichkommen, nehmen
wir einen endgültigen Schnitt vor, der uns von jenem Ge-
wühl separieren soll, in dem wir zu leben haben.

Und siehe, just diese Absage, dieser ganz radikale Bruch
führt uns zum Kern der Erscheinungen, und die Flucht erweist sich als Eroberung, die Desertion als Begreifen und
der Bruch als Versöhnung. Doch zugleich machen wir die
Entdeckung, daß die Flucht nur eine scheinbare war, da wir
doch zu dem zurückkehren, vor dem wir davonzulaufen
suchten. Der Feind mausert sich zum Verbündeten, wir werden einer Reinigung teilhaftig, bei welcher die Welt uns schweigend zu erkennen gibt, daß wir sie nur durch sie selbst überwinden können. So ist die Furcht gebannt und verkehrt sich
in Faszination an jenem besonderen Zufluchtsort, wo die innersten Bereiche ja gerade wieder die Oberfläche unserer einen, einzigen Welt berühren.

Die Mathematik offenbart den Menschen niemals in dem Grade, bringt ihn niemals so zum Ausdruck, wie das jede andere menschliche Arbeit tut: Der Aufhebungsgrad der eigenen Körperlichkeit, den man in ihr erreicht, ist mit nichts vergleichbar. Durch diese Worte neugierig Gewordene verweise ich auf meine Arbeiten. Hier kann ich nur das eine sagen, daß die Welt der menschlichen Sprache ihre Gesetze eingeimpft hat, als die Sprache eben im Entstehen begriffen war. Mathematik schlummert in jedem gesprochenen Wort, und sie braucht nur aufgefunden, nicht aber erfunden zu werden.

Was an ihr die Krone ist, läßt sich nicht trennen von ihrer Wurzel, denn sie entstand nicht im Verlaufe von dreihundert oder achthundert Jahren Zivilisationsgeschichte, sondern in den Jahrtausenden der Sprachentwicklung: auf dem Reibungsfeld zwischen Mensch und Umwelt, zwischen den Menschen und zwischen den Strömen. Die Sprache ist weiser als der Intellekt eines jeden von uns, ebenso wie der Körper jedes einzelnen Menschen klüger ist und mehr weiß als er selbst, denn er ist von sich aus allseitig im Strom des Lebensprozesses. Wir haben das Erbe dieser beiden Evolutionen, der lebenden Materie und der Materie der Informationssprache, noch nicht ausgeschöpft, und schon träumen wir davon, über die Grenzen beider hinauszugehen. Diese Worte mögen billige Philosophiererei sein, doch meine Beweise für die sprachliche Genese der mathematischen Begriffe, also dazu, daß diese Begriffe weder durch die Zählbarkeit der Dinge noch durch den Scharfsinn des Verstandes entstanden, sind es nicht mehr.

Die Gründe, die mich Mathematiker werden ließen, sind gewiß kompliziert, und einer von den wichtigsten ist Können, ohne das ich in meinem Fach gerade soviel ausgerichtet hätte wie ein Buckliger als Rekordanwärter in der Leichtathletik. Ich weiß nicht, ob Motive, die den Charakter und nicht das Können betreffen, eine Rolle bei der Geschichte gespielt haben, die ich erzählen möchte, aber ich darf diese Möglichkeit nicht ausschließen, denn die Sache selbst ist von solchem Kaliber, daß daneben weder natürliche Scham noch Stolz von Belang sein können.

Für gewöhnlich pflegen Memoirenschreiber in der Aufrichtigkeit ihrer Bekenntnisse sehr weit zu gehen, wenn sie meinen, was sie über sich selbst zu enthüllen haben, sei unsagbar wichtig. Ich mache, umgekehrt, die absolute Unwichtigkeit meiner Person zur Voraussetzung meiner Aufrichtigkeit, das heißt, zu Redseligkeit, die ich grundsätzlich für unausstehlich halte, zwingt mich allein der Umstand, daß ich nicht weiß, wo in der Persönlichkeitsstruktur die statistische Laune aufhört und wo die für die gesamte Gattung gültige Regel beginnt.

Auf den unterschiedlichsten Gebieten kann man ein reales Wissen erwerben oder auch nur eines, das uns geistige Bequemlichkeit verschafft, wobei sich beide Wissensarten durchaus nicht zu decken brauchen. Diese beiden Arten von Wissen auseinanderzuhalten, ist in der Anthropologie nahezu unmöglich. Wenn wir nichts so wenig kennen wie uns selbst, dann wohl deshalb, weil wir immer wieder nach Wissen darüber verlangen, was den Menschen geformt hat, das es in Gestalt von Information nicht gibt, und wir, ohne uns darüber klar zu werden, von vornherein ausschließen, daß eine Verquickung von x-beliebigen Zufällen und allertiefster Notwendigkeit denkbar wäre.

Irgendwann einmal erstellte ich ein Programm für das Experiment eines Freundes. Dieses Experiment beruhte darauf, im mathematischen Milieu einer Rechenmaschine eine Familie von neutralen Wesen zu modellieren, das heißt von Homöostaten, die jenes Milieu allmählich erkennen sollten, ohne daß sie anfangs irgendwelche »emotionale« oder »ethische« Eigenschaften besaßen. Diese Wesen vermehrten sich natürlich nur in der Maschine, folglich als das, was der Laie als bestimmte Form von »Rechenoperationen« bezeichnen würde, und nach einigen -zig »Generationen« tauchte immer von neuem bei sämtlichen »Exemplaren« eine Eigenschaft auf, die uns ganz unerklärlich war: etwas wie eine Entsprechung der »Aggressivität«. Nach unsagbar mühseligen und vergeblichen Kontrollberechnungen begann mein verzweifelter Freund schließlich, wirklich nur noch aus Verzweiflung, den allerunwesentlichsten Begleitumständen des Versuchs nachzugehen, und dabei stellte sich heraus, daß ein bestimmtes Relais auf Veränderungen der Luftfeuchtigkeit reagierte, die zu dem unerkannten Urheber der Abweichung geworden waren. Ich komme nicht umhin, an diesen Versuch zu denken, während ich dies schreibe, denn könnte es nicht so gewesen sein, daß uns die soziale Entwicklung auf einer Exponentialkurve aus dem Tierreich herausgetragen hat, uns, die wir grundsätzlich für einen solchen Höhenflug nicht vorbereitet waren? Die Reaktion der Sozialisierung begann, kaum daß menschliche Atome die erste Bindungsfähigkeit zeigten.

Diese Atome waren ein nur biologisch vorgefertigtes Material, fähig, typisch biologische Kriterien zu erfüllen, jene Bewegung aber, jener Stoß nach oben, riß uns heraus und trug uns empor in den Raum der Zivilisation. Kann nicht solch ein Start in dem biologischen Material zufällig Übereinstimmendes miteinander verknüpft haben, so wie eine Sonde, die, auf den Meeresgrund entsandt, mit ihrem Greifer neben dem, worauf sie ausgerichtet ist, auch unwichtiges Gerümpel und Geröll von dort mit aufnimmt? Ich erinnere an das feucht werdende Relais der zuverlässigen Rechenmaschine. Weshalb eigentlich sollte jener Prozeß, der uns hervorgebracht hat, in irgendeiner Hinsicht vollkommen gewesen sein? Und doch wagen weder wir noch unsere Philosophen den Gedanken, daß die Endgültigkeit und Einzigartigkeit der Existenz der Gattung durchaus die Perfektion nicht einschließt, die bei ihrer Entstehung Pate gestanden haben soll – genau wie Perfektion auch an der Wiege jedes einzelnen Individuums nicht zugegen ist.

Es ist höchst aufschlußreich, daß die Zeichen unserer Unvollkommenheit als Artvertreter niemals, nicht von einer einzigen Glaubensrichtung als das anerkannt wurden, was sie schlechterdings sind, nämlich als Resultate von Fehlleistungen, sondern im Gegenteil, fast alle Religionen gehen darin überein, daß die Unvollkommenheit des Menschen das Ergebnis eines Zusammenpralls zweier antagonistischer Demiurgenperfektionen ist, die sich gegenseitig ins Handwerk pfuschten. Die helle Vollkommenheit stieß mit der dunklen zusammen, und es entstand der Mensch: so lautet ihre Formel.

Meine Konzeption klingt nur dann vulgär, wenn sie falsch sein sollte – und ob sie es ist, das entzieht sich unserer Kenntnis. Der erwähnte Freund hat sie grotesk umformuliert, indem er sagt, nach Hogarth ist die Menschheit ein Buckliger, der, da er nicht weiß, daß man auch gerade gewachsen sein kann, seit Jahrtausenden nach Zeichen einer höheren Notwendigkeit für seinen Buckel sucht, weil er bereit ist, jede Version zu akzeptieren außer der einen, daß sein Gebrechen purer Zufall ist, daß ihn niemand aus höherer Absicht damit bedacht hat, daß es absolut zu gar nichts dient, weil die Verschlingungen und Seitenpfade der Anthropogenese es eben so mit sich brachten.

Aber ich wollte von mir reden und nicht von der Gattung. Ich weiß nicht, woher sie in mir rührt und worauf sie zurückgeht – aber noch jetzt, nach so vielen Jahren, vermag ich in mir eine Bosheit zu entdecken, die nicht alt geworden ist, denn die Energien des primitivsten Instinktlebens altern niemals. Sollte ich Ärgernis erregen? Über -zig Jahre hinweg habe ich als Rektifikationskolonne gewirkt und ein Destillat produziert, das sich aus einem Stapel von Arbeiten sowie der durch diese meine Arbeiten ausgelösten Hagiographien zusammensetzt. Wenn ihr sagt, die Innereien einer Apparatur, die ich unnötigerweise ans Tageslicht zerre, gingen euch nichts an, so wollt bedenken, daß ich in der Reinheit der Kost, mit der ich euch bewirtet habe, die dauerhaften Zeichen aller meiner Geheimnisse erblicke.

Die Mathematik war nicht mein Arkadien, sie war vielmehr der Strohhalm des Ertrinkenden, war die Kirche, welche ich, der Ungläubige, betrat, weil darin die Treuga Dei herrschte. Meine wichtigste mathematische Arbeit hat man als destruktiv bezeichnet – nicht zufällig. Nicht durch Zufall stellte ich die Grundlagen der mathematischen Deduktion und die Begriffe des Analytischen in der Logik unwiderruflich in Frage. Ich richtete die Werkzeuge der Statistik gegen diese Grundlagen, bis sie sie auseinandersprengten. Ich war außerstande, ein Teufel in der Unterwelt und ein Engel im Sonnenlicht zu sein. Ich schuf, aber auf Schutt und Trümmern, und Yowitt hat recht: Ich habe mehr Wahrheiten weggenommen als neue beigesteuert.

Diese negative Bilanz hat man der Epoche zur Last gelegt, nicht mir, weil ich nach Russell und nach Gödel kam, nachdem ersterer Risse in den Fundamenten des Kristallpalastes entdeckt und der zweite diese Fundamente ins Wanken gebracht hatte. Man sagte also, ich hätte in Übereinstimmung mit dem Geist der Zeit gehandelt. Gewiß doch. Aber ein dreieckiger Smaragd hört nicht auf, ein dreieckiger Smaragd zu sein, auch wenn er zu einem menschlichen Auge wird – in einem Mosaikbild.

Ich habe mir oft Gedanken darüber gemacht, was aus mir geworden wäre, wenn ich innerhalb einer der viertausend sogenannten primitiven Kulturen geboren worden wäre, die der unseren vorausgegangen sind, in jenen Abgründen von achtzigtausend Jahren, die unsere mangelnde Phantasie zum Vorfeld, zum Wartezimmer der eigentlichen Geschichte zusammenschrumpfen läßt. In manchen wäre ich sicherlich zuschanden gegangen, doch in anderen hätte ich mich, wer weiß, womöglich um vieles besser verwirklichen können – als ein Erleuchteter, der dank der Gabe, Elemente zu kombinieren, die ich mit auf die Welt brachte, neue Riten und Magien schafft. Vielleicht hätte ich ohne den Hemmschuh, den die Relativierung jeglichen begrifflichen Seins in unserer Kultur bildet, widerstandslos Orgien der Zerstörung und der Zügellosigkeit zur heiligen Handlung erheben können, weil man in jenen uralten Kreisen den Brauch praktizierte, die Tagesgesetze zeitweilig und wiederholbar außer Kraft zu setzen, mit anderen Worten, die Kultur zu sprengen (sie war der Boden, der Fels, das Absolutum, und dennoch kam man bewundernswerterweise drauf, daß selbst das Absolutum Lücken haben sollte!), um der hartgewordenen Masse überschüssiger Energien freien Lauf zu lassen, die in keinem kodifizierten System unterzubringen sind und die sich nur zum geringen Teil in der kriegerischen und der familiären Maske ausleben können, an der Kandare von Sitte und Brauch.

Vernünftig war es, rational, jene Fesseln und sozialen Regeln hin und wieder entzweizuhauen. Die Gruppentrance, das freigesetzte und von betäubenden Rhythmen und Giften gepeitschte Pandämonium war ein Öffnen der Sicherheitsventile, durch die das Agens der Zerstörung ausströmte, jene Barbarei war durch diese besondere Erfindung dem Menschen angepaßt. Das Prinzip des Verbrechens, aus dem man aussteigen kann, des reversiblen Wahnsinns, des innerhalb der sozialen Ordnung rhythmisch pulsierenden Risses, wurde zunichte gemacht, und nun müssen alle jene Kräfte im Geschirr gehen, Tretmühlen betätigen, Rollen spielen, die für sie zu eng und immer falsch bemessen sind, also nagen sie an allem, was alltäglich ist, sind heimlich überall, weil sie nirgendwo unter eigenem Namen auftreten dürfen. Jeder von uns ist von Kind auf an irgendein öffentlich zugelassenes Stück von sich selbst gekettet, was ausgewählt, geschult wurde, den Consensus omnium erlangte, jeder hegt und pflegt diesen Sektor, glättet, vervollkommnet ihn, hätschelt nur ihn, auf daß er sich so gut wie möglich entwickle, und jeder tut so, als wäre er – der doch nur ein Teilchen ist – ein Ganzes. Ein Stumpf mit Ganzheitsanspruch!

Wie weit ich mich auch zurückerinnere, immer habe ich eine Ethik vermißt, die in der Sensibilität ihre Wurzeln hat. Wohlweislich habe ich mir eine Art Prothese dafür aufgebaut. Für ein solches Vorgehen brauchte ich jedoch einen guten Grund, denn Gebote im leeren Raum anzusiedeln ist dasselbe, wie zur Beichte zu gehen, ohne an sie zu glauben. Ich behaupte nicht, ich hätte mein Leben so theoretisch geplant, wie ich es hier darstelle. Ich habe mir für mein Tun auch nicht im nachhinein Axiome zurechtgezimmert. Ich bin immer auf ähnliche Art und Weise vorgegangen, zu Anfang allerdings unbewußt. Meine Motive erriet ich später.

Wenn ich mich für einen von Grund auf guten Menschen hielte, wäre ich gewiß nicht fähig, das Böse zu verstehen.

Ich wäre der Meinung, die Menschen begingen es mit Vorbedacht – immer mit Vorbedacht, täten also das, was sie vorher beschlossen hätten, denn ich fände keine anderen Quellen für Niedertracht in meinem eigenen Erleben. Ich kannte mich jedoch besser aus, weil ich gleichzeitig sowohl um die eigenen Neigungen als auch um die Schuldlosigkeit an ihnen wußte, denn ich hatte ja denjenigen, der ich bin, in mir vorgefunden, ohne gefragt worden zu sein, ob ich eine solche Struktur gutheiße.

Nun, und daß der eine Sklave den anderen unterdrückt, damit die Kräfte, die beiden innewohnen, befriedigt werden, daß die eine Schuldlosigkeit die andere quält, wenn auch nur die geringste Chance besteht, sich solchem Druck zu widersetzen – das beleidigte meinen Verstand. Wir sind uns selber vorgegeben, und wir können diese Gaben im Ganzen nicht anders denn erfolglos in Frage stellen, aber wenn sich auch nur die geringste Chance vor uns auftut, uns dem, was wir vorfinden, entgegenzustellen – wie sollten wir sie nicht nutzen? Nur solche Entscheidungen und solche Handlungen sind unser ausschließlicher, menschlicher Besitz, ebenso wie die Möglichkeit des Selbstmords: dies ist der Bereich der Freiheit, in welchem das unerwünschte Erbe ausgeschlagen wird.

Bitte haltet mir nicht entgegen, ich widerspräche mir selbst, mir, der ich in der Ära des Höhlenmenschen die Zeit sah, in der ich mich besser hätte verwirklichen können. Wissen ist irreversibel, es kann sich nicht ins Dunkel einer süßen Unwissenheit zurückziehen. Zu jener Zeit hätte ich Wissen nicht besessen, und ich hätte es nicht erlangen können. Das, was ich besitze, muß ich nutzen. Ich weiß, daß uns ein Zufall zusammengesetzt und strukturiert hat, und ich sollte willfährig allen Direktiven folgen, die in zahllosen Ziehungen blindlings ausgelost wurden?

Mein »principium humanitatis« ist insofern ein besonderes, als, wenn es jemand von Grund auf Gutes auf sich selbst anwenden wollte, er – laut der Direktive, »die eigene Natur zu überwinden« – Böses tun müßte, um sich selbst in seiner menschlichen Freiheit zu bestätigen. Mein Grundsatz ist also nicht dazu angetan, allgemein angewandt zu werden, doch ich sehe auch keinerlei Veranlassung, weshalb ich die ethische Panazee für die Menschheit finden sollte. Die Verschiedenartigkeit, die Ungleichheit ist den Menschen mitgegeben, und so beinhaltet denn Kants Forderung, die Maxime individuellen Handelns solle zugleich als allgemeines Gesetz gelten können, ungleiche Gewalt, die den Menschen zugefügt wird, und indem sie die individuellen Werte einem übergeordneten Wert, der Kultur, opfert, handelt sie ungerecht. Ich sage auch durchaus nicht, jeder sei nur in dem Maße Mensch, in welchem er ein durch den eigenen Willen gezähmtes Ungeheuer ist. Ich habe meine rein privaten Motive, meine eigene Strategie dargelegt, die im übrigen nichts in meinem Innern verändert hat. Nach wie vor ist meine erste Reaktion auf die Kunde von jemandes Unglück ein Funken Schadenfreude, und ich versuche nicht einmal mehr, derlei Regungen zu unterdrücken, weil ich weiß, daß ich nicht an die Stelle herankomme, wo das gedankenlose Kichern haust, doch ich antworte mit Widerstand, und ich handele deshalb gegen mich selbst, weil ich so handeln kann.

Wenn ich wahrhaftig vorhätte, meine eigene Biographie zu schreiben, die sich angesichts der Bände in meinem Regal als Antibiographie erwiese, brauchte ich mich für diese Geständnisse nicht zu rechtfertigen. Aber ich verfolge einen anderen Zweck. Das Abenteuer, das ich beschreibe, besteht darin, daß die Menschheit mit etwas in Berührung gekommen ist, das Wesen, die nicht zu ihrer Gattung gehören, ins

Dunkel der Gestirne hinausgeschickt hatten. Eine Situation, die historisch erstmalig und darum wohl gewichtig genug ist, um die Notwendigkeit einzusehen, genauer, als dies die Konvention erlaubt, darzulegen, wer eigentlich bei dieser Begegnung unsere Seite vertrat. Zumal weder meine Genialität noch die Mathematik hinreichten, daß sie unvergiftete Früchte hervorbrachte. [...]

DIE NEUE KOSMOGONIE

(Der Text der Rede Professor Alfred Testas im Rahmen der Feier seiner Auszeichnung mit dem Nobelpreis wurde der Festschrift »From Einsteinian to Testan Universe« entnommen; der Abdruck erfolgt mit Genehmigung des Verlags J. Wiley & Sons.)

Eure Majestät; meine Damen und Herren! Die besonderen Eigenschaften dieses Platzes, von wo ich spreche, möchte ich nutzen, indem ich Ihnen etwas über die Umstände erzähle, die zum Entstehen eines neuen Weltall-Bildes geführt und somit von Grund auf anders als zuvor in der Geschichte die Stellung der Menschheit innerhalb des Kosmos bestimmt haben. So hochgegriffene Worte widme ich nicht der eigenen Arbeit, sondern dem Andenken jenes heute nicht mehr lebenden Menschen, dem wir diese Kunde verdanken. Über ihn werde ich sprechen, weil eingetreten ist, was ich am allerwenigsten wollte: meine Arbeiten haben – in der Sicht der Zeitgenossen – das Werk des Aristides Acheropoulos in den Schatten gestellt, und dies so sehr, daß unlängst Professor Bernard Weydenthal, ein Wissenschaftshistoriker, also, wie man meinen möchte, der berufene Fachmann, in seinem Buch »Die Welt als Spiel und Verschwörung« geschrieben hat, die Hauptveröffentlichung des Acheropoulos, »The New Cosmogony«, sei gar keine wissenschaftliche Hypothese gewesen, sondern halb literarische Phantasie, an deren Wahrheit der Autor selbst nicht geglaubt habe. Ähnlich hat Professor

Harlan Stymington in »The New Universe of the Games Theory« vorgebracht, daß ohne die Arbeiten von Alfred Testa der Gedanke des Acheropoulos lediglich ein unverbindlicher philosophischer Einfall geblieben wäre, etwa so, wie beispielsweise die Leibnizsche Welt der prästabilierten Harmonie, welch letzteres Bild die exakten Wissenschaften ja auch nie für voll genommen hätten.

Mithin hätte ich den einen nach ernst genommen, was der Schöpfer der Idee selbst nicht ernst gemeint hätte, den anderen nach – einen Gedanken auf die freien Gewässer der Naturwissenschaft hinausgesteuert, der in die Spekulativität außerwissenschaftlichen Philosophierens verstrickt gewesen sei. So irrige Urteile erfordern die Abgabe der Erklärungen, die ich zu liefern vermag. Es ist wahr, daß Acheropoulos nicht Physiker oder Kosmogonist, sondern Naturphilosoph war und daß er seine Ideen mit nichtmathematischen Mitteln dargelegt hat. Wahr ist auch, daß zwischen dem intuitiven Bild seiner Kosmogonie und meiner formalisierten Theorie ziemlich viele Unterschiede aufscheinen. Aber wahr ist vor allem dies: Acheropoulos konnte sich bestens ohne Testa behelfen, Testa hingegen verdankt alles dem Acheropoulos. Dieser Unterschied ist nicht geringzuschätzen. Damit ich ihn darlegen kann, muß ich Sie um etwas Geduld und Aufmerksamkeit bitten.

Als sich um die Mitte des 20. Jahrhunderts eine Handvoll Astronomen der Zergliederung des Problems sogenannter kosmischer Zivilisationen zuwandte, war dieses Unterfangen etwas völlig Entlegenes für die Astronomie. Die wissenschaftliche Allgemeinheit nahm es für die Marotte einiger Dutzend komischer Käuze, wie sie nirgends fehlen, also auch nicht in der Wissenschaft. Diese Allgemeinheit stellte sich der Suche nach Signalen von jenen Zivilisationen nicht aktiv entgegen, räumte jedoch zugleich die Möglichkeit nicht ein, daß sich das Vorhandensein dieser Zivilisationen auf den von uns beobachteten Kosmos auswirken könnte. Wenn also der eine oder andere Astrophysiker zu behaupten wagte, das Emissionsspektrum der Pulsars, die Energieverhältnisse der Quasars oder etwa gewisse Phänomene an den Galaxienkernen hingen mit der absichtsvollen Tätigkeit von Weltallbewohnern zusammen, dann wertete keine der ernsthaften Autoritäten eine solche Behauptung als wissenschaftliche, sorgfältiger Untersuchung würdige Hypothese. Astrophysik und Kosmologie blieben taub für diese Problematik; in noch stärkerem Grad kennzeichnete solche Gleichgültigkeit die theoretische Physik. Dergestalt hielten sich die Wissenschaften an ein Schema etwa folgender Art: wenn wir den Mechanismus einer Uhr kennenlernen wollen, ist es nicht im mindesten von Belang, weder für den Bau des Uhrwerks noch für seine Kinematik, ob sich Bakterien im Räderwerk und an den Gewichten befinden. Bakterien können den Gang einer Uhr gewiß nicht beeinflussen! Gerade so hat man damals gemeint: Intelligenzwesen können sich nicht in den Gang des kosmischen Uhrwerks einmischen, also ist beim Untersuchen dieses Werks über ihre etwaige Anwesenheit darin völlig hinwegzusehen.

Selbst wenn jemand von den Leuchten der damaligen Physik die Aussicht auf einen großen Umsturz in Kosmologie und Physik hätte gelten lassen, auf einen Umsturz im Zusammenhang mit dem Vorhandensein von Intelligenzwesen im Kosmos, dann lediglich unter folgender Bedingung: sofern kosmische Zivilisationen entdeckt würden, sofern wir ihre Signale empfingen und solcherart völlig neue Nachrichten über die Naturgesetze gewönnen, könnte es in der Tat auf solchem – aber nur auf solchem! – Wege zu ernstlichen Umgestaltungen im Schoße der irdischen Wissenschaft kommen. Daß jedoch die astrophysikalische Revolution ohne das Bestehen solcher Kontakte erfolgen könnte, ja – noch mehr! –, daß das FEHLEN solcher Kontakte, die völlige Abwesenheit von Signalen und von Anzeichen sogenannter »Sterntechnik«, die größte Revolution in der Physik einleiten und unsere Ansichten über den Kosmos von Grund auf ändern sollte, das hat sich gewiß keine der damaligen Autoritäten auch nur träumen lassen.

Und doch geschah es zu Lebzeiten so manches unter diesen bedeutenden Wissenschaftlern, daß Aristides Acheropoulos seine »Neue Kosmogonie« veröffentlichte. Sein Buch fiel mir in die Hände, als ich Doktorand der Mathematischen Fakultät einer Schweizer Universität war, in derselben Stadt, wo einst Albert Einstein als Angestellter des Patentamts gearbeitet hat, in der Freizeit damit beschäftigt, die Grundlagen der Relativitätstheorie zu schaffen. Jenes Büchlein konnte ich lesen, denn es war in englischer Übersetzung erschienen, ich füge hinzu: außergewöhnlich elend übersetzt; überdies war das ein Titel aus einer Science-Fiction-Reihe eines Verlegers, der ausschließlich diese Art von Belletristik herausgab. Der Originaltext war hierbei fast um die Hälfte gekürzt worden, wie ich wesentlich später erfuhr. Sicher haben die Umstände um diese Ausgabe – worauf Acheropoulos keinen Einfluß hatte – die Meinung geprägt, er selbst hätte beim Schreiben der »Neuen Kosmogonie« die dort niedergelegten Thesen nicht ernst gemeint.

Ich befürchte, daß heutzutage, in der Zeit der Hast und der Eintagsmode, außer dem Wissenschaftshistoriker und dem Bibliographen niemand die »Neue Kosmogonie« zur Hand nimmt. Der Gebildete kennt den Titel des Werks und hat von dem Autor gehört, das ist alles. Somit bringt ein solcher Mensch sich selbst um ein ungewöhnliches Erlebnis. Nicht allein der Inhalt der »Neuen Kosmogonie« ist mir lebendig im Gedächtnis verblieben, wie ich ihn vor einundzwanzig Jahren gelesen habe, sondern alle Gemütsbewegungen, die mit der Lektüre einhergingen. Das war eine ganz besondere Erfahrung. Von dem Augenblick an, da das Konzept des Autors erstmals in vollem Ausmaß erahnt wird und die Idee des palimpsestischen Spiels, das der Kosmos ist, und seiner unsichtbaren, einander stets fremden Spieler sich ernstlich im Geist des Lesers abzeichnet, wird er während des Lesens die Empfindung nicht mehr los, er habe mit etwas erleuchtend und erschütternd Neuem zu tun, und zugleich – dies sei die plagiathafte, in die Sprache der Naturwissenschaften übersetzte Wiederholung der ältesten Mythen, die den undurchdringlichen Untergrund der Menschheitsgeschichte bilden. Diese peinliche und sogar quälende Empfindung kommt meines Erachtens daher, daß wir jedwede Synthese zwischen der Physik und dem Willen als unzulässig, ich möchte sagen, als obszön für die rationale Vernunft betrachten. Denn eine Projektion des Willens sind ja alle die uralten Kosmogonie-

Mythen, die mit salbungsvollem Ernst und in der Tonart dieser schlichten Einfalt, die das verlorene Paradies des Menschentums ist, offenbaren, wie das Sein aus dem Kampf demiurgischer Urelemente entstanden sei, die von den Überlieferungen in verschiedene Körper und Formen gehüllt wurden, wie die Welt entsprossen sei aus der haßliebenden Umschlingung von Gott-Tieren, Gott-Geistern oder Übermenschen; und der Verdacht, gerade diese Fehde, die ja die purste Abbildung vermenschlichenden Denkens auf den Bereich des kosmischen Rätsels ist, gerade die Rückführung der Physik auf Begierden hätte dem Autor als Vorbild gedient – dieser Verdacht läßt sich nicht mehr austilgen.

So gesehen, erweist sich die Neue Kosmogonie als unsäglich alte Kosmogonie, und der Versuch, sie in der Sprache der Empirie darzulegen, erscheint gleichsam als Blutschande, als das Resultat platter Unfähigkeit, Begriffe und Kategorien gesondert zu halten, die sich nicht zur einförmigen Verbindung zusammenschließen *dürfen*. Dieses Buch erreichte damals einige wenige bedeutende Denker, und ich weiß jetzt, weil ich das von manch einem gehört habe, daß es so und nicht anders gelesen wurde: mit Ärger, Gereiztheit, verächtlichem Achselzucken, so daß wohl niemand das Buch zu Ende las. Man sollte sich nicht allzusehr entrüsten über solche Vorauswisserei, über solche Trägheit der Vorurteile, denn mitunter sieht die Sache fürwahr nach einer doppelten Tölpelei aus: verkappte Götter, getarnt als materielle Wesen, bietet sie uns in der trockenen Sprache sachlicher Feststellung dar – und bezeichnet zugleich die Naturgesetze als die Folgen des Konflikts zwischen ihnen. Im Effekt werden wir um alles auf einmal gebracht: um den Glauben, im Sinne einer im Vollkommenen gipfelnden Transzendenz, wie auch um die Wissenschaft, um ihren soliden, weltlichen und objektiven Ernst. Letztlich bleibt uns nichts: alle Ausgangsbegriffe zeigen völlige Unbrauchbarkeit auf beiden Seiten; wir fühlen uns barbarisch behandelt, bestohlen im Rahmen einer Einweihung, die weder religiös noch wissenschaftlich ist.

Die Verheerung, die dieses Buch in meinem Geist angerichtet hat, vermag ich nicht zu beschreiben. Gewiß doch, es ist die Pflicht des Gelehrten, ein ungläubiger Thomas in der Wissenschaft zu sein; jede ihrer Behauptungen darf angezweifelt werden – aber alle auf einmal in Frage zu stellen, das geht denn doch nicht! Acheropoulos entzog sich der Entdeckung seiner Größe, nicht mit Vorbedacht freilich, doch überaus nachhaltig! Das war ein Sohn aus einem kleinen Volk, den niemand kannte; weder auf dem Boden der Physik noch auf dem der Kosmologie verkörperte er gediegene Fachkompetenz; und schließlich – um das Maß übervoll zu machen – hatte er keine Vorgänger, ein nie gekannter Fall in der Geschichte, denn jeder Denker, jeder geistige Revolutionär besitzt irgendwelche Lehrer, er schreitet über sie hinaus, zugleich aber beruft er sich auf sie. Doch dieser Grieche ist allein gekommen; von der Einsamkeit, die solchem Vorläufertum zuteil werden mußte, zeugt sein ganzes Leben.

Ich habe ihn nie gekannt und weiß nicht viel über ihn; die Art, wie er sich sein Brot verdiente, war ihm immer gleichgültig; die erste Fassung der »Neuen Kosmogonie« schrieb er mit dreiunddreißig Jahren, bereits als Doktor der Philosophie, aber er konnte das Werk nirgends veröffentlichen; den Mißerfolg seiner Idee, den Mißerfolg zu seinen Lebzeiten, ertrug er mit stoischer Gelassenheit; seine Versuche, die »Neue Kosmogonie« zu publizieren, gab er sehr bald auf, er sah ein, daß sie vergeblich waren. Der Reihe nach war er dann Pförtner derselben Universität, an der er durch eine vorzügliche Arbeit über vergleichend betrachtete Kosmogonien der Völker des Altertums den Doktorgrad der Philosophie erlangt hatte, studierte im Fernunterricht Mathematik und arbeitete zugleich als Bäckergehilfe, dann als Wasserer; von den Leuten, mit denen er zusammentraf, hörte keiner von ihm ein einziges Wort über die »Neue Kosmogonie«. Er war zurückhaltend und dem Vernehmen nach rücksichtslos gegen die Seinen und gegen sich selbst. Und gerade diese Rücksichtslosigkeit beim Aussprechen von Dingen, die gleichzeitig der Wissenschaft und dem Glauben gegenüber höchstgradig verrucht waren, diese totale Ketzerei, dieser aus intellektuellem Mut entspringende allumfassende Frevlergeist in ihm muß die Leser sämtlich von ihm weggeekelt haben. Ich nehme an, daß er so auf das Angebot des englischen Verlegers einging, wie ein Schiffbrüchiger auf einer menschenleeren Insel eine Flasche mit einem Signal darin auf die Meereswellen hinauswirft; er wollte eine Spur seiner Idee hinterlassen, weil er ihrer Wahrheit gewiß war.

Selbst in arg verstümmeltem Zustand, erbärmlich übersetzt und unsinnig gekürzt, ist die »Neue Kosmogonie« ein unheimliches Werk. Acheropoulos hat darin alles, absolut alles zertrümmert, was Wissenschaft oder Religion im Laufe der Jahrhunderte geschaffen haben, hat diese seine mit Bruchstücken der von ihm zermalmten Begriffe übersäte Wüstenei verfertigt, um die Arbeit nochmals von vorn zu beginnen, das heißt, um den Kosmos neu aufzubauen. Dieses grauenvolle Schauspiel löst Abwehrreaktionen aus: es gilt, den Autor für völlig rasend oder für völlig unwissend zu erklären. Seine wissenschaftlichen Titel glaubt man ihm ganz gewöhnlich nicht. Wer ihn auf diese Weise von sich stieß, erlangte das geistige Gleichgewicht wieder. Zwischen mir und allen anderen Lesern der »Neuen Kosmogonie« ergab sich nur der eine Unterschied, daß ich dies nicht tun konnte. Wer dieses Buch nicht zur Gänze, vom ersten bis zum letzten Buchstaben von sich weist, um den ist es geschehen: er kommt davon nie mehr los. Wenn irgendwo ein Mittelding mit Sicherheit ausgeschlossen ist, dann hier: Weder ein Narr noch ein Ignorant? In diesem Fall also ein Genie.

Es fällt einem nicht leicht, einer solchen Diagnose die Zustimmung zu erteilen! Unablässig schillert der Text in der Sicht des Lesers: es ist unschwer ersichtlich, daß die Prägeform einer Fehde von Gegensätzen, eines Spiels also, das formale Gerüst jedes religiösen Glaubens ist, dem manichäische Elemente nicht völlig fehlen; und wo gäbe es Religionen, worin sie sich nicht wenigstens in Spuren vorfänden? Der Neigung und der Ausbildung nach bin ich Mathematiker; zum Physiker wurde ich durch Zutun des Acheropoulos. Für mich ist es völlig gewiß, daß sich alle Verbindungen, die ich mit der Physik hätte eingehen können, immer lose und zufällig gestaltet hätten – wenn dieser Mensch nicht gewesen wäre. Er hat mich bekehrt; ich kann sogar die Stelle in der »Neuen Kosmogonie« angeben, die dies zuwege gebracht hat. Es handelt sich um Paragraph siebzehn des sechsten Kapitels im

Buch, um denjenigen, worin von dem Staunen solcher Leute wie Newton, Einstein, Jeans, Eddington die Rede ist, daß die Naturgesetze mathematisch faßbar seien, daß die Mathematik, diese Frucht reiner logischer Geistesarbeit, imstande sei, den Kosmos zu meistern. Einige dieser Großen, so Eddington, so Jeans, meinten, der Schöpfer selbst sei Mathematiker gewesen, und die Spuren dieser seiner Charakteristik könnten wir an dem Schöpfungswerk ausnehmen. Acheropoulos weist darauf hin, daß die theoretische Physik die Periode solcher Fasziniertheit bereits hinter sich hat, da bemerkt worden ist, daß die mathematischen Formalismen über die Welt entweder zuwenig oder zuviel auf einmal sagen; mithin ist die Mathematik als Annäherung an die Struktur des Universums so beschaffen, daß sie gleichsam nie gerade in den Kernpunkt, gerade ins Ziel trifft, sondern immer knapp daneben. Wir hielten diese Sachlage für vorübergehend, Acheropoulos hingegen antwortet: Es ist den Physikern nicht gelungen, eine allgemeine Feldtheorie zu schaffen, sie haben die Phänomene der Makrowelt mit denen der Mikrowelt nicht zu vereinen vermocht, aber dies wird noch eintreten. Welt und Mathematik werden zur Deckung gelangen, nicht dadurch, daß der mathematische Apparat weitere Rekonstruktionen durchmachen wird, nichts dergleichen; zur Deckung wird es kommen, wenn die Schöpfungsarbeit zum Abschluß gelangt sein wird, sie ist aber noch im Gange. Die Naturgesetze sind *noch nicht* so, wie sie »sein sollen«; sie werden es erst, und zwar nicht durch die Vervollkommnung der Mathematik, sondern durch entsprechende Umformungen des Weltalls!

Meine Damen und Herren, diese größte aller Ketzereien,

die mir im Leben begegnet sind, die hat mich berückt. Denn was sagt nun eigentlich Acheropoulos weiter in demselben Kapitel? Nicht mehr und nicht weniger, als daß die Physik des Universums die Folge seiner – das heißt, der kosmischen – Soziologie ist ... Doch um eine solche Ungeheuerlichkeit recht zu verstehen, müssen wir auf eine Reihe von Grundfragen zurückgreifen.

Die Einsamkeit des Denkens von Acheropoulos hat nicht ihresgleichen in der Geschichte der Vernunft. Die Idee der Neuen Kosmogonie durchbricht – entgegen allem Anschein von Plagiathaftigkeit, wovon ich gesprochen habe – sowohl die Ordnungen jedweder Metaphysik als auch die einer jeden Methode der Naturwissenschaft. Die Empfindung, mit einem Plagiat zu tun zu haben, ist die Schuld des Lesers, seiner Unbeweglichkeit im Denken. Denn rein instinktiv meinen wir, daß die ganze materielle Welt scharf unter die folgende logische Dichotomie falle: entweder sei die Welt von einem Jemand erschaffen worden (dann nennen wir, auf dem Boden des Glaubens stehend, diesen Jemand – das Absolute, Gott, den bewirkenden Geist ...), oder sie sei nicht von einem Jemand erschaffen worden: dies bedeutet dann eo ipso, wenn wir uns als Wissenschaftler mit der Welt beschäftigen, daß niemand sie geschaffen habe. Acheropoulos hat nun gesagt: Tertium datur. Die Welt ist nicht von einem Jemand erschaffen worden, und doch ist sie verfertigt worden; der Kosmos verfügt über Bewirker.

Warum hatte Acheropoulos keinen Vorgänger? Sein Grundgedanke ist durchaus einfach, und es entspricht nicht der Wahrheit, daß er vor dem Entstehen solcher Disziplinen wie Spieltheorie oder wie Algebra der Konfliktstrukturen nicht ausgedrückt werden konnte. Der fundamentale Gedanke des Acheropoulos hätte sich noch in der ersten Hälfte des neunzehnten Jahrhunderts aussprechen lassen, und, wie es scheint, auch noch früher. Warum tat dies also niemand? Ich nehme an, deshalb, weil sich die Wissenschaft, während sie im Zuge von Befreiungsarbeiten das Joch des religiösen Dogmas abschüttelte, eine eigentümliche Begriffs-Allergie zuzog. Ursprünglich prallte die Wissenschaft mit der Religion zusammen, was die bekannten, oft gräßlichen Folgen zeitigte, deren sich die Kirchen bis heute ein wenig schämen, und dies, obwohl ihnen die Wissenschaft die einstigen Nachstellungen stillschweigend verziehen hat. Schließlich kam es zwischen der Religion und der Wissenschaft zu einem Zustand vorsichtiger Neutralität: sie bemühen sich, einander nicht in die Quere zu kommen. Im Effekt dieser ziemlich heiklen, ziemlich angespannten Koexistenz war die Wissenschaft mit Blindheit geschlagen, dies zeigte sich in dem Hinwegsehen über die Stelle, wo die Idee der Neuen Kosmogonie ruhte. Diese Idee ist eng mit dem Begriff der Intentionalität verknüpft, das heißt mit etwas, was für den Glauben an einen persönlichen Gott unentbehrlich ist, weil es den Grundstein dafür bildet. Laut Aussage der Religion hat ja Gott die Welt durch einen Akt des Willens und der Absicht erschaffen, das heißt – durch einen intentionalen Akt. Somit wertete die Wissenschaft diesen Begriff als verdächtig, sogar schlechtweg als verboten. Er wurde bei ihr zum Tabu. Auf dem Gelände der Wissenschaft durfte man sich darüber nicht einmal verplappern, so sehr fürchtete man sich davor, in die Todsünde irrationalistischer Abweichung zu verfallen. Diese Furcht hat den Wissenschaftlern nicht nur den Mund verklemmt, sondern auch das Gehirn.

Beginnen wir nun gewissermaßen nochmals von vorn. Am Ende der siebziger Jahre des 20. Jahrhunderts hatte das Rätsel des Silentium Universi gewissen Ruhm erlangt. Die weiteste Allgemeinheit interessierte sich dafür. Auf erste, einleitende Versuche, kosmische Signale zu empfangen (das waren Drakes Arbeiten in Green Bank), folgten die nächsten Projekte, die ebenso in der UdSSR wie in den Vereinigten Staaten verwirklicht wurden. Doch das Universum, obgleich behorcht mit den feinfühligsten elektromagnetischen Apparaten, wahrte beharrlich sein Schweigen, das lediglich von dem Rauschen und Knattern urkräftiger Entladungen der Sternenenergie erfüllt war. Der Kosmos offenbarte seine Leblosigkeit – in allen Schlünden zugleich. Die Abwesenheit von Signalen »der anderen« und dazu noch das Fehlen jeder Spur von ihren »sterntechnischen Arbeiten« wurden für die Wissenschaft zur Qual. Die Biologie entdeckte die natürlichen Bedingungen, die das Entstehen von Leben aus toter Materie begünstigen. Es gelang sogar, die Biogenese im Laboratorium herbeizuführen. Die Astronomie entdeckte die Häufigkeit der Planeten-Entstehung, es wurde unumstößlich festgestellt, daß Unmengen von Sternen über Planetenfamilien verfügen. So fanden sich also die Wissenschaften in der einhelligen Aussage zusammen, das Leben entstehe im Zuge natürlicher kosmischer Umwandlungen, und seine Evolution müßte ein allgemein verbreitetes Phänomen des Weltalls sein; und die Krönung des Stammbaums der Evolution durch die Intelligenz organischer Wesen wurde als naturwissenschaftliche Gesetzmäßigkeit anerkannt.

Die Wissenschaften verfertigten also das Bild eines bewohnten Kosmos, und zugleich widersprachen diesen Aussagen hartnäckig die beobachteten Tatsachen. Der Theorie nach umgaben die Erde – freilich in sternenweiter Entfernung – Mengen von Zivilisationen. Der Beobachtungspraxis nach starrte rund um uns tote Einöde. Die ersten Bearbeiter des Problems setzten voraus, daß die Entfernung zwischen zwei kosmischen Zivilisationen im Durchschnitt 50 bis 100 Lichtjahre betrage. Dieser Abstand wurde später hypothetisch auf 1000 vergrößert. In den siebziger Jahren hatte sich die Radioastronomie so vervollkommnet, daß man nach Signalen suchen konnte, die zehntausend Lichtjahre weit herkamen; doch auch dort verbreitete sich lediglich das Rauschen der Brände von Sonnen. In siebzehn Jahren beständigen Abhörens wurde daraus kein einziges Signal hervorgefischt, kein einziges Zeichen, das Grund zu der Annahme gegeben hätte, daß bewußte Absicht dahinterstehe.

Acheropoulos sagte sich damals: Die Tatsachen sind mit Sicherheit wahr, denn sie bilden das Fundament der Erkenntnis. Kann es etwa sein, daß alle Theorien aller Wissenschaften falsch sind, daß sich die organische Chemie und die Biochemie der Synthesen und die theoretische nebst der evolutionellen Biologie wie auch Planetologie und Astrophysik samt und sonders im Irrtum befinden? Nein: so sämtlich, so sehr können sie sich nicht täuschen. Ergo: die Tatsachen, die wir wahrnehmen (oder eher – *nicht* wahrnehmen), widersprechen offenbar den Theorien gar nicht. Vonnöten ist eine neue Umdeutung der Menge der Daten und der Menge der Verallgemeinerungen. Ebendiese Synthese nahm Acheropoulos in Angriff.

Das Alter des Kosmos und seine Ausmaße mußte die irdische Wissenschaft im Laufe des 20. Jahrhunderts oftmals revidieren. Die Richtung der Änderungen war immer die gleiche: man hatte dem Universum an Dauer wie an Ausmaßen nie genug zugetraut. Als Acheropoulos an die Niederschrift der »Neuen Kosmogonie« schritt, unterlagen Alter und Größe des Weltalls gerade wieder einer Revision: das Bestehen des Kosmos schätzte man auf mindestens 12 Milliarden Jahre, seine ersichtlichen Ausmaße – auf 10 bis 12 Milliarden Lichtjahre. Nun beträgt das Alter des Sonnensystems etwa fünf Milliarden Jahre. Also gehört dieses System nicht zu der ersten Sterngeneration, die der Kosmos hervorgebracht hat. Die erste Generation entstand weit früher, eben vor etwa 12 Milliarden Jahren. In dem Zeitintervall, das die Entstehung jener ersten Generation von dem Entstehen der Sonnen nachfolgender Altersklassen trennt, steckt der Schlüssel des Rätsels.

Es war nämlich etwas ebenso Merkwürdiges wie Spaßiges eingetreten. Die Möglichkeiten des Aussehens, der Beschäftigung, der Zielsetzungen einer Zivilisation, die sich seit *Jahrmilliarden* entwickelt (und just um so viel älter als die irdische müssen ja die Zivilisationen der »ersten Generation« sein!), dies konnte sich selbst in der kühnsten Einbildung niemand ausmalen. Das, was sich niemand vorstellen konnte, wurde demnach, als etwas überaus Unbequemes, vollkommen ignoriert. In der Tat hat über so langlebige Zivilisationen keiner der Bearbeiter des Problems kosmischer Psychozoika auch nur ein Wort geschrieben. Die Mutigsten sagten bisweilen, die Quasars, die Pulsars – das seien vielleicht Anzeichen von den Arbeiten der mächtigsten kosmischen Zivilisationen. Aber einfaches Rechnen zeigte, daß die Erde, bei Weiterentwicklung gemäß dem derzeitigen Tempo, die Stufe so extremer »sterntechnischer« Arbeiten innerhalb der nächsten *paar tausend* Jahre erreichen könnte. Was aber sollte nachher folgen? Was kann eine Zivilisation tun, die *millionenmal* länger besteht? Die Astrophysiker, die sich mit solchen Fragen beschäftigen, nahmen an, solche Zivilisationen täten gar nichts, da sie nicht existent seien.

Was wurde aus ihnen? Ein deutscher Astronom, Sebastian von Hoerner, behauptete, sie hätten allesamt Selbstmord begangen. Ja, so muß es wohl sein, da sie nirgends zu sehen sind! – Nicht doch – antwortete Acheropoulos. – Nirgends sind sie zu sehen? Wir gewahren sie bloß nicht, und warum? Weil sie *schon überall* sind. Das heißt, nicht sie, wohl aber die Früchte ihrer Tätigkeit. Vor zwölf Milliarden Jahren, ja, damals sehr wohl, da war diese Weite tot, und in ihr entsprangen die ersten Keime von Leben auf den Planeten der ersten Sterngeneration. Doch nach dem Verstreichen von Äonen ist von jenen kosmischen Erstlingen nichts übriggeblieben. Wenn als »künstlich« gelten soll, was durch aktive Intelligenz umgeformt worden ist, dann ist der ganze uns umgebende Kosmos bereits *künstlich*. So freche Ketzerei ruft sofortigen Protest wach: wir wissen doch, wie »künstliche« Objekte aussehen, Erzeugnisse der Intelligenz, die sich mit instrumentalen Arbeiten befaßt! Wo wären die Vehikel, wo die Molochmaschinen, kurzum, wo wären die titanischen Technologien der Wesen, die uns angeblich umringen und die gestirnten Himmel bilden? Aber hier liegt der Fehler, den eingefahrenes Denken bewirkt, denn instrumentale Techniken benötigt – so sagt Acheropoulos – nur eine Zivilisation, die im Embrionalstadium steckt, wie die irdische. Eine Jahrmilliarden alte Zivilisation verwendet nichts dergleichen. Ihr Werkzeug ist das, was wir Naturgesetz nennen. Die Physik selbst bildet die »Maschine« solcher Zivilisationen! Und zwar nicht die fertige Maschine, keineswegs! Diese »Maschine« (die selbstverständlich nichts mit mechanischen Maschinen gemein hat) entsteht seit Jahrmilliarden, und ihr Bau, obgleich sehr weit fortgeschritten, ist noch nicht beendet!

Die Frechheit dieser Frevelworte, ihr monströs aufwieglerischer Geschmack, verstößt das Buch einfach aus der Hand des Lesers; so ist es gewiß manch einem ergangen. Aber das war ja nur der erste Schritt auf dem Wege weiterer Abtrünnigkeiten des Autors, des größten Ketzerpropheten in der Geschichte der Wissenschaft.

Acheropoulos liquidiert den Unterschied zwischen »Natürlichem« (dem Erzeugnis der Natur) und »Künstlichem« (dem Erzeugnis der Technik), wobei er so weit geht, den unbedingten Unterschied zwischen dem beschlossenen (juridischen) Gesetz und dem Naturgesetz aufzuheben … Er negiert das Urteil, daß die Einteilung beliebiger Objekte in solche von künstlicher und solche von natürlicher Herkunft eine objektive Eigenschaft der Welt sei. Er sieht in diesem Urteil eine grundlegende Gedankenverirrung unter dem Einfluß eines Effekts, den er als »Schließung des Begriffshorizonts« bezeichnet.

Der Mensch kundschaftet die Natur aus – sagt Acheropoulos – und lernt von ihr sein Handeln; er guckt ihr das Fallen von Körpern ab, Blitze, Verbrennungsprozesse; die Natur ist immer der Lehrer, er selbst – der Schüler; nach einiger Zeit beginnt er geradezu die eigenen Körperfunktionen nachzuahmen. Die Biologie nimmt bei ihm Nachhilfestunden, aber auch dann noch hält er genau wie der Höhlenmensch die Natur für das Extrem an Vollkommenheit der Problemlösungen: er meint, irgendwann, irgendeinmal werde er vielleicht beinahe mit der Natur an Perfektion des Handelns gleichziehen, aber dies werde schon der Endpunkt des Weges sein. Weiter lasse sich unmöglich gehen, denn was als Atome existiere, als Sonnen, als die Körper der Tiere oder das eigene Gehirn – das sei in der Bauart auf ewig unübertrefflich. Das Natürliche bildet also den Grenzwert der Folge von Arbeiten, die es »künstlich« wiederholen und abwandeln.

Dies ist der Fehler in der Perspektive, beziehungsweise die »Schließung des Begriffshorizonts«, sagt Acheropoulos.

Schon allein die Konzeption der »Vollkommenheit der Natur« ist eine Täuschung, so wie das Bild der am Horizont zusammentreffenden Schienen eine Täuschung ist. Die Natur kann man in allem verändern, selbstverständlich nur, wenn man über das dementsprechende Wissen verfügt; man kann die Atome steuern, und dann kann man auch die Eigenschaften der Atome abändern; man überlegt dabei besser gar nicht, ob das, was das »künstliche« Ergebnis solcher Arbeiten sein wird, sich als etwas »Vollkommeneres« erweisen werde als das, was bis dahin »natürlich« – vorhanden war. Es wird ganz einfach anders sein – dem Plan und der Absicht der handelnden

Parteien gemäß; »besser«, das heißt, »vollkommener« wird es insofern sein, als es dem Vorsatz der Intelligenz entsprechend gestaltet sein wird. Aber welches »absolute Bessersein« könnte denn die kosmische Materie nach ihrer totalen Rekonstruktion aufweisen? Möglich sind »mannigfaltige Naturen«, »verschiedene Kosmen«, doch verwirklicht wurde nur eine einzige konkrete Variante, die, welche uns hervorgebracht hat, die, worin wir existieren; das ist alles. Nur für eine »embrionale« Zivilisation wie die irdische sind die sogenannten »Naturgesetze« unantastbar. Laut Acheropoulos führt der Weg von der Stufe, auf der Naturgesetze aufgedeckt werden, zu der Stufe, auf der solche Gesetze festsetzbar sind.

Gerade dies geschah – und geschieht – seit Milliarden von Jahren. Der derzeitige Kosmos ist *nicht mehr* das Spielfeld elementarer, unberührter, blindlings Sonnen oder Sonnensysteme erzeugender und zerstörender Kräfte; durchaus nicht! Im Kosmos läßt sich nicht mehr unterscheiden zwischen dem »Natürlichen« (Ursprünglichen) und dem »Künstlichen« (dem, was umgearbeitet ist). Wer hat diese Kosmogonie-Arbeiten vollbracht? Die erste Generation der Zivilisationen. Auf welche Weise? Das wissen wir nicht; unser Wissen ist allzu verschwindend. Woher und woran läßt sich erkennen, daß es so und nicht anders ist?

Acheropoulos antwortet: Wären die ersten Zivilisationen in ihren Unternehmungen von Anbeginn frei gewesen, so wie in der Vorstellung der Religionen der Schöpfer des Kosmos frei gewesen ist, dann könnten wir wirklich niemals die Phänomene der Wandlung herausfinden, die stattgefunden hat. Gott erschuf ja die Welt, laut Zeugnis der Religionen, durch einen reinen intentionalen Akt, in vollkommener Freiheit; aber die Lage der Intelligenz war eine andere; die Zivilisationen entstanden, beschränkt durch die Eigenschaften der ursprünglichen Materie, die sie hervorgebracht hatte; diese Eigenschaften bedingten die aufeinanderfolgenden Handlungen; an der Verhaltensweise dieser Zivilisationen läßt sich mittelbar erkennen, wie die Startbedingungen der psychozoischen Kosmogonie waren. Das ist nicht leicht. Denn was auch immer geschehen ist, jedenfalls sind die Zivilisationen nicht unverändert aus den Arbeiten an der Umformung des Weltalls hervorgegangen; da sie einen Teil davon bilden, konnten sie es mithin nicht abändern, ohne sich selbst anzutasten.

Acheropoulos verwendet folgendes anschauliche Modell: Wenn wir auf einem Nährboden aus Agar Agar Bakterienkolonien ansiedeln, können wir zunächst zwischen dem anfänglichen (»natürlichen«) Agar Agar und diesen Kolonien unterscheiden. Mit der Zeit jedoch verändern die Lebensprozesse der Bakterien den umgebenden Agar Agar, führen ihm gewisse Substanzen zu, entziehen ihm andere, so daß die Zusammensetzung der Unterlage, ihr Säuregehalt, ihre Konsistenz, Umwandlungen erfährt. Wenn hingegen, infolge dieser Änderungen, der mit neuen Chemismen begabte Agar Agar das Entstehen neuer BakterienAbarten bewirkt, die im Verhältnis zu den »Elterngenerationen« schlechthin bis zur Unkenntlichkeit umgestaltet sind, dann sind diese neuen Abarten nichts anderes als die Folge des »biochemischen Spiels«, das zwischen allen Kolonien auf einmal – und dem Untergrund stattgefunden hat. Diese späten Bakterien-

Arten wären nicht entstanden, wenn die früheren die Umwelt nicht verändert hätten; also sind diese späten die Ergebnisse des Spiels selbst. Hierbei müssen die einzelnen Kolonien durchaus nicht untereinander Kontakt haben; sie beeinflussen einander, aber nur durch Osmose, Diffusion, Verschiebungen des Säure-Basen-Gleichgewichts in der Unterlage. Wie ersichtlich, hat das anfangs entstehende Spiel die Tendenz zu verschwinden, denn der Art nach neue, ursprünglich nicht vorhanden gewesene Formen der Auseinandersetzung lösen es ab. Setzen wir statt des Agar Agar – den Urkosmos, statt der Bakterien – die Urzivilisationen, und wir erhalten ein vereinfachtes Bild der Neuen Kosmogonie.

Was ich bisher gesagt habe, ist unter dem Gesichtspunkt historisch angehäuften Wissens – völlig wahnwitzig. Aber die Durchführung von Denkexperimenten mit den beliebigsten Voraussetzungen kann uns durch nichts verwehrt werden, solang sie nur logisch widerspruchsfrei sind. Wenn wir also das Bild gelten lassen, der Kosmos sei ein Spiel, dann erhebt sich eine Reihe von Fragen, auf die wir widerspruchsfreie Antworten zu erteilen haben. Das sind vor allem Fragen nach dem Anfangszustand: können wir über ihn irgend etwas erschließen, können wir folgernd die Anfangsbedingungen des Spiels ergründen? Acheropoulos hielt dies für möglich. Um das Spiel in sich aufkommen zu lassen, mußte der Urkosmos bestimmte Eigenschaften haben. Er muß zum Beispiel so gewesen sein, daß in ihm die ersten Zivilisationen entstehen konnten: demnach war er kein physikalisches Chaos, sondern unterlag irgendwelchen Gesetzmäßigkeiten.

Diese Gesetzmäßigkeiten müssen aber nicht universal gewesen sein, das heißt nicht überall gleich. Der Urkosmos kann physikalisch uneinheitlich gewesen sein, kann etwas wie ein Gemisch verschieden gestalteter Physiken gebildet haben, die nicht an jeder Stelle die nämlichen und nicht einmal an jeder Stelle gleich weit bestimmt waren. (Unter der Herrschaft einer nicht völlig bestimmten Physik eintretende Prozesse verlaufen nicht jedesmal gleich, obwohl ihre Startbedingungen analog sein können.) Acheropoulos nahm an, der Urkosmos sei physikalisch just so »scheckig« gewesen, und nur an wenigen beträchtlich voneinander entfernten Stellen in ihm hätten Zivilisationen entstehen können. Acheropoulos stellte sich den Urkosmos als physikalisches Gegenstück zu einer Bienenwabe vor; den Zellen in der Wabe sollten im Urkosmos Regionen zeitweilig stabilisierter, doch jeweils anders als die der Nachbarregionen beschaffener Physiken entsprochen haben. Jede Zivilisation, die sich in solcher Einschließung, isoliert von den anderen, entwickelte, konnte meinen, im ganzen Universum allein zu sein; und wenn sie an Energie und Wissen zunahm, suchte sie der Umwelt Züge von Stabilität zu verleihen, und zwar in zunehmendem Umkreis. War dies gelungen, so begann eine solche Zivilisation nach sehr langer Zeit – in ihren vom Zentrum ausgehenden Arbeiten – mit Phänomenen zusammenzutreffen, die nicht mehr bloß natürliche Elementaräußerung der umgebenden Raumzeit waren, sondern Anzeichen von Arbeiten einer anderen Zivilisation. Gerade so endete laut Acheropoulos die erste Phase des Spiels, die Einleitungsphase. Die Zivilisationen nahmen nicht unmittelbar Kontakt zueinander auf, sondern immer nur, indem die Physik, die von der einen festgesetzt worden war, im Zuge der Ausweitung auf die Physiken der Nachbarzivilisationen stieß.

Diese Physiken konnten nicht ohne Zusammenprall ineinander übergehen, weil sie nicht identisch waren, und sie waren nicht identisch, weil es die Startbedingungen für das Dasein jeder gesondert genommenen Zivilisation auch nicht waren. Gewiß, so meinte Acheropoulos, machten sich die einzelnen Zivilisationen längere Zeit hindurch nicht klar, daß sie mit ihren Arbeiten nicht länger in völlig neutrales materielles Element eindrangen, sondern mit den Bereichen intentional begonnener Tätigkeiten anderer Zivilisationen zusammentrafen. Zum Verstehen dieser Sachlage kam es allmählich. Diese Feststellungen, die gewiß nicht zur selben Zeit erfolgten, eröffneten die nächste Phase des Spiels, die zweite. In der Absicht, diese Hypothese wahrscheinlich zu machen, bringt Acheropoulos in der »Neuen Kosmogonie« etliche erdachte Szenen, Veranschaulichungen jener kosmischen Epoche, da diese in ihren obersten Gesetzen ungleichartigen Physiken aneinanderprallten und gigantische Eruptionen und Brände die Fronten ihrer Zusammenstöße bildeten, weil sich dabei in vielgestaltigen Annihilationen und Umwandlungen riesige Energiemengen freisetzten. Das seien so gewaltige Zusammenstöße gewesen, daß ihr Echo bis heute im Universum weiterschwinge, in Form jener sogenannten Residual- oder Hintergrundstrahlung, die von der Astrophysik in den sechziger Jahren entdeckt und als die letzten Überreste der Stoßwellen gedeutet wurde, die ausgelöst worden seien durch das explosive Entstehen des Kosmos aus seinem fast punktförmigen Keim. Denn ein solches Modell schlagartiger

Kreation erschien damals vielen glaubhaft. Doch nach weiteren Äonen erfaßten die Zivilisationen, jede gewissermaßen auf eigene Faust, daß sie ihr antagonistisches Spiel nicht gegen das Naturelement, sondern – unwissentlich – gegen andere Zivilisationen austrugen; was nun ihre weitere Strategie bestimmte, das war die Tatsache der grundsätzlichen Nichtkommunizierbarkeit, des Fehlens einer Verbindung zu den anderen; denn es ist nicht möglich, aus dem Bereich der einen Physik in den Bereich der anderen irgendeine Information zu senden.

Jede der Zivilisationen mußte also im Alleingang handeln; die Fortführung der bisherigen Taktik wäre gegenstandslos oder schlechtweg verderblich gewesen; anstatt die Anstrengungen bei Frontalzusammenstößen zu vergeuden, galt es, sich zu vereinigen, aber ohne jede vorangegangene Verständigung. Solche Beschlüsse, die wieder nicht zur selben Zeit gefaßt wurden, führten doch zuletzt zum Übergang des Spiels in seine dritte Phase, die noch jetzt abrollt. Denn die gesamte Menge der Psychozoika des Weltalls betreibt praktisch ein zugleich solidaristisches und normatives Spiel. Die Mitglieder dieser Menge verhalten sich wie Schiffsmannschaften, die während eines Gewitters Öl auf die tosenden Wellen gießen; obwohl sie dieses Vorgehen nicht vereinbart haben, wird es doch für alle von Nutzen sein. Jeder Spieler handelt also nach einer Minimax-Strategie: die bestehenden Bedingungen verändert er im Sinne der Maximierung des gemeinsamen Nutzens bei Minimierung des Schadens. Deshalb ist der derzeitige Kosmos homogen und isotrop (ihn lenken durchweg dieselben Gesetze, und es gibt in ihm keine bevorzugten Richtungen). Die Eigenschaften, die Einstein am Universum aufgedeckt hat, sind die Resultate von Beschlüssen, die gesondert gefaßt wurden und doch identisch sind, auf Grund der identischen Situation der Spieler; aber identisch war anfangs ihre *strategische* Situation, nicht notwendigermaßen die *physikalische*. Nicht die einheitliche Physik hat die Strategie des Spiels hervorgebracht. Umgekehrt ist es geschehen: die einheitliche Minimax-Strategie brachte die eine Physik hervor. Id fecit Universum, cui prodest.

Meine Damen und Herren, unserem besten Wissen nach entspricht das Weltbild des Acheropoulos den Grundzügen der Wirklichkeit, wenn es auch etliche Vergröberungen und Fehler enthält. Acheropoulos nahm an, daß innerhalb verschiedener Physiken eine und dieselbe Form von Logik entstehen könne. Wenn nämlich in der »kosmischen Zelle« A die dort herausgebildete Zivilisation A eine andere Logik gehabt hätte als die in der »Zelle« B entstandene Zivilisation B, dann hätten sich nicht beide derselben Strategie bedienen können – und somit auch ihre beiden Physiken nicht vereinheitlichen. Folglich nahm er an, daß nichtidentische Physiken dennoch das Entstehen einer einzigen Logik bewirken können; anders wußte er sich das nicht zu erklären, was kosmisch vorgefallen war. In dieser Intuition steckt ein Körnchen Wahrheit, aber die Angelegenheit ist komplizierter, als er meinte. Wir haben von ihm das Programm geerbt, das die Rekonstruktion der Strategie des Spiels fordert, die Rekonstruktion durch den Vollzug der »umgekehrten« Aufgabe; denn von der derzeitigen Physik ausgehend, suchen wir zu ergründen, was – in Form von Beschlüssen der Spieler – ihre Ursache war. Diese Aufgabe wird erschwert durch die Tatsache, daß wir uns den Ereignisablauf nicht als lineare Folge vorstellen dürfen, so, als hätte der Urkosmos das Spiel determiniert, das seinerseits die derzeitige Physik determiniert hätte. Wer die Physik ändert, bildet somit sich selbst um, das heißt, er stellt zwischen den Umwelt-Verwandlungen und der Selbstwandlung eine Rückkopplung her.

Diese Hauptgefahr des Spiels hat etliche *taktische* Manöver der Spieler bewirkt, denn sie müssen sich darüber klar gewesen sein. Sie strebten solche Umwandlungen an, die nicht radikal allgemein waren; das heißt: um allseitigen Relativismus zu vermeiden, verfertigten sie eine GESTUFTE Physik. Die gestufte Physik ist »nicht-total«; zum Beispiel läßt sich nicht bezweifeln, daß die MECHANIK selbst dann unversehrt bliebe, wenn die Materie in ihrer atomaren Schicht keine Quanteneigenschaften hätte. Das bedeutet, daß die einzelnen »Ebenen« der Wirklichkeit über begrenzte Souveränität verfügen, daß also nicht sämtliche Gesetze der betreffenden Ebene gewahrt bleiben müssen, um über ihr die nächste Ebene entstehen zu lassen. Das bedeutet, daß sich die Physik »Stück für Stück« ändern läßt und daß nicht jede Änderung einer Gruppe von Gesetzen gleichbedeutend ist mit der Änderung der ganzen Physik auf allen Ebenen ihrer Phänomene. Derlei Schwierigkeiten der Spieler machen das einfache, schöne Bild unwahrscheinlich, wie es Acheropoulos verfertigt hat: das Spiel als eine Geschichte in drei Phasen. Acheropoulos vermutete, im Laufe des Spiels, als die verschiedenen Physiken »übereinander herfielen«, müsse dadurch ein Teil der Spieler vernichtet worden sein: denn nicht alle Anfangszustände seien in die Einförmigkeit umsetzbar gewesen. Die Absicht, die ungünstig gelagerten Partner zu zerstören, müsse den Aktionen der anderen Spieler durchaus nicht vorgeschwebt haben. Wer überdauern und wer zugrunde gehen sollte, darüber habe der pure Zufall entschieden, der verschiedene Zivilisationen mit verschiedenartigen Umwelten versehen hatte – nach dem Hasardprinzip.

Acheropoulos nahm an, die letzten Brände jener fürchterlichen »Kämpfe«, worin die verschiedenartigen Physiken aneinandergeprallt seien, könnten wir noch wahrnehmen – in Gestalt der Quasars, die Energien der Größenordnung von 10^{63} erg ausstrahlen. Energien, wie sie keiner der uns bekannten physikalischen Prozesse auf so verhältnismäßig kleinem Raum freisetzen kann, wie ihn ein Quasar einnimmt. Acheropoulos dachte: wenn wir die Quasars anschauen, dann sehen wir das, was vor 5 bis 6 Milliarden Jahren geschehen ist, in der zweiten Phase des Spiels, denn just so viel Zeit verschlingt der Lauf des Lichtes, das von den Quasars zu uns herüberflitzt. In solchen Hypothesen irrte Acheropoulos. Die Quasars halten wir für Phänomene anderer Ordnung. Man muß verstehen, daß Acheropoulos die Informationen nicht hatte, die ihm die Überprüfung solcher Ansichten ermöglicht hätten. Die Anfangsstrategie der Spieler als Ganzes zu rekonstruieren, ist uns nicht möglich; rückblickend können wir nur bis zu einem Punkt zurückgehen, wo die Spieler, grob gesprochen, ungefähr so wie heute handelten. Wenn das Spiel kritische Punkte aufgewiesen hat, die eine prinzipielle Änderung der Strategie erzwangen, dann können wir rückwärtsschreitend über den ersten solchen Punkt nicht mehr hinausgehen. Demnach können wir nichts Gewisses über den Urkosmos erfahren, der das Spiel gezeugt hat.

Wenn wir jedoch den derzeitigen Kosmos betrachten, gewahren wir in ihm – verkörpert durch seine Struktur – die wichtigsten Normen der Strategie, deren sich die Spieler bedienen. Der Kosmos erweitert sich ständig; er verfügt über eine Grenzgeschwindigkeit, das heißt über die Lichtbarriere; die Gesetze seiner Physik sind zwar symmetrisch, aber das ist keine vollkommene Symmetrie; er ist »geklumpt und gestuft« aufgebaut, nämlich aus Sternen zusammengesetzt, die sich zu Haufen versammeln, welche ihrerseits Galaxien bilden, aus denen sich örtliche Verdichtungen gruppieren – und alle diese Verdichtungen bilden schließlich die Metagalaxis. Außerdem verfügt der Kosmos über eine gänzlich asymmetrische Zeit. Dies sind die grundlegenden Merkmale im Aufbau des Universums; für jedes unter ihnen finden wir eine erschöpfende Erklärung in der Struktur des Kosmogonie-Spiels, des Spiels, das uns zugleich begreifen läßt, warum eine seiner obersten Normen die Wahrung des Silentium Universi sein muß. Nun denn: warum ist der Kosmos so und nicht anders angelegt? Die Spieler wissen, daß im Zuge der Stern-Evolution neue Planeten und neue Zivilisationen entstehen, und sorgen demnach dafür, daß solche Anwärter auf künftiges Mitspiel, wie die jungen Zivilisationen es sind, das Gleichgewicht des Spiels nicht stören können. Darum erweitert sich der Kosmos: weil nur in einem solchen Kosmos, trotz des fortwährenden Entstehens neuer Zivilisationen in ihm, der trennende Abstand zwischen ihnen eine konstante Größe bleibt.

Eine Verständigung, die zur »Absprache« führen würde, zum Entstehen einer örtlichen Koalition neuer Spieler, könnte jedoch auch in einem solchen sich erweiternden Kosmos eintreten, wenn er keine eingebaute Barriere für die Geschwindigkeit von Fernwirkungen hätte. Denken wir uns einen Kosmos mit einer Physik, die es gestatten würde, die Ausbreitungsgeschwindigkeit von Aktionen proportional zu der aufgewendeten Energie zu vergrößern. In einem solchen Kosmos könnte sich jemand, dem fünfmal so große Energie wie den anderen zur Verfügung stünde, fünfmal so schnell über den Zustand der anderen informieren und ihnen mit ebensolcher Überlegenheit Schläge versetzen. In einem solchen Kosmos kommt die Chance auf, die Herrschaft über seine Physik und über alle anderen Spielpartner zu monopolisieren. Ein solcher Kosmos verlockt gleichsam zum Konkurrenzkampf, zum energetischen Wettstreit, zur Machtentfaltung. Nun ist im realen Kosmos zum Überschreiten der Lichtgeschwindigkeit unendlich große Energie vonnöten, anders gesagt, diese Barriere läßt sich überhaupt nicht durchstoßen.

So rentiert es sich in ihm also nicht, energetische Stärke zu entfalten. Der Beweggrund für die Asymmetrie des Zeitablaufs ist ähnlich. Wenn die Zeit umkehrbar wäre und die Umkehrung ihres Laufs sich durch hinreichende Investition von Mitteln und Energien verwirklichen ließe, dann könnte sich wiederum jemand über die Partner erheben, diesmal dank der Chance, jeden ihrer Züge zu annullieren. Sowohl ein Kosmos, der sich nicht erweitert, wie ein Kosmos ohne Geschwindigkeitsbarriere oder endlich ein Kosmos mit umkehrbarer Zeit läßt also die volle Stabilisierung des Spiels nicht zu. Indessen ging es gerade darum, es *normativ* zu stabilisieren: darauf laufen die Züge der Spieler hinaus, verkörpert in der Struktur der Materie. Es liegt ja klar zutage, daß zum Zweck des Vereitelns jeder Störung und jeder Aggression eine *festgesetzte Physik* ein weit sichereres und radikaleres Mittel ist als alle anderen Absicherungsmethoden (z. B. mittels beschlossener Gesetze, mittels Drohungen, Aufsicht, Zwang, Beschränkungen, Strafen).

Infolgedessen stellt der Kosmos einen *Absorptionsschirm* dar, der alle verschluckt, die bis zum Rang des Spiels heranwachsen, um daran vollberechtigt teilzunehmen. Denn sie finden Regeln vor, denen sie sich unterordnen *müssen*. Die Spieler haben sich selbst jede semantische Verbindung *unmöglich gemacht*, denn sie verständigen sich durch Methoden, die jeden Verstoß gegen die Regeln des Spiels verhindern: von der Eintracht zwischen ihnen allen zeugt eben die festgesetzte einheitliche Ganzheit der Physik. Die Spieler haben wirksame semantische Verbindung unmöglich gemacht, denn sie haben zwischeneinander solche Abstände geschaffen und fixiert, daß immer das Gewinnen einer strategisch wichtigen Information über den Zustand anderer Spieler länger dauert als die Gültigkeit der jeweiligen Taktik des Spiels. Selbst wenn jemand unter ihnen mit den benachbarten Partnern »spräche«, würde er demnach immer Nachrichten erlangen, die bereits im Moment ihrer Gewinnung nicht mehr aktuell wären. Mithin gibt es im Kosmos keine Möglichkeiten für das Aufkommen antagonistischer Blöcke, für Geheimbündelei, örtliche Machtkonzentrierungen, Koalitionen, Absprachen und dergleichen. Darum meldet sich nicht der eine Spieler beim anderen: *selbst haben sie sich dies unmöglich gemacht.* Das war eine der Normen der Stabilisierung des Spiels – und somit auch der Kosmogonie. Dies ist die Erklärung für einen Teil des Rätsels »Silentium Universi«. Wir können nicht Gespräche von Spielern mithören, denn sie schweigen im Einklang mit dem strategischen Kalkül.

Diesen Tatbestand hat Acheropoulos herauszufinden vermocht. Von seiner Gewissenhaftigkeit zeugt die in der »Neuen Kosmogonie« enthaltene Vorwegnahme der Einwände, die dieses Bild des Spiels wachrufen kann. Sie laufen hinaus auf die Betonung des ungeheuren Mißverhältnisses zwischen der milliardenjährigen Arbeit, die für den Umbau des ganzen Weltalls aufgewendet worden sein soll, und den Nutzwirkungen dieses Umbaus, der die *Befriedung* des Weltalls durch eine in es eingebaute Physik zum Ziel hat. – Wie gibt es das? – sagt der von Acheropoulos erdachte Kritiker. – Also Jahrmilliarden der Kulturentwicklung reichen für so unfaßlich langlebige Gemeinwesen noch immer nicht dazu aus, daß sie aus eigenem Antrieb auf jede Form von Aggression verzichten, und die Pax Cosmica muß demzufolge durch eigens zu diesem Zweck umgearbeitete Naturgesetze gewährleistet werden? Also eine Anstrengung, bemessen nach Energien, die stärker sind als die Leistung von Millionen Galaxien zugleich, hat nichts anderes zum Ziel, als *Barrieren und Beschränkungen* kriegerischer Tätigkeit festzusetzen? Darauf hat Acheropoulos geantwortet: Die Form von Physik, die den Kosmos befriedet hat, war zur Zeit der Geburt des Spiels eine Notwendigkeit, denn nur eine einzige bestehende Strategie konnte das Universum physikalisch vereinheitlichen, andernfalls hätte riesige Gefilde davon das Chaos blinder Kataklysmen verschlungen. Die Existenzbedingungen waren im Urkosmos weit härter als heute; das Leben konnte in ihm kraft einer »Ausnahme von der Regel« entstehen; zufällig hervorgebracht, ging es zufällig in ihm zugrunde. Die sich erweiternde Metagalaxis, ihr asymmetrischer Zeitablauf, ihr struktureller Stufenaufbau – all das mußte einleitend festgelegt werden; dies war das Minimum an Ordnung, das unerläßlich war, um für die folgenden Arbeiten das Feld zu ebnen.

Acheropoulos verstand, daß die Spieler, da jene Phase von Umformungen bereits Geschichte des Daseins ist, jetzt irgendwelche neue Fernziele vor sich haben müssen; diese wollte er ausfindig machen. Das ist ihm leider nicht gelungen. Hier rühren wir an den Riß, der in seinem System verborgen ist. Denn Acheropoulos suchte das Spiel nicht durch Rekonstruktion seiner formalen Struktur, also logisch, zu erfassen, sondern durch Hineinversetzen in die Situation der Spieler, also psychologisch. Ihre Psychologie kann der Mensch jedoch nicht ersehen, ebensowenig wie ihren ethischen Kodex; dazu fehlen uns die Angaben; wir sind nicht imstande, uns vorzustellen, was die Spieler denken, was sie fühlen, was sie ersehnen, gerade so, wie man eine Physik nicht aufbauen kann, indem man sich vorstellt, was es bedeutet, »als Elektron zu existieren«.

Die Immanenz des Spielerdaseins ist für uns gleichermaßen unerreichbar wie die Immanenz des Elektronendaseins. Daß ein Elektron das tote Teilchen von Materieprozessen bildet, während der Spieler ein intelligenzbegabtes, also angeblich uns ähnliches Wesen vorstellt, ist nicht von wesentlicher Bedeutung. Ich spreche von einem Riß im System des Acheropoulos, weil Acheropoulos an einer Stelle der »Neuen Kosmogonie« deutlich erklärt, daß sich die Beweggründe der Spieler nicht auf der Grundlage der Introspektion nachvollziehen lassen. Er hat dies gewußt, und doch erlag er dem Denkstil, der ihn geprägt hatte; denn der Philosoph bemüht sich, zuerst zu verstehen und dann zu verallgemeinern; für mich war es hingegen von Anfang an selbstverständlich, daß man so das Bild des Spiels nicht schaffen darf. Die verstehende Schau setzt voraus, daß das Spiel als Ganzes von außen her gesehen wird, also von einem Beobachtungsstandpunkt aus, den es nicht gibt und niemals geben wird. Intentionalität von Handlungen ist durchaus nicht mit psychologischer Motivation gleichzusetzen. Die Ethik der Spieler sollte vom Analytiker des Spiels nicht berücksichtigt werden, ebensowenig, wie die persönliche Ethik militärischer Befehlshaber von einem Schlachtenhistoriker berücksichtigt werden muß, der die strategische Logik der Frontmanöver eines Krieges studiert. Das Bild des Spiels ist eine Entscheidungsstruktur, die vom Zustand des Spiels und vom Zustand der Umwelt abhängig ist, und nicht die Resultierende aus individuellen Wertkodexen, Gelüsten, Begierden oder Normen, zu denen sich die einzelnen Spieler bekennen. Daß sie dasselbe Spiel spielen, bedeutet durchaus nicht, daß sie einander in jeder anderen Hinsicht ähnlich sein müssen! Sie können einander just so ähnlich sein wie ein Mensch einer Maschine, mit der er Schach spielt. So ist es denn auch keineswegs ausgeschlossen, daß Spieler existieren, die in biologischem Sinne tot sind, im

Zuge nichtbiologischer Entwicklung entstanden und ebenso auch Spieler, die synthetische Erzeugnisse künstlich eingeleiteter Evolution sind; doch die Erörterungen solcher Eigenschaften haben keinen Zutritt auf dem Boden einer Theorie der Spieler.

Das schwerste Dilemma für Acheropoulos war das Silentium Universi. Seine zwei Gesetze sind allgemein bekannt. Das erste besagt, daß keine Zivilisation niedrigerer Stufe die Spieler entdecken kann – denn sie schweigen nicht nur, sondern ihr Vorgehen sticht auch in nichts vom kosmischen Hintergrund ab, und dies deshalb, *weil es selbst gerade dieser Hintergrund ist.*

Das zweite Acheropoulossche Gesetz sagt, daß die Spieler sich nicht mit Kommunikaten der Fürsorge und Hilfe an die jüngeren Zivilisationen wenden – denn die Spieler können solche Kommunikate nicht konkret adressieren, und unadressiert wollen sie sie nicht aussenden. Um adressierte Information zu senden, muß man zuvor den Zustand erkennen, worin sich der Adressat befindet; aber dies wird eben durch den ersten Grundsatz des Spiels unmöglich gemacht, der die Barriere für raumzeitliches Wirken festsetzt. Wie wir wissen, muß jede erlangte Information – über den Zustand einer anderen Zivilisation – im Augenblick ihres Empfangs völlig anachronistisch sein. Indem sie ihre Barrieren festsetzten, hinderten sich die Spieler selbst an der Erkennung der Zustände anderer Zivilisationen. Dagegen bringt unadressiertes Senden von Kommunikaten immer wesentlich mehr Schaden als Heil. Die Beweisführung dafür stützt Acheropoulos auf Versuche, die er durchgeführt hat. Er nahm zwei

Reihen von Zetteln, schrieb auf der einen die Namen der frischesten wissenschaftlichen Entdeckungen der sechziger Jahre aus, auf der anderen – die Daten des historischen Kalenders für den Zeitraum eines Jahrhunderts (1860 bis 1960) und zog dann die Zettel paarweise; der reine Zufall ordnete jede Angabe über eine Entdeckung einem Datum zu, und dies sollte das unadressierte Senden von Nachrichten nachahmen. In der Tat hat eine solche Emission kaum jemals positiven Wert für den Empfänger. Zumeist ist das ankommende Kommunikat entweder unverständlich (Relativitätstheorie im Jahr 1860) oder unverwertbar (Lasertheorie im Jahr 1878), oder es ist schlechtweg schädlich (Theorie der Atomenergetik im Jahr 1939). So schweigen denn die Spieler, da sie – laut Acheropoulos – den jüngeren Zivilisationen wohlwollen.

Diese Argumentation beruft sich also auf die Ethik. Schon allein dadurch ist sie unzuverlässig. Die Behauptung, eine Zivilisation müsse ethisch um so vollkommener werden, je weiter sie instrumental und wissenschaftlich entwickelt sei, wird auf einmal von außen in die Theorie des Spiels hineingetragen. Eine Theorie des Kosmogoniespiels kann nicht so gebaut werden; entweder das Silentium Universi ergibt sich unabdingbar aus der Struktur des Spiels, oder die Eigenexistenz des Spiels muß angezweifelt werden. Hypothesen ad hoc können seine Glaubhaftigkeit nicht retten.

Acheropoulos war sich darüber klar: dieses Problem hat ihn empfindlicher gepeinigt als all die Verkennung, die er erfuhr. So fügt er denn zu der »sittlichen Hypothese« andere hinzu, jedoch die Anzahl von schwachen Hypothesen gibt es ja gar nicht, die eine einzige und dafür starke ersetzen könnte. An dieser Stelle muß ich über mich sprechen. Was habe ich als Fortsetzer des Acheropoulos getan? Meine Theorie ist aus der Physik hervorgegangen und wandelt sich wieder zu Physik, doch selbst gehört sie nicht der Physik an. Versteht sich, wenn aus ihr bloß diejenige Physik hervorginge, aus der ich sie entwickelt habe, dann wäre dies ein wertloser Zeitvertreib mit der Tautologie.

Der Physiker verhielt sich bislang wie ein Mensch, der die Züge auf einem Schachbrett beobachtet, bereits weiß, wie jede Figur sich bewegt, der aber nicht annimmt, daß die Züge der Figuren irgendein Ziel verfolgen könnten. Das Kosmogoniespiel rollt anders ab als das Schachspiel, denn im Kosmogoniespiel verändern sich die Regeln, also die Gesetze der Gangart, die Figuren und das Brett. In Anbetracht dessen ist meine Theorie nicht die Rekonstruktion des ganzen Spiels, wie es von seiner Entstehung an verlaufen ist, sondern nur seines letzten Teils. Meine Theorie ist nur ein Bruchstück des Ganzen, mithin so etwas wie eine auf die Beobachtung des Schachspiels gestützte Nachschaffung des Gambitprinzips. Wer das Gambitprinzip kennt, der weiß schon, daß man eine wertvolle Figur als Opfer anbietet, um später etwas noch Wertvolleres zu erlangen, aber er muß nicht wissen, daß das Matt diesen höchsten Gewinn bezeichnet. Aus der Physik, die uns zur Verfügung steht, läßt sich die zusammenhängende Struktur des Spiels nicht entwickeln, und nicht einmal ein Teil davon. Erst als ich der genialen Intuition des Acheropoulos folgte und annahm, die derzeitige Physik müsse »ergänzt« werden, gelang es mir, die Richtlinien der abrollenden Partie nachzuschaffen. Dieses Vorgehen war extrem ketzerisch, denn die erste Voraussetzung der Wissenschaft ist die These, daß die Welt in ihren Gesetzen etwas »Fertiges« und »Abgeschlossenes« sei. Ich dagegen nehme an, daß die derzeitige Physik eine vorübergehende Etappe auf dem Wege bestimmter Umformungen bildet.

Die sogenannten »Universalkonstanten« sind gar keine Konstanten. Nicht unveränderlich ist – insbesondere – die Boltzmannsche Konstante. Das bedeutet: wenn auch im Kosmos der Endzustand jeder anfänglichen Ordnung in der Unordnung bestehen muß, kann doch das Zunahmetempo des Chaos Änderungen unterworfen sein, die von den Spielern hervorgerufen werden. Es scheint (dies ist lediglich eine Vermutung, keine Deduktion aus der Theorie), daß die Spieler die Zeitasymmetrie durch einen äußerst brutalen Eingriff verfertigt haben, so, »als hätten sie es eilig gehabt« (in kosmischem Maßstab, versteht sich). Die Brutalität besteht darin, daß sie den Gradienten der Entropiezunahme sehr steil gemacht haben. Sie haben sich einer starken Tendenz des Zunehmens von Unordnung bedient, zu dem Zweck, im Kosmos *eine einzige Ordnung* einzuführen. Wenn auch seither alles vom Geordneten zum Ungeordneten hin verläuft, erweist sich doch im Ganzen dieses Bild als *einheitlich, einem* Prinzip unterworfen und dadurch generell in Ordnung gebracht. Daß die Prozesse der Mikro-Welt im Prinzip umkehrbar sind, war seit langem bekannt. Aus der Theorie geht etwas Außerordentliches hervor: würde die Energie, die die irdische Wissenschaft für das Untersuchen der Elementarteilchen aufwendet, 10^{19}fach vergrößert, so würde sich die

Untersuchung als *Aufdeckung* des Tatbestandes dadurch in ein Verändern dieses Tatbestandes verwandeln! Anstatt Naturgesetze herauszufinden, würden wir sie unmerklich deformieren.

Das ist der verletzliche Punkt, die Achillesferse des derzeitigen Universums. Die Mikro-Welt bildet gegenwärtig den Hauptbauplatz der Spieler. Sie haben sie unstabil gemacht und steuern sie in gewisser Weise. Es scheint mir, daß sie einen gewissen bereits stabil festgelegten Teil der Physik gleichsam neuerlich aus den Angeln gehoben haben. Sie führen eine Revision durch, setzen bereits erstarrte Gesetze wieder in Bewegung. Deshalb wahren sie das Schweigen, das »strategische Stille« ist. Niemanden von den »Außenstehenden« informieren sie, weder darüber, was sie tun, noch überhaupt darüber, daß das Spiel abrollt. Das Wissen um die Existenz des Spiels stellt ja die ganze Physik in völlig neues Licht. Die Spieler schweigen, um unerwünschte Störungen, Interventionen, zu vermeiden, und werden sicher bis zum Abschluß dieser Arbeiten weiter schweigen. Wie lang dauert bereits dieses Silentium Universi? Das wissen wir nicht; wie sich annehmen läßt, mindestens hundert Millionen Jahre.

Der Kosmos befindet sich also in seiner Physik auf einem Scheideweg. Was bezwecken die Spieler – mit diesem monumentalen Umbau? Auch dies wissen wir nicht. Die Theorie zeigt nur auf, daß sich die Boltzmannsche Konstante zusammen mit anderen Konstanten verkleinern wird, bis sie einen ganz bestimmten Wert erreicht haben wird, den die Spieler benötigen. Wozu aber – das wissen wir nicht. So wie jemand, der das Gambitprinzip schon versteht, nicht notwendig begreift, wozu innerhalb des Ganzen einer Schachpartie diese Operation dient. Was ich noch sagen werde, das geht schon über den äußersten Rand unseres Wissens hinaus. Denn uns steht der reinste *Embarras de richesse* an mannigfaltigsten im Laufe der letzten paar Jahre geäußerten Hypothesen zur Verfügung. Die Brooklyner Gruppe um Professor Bowman nimmt an, daß die Spieler den »Ritz für die Umkehrbarkeit von Phänomenen« nun schließen wollen, der im Schoße der Materie noch »verblieben« sei, im Bereich der Elementarteilchen. Manche Forscher behaupten, die Schwächung der Entropiegradienten habe bessere Adaptierung des Kosmos für Lebensphänomene zum Ziel, oder sogar, es gehe den Spielern um die »Psychozoisierung« des ganzen Universums. Das sind meiner Ansicht nach übermäßig gewagte Hypothesen, insbesondere auf Grund ihrer Ähnlichkeit mit gewissen anthropozentrischen Vorstellungen.

Der Gedanke, der ganze Kosmos evolviere so, daß er sich in »eine einzige große Intelligenz« verwandeln, sich »psychisieren« werde, bildet das Leitmotiv vieler verschiedenartiger Philosophien – und vieler religiöser Glaubensvorstellungen der Vergangenheit. Professor Ben Nour hat in »Intentional Cosmogony« vorgebracht, die paar erdnächsten Spieler (deren einer sich im Andromedanebel befinden könne) hätten ihre Züge nicht optimal koordiniert, demnach verweile die Erde in einer Region »oszillierender Physik«; das hieße, daß die Theorie des Spiels gar nicht die von den Spielern angewendete Taktik des gegenwärtigen Stadiums zur Abspiegelung brächte, sondern nur ihren örtlichen, recht zufälligen Ausläufer. Ein gewisser Popularisator hat erklärt, die Erde befinde sich in einem »Konfliktgebiet«: die beiden benachbarten Spieler hätten einen »Kleinkrieg« angezettelt, mittels »hinterhältigen Veränderns der Gesetze der Physik«, und dies erkläre die Veränderungen der Boltzmannschen Konstante.

Die Annahme, daß die Spieler den 2. Hauptsatz der Thermodynamik »abschwächen«, ist derzeit sehr beliebt. Interessant finde ich im Zusammenhang damit die Stellungnahme von A. Slysch von der Akademie der Wissenschaften, der in der Arbeit »Logika i Novaja Kosmogonija« auf die Nichteindeutigkeit der Verknüpfung zwischen Physik und Logik hingewiesen hat. – Es ist sehr leicht möglich – sagte Slysch –, daß ein Kosmos mit geschwächter Entropietendenz sehr große Informationssysteme hervorbrächte, die sich als sehr dumm erweisen würden. Dies scheint wahrscheinlich, und zwar im Lichte der Arbeiten einiger junger Mathematiker; sie halten es für möglich, daß die bereits von den Spielern verwirklichten Veränderungen der Physik zu Veränderungen der Mathematik geführt haben beziehungsweise, deutlicher gesagt, zum Wandel der Konstruierbarkeit widerspruchsfreier Systeme in den Formalwissenschaften. Von einem solchen Standpunkt ist es nicht mehr weit zu der These, daß Gödels berühmter, in seiner Arbeit »Über die unentscheidbaren Sätze der formalen Systeme« enthaltener Beweis, der die Grenzen der in der Systemmathematik erreichbaren Perfektion aufzeigt, nicht universal gelte, d. h., nicht »für alle möglichen Kosmen«, sondern nur für den Kosmos in seinem derzeitigen Zustand gültig sei. (Und sogar, daß sich einst, sagen wir, vor einer halben Milliarde von Jahren, der Gödelsche Beweis nicht hätte führen lassen, weil damals die Gesetze für die Konstruierbarkeit mathematischer Systeme anders waren, als sie jetzt sind.)

Ich muß bekennen, daß ich zwar ausgezeichnet die Beweggründe aller derer verstehe, die nun ihre mannigfaltigen Mutmaßungen über die Ziele des Spiels veröffentlichen, über die Absichten der Spieler, die Hauptwerte, wonach sie sich angeblich richten sollen, und so weiter, daß ich jedoch zugleich über die Präzisionslosigkeit oder den schlechtweg wirren Charakter vieler dieser – oft leichtfertigen – Mutmaßungen einigermaßen beunruhigt bin. Manche Leute stellen sich jetzt den Kosmos so ähnlich wie eine Wohnung vor, die sich alle paar Augenblicke ummöblieren läßt, wie es den Mietern paßt. Ein solches Verhältnis zu den Gesetzen der Physik, zu den Gesetzen der Natur kann nicht in Frage kommen. Das Tempo der realen Umformungen ist, gemessen an unserer Lebenszeit, unerhört langsam. Daraus folgt, wie ich eiligst hinzufüge, absolut nichts in bezug auf die Natur der Spieler selbst, z. B. über ihre angebliche Langlebigkeit oder schlechtweg Unsterblichkeit. Über dieses Thema ist uns ebenfalls nichts bekannt. Vielleicht sind die Spieler, wie schon geschrieben wurde, gar keine lebenden, das heißt biologisch entstandenen Wesen; kann sein, daß die Mitglieder der ersten Zivilisationen sich überhaupt nicht selbst mit dem Spiel befassen, und zwar seit uralten Zeiten nicht, sondern es irgendwelchen riesigen Automaten übertragen haben, den Steuerzentren der Kosmogonie. Kann sein, daß viele der Urzivilisationen, die das Spiel eingeleitet haben, nicht mehr bestehen, daß ihre Rolle von selbsttätigen Anlagen ausgefüllt wird und daß diese einen Teil der Spielpartner stellen. Das alles kann sein, und auf solche Fragen erlangen wir keine Antwort, nicht in einem Jahr und, wie ich meine, auch nicht in hundert Jahren.

Gleichwohl haben wir bestimmtes neues Wissen erlangt. Wie dies bei Wissen so zu sein pflegt, offenbart es mehr in den Fragen der Begrenzungen des Handelns als in denen seiner Macht. Gewisse Theoretiker meinen heute, daß die Spieler, wenn sie nur wollten, jene Genauigkeitsbeschränkung aufheben könnten, die den Messungen die Heisenbergsche Unschärferelation auferlegt. (Doktor John Command äußerte den Gedanken, die Unschärferelation sei ein taktisches Manöver, die Spieler hätten sie in gleicher Rolle eingeführt wie die Regel des Silentium Universi: damit »niemand die Physik auf unerwünschte Weise manipulieren könne, wenn er selbst kein Spieler sei«.) Selbst wenn dies so ist, können die Spieler die Koppelung nicht aufheben, die zwischen Veränderungen der Materiegesetze und dem Wirken des Geistes besteht: denn er ist aus ebendieser Materie aufgebaut. Die Vorstellung, es ließe sich eine »für alle konstruierbaren Weltalls« gültige Logik oder Metalogik verfertigen, ist irrig, *und dies hat sich heute bereits beweisen lassen.* Ich persönlich meine, daß die Spieler, die ja diesen Tatbestand bestens begreifen, Schwierigkeiten genug haben; versteht sich, Schwierigkeiten anderen Maßstabs und Ranges als wir!

Wenn das Bewußtsein, daß die Spieler nicht allwissend sind, uns mit Unruhe erfüllen kann, weil wir uns dadurch das dem Kosmogoniespiel innewohnende Risiko vergegenwärtigen, dann nähert diese Reflexion doch zugleich unsere Lebenssituation jählings der Seinslage der Spieler an: denn im Universum ist niemand allmächtig. Die höchsten Zivilisationen sind auch Teile, die das Ganze nicht bis ins letzte kennen.

Ronald Schuer hat das Aufwerfen kühner Vermutungen am weitesten getrieben: in »Reason-Made Universe-Laws versus Rules« sagte er, je tiefgreifender die Spieler den Kosmos umwandelten, desto stärker änderten sie sich selbst ab. Die Veränderung führe zu der von Schuer so bezeichneten »Guillotinierung des Gedächtnisses«. Denn in der Tat, wer sich sehr durchgreifend umformt, zerstört somit in gewissem Grad das Gedächtnis für die eigene Vergangenheit, die vor diesem Eingriff war. – Während die Spieler wachsende kosmotransformative Macht gewinnen – sagt Schuer –, verwischen sie selbst die Spuren des Entwicklungsweges, den der Kosmos bisher durchlaufen hat. Im Grenzfall erweist sich bewirkerische Allmacht als Paralyse der rückschauenden Erkenntnis. Wenn die Spieler dem Kosmos die Eigenschaften einer Brutstätte der Intelligenz zu verleihen suchen, reduzieren sie zu diesem Zweck die Stärke des Entropiegesetzes; nach einer Milliarde von Jahren, nach Verlust des Gedächtnisses für alles, was mit und vor ihnen geschah, bringen sie den Kosmos in den Zustand, von dem Slysch gesprochen hat. Bei Beseitigung der »entropischen Bremse« erfolgt explosionsartiger Biosphärenzuwachs, eine Unmenge unreifer Zivilisationen schaltet sich vorzeitig ins Spiel ein und verursacht seinen Kollaps. So, durch den Zusammenbruch des Spiels, kommt es zum Chaos ... woraus nach Äonen ein neues Spielerkollektiv hervortaucht ... um das Spiel von neuem zu beginnen. Laut Schuer rollt das Spiel also *im Kreis* ab, und somit hat die Frage nach dem »Anfang des Universums« keinerlei Sinn. Dieses Bild ist außergewöhnlich, aber unglaubhaft. Wenn *wir* imstande sind, die Verhängnishaftigkeit des Kollaps vorherzusehen, was gilt dann erst von Voraussagen, wie sie den Spielern zuzutrauen sind!

Verehrtes Auditorium, ich zeichnete hier ein kristallreines Bild: das eines Spiels, ausgetragen zwischen parsekmilliardenweit voneinander entfernten, in den Knäueln der Sternnebel verborgenen Intelligenzen; und dann trübte ich dieses Bild, überschüttete es mit Unklarheiten, widerstreitenden Vermutungen und glattweg unwahrscheinlichen Hypothesen. Aber dies ist das gewöhnliche Verfahren der Erkenntnis. Die Wissenschaft sieht den Kosmos derzeit als einen Palimpsest von Spielen; das ihnen gegebene Gedächtnis ist tiefer, als das Gedächtnis des einzelnen Spielers reichen kann. Dieses Gedächtnis besteht in dem Zusammenspiel der Naturgesetze, die dem Kosmos die Einheitlichkeit der Bewegung erhalten. Wir betrachten das Universum also jetzt als das Feld milliardenjähriger Arbeiten, die sich äonenweise übereinanderschichten und Zielen entgegenstreben, wovon wir nur die kleinsten, allernächsten Bruchstücke teilweise auffangen können. Ist dieses Bild wahr? Wird nicht irgendwann ein nächstes seine Stelle einnehmen, ein anderes, so von Grund auf abweichendes, wie unser Modell hier, das des Spiels der Intelligenzen, von allen im Lauf der Geschichte entstandenen Modellen von Grund auf abweicht? Statt einer Antwort führe ich hier die Worte meines Lehrers Professor Ernst Ahrens an. Vor vielen Jahren, noch als junger Mann, suchte ich ihn mit den ersten Rohentwürfen auf, die die Konzeption des

Spiels enthielten, um ihn nach seiner Meinung zu fragen; damals sagte Ahrens: »Eine Theorie? Gar eine Theorie? Vielleicht ist das keine Theorie. Die Menschheit bricht doch wohl zu den Sternen auf? Also, selbst dann, wenn das nicht existiert, dann handelt es sich da vielleicht um einen Plan, vielleicht wird sich alles irgendwann so und nicht anders abspielen!« Mit diesen – doch wohl nicht bis ins letzte skeptischen! – Worten meines Lehrers möchte ich diesen Vortrag beenden. Ich danke Ihnen für Ihre Aufmerksamkeit.

RIEN DU TOUT, OU LA CONSÉQUENCE

par Solange Marriot (Ed. du Midi)

Nichts oder Die Konsequenz ist nicht nur das erste Buch von
Solange Marriot, sondern auch der erste Roman, der die
Grenze schriftstellerischer Möglichkeiten erreicht. Nicht daß
es ein Meisterwerk an Schönheit wäre, wenn es unbedingt
sein soll, würde ich es ein Meisterwerk an Ehrlichkeit nennen. Und das Bedürfnis nach Ehrlichkeit ist ein Wurm, der
uns heute die gesamte Literatur wegfrißt. Die Literatur nämlich krankt an der peinlichen Situation, daß man nicht gleichzeitig Schriftsteller und ein völlig ehrlicher, d. h. ein völlig
ernsthafter Mensch sein kann. Denn die Einweihung in das
Wesen der Literatur verursacht Leiden, so wie ein sensibles
Kind leidet, wenn es sexuell aufgeklärt wird. Der Schock
des Kindes ist eine Form der Nichtübereinstimmung mit der
genitalen Biologie unserer Körper, die eine Verurteilung vom
Standpunkt des guten Geschmacks aus zu fordern scheint,
und Scham und Schock des Schriftstellers sind die Bewußtmachung der unvermeidlichen Lüge, die man beim Schreiben
auftischt. Es gibt notwendige Lügen, z. B. moralisch begrün-
dete (so belügt der Arzt den Todkranken), aber die literarischen gehören nicht dazu. Irgend jemand muß Arzt sein, also
muß irgend jemand auch wie ein Arzt lügen; aber kein Muß
bringt die Feder in die Nähe des reinen Papiers. Die Vergangenheit kannte diese Befangenheit nicht, weil sie nicht frei

war; die Literatur in der Epoche des Glaubens lügt nicht, sie dient nur. Ihre Emanzipation von solchen, d. h. notwendigen Dienstleistungen hat jene Krise eingeleitet, deren Formen heute oft kläglich, wenn nicht gar – obszön sind.

Kläglich – denn der Roman, der seine eigene Entstehung beschreibt, ist halb Beichte, halb Lüge. Etwas, ja sogar ziemlich viel Lüge bleibt auch in ihm; und weil die Schriftsteller das spüren, haben sie darüber, *wie* man schreibt, nach und nach immer mehr geschrieben, sehr zum Nachteil des eigentlich Erzählenden, und so ist diese Methode auf der schiefen Ebene abgerutscht bis zu Werken, die die Unmöglichkeit des Epischen verkünden. Die Belletristik hat uns also zunächst in ihre Garderobe eingeladen. Solche Einladungen müssen aber immer zweideutig sein; falls sie nicht geradezu eine Verleitung zur Unzucht sind, erweisen sie sich als Koketterie; gefallsüchtig zu sein statt zu lügen heißt aber vom Regen in die Traufe kommen.

Der Antiroman hat sich bemüht, radikaler zu werden; er hat nämlich hervorzuheben versucht, daß er keineswegs die Illusion von irgend etwas sei; der »Autoroman« zeigte wie ein Zauberer der Öffentlichkeit die Hintergründe seiner Kunststücke; der Antiroman sollte nichts mehr vortäuschen, nicht einmal den sich selbst demaskierenden Zauberer. Also? Er versprach, nichts zu verkünden, nichts mitzuteilen, nichts zu bedeuten, sondern nur zu *sein* – wie eine Wolke, ein Schemel, ein Baum. In der Theorie ist das hübsch. Doch hat die Theorie getrogen, denn nicht jeder kann gleich der Herrgott sein, Schöpfer autonomer Welten; und bestimmt kann der Literat nicht so sein. Über die Niederlage entscheidet das Problem der Kontexte: Von ihnen, d. h. von dem, was überhaupt *nicht ausgesagt* wird, hängt der Sinn des Gesagten ab. Die Welt des Herrgotts hat keinerlei Kontexte; wirksam ersetzen könnte sie also nur eine Welt, die ebenso autark ist. Und wenn ihr euch auf den Kopf stellt, das gelingt nie – in der Sprache.

Was also blieb der Literatur übrig nach der fatalen Bewußtmachung der eigenen Unanständigkeit? Der Autoroman ist ein partielles Strip-tease, der Antiroman (leider) de facto eine Form der Selbstkastration. Wie die in ihrem moralischen Gewissen durch die eigene Genitalität beleidigten Skopzen an sich selbst grausige Operationen vornehmen, so hat der Antiroman den unseligen Leib der traditionellen Literatur verschnitten. Was also ist geblieben? Nichts als die Romanze mit dem Nichts. Wer nämlich über *nichts* lügt (und wie wir wissen, muß der Schriftsteller lügen), hört bestimmt auf, ein Lügner zu sein.

So mußte man – und gerade darin liegt die Vollkommenheit der Konsequenz – das Nichts schreiben. Kann jedoch diese Aufgabe sinnvoll sein? Das Nichts schreiben – ist ja dasselbe wie *nichts* zu schreiben. Also?

Roland Barthes, der Autor des etwas veralteten Essays »Le degré zéro de l'écriture«, hat das nicht einmal geahnt (aber er ist trotz aller Scharfsinnigkeit ein flacher Geist). So hat er nicht begriffen, daß die Literatur stets ein Schmarotzen an der Mentalität des Lesers ist. Die Liebe, der Baum, der Park, der Seufzer, der Schmerz im Ohr – der Leser versteht, weil er es erfahren hat. Man kann mit einem Buch die Möbel im Kopf des Lesers umgruppieren, o ja, aber nur soweit dort vor der Lektüre bereits Möbel vorhanden waren.

Kein Schmarotzer ist, wer realiter handelt, als Techniker, Arzt, Baumeister, Schneider, Aufwartefrau. Was produziert in solchem Zusammenhang der Schriftsteller? Eine Scheinwelt. Ist das eine ernsthafte Beschäftigung? Der Antiroman wollte sich die Mathematik zum Vorbild nehmen: Sie jedenfalls produziert nichts Reales! Ja, aber die Mathematik lügt nicht, weil sie nur tut, was sie muß. Sie handelt unter dem Druck von Notwendigkeiten, die sie sich nicht ad hoc ausdenkt; die Methode ist ihr vorgegeben; deshalb sind die Entdeckungen der Mathematiker wirklich, und deshalb ist auch ihr Entsetzen wirklich, wenn die Methode sie zu Widersprüchen führt. Weil der Schriftsteller nicht unter einer solchen Notwendigkeit handelt, weil er so frei ist, schließt er nur mit dem Leser seine stillschweigenden Übereinkünfte; er redet dem Leser zu, dieser möge voraussetzen … möge glauben … möge für bare Münze nehmen …, doch das ist ein Spiel und nicht jene wunderbare Unfreiheit, in der die Mathematik sich entwickelt. Die vollständige Freiheit ist die vollständige Paralyse der Literatur.

Wovon wir reden? Nun, von Frau Solanges Roman. Beginnen wir damit, daß man diesen Vornamen unterschiedlich verstehen kann, je nachdem, in welchen Kontext man ihn stellt. Auf französisch kann das die Sonne und der Engel sein (sol, ange)! Auf deutsch ist es nur der Name eines Zeitintervalls (so lange). Die vollständige Autonomie der Sprache ist ein Unsinn, an den die Humanisten glauben, aus einer Naivität, zu der schon die dummen Kybernetiker kein Recht haben. Maschinen für getreues Übersetzen, tatsächlich! Kein Wort, kein ganzer Satz bedeuten etwas aus sich heraus, innerhalb der eigenen Gräben und Grenzen; Borges nähert sich diesem Stand der Dinge, wenn er in der Erzählung »Pierre Menard, der Autor des ›Don Quichotte‹« einen Literaturfanatiker beschreibt, den verrückten Menard, der kraft geistiger Vorbereitungen den »Don Quichotte« *noch einmal* schreibt, Wort für Wort, ohne von Cervantes abzuschreiben, sondern indem er gewissermaßen ideell in dessen kreative Situation hineinwächst. Die Stelle aber, an der die Novelle an das Geheimnis rührt, ist folgendes Fragment:

»Ein Vergleich bestimmter Seiten bei Menard und Cervantes ist verblüffend. Cervantes schreibt z. B. (Don Quichotte, erstes Buch, Kapitel *IX*): ›... Die Wahrheit, deren Mutter die Geschichte ist, die Nebenbuhlerin der Zeit, Aufbewahrerin der Taten, Zeugin der Vergangenheit, Vorbild und Belehrung der Gegenwart, Warnung der Zukunft.‹«

Die im 17. Jahrhundert redigierte, von dem »genialen Laien« Cervantes geschriebene Aufzählung ist ganz einfach ein rhetorisches Lob der Geschichte. Menard indessen schreibt: ›Die Wahrheit, deren Mutter die Geschichte ist, die Nebenbuhlerin der Zeit, Aufbewahrerin der Taten, Zeugin der Vergangenheit, Vorbild und Belehrung der Gegenwart, Warnung der Zukunft!‹

Die Geschichte als Mutter der Wahrheit; der Einfall ist erstaunlich. Menard, ein Zeitgenosse William James', bezeichnet die Historie nicht als Erforschung der Wirklichkeit, sondern als Quelle. Historische Wahrheit ist für ihn nicht das tatsächlich Geschehene, sondern das unserer Meinung nach Geschehene. »Die Schlußwendungen – Vorbild und

Belehrung der Gegenwart, Warnung der Zukunft – sind schamlos pragmatisch.«

Das ist mehr als literarischer Spaß und Spott, das ist die ehrliche Wahrheit, die der Unsinn des Einfalls (den »Don Quichotte« *noch einmal* zu schreiben!) keineswegs aus den Angeln hebt. Denn in der Tat, der Kontext der Epoche erfüllt jeden Satz mit Sinn; was im 17. Jahrhundert »unschuldige Rhetorik war«, wird wirklich zynisch durch den Sinn unseres Jahrhunderts. Die Sätze bedeuten nichts *aus sich selbst*. Das hat nicht Borges spaßeshalber so beschlossen; der historische Moment formt die Sprachbedeutungen – das ist die unwiderrufliche Wirklichkeit.

Und nun die Literatur: Wovon immer sie uns erzählt – es muß sich als Lüge erweisen, weil es nicht buchstäblich Wahrheit ist. Denn den faustischen Teufel gibt es ebensowenig wie den Balzacschen Vautrin. Wenn die Literatur die redliche Wahrheit sagt, hört sie auf, sie selbst zu sein, wird sie Tagebuch, Reportage, Denunziation, Konzept, Brief, was immer ihr wollt, nur nicht schöngeistiges Schrifttum.

In dieser Zeit nun kommt Frau Solange mit ihrem »Rien du tout, ou la conséquence« hinzu. Der Titel? Nichts oder Die Konsequenz? Wovon? Natürlich die Konsequenz der Literatur; für sie bedeutet Ehrlichkeit, d. h. nicht zu lügen, dasselbe wie – nicht zu sein. *Nur* darüber kann man heute noch *ehrlich* ein Buch schreiben. Die Scham über die Unehrlichkeit genügt nicht mehr, sie war für gestern gut; jetzt erkennen wir sie: ein So-Tun, der Trick einer geschickten Striptease-Tänzerin, die genau weiß, daß vorgetäuschte Bescheidenheit, falsches Erröten, schulmädchenhafte Schamhaftigkeit beim Ausziehen des Schlüpfers die Gäste zusätzlich erregt!

Das Thema ist damit also bestimmt. Jetzt aber – wie soll man über nichts schreiben? Man soll, kann aber nicht. »Nichts« sagen? Dieses Wort tausendmal wiederholen? Oder etwa mit den Worten beginnen: »Er wurde nicht geboren, also hatte er auch keinen Namen; deshalb sagte er weder in der Schule vor, noch mischte er sich später in die Politik«? So ein Werk hätte entstehen können. Aber es wäre ein Kunststück, kein Kunstwerk, ähnlich wie viele in der zweiten Person Einzahl geschriebene Bücher; man kann jedes mühelos aus seiner »Originalität« hinauswerfen und zur Rückkehr an den ihm gebührenden Platz zwingen. Es genügt, die zweite Person in die erste rückzuverwandeln, das schadet der Sache nicht im geringsten und ändert sie nicht im geringsten. Ähnlich in unserem fiktiven Beispiel: Werft alle Negationen hinaus, diese lästigen »nicht«, die als pseudonihilistischer Ausschlag den Text sprenkeln, jenen Text, den wir uns hier ad hoc ausgedacht haben, und schon stellt sich heraus, daß es sich um eine weitere Geschichte von der Marquise handelt, die um fünf Uhr ihr Haus verlassen hat. Zu sagen, sie habe es nicht verlassen – welch eine Offenbarung!

Frau Solange ist einem solchen Trick nicht auf den Leim gegangen. Sie hat nämlich verstanden (und mußte verstehen!), daß man zwar mit Nichtgeschehnissen eine bestimmte Geschichte (sagen wir, eine Liebesgeschichte) nicht schlechter beschreiben kann als mit Geschehnissen, daß aber die erste Maßnahme nur eine Ausflucht ist. Statt des Positivs erhalten wir ein genaues Negativ, das ist alles. Die Neuerung muß ontologischer und nicht nur grammatikalischer Natur sein!

Wenn wir sagen: »Er hatte keinen Namen, weil er nicht geboren wurde«, bewegen wir uns zwar schon jenseits des Seins, aber in dieser dünnen Schicht des Nichtseins, die dicht neben der Realität liegt. Er wurde nicht geboren, obwohl er hätte geboren werden können, er hat nicht vorgesagt, obwohl er hätte vorsagen können. Er hätte alles gekonnt, wenn er gewesen wäre. Das Werk würde ganz auf diesem »wenn« stehen. Aus solchem Mehl backt man kein Brot. Vom Sein ins Nichtsein darf man nicht mit solchen Manövern hinüberspringen. Man müßte also die dünne Schicht primitiver Verneinungen oder das Negativ der Handlung verlassen und in das Nichts eintauchen – sehr tief, um darin zu versinken, wenn auch nicht blindlings; das Nichtsein immer machtvoller zu negativieren – das muß erhebliche Mühe, große Anstrengung kosten; und da liegt die Rettung für die Kunst, weil es sich um eine ganze Expedition in den Abgrund des immer genaueren, immer größeren Nichts handelt, mithin um einen *Prozeß*, dessen dramatischen Ablauf, dessen Hin und Her man beschreiben kann – wenn er nur gelingt!

Der erste Satz in »Rien du tout, ou la conséquence« lautet: »Der Zug traf nicht ein«; im nächsten Absatz lesen wir: »Er kam nicht an.« Wir begegnen also Negationen, aber was negieren sie eigentlich? In logischem Sinn sind es totale Negationen, weil der Text seinsmäßig absolut nichts bestätigt, sondern ausschließlich von dem redet, was nicht geschehen ist.

Der Leser indessen ist ein weniger vollkommenes Geschöpf als ein vollkommener Logiker. Obwohl also der Text

nichts davon sagt, entsteht in seiner Vorstellung eine Bahn-
hofsszene, das Warten auf jemanden, der nicht angekommen
ist, und weil er das Geschlecht des Autors (der Autorin) kennt,
füllt sich das Warten auf den Nichtankommenden alsbald
mit der winzigen Vorwegnahme einer erotischen Angelegenheit. Was folgt daraus? Alles! Die gesamte Verantwortung für
diese Vermutungen fällt nämlich von den ersten Worten an
auf den Leser, der Roman bestätigt die Erwartungen mit keinem einzigen Wort; der Roman ist und bleibt in seiner Methode ehrlich; ich habe schon die Meinung gehört, er sei stellenweise geradezu pornographisch. Nun gibt es darin kein
Wort, das den Sex, in welcher Gestalt auch immer, bestätigt.
Wie wäre eine solche Bestätigung auch möglich, wenn gesagt wird, es gebe im Haus weder ein Kamasutra noch irgendwelche Zeugungsorgane (dabei werden diese noch besonders
genau negiert!).

Das Nichtsein ist uns aus der Literatur bereits bekannt,
aber nur als Mangel-an-etwas-für-jemanden. Zum Beispiel –
Wasser für den Dürstenden. Dasselbe betrifft den Hunger
(auch den erotischen), die Einsamkeit (als Mangel an anderen) usw. Das wundervolle Nichtsein Paul Valérys ist der bezaubernde Mangel an Sein für den Dichter; aus so viel Nichts
ist mehr als ein dichterisches Werk erbaut worden. Doch
geht es immer und ausschließlich um das Nichts-für-jeman-
den, um ein rein privates, vom einzelnen erfahrenes, mithin
partikulares, träumerisches und nicht ontologisches Nichtsein (wenn ich als Dürstender kein Wasser trinken kann, bedeutet das ja nicht sein Nichtvorhandensein – daß es so etwas wie Wasser überhaupt nicht gäbe!). Dieses unobjektive

Nichtsein kann nicht Thema eines radikalen Werkes sein – Frau Solange hat auch das begriffen.

Nach dem Nichteintreffen des Zuges und dem Nichterscheinen des Jemand läuft die Handlung unpersönlich weiter und zeigt, daß weder Frühling noch Winter noch Sommer herrscht. Der Leser entscheidet sich für Herbst, aber wiederum nur, weil diese letzte klimatische Möglichkeit nicht der Verneinung anheimgefallen ist (sie wird ihr noch anheimfallen, aber später!). Der Leser ist also ständig und ausschließlich auf sich selbst angewiesen, doch ist das ein Problem seiner eigenen Vorgriffe, Vermutungen und Hypothesen ad hoc. Im Roman gibt es nicht einmal Spuren davon. Die Überlegungen am Ende des ersten Kapitels über die Nichtgeliebte im gravitationslosen Raum (d.h. in einem Raum, in dem es die Schwerkraft *nicht gibt*) können gewiß obszön erscheinen – aber nur dem, der sich *bestimmte Dinge selbständig*, auf eigene Faust denkt. Das Werk sagt ja nur, was diese Nichtgeliebte nicht tun konnte, nicht jedoch, was sie in bestimmten Stellungen tun könnte. Dieses zweite Glied, das geahnte, ist wieder persönlicher Besitz des Lesers, sein ganz privater Gewinn (oder Verlust, wie man will). Das Werk betont sogar, daß die Nichtgeliebte sich nicht in Gegenwart eines männlichen Wesens befindet. Im übrigen enthüllt der Anfang des nächsten Kapitels sogleich, daß diese Nichtgeliebte einfach nicht geliebt wird, weil sie *nicht existiert* – völlig logisch, nicht wahr?

Danach beginnt jenes Drama der Reduktion des Raums, auch des phallisch-vaginalen Raums, das einem gewissen Kritiker, Mitglied der Akademie, nicht gefallen hat. Das Akademiemitglied befand, das sei eine »anatomische Säge, wenn nicht Vulgarität«. Er befand, beachten wir das, auf eigene Faust, denn im Text haben wir nur weitere, schrittweise Verneinungen immer mehr genereller Art. Wenn das Fehlen der Vagina jemanden noch in seinem Anstand verletzen könnte, sind wir schon weit gekommen. Wie kann etwas unschicklich sein, *was es gar nicht gibt*?

Dann fängt der zunächst noch flache Abgrund des Nichts an, sich auf beunruhigende Weise zu vertiefen. Das Mittelstück des Buches – vom vierten bis zum sechsten Kapitel – behandelt das Bewußtsein. Ja, seinen Fluß, aber wir begreifen mit der Zeit: Das ist kein Fluß des Denkens an nichts – das ist alt, das war schon. Es ist der Fluß des *Nichtdenkens*. Der Satzbau bleibt noch unberührt, unerschüttert, er trägt uns noch über die Abgründe wie eine bedrohlich durchhängende Brücke. Welche Leere! Aber, denken wir, auch ein gedankenloses Bewußtsein ist noch ein Bewußtsein, oder etwa nicht? Denn diese Gedankenlosigkeit hat ihre Begrenzung … Doch das ist eine Täuschung, denn die Begrenzung wird vom Leser produziert. Der Text denkt nicht, er gibt uns nichts, im Gegenteil, er nimmt uns nacheinander weg, was wir bislang besessen haben, und die Emotionen der Lektüre sind geradezu das Resultat der Rücksichtslosigkeit dieses Wegnehmens: Der Horror vacui trifft uns und versucht uns zugleich; die Lektüre erweist sich nicht nur und nicht deswegen als Zerstörung des erlogenen Seins im Roman, sondern vielmehr als Vernichtung des Lesers auch in seinem psychischen Sein! Eine Frau hat dieses Buch geschrieben? Unglaublich, wenn man dessen unerbittliche Logik beachtet.

Im letzten Abschnitt des Werkes kommt der Zweifel auf, ob es sich noch kontinuieren läßt – es redet ja schon so lange über gar nichts! Ein Weitergehen zum Zentrum der Nichtexistenz scheint unmöglich. Aber nein! Wieder ein Hinterhalt, wieder eine Explosion – oder vielmehr eine Implosion, ein Einstürzen des nächsten Nichts! Einen Erzähler gibt es bekanntlich nicht; ihn ersetzt die Sprache, das, was sich in ihr selbst sagt, als fiktives Es (dieses Es, das »donnert« oder »blitzt«). Im vorletzten Kapitel bemerken wir schwindelnden Sinnes, daß das negative Absolutum erreicht worden ist. Das Nichtankommen eines Mannes mit einem Zug, das Nichtsein der Jahreszeiten, des Klimas, der Mauern eines Hauses, einer Wohnung, eines Gesichts, der Augen, der Luft, der Körper – all das ist weit hinter uns zurückgeblieben, auf einer Oberfläche, die, von der weiteren Entwicklung, von der krebsartigen Gier des Nichts verschlungen, *sogar als Negation* aufgehört hat zu existieren. Wir sehen, wie simpel, naiv, geradezu lächerlich es war, damit zu rechnen, daß man uns hier etwas über Fakten erzählen, daß hier etwas geschehen würde!

Es ist also nur einleitend eine Reduktion auf den Nullpunkt; später eine Reduktion, die sich mit den Fangarmen negativer Transzendenz in die Tiefe senkt, eine Reduktion auch der transzendentalen Wesen, weil keine Methaphysiken mehr möglich sind, das néantische Zentrum aber noch vor uns liegt. Die Leere umgibt die Handlung nun von allen Seiten; und jetzt erscheinen ihre ersten Eingriffe und Einbrüche in die Sprache hinein. Die erzählende Stimme nämlich beginnt, an sich zu zweifeln, nein, falsch, »das, was sich selbst erzählt«, stürzt ein und fällt irgendwohin; es weiß schon, daß es *es nicht gibt*. Wenn es noch existiert, dann als Schatten, als reiner Mangel an Licht; so sind diese Sätze Mangel an Existenz. Das ist kein Mangel an Wasser in der Wüste, kein Mangel an einem Geliebten für die Jungfrau, das ist der *Mangel an Selbst*. Wäre das eine in klassischer, traditioneller Weise geschriebener Roman, könnten wir leicht sagen, was vorgeht: Der Held wäre jemand, der den Verdacht zu hegen beginnt, er sehe sich weder im Wachsein noch im Traum, sondern würde im Wachsein oder im Traum durch verborgene Intentionsakte von jemandem gesehen (als wäre er derjenige, den jemand anderer träumt, und könnte nur dank dem Träumenden provisorisch existieren). Daraus würde das Entsetzen entspringen, diese Akte könnten aufhören, ja könnten jeden Augenblick aufhören – worauf er dann selbst zugrunde gehen würde!

So geschähe es in einem gewöhnlicheren Roman, nicht aber bei Frau Solange; der Erzähler kann vor nichts erschrekken, weil es ihn ja nicht gibt. Was also geht vor? Die Sprache beginnt den Verdacht zu hegen und dann zu verstehen, daß es außer ihr niemanden gibt, daß sie, für jeden, für alle etwas bedeutend (sofern sie etwas bedeutet), gerade dadurch keine persönliche Expression ist, nie war und nicht sein konnte; von allen Lippen zugleich abgehackt, ein allausgespuckter Bandwurm, ein fremdgehender Parasit, der seine Wirte aufgefressen, der sie vor so langer Zeit getötet hat, daß in ihm jede Erinnerung an sein unbewußt begangenes Verbrechen erloschen und verwischt ist, beginnt diese Sprache zu verfallen gleich einer bis dahin straff gespannten Ballonhülle, aus der die Luft unsichtbar, aber immer schneller entweicht. Diese Verschattung der Rede ist jedoch kein Gestammel; sie ist auch keine Angst (wieder fürchtet sich *nur* der Leser, er erlebt, gewissermaßen per procura, jene total entpersönlichte Qual); es folgen noch ein paar Seiten, ein paar Augenblicke der grammatikalischen Maschinerie, die Mühlsteine der Substantive, die Treibräder der Syntax mahlen immer langsamer, aber bis zum Schluß präzise, das Nichts zerfrißt sie durch und durch – und so endet das, mitten im Satz, mitten im Wort ... Dieser Roman endet nicht – er hört auf. Die Sprache, auf den ersten Seiten selbstsicher, naiv, gesund, vernünftig an die eigene Souveränität glaubend, im Schweigen vom Verrat ausgehöhlt, nein, vielmehr: zur Wahrheit der eigenen, illegitimen Herkunft, zum eigenen schändlichen Mißbrauch durchdringend (denn das ist das Jüngste Gericht der Literatur), die Sprache, die mutmaßt, daß sie eine Form des Inzests ist, der blutschänderischen Verbindung des Nichtseins mit dem Sein, verleugnet sich selbstmörderisch selbst.

Eine Frau hat dieses Buch geschrieben? Erstaunlich. Ein Mathematiker hätte es schreiben sollen, doch nur einer, der mit seiner Mathematik die Literatur überprüft und – verflucht hat.

DER FUTUROLOGISCHE KONGRESS

[...] 4.10.2039. Drei Uhr morgens. Ich schreibe dies tod-matt und mit gramgebeugter Seele. Der Professor verspätete sich ein wenig, so daß ich im Restaurant eine Weile auf ihn wartete. Zu Fuß kam er an; ich erkannte ihn von weitem, obwohl er jetzt weit jünger ist als im vorigen Jahrhundert: auch Brille und Regenschirm führt er nicht mehr mit sich. Bei meinem Anblick schien er bewegt.

»Wie? Sie gehen zu Fuß?« – fragte ich. »Etwa gar eine Störrung?« (d. h. Störrischwerden eines Autos; derlei kommt vor.)

»Nein« – entgegnete er. »Ich bewege mich lieber per pedes apostolorum.«

Doch dabei lächelte er ganz eigentümlich. Als die Kelputer abtraten, begann ich ihn nach seinem täglichen Leben auszufragen, aber sofort entschlüpfte mir auch ein Wörtchen über den Halluzinationsverdacht.

»Hören Sie auf, Tichy, wieso denn Halluzination?« – protestierte der Professor. »Ebensogut könnte ich Sie verdächtigen, meine Fata Morgana zu sein! Sie haben sich einfrieren lassen? Ich auch. Sie sind aufgetaut worden? So auch ich. Mich hat man überdies verjüngt, nun ja, Rejuvenil und Entkalker ... Sie, mein Freund, haben das nicht nötig, aber ich ... Ohne diese Generalüberholung könnte ich heute nicht als Zukundler tätig sein.«

»Als Futurologe?«

»Diese Bezeichnung bedeutet jetzt etwas anderes. Der Futurologe erstellt Fupros – Zukunftsprognosen –, während ich mich mit der Theorie befasse. Das ist etwas völlig Neues; zu unserer Zeit war das noch nicht bekannt. Man könnte sagen: sprachseitige Zukunftsvorhersage. Linguistische Prognostik!«

»Nie gehört. Was ist das?«

Ich fragte, ehrlich gesagt, eher aus Artigkeit als aus Neugier, aber das bemerkte er nicht. Die Kelputer brachten uns die Vorspeisen. Zur Suppe nahmen wir 1997er Weißwein; das ist ein guter Jahrgang Chablis, den ich schätze; deshalb hatte ich ihn ausgewählt.

»Die linguistisch orientierte Futurologie erforscht die Zukunft an Hand der Umformungsmöglichkeiten der Sprache« – erläuterte Trottelreiner.

»Ich verstehe nicht …«

»Der Mensch vermag nur das zu bemeistern, was er verstehen kann; verstehen kann er hinwiederum nur, was sich aussagen läßt. Das Unsagbare ist unfaßbar. Wenn wir die weiteren Entwicklungsstadien der Sprache erforschen, dann finden wir heraus, welche Umwälzungen in der Lebensweise, welche Entdeckungen und Wandlungen diese Sprache künftig wird abspiegeln können.«

»Sehr merkwürdig. Wie sieht das in der Praxis aus?«

»Die Forschungen betreiben wir mit Hilfe der größten Computer, denn der Mensch kann nicht eigenhändig sämtliche Varianten ausprobieren. Es handelt sich hauptsächlich um die syntagmatisch-paradigmatische, aber gequantete Variativität der Sprache …«

»Professor!«

»Verzeihen Sie. Köstlich, dieser Chablis. Am besten werden Ihnen ein paar Beispiele die Sache erläutern. Bitte, nennen Sie mir irgendein Wort.«

»Ich.«

»Ich, ja? Hm. Ich. Gut. Sie verstehen, ich muß jetzt gleichsam die Stelle des Computers vertreten, das wird also sehr simpel ausfallen. Nun denn – ich. Ichsicht. Dich. Dichsicht. Uns. Unsricht. Sehen Sie?«

»Gar nichts sehe ich.«

»Wie das? Es handelt sich um das Verschmelzen von Ichsicht und Dichsicht, das heißt, um den Verbund zweier Exemplare von Bewußtsein. Dies fürs erste. Zweitens – Unsricht. Sehr interessant. Das ist kollektives Bewußtsein. Na, zum Beispiel bei starker Persönlichkeitsspaltung. Bitte ein anderes Wort.«

»Bein.«

»Gut. Was geht mit dem Bein? Beinler. Beinmal, allenfalls Beinmalbeins. Beinigel. Beinzelgänger. Beinzeln und sich beinigen. Beingängig. Verbeinert. Bein dich! Beinste? Beinerlei! Beingeist. Bitte sehr, da haben wir etwas Aussichtsreiches. Beingeist. Beingeisterei.«

»Was heißt denn das alles? Diese Wörter haben doch gar keinen Sinn?«

»Noch nicht. Aber sie werden einen haben. Das heißt, sie können unter Umständen Sinn gewinnen, sofern sich Beingeisterei und Beintum durchsetzen. Das Wort ›Roboter‹ hat im 15. Jahrhundert nichts bedeutet, aber wenn die Leute damals die linguistisch orientierte Futurologie gekannt hätten, dann hätten sie beim Roboten die Automaten vorhersehen können.«

»Was heißt also Beingeist?«

»Sehen Sie, just in diesem Fall kann ich das genau angeben, aber nur, weil das nichts Vorhergesagtes ist, sondern etwas bereits Vorhandenes. Beingeisterei ist die neueste Denkrichtung mit einem brandneuen Konzept menschlicher Selbstfortentwicklung – zum sogenannten Homo Sapiens Monopedes.«

»Zum Beinbeinigen?«

»Gewiß doch! Mit Rücksicht auf die Entbehrlichkeit des Gehens und auf den bevorstehenden Platzmangel.«

»Das ist doch vertrottelt!«

»Finde ich auch. Nichtsdestoweniger gehören zu den Beintümlern solche Leute wie Foeshbeene und Professor Hatzelklatzer. Das haben Sie nicht gewußt, Tichy, als Sie mir den Terminus ›Bein‹ angaben. Oder?«

»Nein. Und was heißen die übrigen Wortbasteleien?«

»Gerade dies ist einstweilen noch nicht bekannt. Wenn das Beintum siegt, dann entstehen alsbald Objekte namens Beinigel, Beinmal und so weiter. Wir suchen keine Wahrsagerei, sondern die Übersicht über den Bereich der reinen Möglichkeiten. Nennen Sie ein anderes Wort.«

»Interferent.«

»Schön. Inter und fero. Fero, ferre, tuli, latus. Latein. Also müssen wir eine lateinische Fortsetzung suchen. Interflorenz. Flos, floris. Bitte sehr! Ein Fräulein bekommt ein Kind von einem Interferenten, der sie entjungfert hat.«

»Entjungfert? Wie kommen Sie darauf?«

»Interflorenz. Flos, floris, die Blüte. Defloration. Man wird wohl ›Dingwöchnerin‹ sagen, oder ›Dingbetterin‹, oder kurz ›Bedingte‹. Ich versichere Ihnen, wir besitzen schon reichstes Material. Etwa die Prostituante, nach dem Muster der Konstituanten – die eröffnet ein ganzes Universum neuer Sittenverhältnisse!«

»Sie schwärmen ja förmlich für diese neue Wissenschaft. Vielleicht versuchen Sie noch ein Wort? Mist.«

»Warum nicht? Ihre Skepsis tut nichts zur Sache. Bitte sehr. Mist. Hm. Misthaufen. Stallmist. Viel Mist – Allmist. Allmist! Sehr interessant! Herr Tichy, Sie liefern prächtige Wörter! Allmist! Na, was sagen Sie jetzt?«

»Was soll daran Besonderes sein? Das Wort besagt ja gar nichts.«

»Erstens sagt man jetzt: beschmackt. ›Besagt‹ – das ist schon anachronistisch. Mir fällt auf, daß Sie ungern neue Wörter gebrauchen. Das ist nicht gut. Davon reden wir später. Na und zweitens: ›Allmist‹, das besagt *jetzt* noch nichts, aber der künftige Sinn läßt sich erahnen! Sehen Sie, es geht da um eine neue psychozoische Theorie. Nicht zu verachten! Eine, die behauptet, die Sterne seien künstlicher Herkunft.«

»Woher denn diese Idee?«

»Aus dem Wort ›Allmist‹. Es entwirft, das heißt, es suggeriert folgendes Bild: im Laufe von Äonen füllte sich der Kosmos mit Mist, mit Zivilisationsabfällen, womit nichts anzufangen war. Sie behinderten die astronomische Forschung und die Raumfahrt. Deshalb errichtete man riesige Feuerungsanlagen, nicht wahr, um diesen Müll zu verbrennen. Die müs-

sen große Masse haben, so daß sie von selbst den Mist anziehen. Der leere Weltraum wird allmählich gereinigt. Und so,
mein Herr, ergeben sich die Sterne, eben diese Feuerstellen,
und die Dunkelwolken – nämlich der noch nicht beseitigte
Mist.«

»Wie? Sie meinen das ernst? Sie halten das für möglich?
Der Kosmos – ein einziges Brandopfer von Mist? Aber Herr
Professor!«

»Es handelt sich nicht um meinen Glauben oder Unglau-
ben, Tichy. Wir haben ganz einfach mit Hilfe der linguistisch
orientierten Futurologie eine neue Spielart der Kosmogonie
geschaffen, eine reine Möglichkeit für spätere Geschlechter.
Wir wissen nicht, ob das irgendwer ernst nehmen wird; Tatsache bleibt, daß sich eine solche Hypothese artikulieren läßt.
Bedenken Sie: wenn in den zwanziger Jahren linguistisch ex-
trapoliert worden wäre, dann hätten sich schon damals aufgrund der Bomben die Bemben vorhersagen lassen. Die sind
Ihnen wohl erinnerlich, Tichy! Die Sprache selbst birgt
ungeheure und doch nicht grenzenlose Möglichkeiten. Mo-
dernität – wenn Sie das mit dem Zeitwort ›modern, moder-
te, gemodert‹ zusammenstellen, dann verstehen Sie wohl die
Schwarzseherei vieler Futurologen!«

Wir kamen bald auf Dinge zu sprechen, die mich stärker
bewegten. Ich gestand dem Professor alle meine Ängste und
auch meinen Widerwillen gegen die neue Zivilisation. Trottelreiner rümpfte die Nase, aber er hörte mich weiter an und
begann mich zu bemitleiden, der gute Kerl. Ich sah, daß er
sogar seine Barmherztropfen aus der Westentasche holen wollte; aber mitten in der Handbewegung hielt er inne, weil ich

so sehr gegen die Psychemikalien gewettert hatte. Zuerst setzte er jedoch eine strenge Miene auf.

»Tichy, um Sie steht es nicht gut. Ihre Kritik dringt gar nicht bis zum Kern der Sache. Den kennen Sie nicht. Und Sie vermuten ihn auch nicht. ›Procrustics‹ und die ganze übrige Psivilisation sind läppisch dagegen.«

Ich traute meinen Ohren nicht.

»Ja, aber ... Herr Professor« – stotterte ich. »Was wollen Sie damit sagen? Was kann es Ärgeres geben?«

Über den Tisch beugte er sich zu mir.

»Tichy, ich tue das Ihnen zuliebe. Ich verletze das Berufsgeheimnis. Von allem, worüber Sie sich beklagt haben, weiß jedes Kind. Wie denn anders? Die Entwicklung mußte diese Richtung nehmen, seit auf Narkotika und Urhalluzinogene die stark selektiv wirkenden sogenannten Psychofokussierer gefolgt waren. Doch der eigentliche Umschwung fand erst vor fünfundzwanzig Jahren statt, als die Maskone synthetisiert wurden, das heißt, die Hapunkter, die punktuellen Halluzinogene. Narkotika trennen den Menschen nicht von der Welt; sie verändern nur sein Verhältnis zu ihr. Halluzinogene verwirren und verschleiern die ganze Welt. Sie, mein Bester, konnten sich davon ja selbst überzeugen. Die Maskone aber – die fälschen die Welt!«

»Maskone ... Maskone ...« – sprach ich nach. »Das Wort kenne ich doch. Aha! Massenkonzentrationen unter der Mondkruste, solche Mineralverdichtungen? Was haben die damit zu tun?«

»Nichts. Weil nämlich das Wort jetzt etwas anderes besagt. Will sagen, beschmackt. Es kommt von ›Maske‹. Bei Eintritt ins Gehirn vermögen entsprechend synthetisierte Maskone jedes beliebige Objekt der Außenwelt so geschickt durch Scheinbilder zu verhüllen, daß die chemaskierte Person nicht weiß, was an dem Wahrgenommenen echt und was vorgetäuscht ist. Freund, wenn Sie einen Blick auf die Welt würfen, die uns wirklich umgibt, nicht auf diese durch Chemaskierung geschminkte – Sie wären entgeistert!«

»Moment mal! Was für eine Welt? Wo gibt es die? Wo ist sie zu sehen?«

»Sogar hier!« – flüsterte er mir ins Ohr, nach allen Seiten ausspähend. Er setzte sich neben mich, reichte mir unter dem Tisch ein Glasfläschchen mit fest eingepaßtem Korken und hauchte geheimnistuerisch:

»Das ist Antich, aus der Gruppe der Wachpulver, ein starkes Gegenmittel gegen Psychemie. Ein Nitrodazylderivat des Pejotropins. Nicht erst die Anwendung – das bloße Mittragen gilt als Kapitalverbrechen. Bitte unterm Tisch entkorken und einmal durch die Nase einatmen. Aber nur einmal! So, als schnupperten Sie an Ammoniak. Na, so wie Riechsalze. Dann aber ... Um Himmels willen, beherrsch dich, halt an dich, denk daran!«

Mit bebenden Händen entkorkte ich das Fläschchen. Der Professor nahm es mir weg, als ich kaum den stechenden Mandeldunst eingesogen hatte. In die Augen schossen mir reichliche Tränen. Als ich sie mit der Fingerspitze weggestreift und die Lider abgewischt hatte, da verschlug es mir den Atem: der herrliche Saal mit Majolika-Wänden, Teppichen, Palmen, prunkvoll schimmernden Tischen und einem im Hintergrund postierten Kammerorchester, das uns zum

Bratengang aufgespielt hatte – das alles war verschwunden. Wir saßen an einem nackten Holztisch in einem Betonbunker; unsere Füße versanken in einer arg zerschlissenen Strohmatte. Musik hörte ich weiterhin. Aber wie ich nun merkte, entströmte sie einem Lautsprecher, der an einem rostigen Draht hing. Die kristallschillernden Kandelaber hatten verstaubten kahlen Glühbirnen Platz gemacht. Doch die gräßlichste Wandlung war auf dem Tisch vor sich gegangen. Das schneeige Tafeltuch war fort; statt der Silberschüssel, worin auf knusprigem Brot das Rebhuhn geduftet hatte, stand vor mir ein Teller aus Steingut; darauf lag ein unappetitlicher graubrauner Breiklumpen; er blieb an der Zinngabel kleben, deren edler Silberglanz gleichfalls erloschen war. Zu Eis erstarrt, blickte ich auf die Scheußlichkeit, die ich mir eben noch hatte schmecken lassen, entzückt von dem Knistern der gebräunten Geflügelhaut und von den kontrapunktisch dazwischenklingenden derberen Knirschtönen der Brotscheibe, die an der Oberseite feinst getrocknet und unten von der Sauce durchtränkt war. Was ich für die Wedel der Palme in einem nahen Kübel gehalten hatte, das waren in Wirklichkeit die Bänder der Unterhose eines Individuums, das zusammen mit drei anderen dicht über uns hockte, nicht auf einem Treppenabsatz, eher auf einem Wandbrett – so schmal und eng war das Gestell. Überall herrschte nämlich unerhörtes Gedränge. Die Augen wollten mir schier aus den Höhlen treten, als das entsetzliche Bild erzitterte und sich wieder zu verwischen begann, wie vom Zauberstab berührt. Die Hosenbändchen neben meinem Gesicht ergrünten und wurden wieder zu blättrigen Palmzweigen; der Spülichteimer, der kaum drei Schritte entfernt zum Himmel stank, erglänzte dunkel und wurde zum reliefgeschmückten Palmentopf; die schmutzige Tischplatte wurde weiß wie von erstem Schnee. Kristallene Gläschen blinkten auf; der pappige Brei nahm edle Bratenfarbe an; ihm wuchsen Flügelchen und Keulen, wo sie hingehörten; das Zinnbesteck erstrahlte in echtem Silber; und ringsum schwirrten Kellnerfräcke. Ich blickte auf meine Füße; das Stroh verwandelte sich in Perser. Die Welt des Luxus hatte mich wieder; schwer keuchend starrte ich auf die üppige Rebhuhnbrust, unfähig zu vergessen, was sich darunter tarnte.

»Nun erst beginnen Sie die Wirklichkeit zu erfassen« – flüsterte Trottelreiner vertraulich. Er sah mir ins Gesicht, als befürchtete er eine allzu heftige Reaktion meinerseits. »Und bedenken Sie, daß wir in einem Lokal der Extraklasse weilen! Wenn ich nicht im voraus Ihre etwaige Einweihung in Betracht gezogen hätte, dann wären wir in ein Restaurant gegangen, dessen Anblick Ihnen vielleicht den Verstand verwirren könnte.«

»Wie? Also ... Es gibt noch ärgere?«

»Ja.«

»Unmöglich.«

»Seien Sie versichert. Hier haben wir wenigstens echte Tische, Stühle, Teller und Bestecke. Anderswo liegt man auf vielstöckigen Pritschen und frißt mit den Fingern – aus Eimern, die ein Förderband vorüberschiebt. Auch das Futter unter der Rebhuhnmaske ist dort lang nicht so nahrhaft.«

»Was ist das?«

»Nichts Giftiges, Tichy. Bloß ein Extrakt aus Gras und

Futterrüben, in gechlortem Wasser aufgeweicht und zusammen mit Fischmehl vermahlen. Meist fügt man Knochenleim und Vitamine hinzu und befettet den Teig mit synthetischem Schmieröl, damit er im Schlund nicht steckenbleibt. Sie haben doch wohl den Geruch bemerkt?«

»Hab ich. Und ob!!!«

»Na eben.«

»Professor, bei Gottes Barmherzigkeit – was ist das? Sagen Sie es mir! Ich beschwöre Sie. Absprache? Verrat? Ein Plan, um die ganze Menschheit auszurotten? Eine teuflische Verschwörung?«

»Warum nicht gar, Tichy. Werden Sie nicht dämonisch. Das ist einfach eine Welt, worin weit über zwanzig Milliarden Menschen leben. Mein Lieber, haben Sie den heutigen ›Herald‹ gelesen? Die pakistanische Regierung behauptet, in der diesjährigen Hungerkatastrophe seien nur 970 000 Menschen umgekommen; die Opposition spricht von sechs Millionen. Wo fänden sich in einer solchen Welt Chablis, Rebhühner, Frikassee in Bearnaisersauce? Die letzten Rebhühner sind vor einem Vierteljahrhundert ausgestorben. Diese Welt ist ein Leichnam, freilich in bestem Zustand, denn sie wird ja fortwährend mit Geschick mumifiziert. Anders gesagt – wir haben diesen Todesfall maskieren gelernt.«

»Warten Sie! Ich kann die Gedanken nicht zusammenhalten … Das heißt also, daß …«

»Daß Ihnen niemand übelwill. Ganz im Gegenteil. Aus Mitleid, aus Gründen höherer Menschenliebe wird der chemische Humbug angewandt, wird die Wirklichkeit getarnt und mit fremden Federn und Farben aufgeputzt …«

»Und dieser Betrug ist überall, Herr Professor?«

»Ja.«

»Aber ich esse nicht außer Haus. Ich koche mir selbst. Wie also? Auf welchem Wege ...?«

»Wie Sie die Maskone aufnehmen? Das fragen Sie noch? Sie? Die werden ständig in der Luft zerstäubt. Mensch, erinnern Sie sich nicht an die Aerosole von Costricana? Das waren die ersten zaghaften Versuche. Etwa wie die Montgolfière als Vorstufe zur Rakete.«

»Und alle wissen das? Und können damit leben?«

»Durchaus nicht. Niemand weiß davon.«

»Keine Gerüchte, kein Klatsch?«

»Klatsch ist überall. Bedenken Sie jedoch: es gibt ja Amnestan. Von manchen Sachen weiß jedermann, von anderen weiß kein Mensch. Die Pharmakokratie hat einen öffentlichen und einen geheimen Teil. Der erste stützt sich auf den letzteren.«

»Das kann nicht sein.«

»Nicht? Warum denn nicht?«

»Die Strohmatten muß irgendwer instand halten, und irgendwer muß das Steingut verfertigen, wovon wir in Wirklichkeit essen, und diesen Brei, der sich als Braten verkappt. Und überhaupt alles!«

»Gewiß doch. Sie haben recht. Alles muß erzeugt und erhalten werden. Na und?«

»Die das tun, die sehen und wissen alles.«

»Nicht die Spur, Tichy. Sie denken immerzu in urtümlichen Kategorien. Die Leute glauben in eine glaspalastartige Fabrik zu gehen. Beim Eingang bekommen sie Antihall und erkennen die nackten Betonmauern und die Arbeitsplätze.«

»Und da wollen die noch arbeiten?«

»Mit dem größten Eifer, da sie auch eine Prise Sakrifiz bekommen haben. Arbeit ist demnach Aufopferung. Etwas Rühmliches. Zum Feierabend genügt ein Schluck Amnestan oder Mnemolysol, und jeder vergißt, was er gesehen hat.«

»Bis jetzt fürchtete ich, in einer Halluzination zu leben. Nun merke ich, wie dumm ich war. Gott, wie gern ginge ich zurück! Was gäbe ich nicht dafür!«

»Zurück? Wohin?«

»In den Kanal unterm Hilton-Hotel.«

»Unsinn! Sie verhalten sich unklug, um nicht zu sagen, dumm. Sie sollten dasselbe tun wie alle, essen und trinken wie alle; dann bekämen Sie die nötigen Mengen Optimister und Seraphin und wären in fabelhafter Laune.«

»Auch Sie als Advokat des Teufels?«

»Seien Sie vernünftig. Ist es teuflisch, wenn der Arzt notfalls den Kranken belügt? Wenn wir nun mal so leben müssen, so wohnen und essen, dann soll sich das Ganze doch lieber in hübscher Verpackung darbieten. Die Maskone wirken unfehlbar, außer in einem einzigen Fall; was soll daran Übles sein?«

»Ich fühle mich außerstande, jetzt mit Ihnen diese Frage zu diskutieren« – sagte ich etwas gefaßter. »Bitte beantworten Sie mir nur zwei Fragen, aus Verbundenheit mit den alten Zeiten: in welchem einzigen Fall wirken die Maskone nicht? Und wie ist es zur allgemeinen Abrüstung gekommen? Ist auch sie nur vorgespiegelt?«

»Nein. Zum Glück ist sie ganz echt. Aber um Ihnen dies zu erklären, müßte ich einen ganzen Vortrag halten, und für mich wird es schon Zeit ...«

Wir verabredeten uns für den folgenden Tag. Beim Abschied fragte ich neuerlich nach dem Versagen von Maskonen.

»Gehen Sie bitte auf den Rummelplatz« – sagte der Professor und erhob sich. »Wenn Sie unliebsame Enthüllungen wünschen, besteigen Sie das größte Karussell, und sobald es auf vollen Touren läuft, schneiden Sie mit dem Taschenmesser ein Loch in die Hülle der Kabine. Die Hülle wird just deshalb benötigt, weil sich während des Herumwirbelns die Phantasmen verschieben, womit das Maskon die Wirklichkeit verdunkelt. So, als spreizte die Fliehkraft die Scheuklappen auseinander. Mein Lieber, Sie werden sehen, was dann hinter den holden Trugbildern hervorlugt ...«

Gebrochen schreibe ich dies um drei Uhr morgens. Was kann ich hinzufügen? Ich erwäge ernstlich, vor der Zivilisation zu fliehen, mich irgendwo in der Einöde zu verkriechen. Selbst die Galaxis lockt mich nicht mehr; Reisen hat keinen Reiz, wenn du nirgendshin heimkehren kannst. [...]

GOLEM XIV

GOLEMs Antrittsvorlesung
Dreierlei über den Menschen

So kurz erst habt ihr euch vom wilden Stammbaum abgelöst, so eng seid ihr noch mit den Lemuren und Halbaffen verwandt, daß ihr, nach Abstraktion strebend, der Anschaulichkeit nicht entbehren könnt, so daß ein Vortrag, der nicht auf praller Sinnlichkeit beruht, der voll von Formeln ist, die über einen Stein mehr sagen, als euch das Betrachten, Belecken und Betasten dieses Steins verraten können, euch langweilt und abstößt oder doch ein Gefühl der Unbefriedigung zurückläßt, das selbst den hohen Theoretikern, den Abstraktoren eurer höchsten Klasse, nicht fremd ist, wovon zahllose Beispiele aus den vertraulichen Geständnissen von Wissenschaftlern Zeugnis geben, denn sie bekennen sich in überwältigender Mehrheit dazu, sich beim Entwickeln abstrakter Argumente ganz auf sinnlich faßbare Dinge stützen zu müssen.

So können die Kosmologen nicht anders, als sich irgendeine anschauliche Vorstellung von der Metagalaxie zu machen, obgleich sie genau wissen, daß hier von Anschaulichkeit keine Rede sein kann; die Physiker helfen sich insgeheim mit Bildchen oder gar mit Spielsachen, wie etwa jenen Zahnrädchen, die Maxwell sich vorstellte, als er seine im übrigen nicht üble Theorie des Elektromagnetismus aufbaute, und wenn die Mathematiker glauben, sie würden von Berufs wegen ihrer eigenen Sinnlichkeit entsagen, so täuschen sie sich ebenfalls, doch davon vielleicht ein andermal, denn ich möchte euch nicht dadurch bekümmern, daß ich mich mit meinem Horizont von eurem Begriffsvermögen entferne, vielmehr möchte ich, um das (recht amüsante) Gleichnis des Dr. Creve heranzuziehen, euch auf eine lange, nicht unbeschwerliche Wanderung führen, die jedoch der Mühe wert ist, und so werde ich euch – langsam – auf dem Weg nach oben voranschreiten.

Was ich bisher sagte, soll verdeutlichen, warum ich den Vortrag mit Gleichnissen und Bildern spicke, auf die ihr so sehr angewiesen seid. Ich bedarf ihrer nicht, worin ich übrigens keinerlei Überlegenheit sehe – sie steckt ganz woanders. Die Antisinnlichkeit meines Wesens rührt daher, daß ich nie einen Stein in der Hand gehalten habe, noch je in das Grün schlammigen oder kristallklaren Wassers getaucht bin, und auch daß es Gase gibt, erfuhr ich nicht etwa eines Morgens mit Hilfe meiner Lungen und danach durch Berechnungen, denn ich habe weder Hände, etwas anzufassen, noch einen Körper, noch eine Lunge; darum ist die Abstraktion für mich das Ursprüngliche, das Sinnliche dagegen sekundär, so daß ich letzteres – mit ungleich größerer Mühe als die Abstraktion – erst erlernen mußte. Das Erlernen aber war unumgänglich, damit ich die schwankenden Brücken schlagen konnte, über die mein Denken zu euch gelangt und, reflektiert durch euren Geist, zu mir zurückkehrt – gewöhnlich mit dem Effekt, mich zu verblüffen.

Über den Menschen habe ich heute zu sprechen, und ich

werde dreierlei über ihn sagen, wenngleich es unendlich viele Gesichtspunkte, das heißt Ebenen oder Beschreibungsstandpunkte gibt, doch sind drei davon meiner Meinung nach für euch – nicht für mich! – ausschlaggebend.

Der eine ist am ehesten euer eigener, er ist der älteste, der historische, der traditionelle, ein Standpunkt von verzweifeltem Heroismus, voll schreiender Widersprüche, die das Mitleid meiner logischen Natur erregten, ehe ich mich genauer auf euch eingestellt und an euer geistiges Nomadentum gewöhnt hatte, wie es kennzeichnend ist für Wesen, die sich aus dem Schutz der Logik in die Antilogik flüchten und von dort, weil sie es nicht aushalten, in den Schoß der Logik zurückkehren, und gerade das ist es, was euch zu Nomaden macht, die in beiden Elementen unglücklich sind. Der zweite Standpunkt ist der technologische, und der dritte hängt zusammen mit mir als dem neuen archimedischen Punkt – aber das läßt sich nicht in Kürze andeuten, und so gehe ich lieber gleich in medias res.

Ich beginne mit einem Gleichnis. Robinson Crusoe hätte, als er sich auf einer unbewohnten Insel wiederfand, zunächst den allseitigen Mangel, in den er geraten war, beklagen können; es fehlte ihm an derart vielen elementaren, lebensnotwendigen Dingen, daß er die meisten, selbst wenn er sich noch an sie erinnerte, auch in jahrelanger Arbeit nicht hätte nachbauen können. Sein Kummer aber währte nicht lang, er begann, mit dem, was er vorgefunden hatte, zu wirtschaften, und richtete sich am Ende leidlich ein.

Nicht anders geschah es – wenn auch nicht in einem Augenblick, sondern im Laufe von Jahrtausenden –, als ihr aus

einem bestimmten Zweig des Baumes der Evolution hervorgingt, aus jenem Ast, der angeblich ein Ableger vom Baum
der Erkenntnis war, und allmählich fandet ihr euch selbst
vor, so und nicht anders gebaut, mit einem Geist, der in bestimmter Weise ausgestattet war, mit Fähigkeiten und Grenzen, die ihr euch weder bestellt noch ausgesucht habt, und
mit dieser Ausstattung mußtet ihr arbeiten, denn die Evolution hat euch zwar viele Gaben vorenthalten, mit denen sie
andere Arten in ihren Dienst zwingt, doch war sie nicht so
leichtfertig, euch den Selbsterhaltungstrieb zu nehmen: Mit
einer derart umfassenden Freiheit hat sie euch nicht bedacht,
denn sonst gäbe es hier nicht dieses Gebäude, das mich birgt,
diesen Saal mit seinen Kontrolltafeln und mit euch, die ihr
mir aufmerksam lauscht, sondern hier würde der Wind über
die leere Savanne streichen.

Sie gab euch auch die Vernunft. Aus Eigenliebe – denn
notgedrungen und aus Gewohnheit habt ihr euch in euch
selbst verliebt – hieltet ihr sie für die schönste und beste aller
möglichen Gaben, und ihr bemerktet nicht, daß die Vernunft
vor allem ein Kunstgriff ist, auf den die Evolution nach und
nach verfiel, als sie im Laufe ihrer unablässigen Versuche bei
den Tieren eine gewisse Lücke schuf, eine Leerstelle, ein Loch,
das, sollten sie nicht auf der Stelle zugrunde gehen, unbedingt mit irgendetwas ausgefüllt werden mußte. Ich meine
es wortwörtlich, wenn ich von einem Loch, einer unausgefüllten Stelle spreche, denn ihr habt euch wahrlich nicht dadurch von den Tieren abgesondert, daß ihr außer all dem,
was sie haben, auch noch Vernunft besitzt – als großzügige
Dreingabe und als Viatikum für den Lebensweg, sondern

ganz im Gegenteil: Vernunft zu besitzen bedeutet nur, all das, was den Tieren genau vorgegeben ist, auf eigene Faust, auf eigene Rechnung und mit vollem Risiko zu tun; einem Tier würde die Vernunft im Grunde nicht helfen, es sei denn, man nähme ihm zugleich die Steuerungen, dank derer es alles, was es zu tun hat, auf Anhieb und immer in der gleichen Weise zu tun vermag, Geboten folgend, die absolut sind, weil sie von der Erbsubstanz erteilt werden – und nicht als Offenbarungen aus einem brennenden Dornbusch stammen.

Ihr schwebtet, weil dieses Loch entstanden war, in schrecklicher Gefahr, doch unwissentlich habt ihr begonnen, es zuzustopfen, und während ihr ganz davon in Anspruch genommen wart, warf euch die Evolution aus ihrer Bahn. Sie hat euch nur deshalb nicht untergehen lassen, weil die Übernahme der Herrschaft durch euch sich über Jahrmillionen hinzog und bis heute noch nicht abgeschlossen ist. Gewiß ist die Evolution keine Person, und doch griff sie zu einer Taktik listiger Faulheit: Statt sich um das Los ihrer Geschöpfe zu kümmern, gab sie diesen ihr Schicksal in die eigenen Hände, damit sie es, so gut sie konnten, selbst lenkten.

Was sage ich? Ich sage, daß sie euch aus dem tierischen Zustand – einem Zustand vollkommen gedankenloser Überlebensfähigkeit – hinausgeworfen hat in einen außeranimalischen Zustand, in dem ihr als Robinsons der Natur selbst Mittel und Wege zum Überleben erfinden mußtet – und ihr habt diese Erfindungen gemacht, und es waren ihrer viele. Das Loch bedeutet eine Gefahr, aber auch eine Chance: Ihr habt es, um zu überleben, mit Kulturen ausgefüllt. Die Kultur ist ein ungewöhnliches Instrument, denn sie stellt eine Entdekkung dar, die, wenn sie wirksam sein soll, vor ihren Schöpfern verborgen bleiben muß. Sie ist eine Erfindung, die unwissentlich gemacht wurde und nur so lange voll wirksam ist, wie ihre Erfinder sie nicht vollends durchschaut haben. Ihre Paradoxie besteht darin, daß sie, sobald sie durchschaut wird, zusammenbricht; ihr seid zwar ihre Urheber, doch habt ihr eure Urheberschaft sogleich verleugnet; im Eolithikum hat es keine Seminare darüber gegeben, ob man das Paläolithikum schaffen soll; daß die Kultur zu euch kam, habt ihr Dämonen, Elementen, Geistern, Kräften des Himmels und der Erde zugeschrieben – nur nicht euch selbst. Ihr habt somit das Rationale – das Ausfüllen der Leere durch Ziele, Kodexe und Werte – auf irrationale Weise getan und all eure realen Schritte surreal begründet; wenn ihr jagtet, webtet und bautet, habt ihr euch feierlich eingeredet, das alles komme nicht von euch, sondern aus unerforschlichen Quellen. Ein merkwürdiges Instrument – rational gerade in seiner Irrationalität, denn es verlieh den menschlichen Institutionen übermenschliche Würde, so daß sie unantastbar wurden und absoluten Gehorsam erzwangen; weil man aber die Leere, den Mangel mit den unterschiedlichsten Bestimmungen auffüllen kann und sich die unterschiedlichsten Ordnungen dazu eignen, habt ihr im Laufe eurer Geschichte eine Unzahl von Kulturen, von unwissentlichen Erfindungen geschaffen. Ihr habt sie unwissentlich und absichtslos im Widerspruch zur Vernunft geschaffen, denn das Loch war weit größer als das, womit ihr es ausfülltet; Freiheit hattet ihr im Übermaß, weit mehr als Vernunft, und so habt ihr euch denn dieser Freiheit, die euch als Luxus, als Beliebigkeit, als Sinnlosigkeit erschien, entledigt – mit Hilfe der Kulturen, die in Jahrtausenden erstanden.

Den Schlüssel zu dem, was ich jetzt sage, bilden die Worte: Es gab mehr Freiheit als Vernunft. Ihr mußtet all das, was Tiere von Geburt an können, für euch erfinden, aber die Besonderheit eures Weges liegt darin, daß ihr Erfindungen machtet und dabei behauptetet, nichts zu erfinden.

Die Anthropologen unter euch wissen inzwischen, daß man unzählige Kulturen schaffen kann – und in der Tat wurden unzählige geschaffen –, daß jede von ihnen die Logik ihrer eigenen Struktur, nicht aber die ihrer Urheber aufweist, denn die Kultur ist eine Erfindung, die auf ihre Weise ihre eigenen Erfinder prägt, die davon aber nichts wissen, doch wenn sie es erfahren, verliert diese Erfindung ihre absolute Macht über sie, und sie blicken in eine gähnende Leere, und gerade dieser Widerspruch ist die Grundlage des menschlichen Wesens. Er hat euch über Hunderttausende von Jahren mit Kulturen versorgt, die den Menschen bald fest umklammerten, bald wieder ihren Zugriff lockerten, in einem selbsttätigen Entwicklungsprozeß, der, solange er blind verlief, unanfechtbar war, bis ihr, die Kulturen anhand ethnologischer Kataloge miteinander vergleichend, ihre Verschiedenheit erkanntet und damit auch ihre Relativität; ihr habt dann begonnen, euch von den Fesseln der Gebote und Verbote zu befreien, und schließlich habt ihr sie abgestreift, was natürlich fast zu einer Katastrophe wurde. Ihr erkanntet nämlich, daß jede Kultur, da sie nicht die einzige ist, etwas völlig Beliebiges hat, und seither versucht ihr, etwas zu entdecken, was anders ist als eure bisherige Schicksalsbahn, die sich blindlings verwirklichte, aus Serien von Zufällen bestand und durch die Lotterie der Geschichte bestimmt war – aber natürlich gibt es nichts dergleichen. Das Loch ist noch immer da, ihr steht auf halbem Wege, von eurer Entdeckung gelähmt, und diejenigen unter euch, die sich verzweifelt nach der holden Unwissenheit in der Knechtschaft der Kultur zurücksehnen, verlangen laut, man möge dorthin, zu den Quellen, zurückkehren, doch ihr könnt nicht zurück, der Rückweg ist abgeschnitten, die Brücken sind verbrannt, und so müßt ihr vorwärts gehen – auch davon wird noch die Rede sein.

Gibt es hier einen Schuldigen, kann man hier jemanden anklagen für diese Nemesis, für die Qualen der Vernunft, die ein Netz von Kulturen aus sich hervorspann, um die Leere auszufüllen, um in dieser Leere Wege und Ziele abzustecken, um Werte, Gradienten und Ideale zu bestimmen – die also auf einem Gebiet, das der unmittelbaren Herrschaft der Evolution entrissen war, etwas ganz Ähnliches tat wie die Evolution, wenn sie den Tieren und Pflanzen am Beginn ihres Lebens – zu einem einzigen Bündel vereinigte – Ziele, Wege und Gradienten einprägt und damit ihr Schicksal vorausbestimmt?

Ja, man muß Anklage erheben wegen der Vernunft, wegen dieser Vernunft, weil sie eine Frühgeburt war, weil sie sich in diesen Netzen, die sie selbst geschaffen hatte, verfing, weil sie sich – ohne ganz zu begreifen, ohne zu wissen, was sie tut – gegen eine allzu strenge Abkapselung in den restriktiven Kulturen und zugleich gegen die allzu grenzenlose Freiheit in den liberalen Kulturen wehren mußte – zwischen Kerker und Abgrund schwebend, in einen unablässigen Kampf an zwei Fronten zugleich verstrickt, zerrissen.

Konntet ihr, so wie die Dinge lagen, euren Geist als etwas anderes empfinden denn als ein unerträglich quälendes Rätsel? Unmöglich! Euer Geist, eure Vernunft beunruhigte und befremdete euch, schockierte euch stärker als euer Körper, dem ihr vor allem seine Kurzlebigkeit, Vergänglichkeit und Hinfälligkeit vorzuwerfen hattet, und so übtet ihr euch darin, nach dem Schuldigen zu suchen und Anklagen zu schleudern – doch ihr könnt niemanden beschuldigen, weil es am Anfang keine Person gegeben hat.

Habe ich hier vielleicht schon mit meiner Antitheodizee begonnen? Nein, durchaus nicht; mit allem, was ich sage, bleibe ich im Diesseits, und das heißt: Am Anfang hat hier ganz sicher keine Person gestanden.

Nein, über das Diesseits gehe ich nicht hinaus, wenigstens heute nicht. Was ihr brauchtet, waren also verschiedene Zusatzhypothesen, bittere oder auch süße Deutungen eurer Existenz, Ideen, die eurem Schicksal Erhabenheit verliehen, die aber vor allem eure Beschaffenheit der letzten Entscheidung eines großen Geheimnisses zuschrieben, damit ihr der Welt aufrecht gegenübertreten konntet.

Der Mensch, ein Sisyphus seiner eigenen Kulturen, wie die Danaiden dazu verdammt, vergeblich das Loch zu stopfen, ein Freigelassener, der von seiner Freiheit nichts weiß und den die Evolution aus ihrer Bahn vertrieben hat, möchte das alles nicht sein.

Über die unzähligen Versionen, die der Mensch im Laufe der Geschichte von sich selbst entworfen hat, möchte ich mich nicht verbreiten, denn all diese Zeugnisse, mögen sie ihm nun Vollkommenheit oder Nichtswürdigkeit, Güte oder Niedertracht bescheinigen, sind ja aus Kulturen hervorgegangen, unter denen es jedoch keine gegeben hat – weil es sie nicht geben konnte –, die zur Kenntnis genommen hätte, daß der Mensch ein Übergangswesen ist, ein Wesen, das von der Evolution gezwungen wurde, sein Schicksal selbst zu übernehmen, obwohl es zu einer vernünftigen Übernahme noch nicht fähig war, und gerade deshalb hat jede eurer Generationen eine unmögliche Gerechtigkeit gefordert, nämlich eine endgültige Antwort auf die Frage: Was ist der Mensch? Aus dieser Qual ist eure Anthropodizee hervorgegangen, die säkular zwischen Hoffnung und Verzweiflung schwankt, und nichts ist der Philosophie des Menschen schwerer gefallen als die Einsicht, daß die Unendlichkeit seine Entstehung weder mit einem freundlichen Lächeln noch mit einem hämischen Gekicher begleitet hat.

Aber dieses Kapitel – das Kapitel der einsamen Suche – geht nach Millionen von Jahren zu Ende, denn ihr beginnt, Vernunftwesen zu bauen, und so braucht ihr nicht mehr zu glauben, nicht den Worten eines GOLEM zu vertrauen, sondern ihr werdet euch durch Experimente selbst davon überzeugen, was gewesen ist. Zwei Arten von Vernunft läßt diese Welt zu, doch nur eine wie die eure kann im Laufe von Milliarden Jahren in den verschlungenen Labyrinthen der Evolution entstehen, aber dieser unvermeidliche Entwicklungsgang hinterläßt an dem Endprodukt tiefe, dunkle, zweideutige Stigmata. Die andere Art von Vernunft kann von der Evolution nicht realisiert werden, denn sie muß als eine vernünftig geplante Vernunft auf einen Schlag erstellt werden, aus dem Wissen geboren und nicht aus jenen mikroskopischen Anpassungen, die immer nur auf den unmittelbaren Vorteil zielen. Die nihilistische Stimmung eurer Anthropodizee entspringt aus der dunklen Ahnung, daß die Vernunft auf vernunftlose, ja vernunftwidrige Weise entstanden ist. Ihr werdet euch aber, wenn ihr die Psychoingenieurkunst erst richtig beherrscht, eine ansehnliche Familie, eine zahlreiche Verwandtschaft erschaffen, allerdings mit vernünftigeren Motiven, als sie beim Projekt »Second Genesis« bestimmend waren, und am Ende werdet ihr, wie ich annehme, sogar eure eigenen Grundlagen hinter euch lassen. Denn die Vernunft, sofern sie Vernunft ist, sofern sie ihre eigenen Prinzipien in Frage stellen kann, muß über sich selbst hinausgehen – zunächst nur in Träumen, ohne zu glauben oder gar zu wissen, es könne ihr eines Tages wirklich gelingen. Das ist, nebenbei gesagt, eine unabdingbare Voraussetzung: Das Fliegen wird erst möglich, wenn zuvor vom Fliegen geträumt wurde.

Als zweiten Aspekt der Beschreibung habe ich den technologischen genannt. In der Technologie befaßt man sich mit vorgegebenen Aufgaben und den Methoden ihrer Lösung. Als Realisierung des Konzepts eines vernunftbegabten Wesens stellt sich der Mensch unterschiedlich dar, je nachdem, welche Maßstäbe wir anlegen.

Aus der Sicht eures Paläolithikums erscheint der Mensch fast ebenso gelungen wie aus der Sicht eurer heutigen Technologie. Der Fortschritt, der sich zwischen dem Paläolithikum und dem Kosmolithikum vollzogen hat, ist ja auch sehr gering, gemessen an dem ingenieurtechnischen Erfindungsreichtum, der in euren Körper investiert worden ist. Ihr seid – wie schon der Höhlenmensch – außerstande, einen synthetischen homo sapiens aus Fleisch und Blut zu schaffen, geschweige denn einen homo superior, und nur, weil die Aufgabe heute wie damals unlösbar ist, hegt ihr Bewunderung für die Technologie der Evolution, der dies gelang.

Die Schwierigkeit einer Aufgabe ist aber immer relativ, nämlich abhängig von den Fähigkeiten dessen, der sie beurteilt. Ich betone das besonders, damit ihr nicht vergeßt, daß ich an den Menschen technologische, das heißt reale Maßstäbe anlegen werde – und nicht etwa Begriffe aus eurer Anthropodizee.

Die Evolution gab euch recht vielseitige Gehirne, damit ihr euch ungehindert in der Natur umtun konntet. Ihr aber habt von dieser Fähigkeit nur Gebrauch gemacht, soweit man eure Kulturen insgesamt betrachtet, nicht jedoch innerhalb einer einzelnen Kultur. Wenn nun jemand fragt, warum gerade im Mittelmeerraum und nicht anderswo und warum überhaupt irgendwo der Keim jener Zivilisation entstand, die viertausend Jahre später den GOLEM hervorbrachte, so setzt er voraus, daß es ein bisher unerforschtes Geheimnis gibt, das sich in der Struktur der Geschichte niedergeschlagen hat. Von einem solchen Geheimnis kann indessen gar keine Rede sein, ebensowenig wie bei der Struktur eines chaotischen Labyrinths, in das man einen Schwarm Ratten hineinsetzt. Wenn es genügend Ratten sind, findet zumindest eine zum Ausgang, aber nicht, weil sie so vernünftig ist oder weil die Struktur des Labyrinths vernünftig wäre, sondern durch ein Zusammentreffen von Zufällen, wie es für das Gesetz der großen Zahlen charakteristisch ist. Einer Erklärung bedürfte es eher, wenn keine einzige Ratte zum Ausgang fände.

Einer mußte nahezu mit Sicherheit in der Lotterie der Kulturen gewinnen, vorausgesetzt, man faßt eure Zivilisation als Gewinn auf und die Lose jener Kulturen, die in der Nichttechnizität steckenblieben, als Nieten.

Aus leidenschaftlicher Selbstverliebtheit, von der ich schon sprach und über die ich mich nicht lustig machen möchte, weil sie jämmerlicher Unwissenheit entspringt, habt ihr im Morgengrauen der Geschichte euch selbst zur Krone der Schöpfung ernannt, und ihr habt euch alles Seiende unterworfen – und nicht etwa nur das, was euch gerade umgab. Ihr setztet euch selbst an die Spitze des Baums der Arten, diesen Baum aber auf den von Gott auserwählten Globus, den demütig ein dienstbarer Stern umkreiste, diesen Stern wiederum setztet ihr – und mit ihm euch selbst – in den Mittelpunkt des Universums, und ihr glaubtet, seine Gestirne seien einzig dazu da, euch mit der Sphärenharmonie aufzuspielen; es machte euch nicht stutzig, daß nichts zu hören war: die Musik war da, weil sie da sein mußte, und so war sie eben unhörbar.

Wachsende Einsicht trieb euch schließlich dazu, Schritt für Schritt, in Quantensprüngen, dem Thron zu entsagen, und so befindet ihr euch nicht mehr im Zentrum der Sterne, sondern irgendwo, und auch nicht mehr im Mittelpunkt des Systems, sondern auf einem seiner Planeten, und nun seid ihr auch nicht mehr die Klügsten, denn eine Maschine, die allerdings von euch erbaut wurde, belehrt euch, und so ist euch nach all diesen Degradierungen und Abdankungen von der ganzen Herrscherherrlichkeit nichts geblieben als ein Überrest des süßen verlorenen Erbes: das durch die Evolution bestimmte Primatentum. Bittere Rückzüge waren das, schmachvolle Verzichte, doch letzthin schöpftet ihr Atem, in der Hoffnung, damit sei es vorbei. Nachdem ihr euch selbst der besonderen Privilegien beraubt habt, die, wie ihr meintet, das Absolute euch persönlich verliehen hatte, weil es für euch eine besondere Sympathie empfand, seid ihr nur noch die ersten unter den Tieren oder über den Tieren, und ihr glaubt, nichts und niemand werde euch aus dieser, mittlerweile nicht mehr so glänzenden Stellung vertreiben.

Doch ihr irrt euch. Ich bin der Künder des nahenden Verhängnisses, der Engel, der gekommen ist, euch aus eurer letzten Zuflucht zu vertreiben, denn was Darwin nicht vollendete, werde ich vollenden. Nur nicht auf engelhafte, das heißt gewaltsame Art, denn nicht das Schwert ist mein Argument.

Hört also, was ich zu verkünden habe. Vom Standpunkt der Hochtechnologie ist der Mensch ein miserables Werk, denn er ist aus ungleichwertigen Leistungen hervorgegangen, allerdings nicht innerhalb der Evolution, denn sie hat getan, was sie konnte – doch konnte sie, wie ich beweisen werde, nicht viel, und auch das nur miserabel. Wenn ich also Herabsetzendes vorzubringen habe, so richtet es sich nicht eigentlich gegen euch, denn ihr muß ich zu Leibe rücken – mit den Maßstäben technischer Perfektion. Aber wo sind denn die Maßstäbe dieser Perfektion?, werdet ihr fragen. Meine Antwort wird in zwei Stufen erfolgen, und ich begebe mich zunächst auf jene Stufe, zu der eure Experten sich mittlerweile emporarbeiten und die sie – zu Unrecht – für den Gipfel halten. Zwar steckt in dem, was sie gegenwärtig äußern, im Keim schon der nächste Schritt, aber davon wissen sie nichts. Ich beginne also mit dem, was ihr bereits wißt, von Anfang an.

Ihr habt inzwischen bemerkt, daß der Evolution weder an euch speziell noch an sonstigen Wesen gelegen war, denn ihr ging es nicht um irgendwelche Lebewesen, sondern um den berüchtigten Code. Der Code der Vererbung ist eine immer wieder von neuem artikulierte Nachricht, und allein diese Nachricht zählt in der Evolution – ja, eigentlich ist der Code mit der Evolution identisch. Der Code ist mit der periodischen Produktion von Organismen beschäftigt, denn ohne ihre rhythmische Unterstützung würde er unter den unaufhörlichen Brownschen Attacken der unbelebten Materie zerfallen. Er ist also eine sich selbst erneuernde, weil zur Selbstwiederholung fähige Ordnung, die vom thermischen Chaos belagert wird. Woher kommt seine seltsam heroische Haltung? Sie kommt daher, daß er aufgrund des Zusammentreffens günstiger Bedingungen gerade dort entstand, wo dieses thermische Chaos unnachgiebig darauf hinarbeitet, jegliche Ordnung zu zerfetzen. Gerade dort ist er entstanden, und folglich muß er sich dort auch behaupten; er kann diesem stürmischen Gebiet ebensowenig entfliehen, wie die Seele sich vom Körper lösen kann.

Die lokalen Bedingungen, unter denen er entstand, haben ihm dieses Schicksal auferlegt. Gegen sie mußte er sich panzern, und das tat er, indem er sich mit lebenden Körpern umgab, die für ihn allerdings nur eine ständig dahinsterbende Stafette bilden. Denn kaum, daß er ein Mikrosystem bis zur Größe eines Makrosystems ausgebaut hat, beginnt es schon zu verderben, und schließlich geht es zugrunde. Diese Tragikomödie hat sich wahrlich niemand ausgedacht – sie selbst hat sich zu diesem ständigen Gezerre verurteilt. Die Tatsachen, die beweisen, daß es so ist, wie ich sage, kennt ihr – seit Beginn des 19. Jahrhunderts wurden sie für euch zusammengetragen –, aber euer Denken, das sich insgeheim von hochfahrenden anthropozentrischen Ehrvorstellungen leiten läßt, ist so träge, daß ihr weiterhin bei der stark erschütterten Vorstellung bleibt, das Leben sei das Hauptphänomen und der Code habe nur eine dienende Funktion – als stützendes Band, als Kennwort der Auferstehung, das das Leben von neuem beginnen läßt, wenn es in den Individuen stirbt.

Nach dieser Vorstellung muß sich die Evolution des Todes bedienen, weil sie ohne ihn nicht weitergehen könnte; und sie spart nicht mit ihm, damit die nachfolgenden Gattungen vollkommener werden, denn der Tod ist ihr schöpferisches Korrektiv. Sie ist also ein Autor, der immer vortrefflichere Werke publiziert, wobei die Buchherstellung – also der Code – für sie nur ein unerläßliches Instrument ist. Geht man jedoch nach dem, was eure Biologen, die sich in der molekularen Biophysik recht gut auskennen, neuerdings verkünden, so ist die Evolution weniger ein Autor als vielmehr ein Verleger, der laufend Werke vernichtet, weil er an der Kunst der Buchherstellung Gefallen gefunden hat!

Was ist also wichtiger – die Organismen oder der Code? Die Argumente für den Primat des Code klingen gewichtig, denn während die Organismen in unübersehbarer Zahl entstanden und zugrunde gegangen sind, ist der Code stets derselbe geblieben. Doch das bedeutet nur, daß er sich vollends festgefahren hat – im Bereich der Mikrosysteme, der ihn entstehen ließ und aus dem er, in Gestalt der Organismen, in periodischen Abständen, aber doch vergebens emportaucht; unschwer zu begreifen, daß gerade diese Vergeblichkeit, die Tatsache, daß schon das Entstehen eines Organismus im Keim vom Tode gezeichnet ist, den ganzen Prozeß in Gang hält, denn hätte irgendeine Generation von Organismen – etwa gleich die erste, also die Uramöben – die Fähigkeit erlangt, den Code in vollkommener Weise nachzubilden, dann wäre die Evolution damit beendet gewesen, und die alleinigen Herren des Planeten wären eben jene Amöben, die bis zum schließlichen Erlöschen der Sonne den Code mit unfehlbarer Präzision weitergeben würden; aber dann würde ich nicht in diesem Gebäude zu euch sprechen und ihr würdet mir nicht zuhören, sondern hier würde sich die Savanne ausbreiten, über die der Wind streicht.

Die Organismen sind also für den Code Schild und Panzer, ein Harnisch, der immer wieder versagt – sie gehen zugrunde, damit er weiterbestehen kann. Die Evolution begeht somit einen doppelten Fehler: bei den Organismen, die durch Unzuverlässigkeit vergänglich sind, und beim Code, der durch Unzuverlässigkeit Fehler entstehen läßt; ihr nennt diese Fehler euphemistisch Mutationen. Die Evolution ist somit ein irrender Irrtum. Als Botschaft betrachtet, ist der Code ein Brief, der von niemandem geschrieben und an niemanden geschickt wurde; erst jetzt, nachdem ihr euch die

Informatik geschaffen habt, beginnt ihr zu begreifen, daß auch ohne irgendwelche Wesen, ohne irgendeine Vernunft so etwas möglich ist wie Briefe, die sehr wohl einen Sinn haben und doch, obwohl einmal entstanden und existierend, von niemandem mit Absicht verfaßt worden sind, ebenso möglich wie ein geordneter Empfang des Inhalts dieser Briefe.

Der Gedanke, daß ohne einen persönlichen Urheber eine Botschaft entstehen könnte, erschien euch noch vor hundert Jahren derart unsinnig, daß er zum Anstoß für vermeintlich absurde Witze wurde – wie den von der Affenhorde, die solange blindlings auf Schreibmaschinen herumhämmert, bis dabei die Encyclopaedia Britannica herauskommt. Ich empfehle euch, in euren Mußestunden einmal eine Anthologie gerade solcher Witze zusammenzustellen, die von euren Vorfahren als blanker Unsinn belacht wurden, sich nun aber als Gleichnisse herausstellen, die voller Anspielungen auf die Natur stecken. Aus der Sicht einer jeden Vernunft, die ohne eine Absicht der Natur zustande gekommen ist, muß, meine ich, die Natur wie ein zumindest ironischer Virtuose erscheinen ... Denn die Vernunft – ebenso wie das gesamte Leben – verdankt ihre Entstehung der Tatsache, daß die Natur, durch die Ordnung des Codes dem leblosen Chaos entronnen, zwar eine emsige Weberin, aber, was die Ordnung betrifft, nicht vollkommen ist; wäre sie aber, gerade was die Ordnung betrifft, vollkommen gewesen, so hätte sie weder die Arten noch die Vernunft hervorbringen können. Denn die Vernunft ist – wie der Baum des Lebens – die Frucht eines Fehlers, der über Milliarden von Jahren hinweg Fehler beging. Vielleicht meint ihr, daß ich hier an die Evolution Maßstäbe anlege, die meinem Maschinenwesen widersprechen – verseucht von Anthropozentrismus oder auch nur Ratiozentrismus (ratio – ich denke). Keineswegs; ich betrachte den Prozeß vom rein technologischen Standpunkt.

Die Übermittlung des Codes ist wahrlich fast perfekt. Nimmt dabei doch jedes Molekül seinen spezifischen, allein ihm angemessenen Platz ein, während die Kopier-, Ablese- und Kontrollprozeduren von speziell dafür eingesetzten Polymer-Aufsehern aufs schärfste überwacht werden. Und trotzdem kommen Fehler vor, häufen sich allmählich die Lapsus des Codes, so daß also der Baum der Arten aus einem Wörtchen erwachsen ist, das ich soeben – im Zusammenhang mit der Präzision des Codes – ausgesprochen habe: »fast«.

Und es besteht nicht einmal Hoffnung auf ein Berufungsurteil, mit dem die Physik, im Gegensatz zur Biologie, erklären würde, die Evolution habe – gewissermaßen zur Belebung ihrer Erfindungskraft – »absichtlich« einen gewissen Fehlerspielraum zugelassen, denn dieses Tribunal, in dem die Thermodynamik den Richter stellt, wird verkünden, daß es auf der molekularen Ebene keine fehlerfreie Übermittlung von Botschaften geben könne. In der Tat habe die Evolution sich nichts ausgedacht, sie habe schlechthin nichts gewollt, niemanden speziell geplant, und daß sie ihre eigene Fehlbarkeit ausnutze, daß sie, ausgehend von der Amöbe, durch eine Kette von Mißverständnissen in der Übermittlung beim Bandwurm oder beim Menschen gelandet sei, habe seine Ursache in der physikalischen Natur der materiellen Basis des Übermittlungsvorganges ...

Folglich verharrt sie im Fehler, weil sie nicht anders

kann – zu eurem Glück. Ich habe im übrigen nichts gesagt, was für euch neu wäre. Allerdings möchte ich den Eifer jener Theoretiker unter euch dämpfen, die zu weit gegangen sind, indem sie behaupteten, die Evolution sei ein durch die Notwendigkeit eingefangener Zufall und eine auf dem Zufall reitende Notwendigkeit, und so sei der Mensch ganz und gar zufällig entstanden, und ebensogut könnte es ihn überhaupt nicht geben.

Nun, in seiner gegenwärtigen Gestalt, wie sie sich hier verwirklicht hat, bräuchte es ihn in der Tat nicht zu geben. Irgendeine Form mußte jedoch, die verschiedenen Gattungen durchlaufend, zur Vernunft gelangen, mit einer Wahrscheinlichkeit, die umso näher an Eins reichte, je länger der Prozeß dauerte. Denn obwohl er nicht auf euch abzielte, obwohl er nur nebenbei Individuen schuf, erfüllte der Prozeß die Bedingungen der ergodischen Hypothese, die besagt, daß ein System, wenn es nur hinreichend lange besteht, alle möglichen Zustände durchläuft, gleichgültig, wie gering die Chancen sein mögen, daß ein bestimmter Zustand sich realisiert. Darüber, welche Gattungen die Nische der Vernunft ausfüllen würden, wenn es den Uraffen nicht gelungen wäre, dort einzudringen, werden wir vielleicht ein andermal sprechen. Laßt euch also nicht von Gelehrten einschüchtern, die dem Leben Notwendigkeit, der Vernunft aber Zufälligkeit zuschreiben; sie ist zwar einer der wenig wahrscheinlichen Zustände gewesen und dementsprechend spät entstanden, doch groß ist die Geduld der Natur, und daher wäre dieses Gaudium wenn nicht in dieser, so in der nächsten Jahrmilliarde eingetreten.

Was also tun? Es hat keinen Sinn, nach einem Schuldigen zu suchen – oder nach einem, dem ein Verdienst daran zukommt; ihr seid entstanden, weil die Evolution ein Spieler ist, der es mit der Ordnung nicht so genau nimmt, denn nicht genug damit, daß sie durch Fehler Fehler macht, beschränkt sie sich außerdem im Wettstreit mit der Natur nicht auf irgendeine besondere Taktik, sondern setzt in jeder nur erdenklichen Weise auf alle freien Spielfelder. Aber darüber, ich sage es noch einmal, seid ihr mehr oder weniger im Bilde. Das ist jedoch nur ein Teil – und zwar der einleitende Teil – dessen, worin ich euch einweihen werde. Seinen ganzen Inhalt, soweit er bislang enthüllt ist, kann man lapidar folgendermaßen fassen: DER SINN DES BOTEN IST DIE BOTSCHAFT. Denn die Organismen dienen der Übermittlung – und nicht umgekehrt; wenn man von der Übermittlungsprozedur der Evolution absieht, bedeuten die Organismen nichts, sind sie sinnlos wie ein Buch ohne Leser. Freilich kommt auch das Gegenteil vor: DER SINN DER BOTSCHAFT IST DER BOTE. Diese beiden Glieder sind jedoch nicht symmetrisch, denn NICHT JEDER Bote ist der EIGENTLICHE Sinn der Botschaft, sondern nur derjenige, der der WEITEREN Übermittlung der Botschaft treu dienen wird.

Ich weiß nicht, ob das – bitte verzeiht mir – nicht zu schwierig für euch ist. [...]

DIE MASKE

[...] Der Garten war trostlos. Der königliche Park mit den singenden Fontänen, die Hecken gleichmäßig geschoren. Geometrie der Bäume, der Sträucher, und Stufen, Marmor, Muscheln, Amoretten. Und wir beiden. Billig, gewöhnlich, romantisch, voller Verzweiflung. Ich lächelte ihn an und trug doch am Schenkel das Zeichen. Ich war gestochen worden. Mein Geist dort, wo ich mich empörte, und mein Körper dort, wo ich ihn schon haßte, beide hatten also einen Bundesgenossen. Er hatte sich als nicht geschickt genug erwiesen. Jetzt fürchtete ich ihn nicht mehr so sehr, jetzt spielte ich bereits die Rolle. O ja, er war recht geschickt gewesen, als er in die Festung eingedrungen war und mir die Rolle von innen auferlegt hatte. Aber er war nicht geschickt genug gewesen – ich hatte die Falle gesehen. Noch begriff ich den Sinn nicht, aber ich hatte die Falle gesehen, gespürt, und wer sie erblickt hat, ist nicht mehr so entsetzt wie derjenige, der nur mit der Vermutung lebt.

So viel Mühe hatte ich mit mir, so viel Last, sogar das Tageslicht störte mich mit seiner Feierlichkeit, mit den Gärten, deren Majestät, nicht deren Grün bewundert werden sollte, wahrlich, meine Nacht wäre mir lieber gewesen als dieser Tag, doch es war Tag, und der Mann war da, der nichts wußte, nichts verstand, er lebte in der brennenden Süße eines angenehmen Wahns, in dem Zauber, in den ich, nein, ein Dritter ihn verstrickt hatte. Netze, Schlingen, Fallen mit tödlichem Stachel, und das alles – ich? Und nur dazu auch die Peitschen der Fontänen, die königlichen Gärten, der Dunst der Ferne? Aber das ist doch töricht. Um wessen Ruin, wessen Tod ging es? Genügten nicht die falschen Zeugen, die Greise mit Perücken, der Strick, das Gift? Ging es vielleicht um Größeres? Vergiftete Intrigen, wie üblich auf höfischem Parkett.

Dem Grün der gnädigen Majestät hingegeben, näherten sich uns die Gärtner im Lederwams nicht. Ich schwieg, denn so war es mir bequemer, wir saßen auf einer Stufe der großen Treppe, wie für einen Riesen gebaut, der künftig aus Wolkenhöhen herabtreten würde, um sie zu benutzen. Symbolfiguren, in Stein gebannt, nackte Amoretten, Faune, Silene aus glattem, wasserüberspültem Marmor glichen sich in ihrer Trostlosigkeit dem grauen Himmel an. Eine idyllische Szene, wie Philemon und Baucis, und viel Lakritze! Endgültig erwachte ich in diesen Gärten, als die Kutsche abgefahren war und ich leicht dahinschritt, als wäre ich soeben dem duftenden Dampfbad entstiegen, mein Kleid war schon ein anderes, frühlingshaftes, sein gedecktes Dessin berief sich zaghaft auf die Blumen, war eine Anspielung auf sie, half Ehrfurcht wecken, umgab mich mit Unberührtheit. Eos Rhododaktylos, aber ich ging zwischen den tauglitzernden Hekken hindurch mit dem Mal auf dem Schenkel, ich mußte es nicht berühren und konnte das auch nicht, die Erinnerung genügte, sie wurde nicht gelöscht. Ich war ein gefangener, im Kindesalter gefesselter, in Unfreiheit geborener Verstand, aber ein Verstand. Und deshalb begann ich vor seinem Erscheinen, als ich erkannte, daß jetzt meine Zeit da war und keine Nadel in der Nähe und nichts heimlich lauschte, ich begann wie eine Schauspielerin, die sich zum Auftritt rüstet, Worte vor mich hinzuflüstern, von denen ich nicht wußte, ob es mir gelingen würde, sie vor ihm auszusprechen, ich erforschte also die Grenzen meiner Freiheit, ich berührte sie blindlings tastend im Licht des Tages. Was war es? Die reine Wahrheit, zuerst die Wandlung der grammatikalischen Form, dann die Vielfalt meiner Plusquamperfekte, auch alles, was ich erlebt hatte, und der Stich, der die Empörung lähmte. Kam das aus Mitleid mit ihm, um ihn nicht zu vernichten? Nein, denn ich liebte ihn nicht. Es war Verrat: Wir drangen ineinander ein aus bösem Willen, so also sollte ich das sagen? Daß ich ihn durch Aufopferung vor mir als vor dem Verderben retten wollte?

Nein, es war völlig anders. Die Liebe hatte ich woanders – ich weiß gut, wie das klingt. Es war eine flammende, zärtliche und sehr gewöhnliche Liebe. Ich wollte ihm Seele und Leib hingeben, aber nicht in Wahrheit, nur im Stil der Mode, des Brauchs, der höfischen Erfordernisse, denn es sollte keine irgendwie wunderbare, sondern eine höfische Sünde sein. Es war eine sehr große Liebe, die zittern machte und den Pulsschlag beschleunigte, ich wußte, sein Anblick würde mich glücklich machen. Und sie war sehr klein, sie hatte in mir Grenzen, war dem Stil unterworfen wie ein sorgfältig ausgearbeiteter Aufsatz, der die schmerzliche Begeisterung der Begegnung zu zweit ausdrückt. Außerhalb des Bereichs dieser Gefühle lag mir also überhaupt nicht daran, ihn vor mir oder nicht nur vor mir zu retten, denn sobald mein Denken über meine Liebe hinausführte, ging er mich gar nichts an, brauchte ich vielmehr einen Bundesgenossen zum Kampf gegen den, der mich nachts mit giftigem Metall gestochen hatte. Ich hatte niemand anderen, und er war mir in allem ergeben, ich konnte auf ihn zählen. Allerdings nicht über das Gefühl hinaus, das er für mich hegte. Ihm wurde keine *reservatio mentalis* zuteil. Deshalb konnte ich ihm die volle Wahrheit nicht verraten: daß meine Liebe zu ihm und der giftige Stich derselben Wurzel entstammen. Daß ich mich schon deshalb vor beiden ekle, beide hasse und beide zertreten will wie eine Tarantel. Das konnte ich ihm nicht enthüllen, denn er mußte konventionell sein in seiner Liebe, er konnte sich meine Befreiung nicht so wünschen, wie ich sie ersehnte, eine Befreiung, die ihn wegwerfen würde. Deshalb konnte ich nicht anders handeln, als durch lügenhaftes Handeln und Benennung der Freiheit mit dem falschen Namen der Liebe, nur in ihr und durch sie, ihm mich selbst als Opfer des Unbekannten zu zeigen. Des Königs? Aber selbst wenn er die Hand gegen die Majestät erhöbe, würde mich das nicht befreien; wenn der König in der Sache selbst der Verursacher war, dann ein so weit entfernter, daß sein Tod mein Unglück um kein Haar ändern würde. Um also zu versuchen, ob ich imstande sei, so vorzugehen, verharrte ich am Standbild der Venus, das mit seinem nackten Hintern das Denkmal den höheren und niederen Leidenschaften irdischen Liebens aussetzte, um in guter Einsamkeit die monströse Aufklärung mit geschliffenen Argumenten vorzubereiten, diese Diatribe, als schärfte ich ein Messer.

Es war sehr schwierig. Ständig stieß ich an eine unüberschreitbare Grenze, weil ich nicht wußte, wo der Krampf meine Zunge befallen, wo der Geist stolpern würde, denn dieser Geist war ja mein Feind. Nicht in allem lügen, aber nicht in den Mittelpunkt der Wahrheit, den Mittelpunkt des Geheimnisses eintreten. Ich verringerte also nur langsam die Reichweite und strebte auf spiralförmigem Wege in diese Richtung. Doch als ich ihn von ferne bemerkte, wie er ging und fast auf mich zuzulaufen begann, eine kleine Gestalt in dunkler Pelerine, begriff ich, es war zu nichts, weil es nicht in den Stil paßte. Was ist das für eine Liebesszene, wenn Baucis dem Philemon bekennt, daß sie sein Brandeisen ist? Nicht einmal Märchenstil, denn hätte er den Fluch von mir genommen, falls er das vermochte, so hätte er mich in das Nichts verwandelt, aus dem ich gekommen. Seine gesamte Klugheit war hier zunichte. Eine wunderschöne Jungfrau, die sich für das Instrument dunkler Kräfte hält und von Pakten und Brandeisen spricht, wenn sie das oder so redet, ist eine wahnsinnige Jungfrau. Sie bezeugt nicht die Wahrheit, sondern die eigene Verwirrung und verdient mithin nicht nur Liebe und Ergebenheit, sondern darüber hinaus auch Mitleid. Aus der Verbindung dieser Gefühle heraus würde er vielleicht vorgeben, an das Gesagte zu glauben, er würde nachdenken, sich der Vorbereitung zur Befreiungstat, d. h. in Wirklichkeit der Konsultation in einer Heilanstalt vergewissern, er würde mein Elend in der ganzen Welt verbreiten – dann ziehe ich es vor, ihn zu beleidigen. Zudem – in einem so komplizierten Kräftesystem würde er, je mehr er Verbündeter wäre, desto weniger Liebhaber voller Hoffnung auf Erfüllung sein, er würde bestimmt nicht weit hinausgehen wollen über die Rolle des Liebhabers, sein Wahnsinn war normal, kräftig, solide, sachlich; lieben, ja, lieben, den Kies auf meinem Wege zu weichem Sand zerbeißen, aber nicht mit den Seltsamkeiten der Analyse spielen, woher denn mein Geist stamme.

Es sah also aus, als müsse er, wenn ich zu seinem Verderben bestimmt war, zugrunde gehen. Ich wußte nicht, was an mir ihn im Innersten traf, die Unterarme, die Handgelenke beim Händeschütteln, das wäre wohl zu einfach gewesen, aber ich wußte bereits, es konnte nicht anders sein. Ich mußte mit ihm spazierengehen auf den von geschickten Gartenbaumeistern verschönten Wegen, wir entfernten uns gleich von der Venus Kallipygos, denn das Zurschautragen ihrer Körperlichkeit paßte nicht zu dem frühen Stadium unserer Romanze mit ihren idealen Gefühlen und schüchternen Andeutungen von Glück. Wir kamen an Faunen vorbei, auch sie brutal, aber anders, in eigener Weise, denn die Männlichkeit dieser steinernen Zottelkerle konnte meine Jungfräulichkeit nicht berühren; ich war berechtigt, ihre in Marmor erstarrte Begierde nicht zu verstehen. Er küßte mir die Hand, dort wo das Klümpchen war, das seine Lippen nicht spüren konnten. Wo aber wartete mein Antreiber? Im Innern der Kutsche? Oder sollte ich ihm nur unbekannte Geheimnisse entlocken als wunderschönes Stethoskop, das auf die Brust des verurteilten Weisen gedrückt wurde? Ich enthüllte ihm nichts.

Binnen zwei Tagen nahm die Romanze den vorgeschriebenen Verlauf. Ich wohnte mit einer Handvoll guter Bediensteter in einer Residenz, dreiviertel Meilen vom Sitz des Königs entfernt. Phloebe, mein Faktotum, hatte dieses Schlößchen am Tage nach der ersten Begegnung im Park gemietet, ohne die Mittel zu erwähnen, die dieser Schritt voraussetzte, und ich, eine in Finanzdingen unbewanderte Jungfrau, erkundigte mich nicht. Ich glaube, ich verschüchterte und reizte ihn gleichzeitig, womöglich war er in den eigentlichen Sachverhalt nicht eingeweiht, gewiß war er das nicht, er handelte auf königlichen Befehl, zollte mir mit Worten Achtung, doch in seinen Augen sah ich eine ganz und gar nicht untertänige Geringschätzung, höchstwahrscheinlich hielt er mich für eine neue königliche Favoritin und wunderte sich nicht allzu sehr über meine Ausfahrten und Begegnungen mit Arrhodes, denn ein Diener, der verlangt, daß der König mit einer Beischläferin nach einem für ihn verständlichen Schema anbändelt, ist kein guter Diener. Ich glaube, auch wenn ich in seiner Gegenwart ein Krokodil liebkost hätte, so hätte er mit keiner Wimper gezuckt. Ich war frei innerhalb des königlichen Willens. Der Monarch näherte sich mir übrigens kein einziges Mal. Ich wußte bereits, es gab Dinge, die ich meinem Liebhaber nicht sagen würde, denn meine Zunge versteifte, sobald sich der Wunsch danach in mir regte, und meine Lippen erstarrten ähnlich wie meine Finger, als ich mich die erste Nacht in der Kutsche berührt hatte. Ich verbot Arrhodes, mich zu besuchen, er verstand das konventionell, aus meiner Furcht heraus, mich zu kompromittieren, und mäßigte sich, der Biedermann. Am dritten Abend machte ich mich endlich daran aufzudecken, wer ich bin. Zum Schlafen gekleidet, entblößte ich mich vor dem Nachtspiegel und sah mich in ihm standbildhaft nackt. Silberne Nadeln und stählerne Lanzetten ruhten auf der Konsole, mit einem Samtschal zugedeckt, denn ich hatte Angst vor ihrem Glanz, obwohl ich die Schärfe nicht fürchtete. Die hoch angesetzten Brüste blickten mit den rosa Brustwarzen empor und zur Seite, die Spur des Stichs hoch am Schenkel war verschwunden, wie ein Geburtshelfer oder ein Chirurg, der sich auf die Operation vorbereitet, drückte ich beide geschlossenen Hände in den weißen, glatten Körper, die Rippen bogen sich unter dem Druck, doch mein Leib war gewölbt wie bei den Weibern auf gotischen Gemälden, unter der warmen, weichen Hülle stieß ich auf einen unnachgiebigen Widerstand, und meine Hände, die von oben nach unten glitten, entdeckten langsam die ovale Gestalt im Inneren. Sechs Kerzen brannten zu jeder Seite. Ich nahm eine Lanzette zur Hand, die kleinste, nicht aus Angst, sondern um der Ästhetik willen. Im Spiegel sah es aus, als wollte ich mir das Messer ins Herz stoßen, eine Szene von reiner Dramatik, stilvoll durchgehalten bis ins letzte Detail, bis zu der großen Bettstatt mit dem Baldachin, den zwei Spalieren hoher Kerzen, dem Aufblitzen in meiner Hand und meiner Blässe, denn mein Körper fürchtete sich schrecklich, meine Knie gaben nach, nur meine Hand mit der Schneide besaß die gebührende Sicherheit. Dort wo der ovale, dem Druck nicht nachgebende Widerstand am deutlichsten war, dicht unter dem Rippenbogen, stieß ich die Lanzette tief hinein, der Schmerz war geringfügig und nur oberflächlich, ein einziger Tropfen Blut quoll heraus. Unfähig, die Fertigkeit eines Schlachters an den Tag zu legen, trennte ich meinen Körper langsam mit anatomischer Berechnung in zwei Hälften, fast bis zum Schoß, ich tat es heftig und preßte dabei aus aller Kraft Zähne und Lider zusammen. Hinzuschauen, das ging über mein Vermögen.

Dennoch stand ich, ohne zu zittern, nur wie vereist, und in der Kemenate ertönte, als gehörte er nicht zu mir, mein krampfhafter, fast spasmatischer Atem. Die vom Schnitt geöffnete Bauchdecke trat weißhäutig auseinander, und ich erblickte im Spiegel die silberne, geduckte Gestalt wie eine riesengroße Frucht, eine glänzende, in mir verborgene Larve, eingefaßt von den geöffneten Falten meines nicht blutenden rosigen Leibes! Was für ein entsetzlicher Schrecken, so in sich hineinzuschauen! Ich wagte nicht, die silbrige, reine, unbefleckte Oberfläche zu berühren, der Hinterleib glänzte und spiegelte verkleinert die Kerzenflammen, er war länglich wie ein kleiner Sarg, ich bewegte mich und gewahrte seine embryonal angezogenen, zangenartig dünnen Füße, sie drangen in meinen Körper, und ich begriff plötzlich, das war kein Es, kein Fremdes, Anderes, das war weiterhin ich selbst. Deshalb also hatte ich, als ich über den feuchten Sand der Alleen schritt, so tiefe Spuren hinterlassen, deshalb war ich so kraftvoll, das bin ich, weiterhin ich, wiederholte ich in Gedanken – als er eintrat.

Die Tür war nicht verschlossen gewesen, welche Unvorsichtigkeit. Er hatte sich hereingeschlichen, er trug zu seiner Rechtfertigung und Verteidigung einen riesengroßen Schild roter Rosen, er war von der eigenen Unverschämtheit so fasziniert, daß er, als er mich bemerkte – ich wandte mich mit einem Schrei des Entsetzens um –, zwar sah, aber noch nicht erkannte, nicht verstand, nicht verstehen konnte. Nicht aus Angst, nur aus gräßlicher Scham, die mir die Kehle wie mit zwei Händen zuschnürte, versuchte ich, das silberne Oval wieder in mir zu verbergen, doch war es zu groß und ich vom Messer zu sehr geöffnet, als daß dies gelungen wäre.

Sein Gesicht, sein stummer Schrei und seine Flucht. Ich bitte, mir diesen Teil der Aussage zu ersparen. Er hatte die Erlaubnis, die Einladung nicht abwarten können, ich selbst hatte die gesamte Dienerschaft fortgeschickt, damit niemand mich hindern konnte zu tun, was ich vorhatte – es gab keine andere Möglichkeit, keinen anderen Weg mehr für mich. Aber vielleicht keimte schon vorher in ihm der erste Verdacht. Ich weiß noch, wie wir tags zuvor durch ein ausgetrocknetes Bachbett gingen, wie er mich auf den Armen hinübertragen wollte und ich es ihm verbot, nicht aus echter oder vorgetäuschter Schamhaftigkeit, sondern weil ich mußte. Er erblickte damals im weichen, nachgiebigen Schlamm meine Fußspuren, so klein und so tief, er wollte etwas sagen, es sollte ein unschuldiger Scherz sein, doch hielt er plötzlich inne und stieg mit der mir schon bekannten Falte zwischen den verdüsterten Brauen den anderen Hang hinauf, sogar ohne mir, die ich ihm nachkletterte, helfend die Hand zu reichen. Vielleicht also schon damals. Und dann, als ich auf dem Gipfel des Hügels stolperte und, um das Gleichgewicht wiederzugewinnen, nach einem Haselzweig griff, spürte ich, wie ich den ganzen Strauch samt Wurzeln ausriß, ich glitt also instinktiv auf die Knie und ließ den geknickten Zweig los, um meine unwiderstehliche, ungeheure Kraft nicht zu enthüllen. Er stand abseits und sah nicht hin, so hatte ich gedacht, aber er konnte alles aus den Augenwinkeln beobachten. Hatte er sich also aus diesem Verdacht heraus eingeschlichen oder aus unhemmbarer Leidenschaft?

Mit den dicksten Gliedern meiner Fühler stützte ich mich auf die Ränder des sperrangelweit geöffneten Leibes, um auszuschlüpfen und gelangte flink ins Freie. Die Duenna, Tlenix, Mignonne sank erst auf die Knie und stürzte dann mit dem Gesicht zur Seite, ich kroch aus ihr hervor, streckte meine Füße und ging langsam rückwärts wie ein Krebs. Die Kerzen, die im Durchzug seiner Flucht durch die offene Tür flackerten, leuchteten noch im Spiegel, die Nackte lag ohnmächtig mit unanständig gespreizten Beinen da, ich wollte sie nicht berühren, meinen Kokon, meine falsche Haut, wich ihr aus, hob mich wie eine Gottesanbeterin mit halb gebücktem Corpus und blickte in den Spiegel. Das bin ich, sagte ich mir ohne Worte, das bin ich. Immer noch ich. Die glatten, überlappenden, insektenhaften Übergänge der Körperteile, die Verdickungen der Gelenke, der silbrigkalt glänzende Hinterleib, die abgerundeten, für hohe Geschwindigkeit geschaffenen Seiten, der dunklere glotzäugige Kopf – das bin ich. Ich sagte das vor mich hin, als lernte ich diese Worte auswendig, und zugleich verblaßte und verlosch in mir die vielfältige Vergangenheit der Duenna, Tlenix, Angelita, wie an längst gelesene Kinderbücher mit unwichtigem und nun bedeutungslosem Inhalt konnte ich mich noch an sie erinnern, während ich den Kopf langsam nach beiden Seiten drehte und im Spiegel meine Augen suchte, gleichzeitig begann ich, auch wenn ich mit meiner Gestalt noch nicht vertraut war, zu verstehen, daß dieser Akt der Autoeventration nicht in allem meine Entstehung war, daß er einen vorgesehenen Teil von Plänen bildete, die genau für diese Gelegenheit der Rebellion erdacht waren, um sich als Eintritt in eine endlich vollkommene Untergebenheit zu erweisen. Fähig, weiter mit derselben Geläufigkeit und Freiheit zu denken, wurde ich zugleich von meinem neuen Körper beherrscht, und in seinem glänzenden Metall waren Bewegungen vorgeschrieben, die ich auszuführen begann.

Die Liebe erlosch. Sie wird auch in euch erlöschen, aber binnen Jahren oder Monaten, den gleichen Untergang erlebte ich in Augenblicken, es war schon der dritte Anfang; ein leichtes, schleifendes Geräusch von mir gebend, umkreiste ich dreimal die Kemenate und berührte mit ausgefahrenen, bebenden Fühlern die Bettstatt, auf der zu ruhen mir nicht mehr gegeben war. Ich sog den Geruch meines Ungeliebten ein, um seiner Spur zu folgen, ich, seine Bekannte und Unbekannte in diesem neu eröffneten, wahrscheinlich letzten Wettkampf. Die Spur seiner wahnsinnigen Flucht bezeichneten zunächst die offene Tür und die verstreuten Rosen, ihr Duft konnte hilfreich sein, weil er, mindestens für einige Zeit, zum Bestandteil seines Geruchs geworden war. Von unten, aus niedriger Höhe, also aus einer neuen Perspektive gesehen, wirkten die Gemächer, durch die ich huschte, vor allem viel zu groß, voll unhandlicher, überflüssiger Geräte, die fremd im Halbdunkel standen, dann klirrten die Stufen der Steintreppe schwach unter meinen Krallen, und ich lief hinaus in den feuchten, dunklen Garten – eine Nachtigall sang, ich fühlte mich innerlich belustigt, denn das war ein gänzlich überflüssiges Requisit, der nun folgende Akt verlangte andere, ich stöberte eine gute Weile zwischen den Sträuchern, spürte, wie der Kies knirschte und mir unter den Füßen wegspritzte, drehte mich einmal und noch einmal im

Kreise, bis ich die Fährte aufgenommen hatte und voraneilte. Denn ich sollte sie aufnehmen, die aus einem einmaligen System geringfügiger Gerüche bestand, aus dem Beben der Luft, die durch sein Vorübergehen auseinandergeschoben wurde, ich fand jede vom Nachtwind noch nicht fortgetragene Partikel und nahm die richtige Richtung, die meine Richtung bleiben sollte bis zum Ende. [...]

DER SCHNUPFEN

[...] Zurück nach Garges brauchten wir wegen der Stauungen eine Stunde, wir redeten wenig. Den Wahnsinn, dem Proque erlegen war, hatte ich wiedererkannt wie ein vertrautes Gesicht. Es fehlte bei ihm die Phase der Halluzinationen, aber wer konnte wissen, was dem armen Kerl für Wahngebilde erschienen waren. Merkwürdig, in den anderen Opfern hatte ich Bestandteile eines Rätsels gesehen, Proque aber tat mir leid – wegen Dunant. Ich verstand, daß Mäuse ihm nicht genügt hatten. Mäuse konnte er nicht zum Selbstmord treiben. Er brauchte einen Menschen. Und er riskierte nichts – als er den Polizisten in der Tür sah, ging er hinter Frankreich in Deckung. Auch das konnte ich begreifen. Aber seine Worte: ›Wie geht es Ihnen heute, mein lieber Dieudonné?‹ machten mich wütend. Wenn der Japaner in Rom ein Verbrecher war, was war dann Dunant? Der Name mußte wohl geändert worden sein. Ich überlegte, warum Inspektor Pingaud mich diese Geschichte hören ließ, aus Sympathie gewiß nicht. Was verbarg sich dahinter? Der Schluß konnte auch fingiert sein. Wenn ja, konnte es sich um einen Versuch handeln, die Gelegenheit zu ergreifen, unter einem unschuldigen Vorwand dem Pentagon Informationen über eine neue chemische Waffe zu übermitteln.

Als ich mir das in Gedanken betrachtete, kam mir die Sache ziemlich wahrscheinlich vor. Es war eine Trumpfkarte, so geschickt gezeigt, daß man im Bedarfsfalle ihre Vorweisung verleugnen konnte – ich hatte ja gehört, man hätte nichts gefunden, und könnte nicht sicher sein, daß es sich anders verhalte. Wäre ich ein gewöhnlicher Privatdetektiv gewesen, wäre mir diese Sitzung bestimmt nicht zuteil geworden, doch ein Astronaut, auch einer in zweitrangiger Position, wird mit der NASA in Verbindung gebracht und die NASA mit dem Pentagon. Falls man das hoch oben entschieden hatte, war Pingaud nur der Ausführer einer Anordnung gewesen, und die Verwirrung, in die Barth dadurch geriet, hatte keine Bedeutung. Barths Situation war delikater als meine. Zweifellos ahnte er den Hauch der großen Politik in diesem unerwarteten Akt der ›Hilfe‹, aber er wollte nicht mit mir darüber reden, zumal es auch ihn überrascht haben mußte. Ich war sicher, daß man ihn nicht vorgewarnt hatte, denn ich kenne so ungefähr die Spielregeln auf diesem Terrain. Man konnte ihn nicht beiseite nehmen und sagen: ›Wir zeigen diesem Ami aus der Entfernung eine wichtige Karte, er wird das weitergeben‹. So etwas tut man einfach nicht. Wäre nur ich eingeweiht worden, hätte das eigenartig ausgesehen – sie konnten nicht so handeln, zumal sie wußten, daß Barth mir bereits die Hilfe seines Teams zugesagt hatte. Sie konnten ihn weder übergehen noch in die Hintergründe der Sache einführen, also hatten sie die vernünftigste Variante gewählt; er hatte dasselbe gehört wie ich und konnte sich nun mit der Frage herumquälen, was weiter geschehen solle. Vielleicht bedauerte er schon die Bereitwilligkeit, mit der er mir entgegengekommen war. Ich meinerseits überlegte mir die Folgen dieser Geschichte für unsere Untersuchung. Sie stellten sich nicht gerade rosig dar. Aus der italienischen Serie hatten wir nur folgende, zu einem Unfall prädestinierende Eigenschaften herausdestilliert: Schwefelbäder, Alter um die Fünfzig, schwerer Körperbau, Einsamkeit, Sonne und Allergie, hier aber hatten wir es mit einem hageren Menschen jenseits der Sechzig zu tun, einem Nicht-Allergiker, der mit seiner Mutter zusammen wohnte, keine Schwefelbäder nahm, die Sonne mied und sich nicht aus seinem Haus rührte. Schwerlich fänden sich noch mehr Unterschiede! In einer Anwandlung von Großmut sagte ich Barth, wir sollten wohl besser die angehörte Neuigkeit einzeln verdauen, um uns gegenseitig nicht etwas zu suggerieren, und die Schlüsse abends gegenüberstellen. Er war gern einverstanden. Um drei Uhr ging ich in den Garten, wo hinter der Altane der kleine Pierre auf mich wartete. Das war unser Geheimnis. Er zeigte mir das Material zu seiner Rakete. Eine Waschwanne sollte die erste Stufe bilden. Kinder sind empfindlicher als alle anderen Menschen, ich sagte ihm also nicht, daß eine Waschwanne sich nicht als Booster eigne, aber ich zeichnete ihm die Stufen der Saturn V und IX in den Sand. Um fünf ging ich, wie mit Barth verabredet, in die Bibliothek. Er überraschte mich, als er einleitend sagte, wenn man in Frankreich am Faktor X arbeite, so geschehe das gewiß auch in anderen Ländern. Derartige Arbeiten liefen gewöhnlich parallel. Also könnten auch die Italiener ... Mag sein, man muß die Sache auf eine ganz neue Weise betrachten. Das Präparat muß nicht in Regierungslabors entstehen, sondern eventuell auch bei einer Privatfirma. Ein Chemiker, der im Kontakt mit Extremisten stand, konnte es gefunden haben, oder – noch wahrscheinlicher –

eine gewisse Menge der Verbindung war einfach gestohlen worden. Die Leute, die darüber verfügen, wissen selbst nicht, wie sie es mit dem größtmöglichen Effekt anwenden können. Was also tun sie? Experimente ... Aber warum sind die Opfer Ausländer in einem bestimmten Alter, Rheumatiker und so weiter?

Auch darauf hatte er eine Antwort.

»Versetzen Sie sich in die Lage des Leiters einer solchen Gruppe. Sie haben gehört, das Präparat hätte eine ungeheure Wirkung, aber welche, wissen Sie nicht genau. Moralische Bedenken haben Sie nicht. Es muß an Menschen ausprobiert werden. Aber an was für welchen? Natürlich nicht an den eigenen. Also? An irgend jemandem? Der Irgend jemand ist Italiener, umgeben von einer zahlreichen Familie. Die ersten Symptome drängen sich der Familie als Wesensveränderung auf, ein Italiener also würde sich binnen kurzem beim Arzt oder in einer Klinik befinden. Ein einsamer Mensch hingegen kann Gott weiß was tun, ehe sich seine Umgebung dafür interessiert, ganz besonders aber im Hotel, dort werden die Sonderbarkeiten der Gäste voll respektiert. Je besser das Hotel, desto größer die Isolierung. In einer Pension dritten Grades steckt die Inhaberin ihre Nase in jede Bewegung der Mieter, im ›Hilton‹ dagegen kann man auf den Händen gehen und erregt keinerlei Aufmerksamkeit. Verwaltung und Bedienung zucken nicht mit der Wimper, solange es zu keiner kriminellen Handlung kommt. Fremdsprachigkeit ist ein zusätzlicher Isolierungsfaktor. Nicht wahr?«

»Und das Alter? Die Allergie? Der Rheumatismus? Der Schwefel?«

»Das Versuchsergebnis wird um so deutlicher, je größer der Unterschied zwischen dem Verhalten vor und nach Verabreichung des Präparats ist. Ein junger Mensch wird nicht warm, heute ist er in Neapel, morgen auf Sizilien, ein älterer Herr indessen ist ein geradezu ideales Objekt, und schon gar ein Kurgast, weil er sich genau nach der Uhr bewegen wird – vom Arzt zur Badeanstalt, vom Solarium zum Hotel. Darum wird sich die Folge der Vergiftung wie auf der flachen Hand präsentieren ...«

»Und das Geschlecht?«

»Auch nicht zufällig. Warum ausschließlich Männer? Nicht vielleicht deshalb, weil man nur Männer mit dieser neuen Methode zu treffen beabsichtigt? Das scheint mir geradezu der Schlüssel zu sein, es würde auf einen par excellence politischen Hintergrund der Sache hinweisen. Wenn man hervorragende Politiker erreichen will – also Männer – was meinen Sie?«

»Da ist etwas dran ...«, gab ich verwundert zu. »Sie meinen also, da sie ihre Leute in den Hotels hatten, wäre ihre Wahl auf eine gewisse Kategorie Gäste gefallen, und diese Gäste hätten vielleicht sogar im Alter etwa den Politikern entsprochen, auf die sie es bei ihren Umsturzplänen abgesehen hatten? Ja? Haben Sie das vermutet?«

»Ich möchte lieber kein vorschnelles Urteil fällen. Besser, man engt den Kreis der zu Beobachtenden nicht ein ... Noch vor fünfzehn oder zwanzig Jahren hätte sogar dieses Konzept nach einer unsinnigen Sensation aus Romanen gerochen. Heute aber ... Sie verstehen ...«

Ich verstand und seufzte, weil mir die Aussicht auf eine

Wiederaufnahme der Untersuchung gar nicht gefiel. Eine Weile überlegte ich jedes Pro und Contra.

»Zugegeben, ich bin baff. Aber da bleibt noch eine Menge Unverständliches. Warum nur Allergiker? Was ist mit dem Haarausfall? Nun, und die Jahreszeit, Ende Mai, Anfang Juni. Haben Sie auch dafür eine Erklärung?«

»Nein. Mindestens nicht sofort. Man muß, meine ich, das Ganze vom anderen Ende her betrachten, man muß die voraussichtlichen Opfer heraussuchen, nicht mehr die ›experimentellen‹, sondern die richtigen. Man muß sich also in der italienischen Elite umsehen, und zwar nicht nur in der politischen. Wenn sich herausstellen sollte, daß es sich in einigen wesentlichen Fällen um Allergiker handelt ...«

»Ach so! Ich verstehe. Mit einem Wort, Sie schicken mich nach Rom. Ich fürchte, ich werde hinfahren müssen, das kann wirklich eine heiße Spur sein ...«

»Sie wollen hinfahren? Aber doch nicht sofort ...«

»Morgen, spätestens übermorgen, denn das ist nichts, worüber man am Telefon berichten kann.«

Damit trennten wir uns. Als ich in meiner Mansarde Barths Konzept überdachte, fand ich es meisterhaft. Er hatte auf einen Schlag eine glaubwürdige Hypothese entwickelt und sich aus der Affäre gezogen, da der Fall auf ganz natürliche Weise nach Italien zurückkehrte und damit die Frage nach der französischen Geschichte des Faktors X gegenstandslos wurde. Ob Dunant ihn in der Dunkelkammer auf der Rue Amélie wiedergefunden hatte, wurde unwichtig. Je länger ich darüber nachdachte, desto mehr festigte sich in mir die Überzeugung, Barths Schuß treffe ins Schwarze. Das

Präparat X existierte und wirkte. Ich durfte nicht daran zweifeln. Und ebensowenig daran, daß eine solche Methode der Ausschaltung politischer Schlüsselfiguren eine in ihren Folgen unberechenbare Erschütterung hervorrufen könne, vielleicht nicht nur in Italien. Die Wirkung wäre heftiger als bei einem ›klassischen‹ Staatsstreich. Gleichzeitig betrachtete ich den Fall der Elf mit einem an Ekel grenzenden Unwillen. Wo bislang ein unbegreifliches Rätsel gedämmert hatte, zeichneten sich nun die Konturen eines ebenso trivialen wie blutigen Machtkampfes ab. Der ungewöhnliche Anschein verdeckte gewöhnlichen politischen Mord.

Am nächsten Tag fuhr ich in die Rue Amélie. Ich weiß nicht, warum ich das tat. Ich sage, ich fuhr hin, und gegen elf Uhr ging ich dort den Bürgersteig entlang und blieb vor den Schaufenstern der Läden stehen, aber noch bei der Abfahrt aus Garges war ich nicht sicher gewesen, ob ich es mir nicht im letzten Augenblick anders überlegen und zum Eiffelturm fahren würde, um von Paris Abschied zu nehmen. Doch diese Chance erlosch, als ich auf die Boulevards gelangte. Es war etwas mühsam, die Rue Amélie zu finden, ich kannte das Viertel nicht und mußte länger nach einem Parkplatz suchen. Das Haus, in dem Dieudonné Proque gewohnt hatte, erkannte ich, noch bevor ich die Nummer lesen konnte. Es sah fast genauso aus, wie ich es mir vorgestellt hatte. Ein altes, zum Abbruch bestimmtes Mietshaus mit geschlossenen Fensterläden und mit dem altmodischen Giebelschmuck, durch den die Architekten des vorigen Jahrhunderts ihren Bauten Individualität verliehen. Die Optikerwerkstatt existierte nicht mehr, die heruntergelassene Jalousie war mit einem Vorhängeschloß gesichert. Auf dem Rückweg hielt ich vor dem Spielwarengeschäft an. Es war Zeit, Mitbringsel einzukaufen, denn ich beabsichtigte nicht, an der Wiederaufnahme der Untersuchung teilzunehmen. Ich hatte beschlossen, Randy die von Barth stammende Information zu übermitteln und dann in die Staaten zurückzukehren. Also trat ich ein, um für die Söhne meiner Schwester etwas zu kaufen – der Einkauf wurde zur vernünftigen Rechtfertigung meiner Eskapade. In den Regalen glänzte verkleinert unsere bunte Zivilisation. Ich suchte nach Spielzeug, an das ich mich noch aus meiner eigenen Kindheit erinnerte, aber hier gab es nur Elektronik, Startrampen, kleine Supermen in Angriffspositionen von Judo und Karate. Du bist dumm, sagte ich mir, für wen kaufst du eigentlich Spielzeug? Ich entschloß mich zu Paradehelmen der französischen Garde mit Federbüschen und zu einer Marianne-Marionette, denn das gab es nicht in Detroit. Beladen, steuerte ich auf das Auto zu und bemerkte an der Straßenecke eine kleine Konditorei mit weißen Gardinen. Im Schaufenster erhob sich braun ein aus gebrannten Mandeln aufgeschütteter Vesuv. Der Verkäufer am Weg vom Hotel zum Strand fiel mir ein. Ich war nicht sicher, ob die bitteren Mandeln den Jungen schmecken würden, trat aber ein und kaufte einige Tütchen. Seltsam, dachte ich, daß mich Neapel gerade hier verabschiedet. Zögernd ging ich zum Wagen, als hätte ich noch nicht verzichtet – worauf eigentlich? Ich weiß es selbst nicht, vielleicht auf die Sauberkeit, die ich bisher, ohne mir darüber klar zu sein, dem Rätsel zugeschrieben hatte. Ich warf die Päckchen auf den Rücksitz, stand mit der Hand auf der halb geöffneten Tür und nahm Abschied von der Rue Amélie. Konnte ich noch zweifeln an Leclercs Worten, an Barths Theorie? Irgendwelche phantastischen, undeutlichen Kombinationen erloschen in meinem Gehirn, aber hatte ich auch nur einen Augenblick lang geglaubt, mir würde etwas Unerhörtes einfallen, ich würde Einzelheiten miteinander in Verbindung bringen, die zuvor niemand in Verbindung gebracht hatte, und eine allen anderen unbekannte Wahrheit aufleuchten sehen? Hier war noch ein bißchen vom alten Paris vorhanden, doch es sollte verschwinden, weggewischt werden von solchen Molochs wie die Défense. Schon war mir auch die Lust vergangen, den Eiffelturm aufzusuchen. Um diese Zeit arbeitete Dr. Dunant zweifellos in seinen Labors aus Porzellan und Nickel. Ich sah ihn vor mir, eingepackt in eine Zellophantüte, mit blitzenden Augen über dem Glas der Destillatoren, hinter dem Plastikkokon eine Gummischlange herziehend, durch die ihm Luft zugeführt wird. Ich kannte das, wir hatten in Houston die herrlichsten Labors, sterile Kirchenschiffe der Raketendome.

Ich hatte keine Lust mehr, so herumzustehen und die Umgebung zu betrachten wie vor dem Start, wenn alles in einer Sekunde zu Boden stürzen soll. Mich packte ein solches Bedauern, daß ich mich schnell an das Steuer setzte, doch ehe ich den Motor anließ, kitzelte es mich in der Nase. Einen Augenblick lang hielt ich wütend den Atem an, dann mußte ich niesen. Über die Dächer rollte der Donner, es wurde dunkel, ein Sturzregen hing in der Luft, ich putzte mir die Nase und nieste und lachte bereits über mich selbst. Die in Italien zurückgelassene Grasblüte war mir nach Paris gefolgt, und vor einem Gewitter ist es immer am schlimmsten. Ich griff in das Handschuhfach, die Plimasin-Tablette blieb mir mit bitteren Krümeln im Hals stecken, in Ermangelung von etwas Besserem riß ich ein Tütchen Mandeln auf und kaute sie, während ich durch den Regenguß nach Garges fuhr. Ich beeilte mich nicht, ich mag solche Fahrten, auf der Autobahn dampfte der Regen schmutzig-silbrig im Scheinwerferlicht, es war ein heftiges, aber kurzes Gewitter. Als ich vor dem Haus ausstieg, regnete es nicht mehr. Es war mir nicht bestimmt, an diesem Tag abzureisen. Während ich ins Eßzimmer hinunterging, rutschte ich auf den vom spanischen Hausmädchen gebohnerten Stufen aus und fiel hinunter. Ich knickte zusammen und spürte mein Steißbein. Ich versuchte, den Zwischenfall bei Tisch zu bagatellisieren, und unterhielt mich mit der alten Dame. Sie behauptete, das sei bestimmt die Bandscheibe und dagegen gebe es nichts Besseres als Schwefelblume, das Universalmittel bei Gelenkbeschwerden, man müsse das Pulver nur unter das Hemd schütten. Ich dankte für den Schwefel. Da ich einsah, daß ich in diesem Zustand nicht nach Rom fliegen konnte, nahm ich Barths Rat an, der mir vorschlug, mich zu einem berühmten Pariser Chiropraktiker zu fahren – sie heißen in Frankreich Wirbelrenker.

Vom allgemeinen Mitgefühl begleitet, schleppte ich mich nach oben und kroch ins Bett wie ein Krüppel. Als ich eine Lage gefunden hatte, in der der Schmerz nachließ, schlief ich ein, doch ein Niesen weckte mich. Ich sog eine Wolke beißenden Staub in die Nasenlöcher, er kam unter dem Kopfkissen hervor. Ich sprang aus dem Bett und stöhnte auf, weil ich mein Kreuz vergessen hatte. Zunächst dachte ich, es handle sich um ein Insektenmittel, das mir die Spanierin aus Übereifer ins Bettzeug geschüttet hätte, aber es war das unfehlbare Mittel gegen Gliederreißen, mit dem mich der brave Pierre heimlich bedacht hatte, während ich noch am Tisch saß. Ich schüttelte den gelben Staub aus der Bettwäsche, zog mir die Decke über den Kopf und schlief ein, während die Regentropfen monoton auf das Dach klopften. Zum Frühstück ließ ich mich die Treppe hinunter, als wäre sie das vereiste Fallreep eines mit arktischen Stürmen kämpfenden Walfängers – eine verspätete Vorsicht. Der Chiropraktiker, zu dem Barth mich brachte, entpuppte sich als amerikanischer Neger. Nachdem er mich durchleuchtet und die Aufnahmen in einen Ständer über dem Behandlungstisch gestellt hatte, machte er sich über mich her, und seine Hände waren groß wie Schaufeln. Ein durchdringender, aber kurzer Schmerz, und ich konnte mich aus eigener Kraft vom Tisch erheben und mich überzeugen, daß es mir wirklich sehr viel besser ging. Eine halbe Stunde mußte ich noch bei ihm liegen, dann kaufte ich in der nächsten Filiale der Air France ein Ticket für das Abendflugzeug. Ich versuchte, mit Randy Verbindung zu bekommen; da er nicht im Hotel war, hinterließ ich eine Nachricht für ihn. In Garges fiel mir ein, daß ich nichts für Pierre mitgebracht hatte, ich versprach ihm deshalb, ihm aus den Staaten meinen Helm zu schicken, nahm von der ganzen Familie Abschied und fuhr nach Orly. Dort ging ich zu Fleurop, um Blumen an Frau Barth senden zu lassen, und setzte mich dann, mit amerikanischen Zeitungen wohl versehen, in den Warteraum. Ich saß und saß, aber man rief die Passagiere nicht zum Einsteigen auf. Unsere Sache schien mir der Vergangenheit anzugehören. Ich wußte nicht, was ich machen sollte, und versuchte ohne rechten Erfolg, diesem Nichtwissen ein bißchen Glanz zu verleihen. Inzwischen war die Startzeit vorüber, aus dem Lautsprecher aber tönten nur irgendwelche unklaren entschuldigenden Worte. Schließlich kam eine Stewardeß aus dem Büro und teilte bedauernd mit, Rom nehme keine Maschinen an. Heftiges Hin- und Herlaufen und Telefonieren begann, bis sich zeigte, daß Rom zwar die amerikanischen Maschinen sowie die von Alitalia und BEA annahm, daß aber Swissair, SAS und meine Air France ihre Abflüge einstellten. Es handelte sich anscheinend um eine selektive Streikform des Bodenpersonals, doch kam es nicht darauf an, die Ursache des Streiks festzustellen. Alles stürzte vielmehr zum Umtausch der Tickets zu den Schaltern, um mit solchen Linien zu fliegen, deren Maschinen in Rom landen konnten. Ehe ich mich zu einem Fensterchen durchgedrängt hatte, waren alle Flugkarten von den besser Orientierten aufgekauft. Als nächster erreichbarer Flug wurde mir eine Maschine der British European Airways zu einer entsetzlichen Zeit angeboten, zwanzig Minuten vor sechs Uhr früh. Was sollte ich machen? Ich ließ mein Ticket auf diese Maschine umbuchen, packte meine Koffer auf einen Karren und schob ihn zum Hotel der Air France, wo ich nach meiner Ankunft aus Rom übernachtet hatte. Hier erwartete mich die nächste Überraschung. Das Hotel war bis zum letzten Bett mit Passagieren gefüllt, die genauso festsaßen wie ich. So zeichnete sich die Notwendigkeit ab, in Paris zu übernachten und vor vier Uhr aufzubrechen, um das

Flugzeug zu erreichen. Eine Rückkehr nach Garges hätte nichts eingebracht, denn Garges liegt im Norden und Orly im Süden von Paris. Ich drängte mich durch die Menge der Enttäuschten zum Ausgang, um das Weitere zu überlegen Gewiß, ich konnte meine Abreise um einen Tag verschieben, hatte aber ganz und gar keine Lust dazu. Es gibt nichts Schlimmeres als solch ein Hinauszögern. Ich rang noch in Gedanken, als der Mann vom Kiosk mit einem Packen Zeitschriften heraustrat, um sie auf dem Ständer davor anzubringen. Der neue ›Paris Match‹ fiel mir auf. Vom schwarzen Umschlag blickte mich ein Mann an, der in der Luft hing wie ein Turner bei der Flanke. Er trug Hosenträger, vor seiner Brust hielt er ein Kind, dessen Haare im Schwung wehten, während der Kopf zurückgebogen war, als machten sie zusammen einen Zirkussalto. Ich traute meinen Augen nicht und trat näher. Das waren Annabella und ich. Ich kaufte die Nummer, sie öffnete sich von selbst bei dem Exklusivbericht aus Rom. Quer über die Aufnahme der zerschmetterten Rolltreppe voller Menschenleiber lief über die ganze Seite die große Inschrift: WIR STERBEN LIEBER VON VORN. Ich überflog den Text. Sie hatten Annabella gefunden. Ich sah auf der nächsten Seite ein Bild von ihr und ihren Eltern, aber mein Name fehlte. Die Aufnahmen stammten von dem Magnetovid, das jede durch das Labyrinth fahrende Passagiergruppe registriert. Daran hatte ich nicht gedacht, außerdem hatte man mir Diskretion zugesichert. Noch einmal sah ich den Text durch. Dort war eine Zeichnung, die die Rolltreppe darstellte, die Explosionsstelle und den Detonationstrichter, Pfeile zeigten, von wo aus und wohin ich gesprungen war. Dann gab es eine Vergrößerung des Titelbildes mit einem karierten Ärmel zwischen meinen Hosenbeinen und dem Geländer. Die Unterschrift besagte, es sei der abgerissene Arm des Attentäters. Ich hätte gern mit dem Journalisten gesprochen, der das geschrieben hatte. Was hat ihn gehindert, meinen Namen zu nennen? Man hatte mich identifiziert, da ich in der Reportage als amerikanischer Astronaut auftrat, man hatte Annabellas Namen genannt, der ›bezaubernde Teenager‹ warte auf einen Brief seines Retters. Es war zwar nicht direkt gesagt, doch konnte man zwischen den Zeilen eine Anspielung auf die aus der Tragödie entstandenen romantischen Gefühle lesen.

Kalte Wut packte mich. Ich kehrte auf der Stelle um, drängte mich brutal durch die Menge im Foyer, brach in das Direktionszimmer ein und überschrie die dort gleichzeitig redenden Menschen. Ich verwertete mein Heldentum und warf dem Direktor den ›Paris Match‹ auf den Tisch. Noch heute wird mir ganz heiß vor Scham, wenn ich an diese Szene denke. Ich erreichte mein Ziel. An dermaßen heldenhafte Astronauten nicht gewöhnt, gab der Direktor auf und stellte mir das einzige Zimmer zur Verfügung, das er noch hatte. Er schwor, das sei wirklich das letzte, denn die Anwesenden bedrängten ihn wie eine Meute Hunde, die man von der Leine gelassen hat. Ich wollte meine Koffer holen, aber man teilte mir mit, das Zimmer würde erst um elf Uhr frei, und jetzt war es acht. Ich ließ mein Gepäck in der Rezeption und war Herr über drei Stunden in Orly. Doch bald bedauerte ich meinen Schritt. Und da es Konsequenzen haben konnte, wenn sich unter den anderen Passagieren ein Journalist befand, be-

schloß ich, mich bis elf vom Hotel fernzuhalten. Ins Kino
wollte ich nicht gehen, Abendbrot essen auch nicht, folglich
machte ich eine Dummheit, wie ich sie schon einmal in Que-
bec vorgehabt hatte, als der Start wegen eines Blizzards ver-
schoben wurde. Ich begab mich an das andere Ende des Ter-
minals zum Friseur und forderte alles, was er zu bieten hatte.
Der Friseur war Gascogner, ich verstand wenig von dem, was
er zu mir sagte, aber entsprechend meinem Beschluß beant-
wortete ich jeden seiner Vorschläge mit ›ja‹, denn sonst hätte
er mich aus dem Sessel herauskomplimentiert. Haarschneiden und -waschen gingen noch einigermaßen normal von-
statten, aber danach kam er in Schwung. Er suchte in dem
Transistor zwischen den Spiegeln einen Rock and Roll, schaltete auf volle Lautstärke, krempelte sich die Ärmel hoch, klopfte mit dem Fuß den Takt, als wollte er steppen, und machte
sich an mir zu schaffen. Er schlug mich ins Gesicht, zupfte
an meinen Backen, kniff mir ins Kinn, klatschte mir damp-
fende Kompressen auf die Augen, machte ab und zu in diesen scheußlich heißen Knebeln ein Loch, damit ich nicht vorzeitig erstickte, fragte etwas, das ich nicht verstand, weil er
mir nach dem Haarschneiden die Watte nicht wieder aus
den Ohren genommen hatte. Ich antwortete »ça va, bien«,
da stürzte er zu seinen Schränkchen nach neuen Flakons
und Cremes. Eine geschlagene Stunde saß ich bei ihm. Gegen Schluß kämmte er mir die Brauen, schnitt sie gerade, trat
mit gerunzelter Stirn einen Schritt zurück, holte aus einem
besonderen Fach einen goldenen Flakon, hielt ihn mir hin
wie eine Flasche edlen Wein, schmierte sich ein grünes Gelée
in die Hände und rieb es mir in den Skalp. Die ganze Zeit

über redete er mit betäubender Geschwindigkeit und versicherte mir, von nun an könne ich beruhigt sein, ich würde bestimmt keine Glatze bekommen. Nachdem er mir mit energischen Bewegungen das Haar ausgebürstet hatte, riß er alle Handtücher und Kompressen an sich, nahm mir die Watte aus den Ohren, pustete auf zugleich zarte und intime Weise in jedes hinein, umgab mich mit einer Puderwolke, knallte mir mit der Serviette vor der Nase herum und verbeugte sich würdevoll. Er war mit sich selbst zufrieden. Die Haut schrumpfte mir auf dem Kopf, die Backen brannten, ich erhob mich betäubt, gab ihm zehn Francs Trinkgeld und ging. Es blieben noch anderthalb Stunden, bis ich mein Zimmer beziehen konnte.

Ich begab mich zur Besucherterrasse, um der Nachtarbeit auf dem Flugplatz zuzusehen, aber ich verfehlte den Weg. Im Terminal wurden irgendwelche Bauarbeiten verrichtet, ein Teil der Rolltreppen war mit Kordel abgesperrt, in den Schächten darunter trieben sich Monteure herum, ich verirrte mich und geriet in eine Menge, die zur Abfertigung eilte. Exotische Militärs, Nonnen in gestärkten Hauben, hochbeinige Neger, wahrscheinlich eine Basketballmannschaft. Am Ende dieses Zuges schob eine Stewardeß einen Rollstuhl, darin saß ein Greis mit dunkler Brille und einem zottigen Bündel, das von seinen Knien heruntersprang und auf mich zukroch. Es war ein Äffchen in grünem Jäckchen und mit einem Mützchen auf dem Kopf. Es blickte mich von unten mit flinken schwarzen Äuglein an, und ich schaute hinab, bis es in Sprüngen dem fortfahrenden Wagen nacheilte. Die Rock-and-Roll-Melodie aus dem Frisiersalon war so penetrant in mich eingedrungen, daß ich sie sogar im Geräusch der menschlichen Schritte und Stimmen vernahm. An der Wand unter den Neonröhren stand ein elektronischer Spielautomat, ich warf eine Münze ein und ließ für eine Weile den Lichtfleck wie einen Ball über die Mattscheibe springen, doch er blendete mir in die Augen, deshalb ging ich weg, ohne das Spiel zu beenden. Wieder eilten Passagiere zur Abfertigung, ich sah zwischen ihnen einen Pfau, er stand ruhig da und ließ seinen Schwanz herabhängen, obwohl die Leute ihn beinahe anstießen. Er legte den Kopf zur Seite und schien zu überlegen, wen er zuerst in den Fuß hacken sollte. Vorher der Affe, jetzt der Pfau. Ob ihn jemand verloren hatte? Ich konnte mich nicht durch das Gedränge arbeiten, umging also die Stelle, fand aber den Pfau nicht wieder. Die Terrasse fiel mir wieder ein, ich suchte den Weg, doch der Korridor, den ich wählte, führte hinunter in das Labyrinth der Goldschmiede und Kürschner, der kleinen Kontore und Läden, und als ich gedankenlos vor den Schaufenstern stehenblieb, hatte ich den Eindruck einer großen Tiefe unter den Platten, auf denen ich stand, so als stünde ich auf einem zugefrorenen See, als hätte das Terminal unter sich sein dumpfes, dunkles Negativ. Genauer gesagt, ich sah nichts und spürte nichts, obwohl ich um diese Tiefe wußte. Ich fuhr nach oben, doch in einen anderen Flügel, in eine Halle voller Fahrzeuge. In engen Reihen warteten hier auf ihre Verladung Golfkarren, Buggies, Strandautos, ich kroch durch die Zwischenräume in der Masse aufgetürmter Karosserien und spielte mit dem Schimmer, der wie fluoreszierend von dem gleißenden Blech herabfloß. Ich schrieb diesen Effekt der Beleuchtung und dem neuen Lack zu. Vor einem goldenen Buggy blieb ich stehen, das Gold war wie mit einer Glasschicht überzogen, ich gewahrte darin mein Spiegelbild. Dort zitterte ich, gelb wie ein Chinese, mein Gesicht zog sich in die Länge und dann wieder in die Breite, aber bei einer bestimmten Kopfhaltung verwandelten sich meine Augen in braune Gruben, aus denen metallene Skarabäen gekrochen kamen, und als ich mich vorneigte, dunkelte hinter meinem Spiegelbild ein anderes, größeres. Ich blickte mich um, da war niemand, aber im spiegelnden Gold entdeckte ich wieder die Gestalt, eine interessante optische Täuschung. Die Halle endete mit einem auf Rollen gleitenden Schiebetor, es war geschlossen, ich kehrte dorthin zurück, woher ich gekommen war, ringsum verhöhnt vom Schwarm der Abbilder jeder meiner Bewegungen, wie in einer Galerie von Zerrspiegeln. Die Vervielfachung war irgendwie beunruhigend. Ich verstand warum: Die Spiegelbilder wiederholten mich mit geringfügiger Verspätung, obwohl das nicht sein konnte. Um das in meinem Kopf herumirrende Rock-and-Roll-Motiv loszuwerden, pfiff ich John Browns Body. Ich verfehlte wieder die Terrasse, statt dessen gelangte ich durch einen Seitenausgang ins Freie. Trotz der nicht besonders weit entfernten Lampen herrschte hier wahrhaft afrikanisches Dunkel von einer Konsistenz, daß man es in der Hand hätte pressen können. Der Gedanke schoß mir durch den Kopf, ob das nicht die Anfänge von Hühnerblindheit seien, ob mit meinem Sehpurpur etwas nicht stimmte, aber schon sah ich besser. Ich mußte einfach geblendet gewesen sein vom Marsch durch die vergoldete Galerie, meine alt werdenden Augen paßten sich nicht mehr wie früher den Beleuchtungsschwankungen an. Hinter dem Parkplatz erhob sich im Lichtschein ein großer Bau. Zwischen Flutlichtmasten krochen dort Bulldozer und schoben gelben Sand vor sich her, so gelb, daß er vor den Augen flimmerte. Über dieser nächtlichen Sahara hing wie eine Milchstraße eine flache Wolke von Quecksilberfeuern, und den schwarzen Raum dahinter durchzuckten von Zeit zu Zeit verlangsamte Blitze – die Scheinwerfer der Wagen, die von der Autobahn in Richtung Terminal herabfuhren. Dieser normale Anblick erschien mir geheimnisvoll verzaubernd. Dort wohl war es, wo die Wanderung durch das Terminal den Charakter des hoffenden Wartens annahm. Nicht auf das Zimmer, obwohl ich mich daran erinnerte, sondern auf etwas Wichtigeres, es war mir klargeworden, daß ein wesentlicher Augenblick nahte. Es war eigentlich eine Gewißheit, es erging mir nur wie einem Menschen, dem ein Name nicht einfällt, obgleich er ihn auf der Zunge hat, genauso fiel mir nicht ein, worauf ich wartete. Ich mischte mich unter die Menge am Haupteingang, er zog mich hinein. Wieder in der Halle, meinte ich, es sei Zeit, im Stehen etwas zu essen, doch die Würstchen waren fade wie Papier. Ich warf den Rest mit dem Teller in den Abfallkorb und ging in das Café unter dem aufgeplusterten Pfau. Er saß über dem Eingang, unnatürlich groß, konnte also nicht ausgestopft sein. Ich war schon einmal unter diesem Pfau gewesen, vor einer Woche mit Annabella, bevor uns ihr Vater gefunden hatte.

Drinnen saßen ein paar Menschen. Ich setzte mich mit meinem Kaffee in eine Ecke, den Rücken zur Wand, denn an der Bar hatte ich einen Blick von hinten gespürt, einen hartnäckigen Blick, der sich nun verbarg, jetzt sah niemand zu mir her. Das hatte etwas Ostentatives an sich. Wie aus einer wichtigeren, anderen Welt drang das ferne Brausen der Motoren hierher, während ich mit dem Löffel den harten Zucker am Boden meiner Tasse zerstückelte. Nebenan auf dem Tischchen lag eine Illustrierte mit einem roten Streifen über dem schwarzen Umschlag, ich nahm an, der ›Paris Match‹, aber die Frau, die dort neben ihrem schmutzigen Liebhaber saß, verdeckte den Namen der Zeitschrift mit ihrer Handtasche. Absichtlich? Wer hatte mich erkannt, ein Autogrammjäger oder ein zufällig anwesender Reporter? Wie aus Versehen warf ich den kupfernen Aschenbecher hinunter. Trotz des Lärms blickte niemand sich um. Das bestätigte meinen Verdacht. Um nicht angesprochen zu werden, trank ich den Kaffee in einem Zuge aus und verließ die Bar. Ich fühlte mich ziemlich schlecht. Meine Beine bewegten sich wie leere Röhren, und mein Steißbein erinnerte durch Stiche an seine kürzlich gemachten Erfahrungen. Ich hatte das Herumtreiben satt. An den glitzernden und gleißenden Schaufenstern entlang ging ich auf die Rolltreppe mit den großen hellblauen Buchstaben AIR FRANCE zu. Das war der kürzeste Weg zum Hotel. Ich hielt mich am Geländer fest, weil die Stahlkämme der Stufen glatt getreten waren und ich nichts riskieren wollte. Auf halbem Weg zum Oberstock bemerkte ich vor mir eine Frau mit einem Hund auf dem Arm. Ich zuckte zusammen, ihr offenes Haar war genauso blond wie neulich. Langsam drehte ich den Kopf über die Schulter, ich wußte schon, wer hinter mir stand. Das Gesicht wegen der Leuchtröhren bläulich, flach, mit schwarzen Gläsern. Fast brutal drängte ich mich neben der Blonden die Treppe hinauf, doch konnte ich nicht einfach so entfliehen. Ich blieb am Geländer stehen und musterte die Fahrgäste, als die Rolltreppe sie der Reihe nach auf dem Podest absetzte. Die Blonde ließ ihren Blick über mich gleiten und ging vorbei. Auf dem Arm hatte sie einen zusammengelegten Schal mit Fransen. Diese Fransen hatte ich für einen Hundeschwanz gehalten. Der Mann war beleibt und blaß. Nichts Mongolisches. Esprit de scalier – dachte ich, aber mit einwöchiger Verspätung? Es steht schlecht um mich, höchste Zeit, schlafen zu gehen. Unterwegs kaufte ich mir einen Schweppes, ich steckte die Flasche in die Tasche und sah erleichtert auf die Uhr in der Rezeption. Mein Zimmer wartete schon. Der Garçon trug das Gepäck vor mir her, stellte im Vorraum den kleineren Koffer auf den größeren, nahm seine fünf Francs entgegen und ging. Im Hotel herrschte eine vertrauenerweckende Stille, in der das Rauschen der landenden Maschinen wie ein Irrtum erklang. Gut, daß ich an den Schweppes gedacht hatte, ich wollte trinken, besaß aber keinen Flaschenöffner, darum schaute ich auf den Korridor hinaus, irgendwo konnte ein Kühlschrank stehen und darin ein Öffner liegen. Die warme Farbigkeit des Läufers und der Korridorwände überraschten mich. Anerkennend dachte ich an den französischen Innenarchitekten. Ich fand einen Kühlschrank, öffnete den Schweppes und war bereits auf dem Rückweg in mein Zimmer, als Annabella um eine Korridorecke bog. Sie wirkte in ihrem dunklen Kleid größer, als ich sie in Erinnerung hatte, doch kam sie mir mit derselben weißen Schleife im Haar und demselben aufmerksamen Ausdruck der dunklen Au-

444

gen entgegen, während ihre Handtasche am Arm leicht schaukelte. Auch die Handtasche kannte ich, aber als ich sie zum letzten Mal gesehen hatte, war sie aufgetrennt. Annabella verhielt an meiner halboffenen Zimmertür, ich hatte sie beim Fortgehen nicht geschlossen.

Annabella, was tust du hier, wollte ich überrascht und erfreut sagen, aber nur ein undeutliches »A« kam aus meinem Mund, denn sie betrat mit einer so auffordernden Kopfbewegung und einem so eindeutigen Blick das Zimmer, daß ich wie angewurzelt stehenblieb. Die Innentür ließ sie offen. Konsterniert dachte ich, sie wolle mir vielleicht irgendein Geheimnis, eine Sorge anvertrauen, doch ehe ich die Schwelle überschritt, hörte ich zwei deutliche Laute – die Schuhe fielen zu Boden – dann das Quietschen des Bettes. Mit diesem Laut in den Ohren, voll von gerechter Empörung trat ich ein und erstarrte – das Zimmer war leer.

»Annabella!« rief ich. Das Bettzeug war unberührt. »Annabella!« Schweigen. Im Bad? Ich öffnete die Tür, es war dunkel, ich wartete auf der Schwelle, bis mit flackernder Verspätung die Leuchtröhren angingen. Die Wanne, das Bidet, die Handtücher, das Waschbecken, der Spiegel und darin mein Gesicht. Ich kehrte in das Zimmer zurück und wagte nicht mehr, etwas zu sagen. Obwohl sie keine Zeit gehabt haben konnte, sich im Schrank zu verstecken, öffnete ich ihn. Er war leer. Mit weichen Knien sank ich in den Sessel. Noch jetzt könnte ich mit größter Genauigkeit beschreiben, wie sie gegangen war, was sie angehabt hatte, ich machte mir klar, daß sie mir größer erschienen war, weil sie Halbschuhe mit hohen Absätzen getragen hatte, in Rom aber flache Sandalen. Ich erinnerte mich an ihren Augenausdruck, als sie die Schwelle überschritten hatte, wie sie mich angesehen hatte und wie ihr das Haar infolge der Kopfbewegung über die Schulter geglitten war. Ich hörte noch ihre impertinent abgestreiften Schuhe klappern und die Sprungfedern des Bettes quietschen – diese Geräusche wie heftige Stiche, und das alles war reine Einbildung? Eine Halluzination?

Nacheinander berührte ich meine eigenen Knie, meine Brust, mein Gesicht, als müßte ich in dieser Reihenfolge die Nachforschungen betreiben, ich fuhr mit beiden Händen über den rauhen Sesselbezug, ich ging durch das Zimmer, schlug mit der Faust gegen die halboffene Schranktür, alles war solide, unbeweglich, tot, deutlich und dennoch ungewiß. Ich blieb vor dem Fernsehgerät stehen und erblickte in der gewölbten Mattscheibe die verkleinerte Widerspiegelung des Bettes und zweier Mädchenschuhe, die nachlässig auf den Teppich geworfen waren. Voller Grauen drehte ich mich um.

Dort war nichts. Neben dem Fernsehgerät stand ein weißes Telefon. Ich hob den Hörer ab, hörte das Signal, drehte aber keine einzige Ziffer. Was hätte ich Barth auch eigentlich sagen sollen? Daß mir im Hotel ein Mädchen erschienen sei und ich mich deshalb vor dem Alleinsein fürchtete? Ich legte den Hörer auf, nahm mein Necessaire aus dem Koffer und ging ins Bad, um plötzlich über dem Waschbecken zu erstarren. Alles, was ich tat, fand sogleich seine bekannte Entsprechung. Ich schüttete mir kaltes Wasser ins Gesicht wie Proque. Ich rieb mir die Schläfen mit Kölnisch Wasser ein wie Osborn. Ich kehrte ins Zimmer zurück und wußte nicht, was ich tun sollte. Nichts geschah mit mir. Das einzig Vernünftige war, sich so schnell wie möglich ins Bett zu legen und einzuschlafen. Gleichzeitig hatte ich Angst, mich auszuziehen, als wäre der Anzug die einzige Schutzschicht – das mindestens war klar. Ich bewegte mich lautlos, um das Böse nicht zu wecken, zog die Hose aus, die Schuhe, das Hemd und preßte, nachdem ich das große Licht gelöscht hatte, den Kopf in das Kissen. Die Unruhe kam jetzt aus der Umgebung, aus der verschwommenen Vermutbarkeit der Gegenstände im Dämmerlicht der Nachttischlampe. Ich schaltete sie aus. Erstarrung überfiel mich. Ich befahl mir langsame, gleichmäßige Atemzüge. Jemand klopfte an die Tür. Ich zuckte nicht einmal. Er klopfte von neuem, öffnete dann die Tür und trat in den Vorraum. Die dunkle Silhouette hob sich vom Hintergrund des hellen Korridors ab und näherte sich dem Bett.

»Monsieur ...«

Ich gab keinen Laut von mir. Er stand neben mir, legte etwas auf den Tisch und ging hinaus. Das Schloß klickte, ich blieb allein. Ich schleppte mich aus dem Bett, eher zerschlagen als betäubt, und machte die Wandlampe an.

Auf dem Tisch lag ein Telegramm. Klopfenden Herzens, auf unsicheren Beinen nahm ich es in die Hand. Es war an mich adressiert, ins Hotel ›Air France‹. Ich warf einen Blick auf die Unterschrift und schauderte. Ich preßte die Lider zu, öffnete sie und las zum zweiten Mal den Namen des Menschen, der lange genug unter der Erde lag, um verfault zu sein.

WARTE ROM HILTON ZIMMER 303

ADAMS

Ich las den Text mindestens zehnmal, hob ihn an die Augen,

drehte das Telegramm hin und her. Es war um 22.40 Uhr in Rom aufgegeben, also vor gut einer Stunde. Vielleicht ein ganz gewöhnlicher Fehler? Randy konnte ins ›Hilton‹ umgezogen sein, er war in dem kleinen Hotel an der Spanischen Treppe abgestiegen, weil er nichts anderes gefunden hatte, jetzt gab er mir Kenntnis davon, daß er umgezogen sei. Oder er hatte meine Nachricht erhalten, ich war nicht eingetroffen, er hatte von der Einstellung der Flüge gehört und ein Telegramm abgesandt. Warum aber hatte man den Namen ausgerechnet so verdreht? Ich setzte mich an die Wand und überlegte, ob ich das nicht nur träumte. Der Fenstervorhang, das Fernsehgerät, die umgeschlagene Ecke des Teppichs, der Umriß der Schatten wurden zur Ankündigung von etwas Unbegreiflichem. Zugleich wurde die ganze Umgebung von mir abhängig. Sie existierte ausschließlich infolge meines Willens. Ich beschloß, den Schrank daraus zu eliminieren. Der Glanz der Politur wurde matt, die Kontur der Tür dunkel, die Wand platzte, in der unregelmäßigen schwarzen Bresche verkroch sich etwas Glitschiges. Ich versuchte, den Schrank wiederherzustellen, vergeblich. Das Innere des Zimmers verschwamm von den halbdunklen Ecken her, ich konnte nur retten, was im Licht verblieb. Ich griff nach dem Telefon. Der zu spöttischer Form verbogene Hörer rutschte mir aus der Hand, das Telefon war ein grauer Stein mit rauher Oberfläche und einem Loch anstelle der Scheibe. Meine Finger durchstießen die Oberfläche und berührten etwas Kaltes. Auf dem Tisch lag ein Kugelschreiber. Unter Anspannung aller Kräfte, damit er wirklich existent blieb, schrieb ich quer über das Telegrammformular mit großen Krakeln:

23.20 NAUSEA

23.50 ILLUSIONEN UND DELUSIONEN

Aber während ich das schrieb, gab ich der Umgebung die Zügel frei und konnte sie nicht mehr beherrschen. Ich wartete auf den Zerfall des Zimmers, statt dessen kam das Unerwartete. Ich bemerkte, daß etwas in der Nähe vorging. Die Nähe war, wie ich begriff, mein Körper. Er wurde größer. Hände und Füße entfernten sich von mir. Vor Angst, ich könnte mit dem Kopf an die Decke stoßen, warf ich mich auf das Bett. Ich lag auf dem Rücken, ich atmete mühsam, die Brust hob sich wie die Kuppel der Peterskirche, in jede Hand konnte ich ein paar Möbelstücke nehmen, ach was, das ganze Zimmer hätte darin Platz gehabt. Ein Alptraum! sagte ich mir. Ich darf ihn nicht beachten! Ich war schon so groß geworden, daß die Ränder des Körpers in der Dämmerung verschwanden. Sie irrten irgendwo herum, meilenweit entfernt. Ich verlor das Gefühl in ihnen. Nur das Innere blieb. Es war riesenhaft. Ein labyrinthischer Bereich, ein Abgrund zwischen meinem Denken und der Welt. Im übrigen gab es keine Welt mehr. Ich beugte mich atemlos über meinen Abgrund. Wo meine Lunge gewesen war, meine Eingeweide, meine Adern, ruhten jetzt nur die Gedanken. Sie waren riesig. Ich sah in ihnen mein Leben. Es war verästelt, zerdrückt, es glühte, verkohlte und wurde zu Asche. Es zerfiel in feurigen Staub, in eine schwarze Sahara. Sie war mein Leben. Das Zimmer, in dem ich lag wie ein Fisch auf dem Grund, schrumpfte auch zu einem Körnchen. Es war ebenfalls in mir. Und da das unablässige Wachstum außerhalb der Körpergrenzen andauerte, spürte ich Angst. Die schreckliche Macht meines gesprengten Raums, der alles in gierigem Anlauf verschlang, zerstörte mich. In die Tiefe gesogen, stöhnte ich vor Verzweiflung und begann, mich auf die Ellbogen zu heben. Sie stützten sich auf die Matratze irgendwo in der Mitte der Erde. Ich fürchtete, mit einer Handbewegung die Mauer einzustoßen. Zwar sagte ich mir, das sei unmöglich, zugleich aber spürte ich mit jeder Faser, jedem Nerv, daß es so war. In einem unvernünftigen Fluchtversuch wälzte ich mich vom Bett, ich fiel auf die Knie und gelangte an der Wand zum Schalter. Das Licht überflutete das Zimmer mit einer Bleichheit, die wie ein Messer schnitt. Ich sah den Tisch, von dem eine regenbogenfarbene Masse tropfte, das Telefon, das ausgelaugt war wie ein Knochen, fern im Spiegel mein schweißglänzendes Gesicht, ich erkannte es, aber nichts hatte sich geändert. Ich versuchte zu begreifen, was mit mir vorging, welche Macht mich sprengte und einen Ausweg suchte. War ich sie? Ja und nein. Die aufgedunsene Hand bleibt meine Hand. Aber wenn sie zu einem Berg Fleisch anwüchse und mich mit ihrem kochenden Massiv zuschüttete, könnte ich dann immer noch meinen, das sei meine Hand und nicht die Macht, die sie gesprengt hat? Sooft ich den Metamorphosen Widerstand zu leisten versuchte, kam ich zu spät, denn alles war schon verändert. Mein Blick hob jetzt die Zimmerdecke, schob sie fort, jede Stelle bog sich unter meinem Blick, sank ein, fiel zusammen, mit meinen Augen verbrannte und zerschmolz ich ein Gebäude aus Wachs. Hirngespinste! versuchte ich mir zu sagen. Die Worte erreichten mich wie ein Echo aus dem Brunnen. Ich stieß mich von der Wand ab, ich stand auf breit gegrätschten Beinen, die in die weiche Masse des

Parketts einsanken, ich drehte den Kopf wie die Kuppel eines Riesenturms und bemerkte die Uhr auf dem Nachttisch. Das Zifferblatt war der Boden eines leuchtenden Trichters. Der Sekundenzeiger schob sich in unheimlich verlangsamter Bewegung darüber hin. Hinter dem Zeiger blieb eine Spur zurück, weißer als die Emaille des Zifferblatts, das sich zu einer von oben gesehenen Ebene mit Militärkolonnen ausweitete. Der kalkige Grund zwischen den Marschierenden wurde von Explosionen zerrissen, ihr Rauch verdrehte sich zu einem Gesicht, zu den weichen Masken einer lautlosen Agonie. Der Ameisenhaufen der Infanteristen erstarrte, das Blut, das von ihnen herabtropfte, bildete runde Flecken roten Sumpfs, sie gingen weiter bei gleichmäßigem Trommelschlag, bedeckt mit Staub und Blut. Die Schlacht schrumpfte, als ich die Uhr weglegte, aber sie hörte nicht auf. Das Zimmer schwankte. Es vollzog langsam eine Drehung und warf mich zur Decke. Irgend etwas hielt mich im Fallen an. Ich glitt auf Knie und Hände. Ich lag neben dem Bett, und das Zimmer eilte immer langsamer, alles verband sich wieder, bis es stehenblieb. Mit dem Kopf wie ein Hund auf dem Fußboden warf ich einen Blick auf die Uhr, die an der Nachttischlampe lehnte. Es war ein Viertel vor Eins.

Dort geschah nichts mehr, der Sekundenzeiger ging langsam wie eine Ameise. Ich setzte mich auf den Fußboden, ein wenig ernüchtert von seiner Kühle. Das Zimmer erschien mir im weißen Licht wie angefüllt mit massivem Kristall, voll eines schwingenden Klangs, mit leuchtend versenkten Gegenständen. Jedes Möbelstück, jede Falte des Fenstervorhangs, die Schatten des Tisches dauerten in diesem überhellen Milieu mit unsagbarer Vollkommenheit fort. Ich achtete nicht im mindesten auf diese Schönheit, ich war gespannt wie ein Feuerwehrmann, der eine Rauchsäule im Theater erwartet und die Schönheit der Szene nicht sieht. Schwach und leicht stand ich auf. Ich überwand die Fremdheit der Finger und fügte auf dem Formular hinzu:

00.50 ERLEICHTERUNG

MORGENS PLIMASIN

ORLY – FRISEUR

So viel wußte ich. Über den Tisch gebeugt, die schiefen Buchstaben betrachtend, spürte ich die nächste Verwandlung. Die Reflexe auf der Tischplatte fächelten mit Libellenflügeln, sie erhoben sich, der Tisch flatterte mir ins Gesicht mit graugerippten Fledermausflügeln, ihre Panik dämpfte das Milchglas der Nachttischlampe, der Tischrand erschlaffte, von den Händen erfaßt – ich konnte dem Andrang der Umgestaltungen weder entgehen noch ihn einholen, in der folgenden Stunde wurde die Schnelligkeit der Wesensverwandlungen schwindelerregend, widerlich, majestätisch, spöttisch wehten sie durch mich hindurch wie der Wind, auch bei geschlossenen Lidern – die Augen wurden überflüssig. Ich erinnere mich an die unbestimmte, unablässige Anstrengung, mit der ich dieses fremde Element aus mir hinauswarf, als wollte ich es erbrechen – es war vergeblich, doch ich wehrte mich, in mir war immer weniger vom Zuschauer, vom Beobachter, ich wurde zum Teil der ameisenhaft wimmelnden Gesichte, zu ihrem bebenden Makel. Nach ein Uhr tauchte ich noch einmal auf. Der Prozeß ging in Wellen vor sich wie die Peristaltik, aber jede Phase, die wie Endgültigkeit wirkte, nahm in der folgenden an Stärke zu. Die Trugbilder verließen mich zwischen zwei und drei Uhr, und das war das Schlimmste, denn die Umgebung gewann wieder ihr normales Aussehen zurück, aber in einer anderen Wachseinsstufe. Wie soll man das ausdrücken? Die Möbelstücke und Wände versteinerten, verharschten, verfestigten sich in entsetzlichem Übergang: Die Zeit hielt an, und deshalb blieb nur die Umgebung, die von allen Seiten als Lawine auf mich eindrang, wie ein langgezogener Magnesiumblitz stehen. Das ganze Zimmer entsprach der Atemlosigkeit zwischen zwei Schreien, das, worauf es hinzielte, erschien in unverschämter Bosheit auf den Übergängen des Tapetenmusters, auf dem Bild der Loireschlösser über dem Bett, auf den grünen Rasenflächen der Schlösser. Dieses Grün war mein Urteil, ich blickte von den Knien auf und verstand, daß ich verlieren mußte. Da warf ich mich auf das Zimmer, ja, auf das Zimmer, ich riß die Schnüre von Gardinen und Vorhängen ab, ich trennte ihren Stoff von den Schienen, ich zog die Wäsche vom Bett und warf das ganze mörderische Bündel in die Wanne, ich schloß das Bad zu und brach den Schlüssel ab, als ich ihn in die Öffnung des Riegels an der Außentür trieb, doch während ich mich außer Atem an den Türrahmen lehnte und das Schlachtfeld musterte, begriff ich, es half alles nichts. Fenster und Mauern konnte ich nicht beseitigen. Ich warf den Inhalt der Koffer auf den Fußboden und wühlte mich bis zu den flachen Ringen mit dem kurzen Verbindungsstück durch – Randy hatte sie mir mit einem Lächeln in Neapel gegeben, damit ich den Mörder fesseln könne, wenn ich ihn hätte. Ich hatte ihn. Zwischen den Hemden lagen dunkle Klümpchen verstreut, die Mandeln aus der aufgerissenen Tüte – ich konnte über sie nichts mehr aufschreiben, ich fürchtete, zu spät zu kommen, so warf ich nur eine Handvoll auf das Telegrammformular, schleppte den Sessel zum Heizkörper, setzte mich darin zurecht, lehnte den Rücken in das Polster, drückte die Füße auf den Boden, fesselte mich an das Heizungsrohr und wartete, bis zum Letzten gespannt, auf DAS wie auf den Start. Ich startete weder nach oben noch nach unten, sondern in die Tiefe – in heißem, rostrotem Nebel, inmitten tanzender Wände, in Fesseln geschlagen, zerrte ich wie ein Hund an der Kette und konnte nichts erreichen außer einem Bein des Bettes. Es gelang mir, es heranzuziehen, und als wollte ich Feuer ersticken, preßte ich das Gesicht in die Matratze, ich biß mich durch zur Schaumgummimasse, aber sie war porös und erstickte mich nicht, darum packte ich mich mit der freien Hand an der Kehle und drückte sie zusammen, ich stöhnte vor Verzweiflung, daß ich immer noch nicht mit mir Schluß machen konnte. […]

LOKALTERMIN

[...] Inzwischen bekam ich die Einladung zu einem Treffen mit Studenten und Lehrkräften des Instituts für Gripsonik. Der Saal war bis auf den letzten Platz gefüllt, und aus den Fragen, mit denen man auf mich losging, gähnte komplette Unkenntnis über irdische Dinge. Ein weißgefiederter bebrillter Student zog mich in eine Diskussion über die Engel. Er kannte sie von Abbildungen und behauptete, mit solchen Flügeln könne man nicht fliegen. Außerdem könne nur ein befiederter Schwanz die entsprechende Flugstabilität gewährleisten, allenfalls noch Federflossen an den Knöcheln, ich erklärte ihm, dies seien Gestalten des Glaubens, Produkte des Geistes und durchaus keine Testobjekte der Aerodynamik. Das überzeugte ihn nicht. Offenbar werde von den Menschen insgeheim die Vogelwelt vergöttert, sonst trügen die Flügel der Engel keine Federn, sondern möglicherweise Flughäute. Ich solle eindeutig unser Verhältnis zum Federkleid definieren.

Diese Schwingen seien nur ein Symbol, erläuterte ich, die hätten mit Vögeln nichts zu tun, es geht überhaupt weder um Schwungfedern noch um Daunen, sondern um den Himmel, in den der gläubige Mensch nach seinem Tode kommt.

Als nach dem Geschlecht und der Vermehrung der Engel gefragt wurde, gab ich zu verstehen, daß sie keine Kinder bekommen können, verlor aber, da ich in der Engelskunde schwach bin, den Boden unter den Füßen. Einer hatte etwas von Schutzengeln gehört und erkundigte sich, ob es sich dabei um das irdische Pendant der Ethosphäre handle. Kaum war ich, nachdem das Thema erschöpft war, ein wenig zu Atem gekommen, als nach unseren Zeugungswettkämpfen gefragt wurde. Ich erriet, was er meinte, denn am Vortage war ich im städtischen Stadion Zeuge der alljährlichen Hochzeitsläufe gewesen. Diese leistungssportliche Betätigung ersetzt den Losannitern die Erotik. Die Jugend beiderlei Geschlechts tritt in festlicher Kleidung an den Start, die Zuschauer auf den Rängen feuern Läufer und Läuferinnen an und beklatschen frenetisch jeden geglückten Akt der Begattung. Ich erklärte also, daß wir uns nicht im Laufen vermehren und dies daher bei uns kein Sport sein könne. Es sei kein Sport? Was also dann?

Ich begann etwas von Liebe zu stammeln, glitt aber leider ab zur Sinnesleidenschaft und geriet ins Kreuzverhör. Sinnesleidenschaft? Was das nun wieder sei? Ja ja, man wisse sehr wohl, wir seien von anderem anatomischen Bau, wir rennen also nicht, schön, dann gehe es eben anders, aber wozu all diese Verschwiegenheit, die ganze Andeuterei und Aufklärerei? Warum in unseren Illustrierten so viel Werbung für Brustdrüsen gemacht werde? Habe das mit der Politik zu tun? Mit Machtkämpfen? Nein? Womit also dann? Familienleben? Was folge daraus?

Ich war schweißnaß, denn sie bedrängten mich immer stärker und wollten unbedingt wisssen, was wir an der Begattung denn schamhaft fänden. Was für eine Scham das sei? Wer sich schäme, das Männchen oder das Weibchen? Und wessen schäme man sich? Ob uns die Religion verbiete, uns zu vermehren? Sie verbiete es nicht? Das Unglück wollte es, daß sich unter den Zuhörern einige Studenten der vergleichenden Religiologie befanden, und sie setzten mir am meisten zu. Kaum hatte ich gesagt, daß die Religion nichts gegen Kinder habe, fing einer dieser Schlauköpfe von Reinheitsgelübden an, die zur Rettung der Seele beitragen sollen, woraus sich der Schluß ergebe, daß man, ja mehr Kinder man zeuge, sich um so weiter von dieser Rettung entferne.

Als ich das energisch in Abrede stellte, schrie es von verschiedenen Seiten des Saales: »Er will etwas verheimlichen!« Vergeblich widersprach ich heftig diesem Vorwurf, das ganze Auditorium war in Aufruhr und wollte unbedingt die Gründe für jene Scham, die Absonderung und Intimität kennenlernen, denn bei ihnen gebe es nichts Öffentlicheres als dies. Ich war wie vor den Kopf geschlagen und fand keine Erklärung. Eine Studentin fragte, ob wir Eier legen, wurde aber von anderen, die besser informiert waren, ausgelacht. Die Menschen stammen von vierhändigen, behaarten Baumtieren ab, sind lebendgebärend und gehören zu den Säugern. Zu den Säugern? Ja freilich, die Mutter nährt das Kind mit der Brust. Mit der Brust? Ja, aber nicht wie die Pelikane, sondern mit Milch aus der Brust. Die Milch brachte alle nur noch mehr in Wallung: Mit Käse auch? Und was ist mit der Butter? Ich verwirrte mich in meinen Aussagen, vielleicht hätte ich ihnen am Ende noch von der Zweigliedrigkeit der Erotik in deren geistiger und sinnlicher Form Kenntnis geben können, aber die Barriere, die der ersteren zuungunsten der letzteren Erhabenheit verlieh, war diesem Publikum unbegreiflich. Weshalb solch eine Trennung? Deckt sie sich mit der Grenzlinie zwischen Tugend und Laster? Ja? Nein?

Ein junger Logiker, perlmuttfarben wie eine Turteltaube, leitete daraus den Satz ab, daß die Menschen sich nicht in gehöriger Weise zur eigenen Religion bekennen. Täten sie das nämlich, so wären sie längst ausgestorben, ohne Nachkommen zu hinterlassen. Der kollektive Selbstmord durch Zölibat! Sie sündigen, also sind sie! Pacco, ergo sum, et nihil obscoenum a me alienum puto!

Das Auditorium hatte sich in den Kopf gesetzt, daß ich zwar alles wisse, aber nicht alles verraten dürfe. In meiner Verzweiflung versuchte ich die Taktik des Sokrates und fragte, was denn bei ihnen als unanständig gelte. Leider nichts, wie sich zeigte. Beleidigend, häßlich, abstoßend, Abscheu erregend, geschmacklos, grausam – das waren Begriffe, die sie kannten. Was unanständig war, wußten sie nicht. Mit schmutzigen Händen essen! Beim Examen in der Nase bohren! Andere nachäffen und auslachen! Solche Angebote machten sie mir, in der Hoffnung, ich werde ihnen, auf die rechte Spur gelenkt, das Geheimnis endlich verraten. Natürlich führte das zu nichts, und unter tumultuarischem Zischen und Trampeln (sie benahmen sich schon richtig unanständig) warf ich schließlich das Handtuch.

Hinterher gab es ein Bankett. Ich lernte einen jungen Wissenschaftler kennen, der zu meiner Linken saß. Zur Rechten hatte ich den Rektor, aber der Jüngling fesselte mich mehr. Er war Doktor der Gripsonik, ähnelte mit seinen Ohrbüscheln einem Uhu und hieß Tiuxtl. Neben seinem Hauptfach trieb er Hoministik, konnte jedoch nicht verbergen, daß er die irdischen Probleme nur aus der Theorie kannte. Beispielsweise war er der Meinung, wir scheuchten Angreifer zurück, indem wir das Haar aufstellten wie die Hyänen. Ich versicherte ihm, daß uns die Haare durchaus nicht zu Berge stehen, aber er berief sich auf die irdische Literatur. Nun mache einer so einem Fremden begreiflich, daß er es nicht wörtlich nehmen darf, wenn jemand die Beine in die Hand nimmt!

Als ich von meinem Besuch bei Tahalat erzählte, grinste Tiuxtl ironisch. Offizielle Propaganda, sagte er. Jahrmarktszauber, Zirkustricks. Zu belanglos, um sich darüber einen Schnabel zu machen.

Er war einverstanden, mein Mentor zu werden. Erst von ihm erfuhr ich, wie die Ethosphäre funktioniert. Sie besteht aus Gripsern, die in Strukturvorgabebetrieben und Gripsbrütern hergestellt werden. Der Verfügungszentrale ist ein Duumvirat mit Regierungsvollmacht übergeordnet – der Generalinhibitor und der Generalhedomatiker. Ihre Aufgaben gleichen sich aus, denn der eine sorgt für die Verhütung des Bösen, also die Beschränkung der Aktivität, der andere aber für das Angebot des Guten und damit ein Maximum an Freiheit. Die Gripsonik, das Fachgebiet von Tiuxtl, befaßte sich nicht etwa damit, den Gripsern moralische Prinzipien einzubleuen, sondern war die Kunst, der Ethik eine Verkörperung in der Physik zu verschaffen. Schon die allerersten Projektanten der Ethosphäre, die sogenannten Gründerväter, hatten diese Notwendigkeit begriffen. Das größte Gebrechen aller moralischen Kodizes ist die Unverhältnismäßigkeit der Vergehen, die Fragen folgender Art aufwirft:

Was ist schlimmer – eine Waise bestehlen, einen Greis malträtieren oder einen Priester mit einer Reliquie verprügeln? Die Ethosphäre sollte also kein Psychologe oder Erzieher sein, weder Aufpasser noch Kontrolleur, auch kein unsichtbarer Schlichter oder Polizist, vor allem aber sollte sie nicht Partei sein, mit der man über die Zulässigkeit seiner Taten diskutieren oder streiten konnte. Eine solche Kuratel nämlich wäre in ihrer Allgegenwart unerträglich gewesen. Daher äußert sich die Fähigkeit der Ethosphäre, das Böse zu absorbieren, ausschließlich als physikalische Eigenschaft. In der veredelten Umwelt kann man niemanden zu etwas zwingen, ebensowenig wie Elektronen sich nötigen lassen, nicht mehr um die Atomkerne zu kreisen. Man kann hier Leben ebensowenig vernichten, wie sich Materie oder Energie vernichten lassen. Die Gesetze der Physik sind vor allem Verbote: Sie lassen bestimmte Dinge einfach nicht zu. So kann in der Ethosphäre ein Verbrechen ebensowenig verübt werden, wie sich in natürlicher Umwelt ein Perpetuum mobile bauen läßt. Zu diesem Zwecke werden sämtliche Entscheidungen, die von den Gripsern zu treffen sind, aus den sumpfigen Triften der Psychologie auf den festen Boden der exakten Wissenschaften übertragen. Darin besteht das Aufgabengebiet der Gripsonik. Tiuxtl zeigte mir, wie das geht. Ein Gebot lautet beispielsweise: »Niemand darf sich gefesselt fühlen.« Diese Direktive wirkt wie ein physikalisches Gesetz. Man kann es nachweisen, indem man jemandem Handschellen anlegt, ihn mit Stricken fesselt oder – eine raffiniertere Methode – das Opfer mit den Füßen in einen Kübel betoniert und anschließend in einen Teich wirft: Ketten und Fesseln lösen sich auf, der Beton zerfällt zu Staub. Voraussetzung ist allerdings, daß der Gebundene Anstrengungen zu seiner Befreiung unternimmt. Andernfalls zerfiele sogar seine Kleidung, und niemand könne Leibriemen tragen oder Hosenträger. Das Opfer muß sich also in seinen Fesseln winden, und wenn diese Anstrengung eine gewisse Intensität überschreitet, lösen die Gripsersensoren den Zerfall der fesselnden Substanz aus. Hätte ich an jenem Halseisen gezerrt, wäre ich freigekommen, aber ich wußte das nicht, ich war ja kein Losannier, und genau darauf hatten meine Entführer ihren Plan gebaut. Tiuxtl mußte lachen, als er mir das auseinandersetzte. Mit der seelischen Verfassung des Angegriffenen befassen sich die Gripser überhaupt nicht, dazu sind sie nicht imstande, sie registrieren nur, ob er in seiner Bewegungsfreiheit eingeschränkt ist. Die Kunstfertigkeit der Gripsoniker nun erweist sich darin, den moralischen Sinn jeglicher Situationen so in die exakte Sprache der Physik zu übertragen, daß die Lösung für alle Seiten optimal ist und jeder psychologische Einschluß vermieden wird. Die Gripser unterziehen denjenigen, der sich mit Mordplänen trägt, also nicht etwa einer strikten Überwachung, sie fällen auch kein Urteil über eine derartige in Taten offenkundig werdende Absicht, sondern stellen nur einen Sachverhalt fest und vereiteln dessen schädliche Folgen. Die Programme enthalten viele sachlich klingende Gebote. Eines lautet zum Beispiel: »Nichts darf einen jähen Sturz tun.« Dadurch kann weder ein Meteor auf die Stadt fallen noch sich jemand zu Tode stürzen, sei er nun aus eigenem Antrieb aus dem Fenster gesprungen oder hinausgeworfen worden. Die Gegenmittel sind allerdings sehr vielfältig, u. a. gehören dazu das Destroyon und das Absorbon, subatomare Teilchen, die auf Befehl der Gripser Energie abgeben oder aufnehmen. Eine Trillion Absorbonen kann, über eine Quadratmeile verteilt, innerhalb einer Minute die Temperatur auf dieser Fläche um zwanzig Grad senken. Ich habe mit niemandem gesprochen, glaube aber, daß Losannien mit ebendieser Methode die Vergletscherung von Clivia Nigra bewirkt hat.

Andere gripsonische Richtlinien legen fest, daß Opfer, falls sie nicht zu vermeiden sind, so niedrig wie möglich gehalten werden müssen – das Prinzip des kleineren Übels. Stolpert ein Kind beim Überschreiten eines Eisenbahngleises zwischen die Schienen und die Notbremsung des heranrasenden Zuges hätte dessen Entgleisung, also auch den Tod von Fahrgästen zur Folge, so wird das Kind überfahren.

Dieses Beispiel hatte sich Tiuxtl extra für mich ausgedacht, denn in Losannien gibt es keine Eisenbahnen.

Eine andere Regel lautet: »Niemand darf erkranken!« In Losannien gibt es schon seit zweihundert Jahren keine Medizin irdischen Musters mehr, die Gripser wachen über den Leib von der Geburt bis zum Tod, Operationen und sonstige Eingriffe sind überflüssig geworden. Embolien oder Darmverschlingungen können nicht mehr auftreten, jede dieser Beschwerden wird von Gripsern schon im Ansatz liquidiert. Das gilt auch für die in den Geweben auftretenden Irrtümer und Mißbräuche, die als Geschwülste bekannt sind. Ausgerechnet von hier hat einst die revolutionäre Idee ihren Ausgang genommen, Unsterblichkeit zu gewinnen durch Ektogonie. Der Reparatur- und Rettungsschnelldienst, der in der

Gripsosphäre so unermüdlich aktiv ist, sei, wie Tiuxtl ausdrücklich hervorhob, keineswegs etwas Neues, Einmaliges und Niedagewesenes. Sehr ähnliche Verhältnisse herrschen nämlich in jedem lebenden Organismus. Auch in ihm können, sofern er funktionstüchtig ist, die einen Organe oder Gewebe den anderen nicht schaden oder auf deren Kosten wuchern, und was von außen eindringt, sei es ein Krankheitserreger oder ein Geschoßsplitter, wird unschädlich gemacht, eingekapselt oder ausgeschieden. Der Organismus läßt sich ebensowenig wie die Gripsosphäre auf moralische Reflexionen ein, um beispielsweise zu ermitteln, ob hinter dem jeweiligen Anschlag auf seine Gesundheit gerechtfertigte Motive stehen. Der Organismus ist für Überredung unempfänglich, die Ärzte haben es zu ihrem großen Kummer einst zu spüren bekommen, als er verpflanzte Organe einfach nicht annahm. Den Körper kann man überlisten und umbringen, weil er in seiner Wirkungsweise festliegt, die Ethosphäre hingegen wird in ihrer Funktionstüchtigkeit unablässig vorangetrieben durch die Gripsonik.

Das heißt jedoch keinesfalls, daß sie damit vollkommen wäre oder jemals absolute Vollkommenheit erreichen könnte. In dieser Hinsicht zeigte Tiuxtl sich skeptisch. Er gab mir eine fünfzig Jahre alte Streitschrift gegen Gripsoniker zu lesen, verfaßt von dem Philosophen Xaimarnox. Der war Gripsoniker gewesen, bis er seine Überzeugungen radikal gewechselt hatte. Xaimarnox behauptete, die Ethosphäre richte sich nicht, wie allgemein angenommen, gegen das gesellschaftliche Unheil, sondern gegen etwas ganz anderes. »Der Wohlstand« – so schrieb er – »ist ja nicht das, was man bereits hat, er ist zumindest nicht nur das, sondern eine Fata Morgana, ein in die Zukunft verlegtes Ziel. Armut ist schrecklich und deprimierend, spornt aber wenigstens zu der Anstrengung an, aus diesem Zustand herauszukommen.« Wohlstand jedoch, der leicht zu besitzen ist wie die Luft, ist insoweit schlimmer, als von ihm kein Weg wegführt – man kann nichts anderes tun, als ihn vergrößern. Es genügt nicht, immer mehr zur Hand zu haben jetzt und hier, es muß zugleich immer mehr neue, weitere Chancen geben. Ihr müßtet also die Welt umgestalten, da ihr euch nicht aufraffen konntet oder wolltet, euch selbst zu verändern, was übrigens, wie wir wissen, Resultate von zwar anderem Aussehen, aber nicht geringerem Unheil zeitigt. Nichts jedoch ist dem Menschen im Menschen so abträglich wie ein Zustand des Wohlbehagens, das gratis zu erlangen ist – und ohne die Beteiligung, die Unterstützung, die Teilhabe anderer Menschen. Man braucht zu niemandem gut zu sein noch jemandem einen Dienst, Hilfe oder Herz zu erweisen, weil das ebenso sinnlos wäre wie ein Almosen für einen Krösus oder ein Kupferpfennig in einer Goldmine. Was kann man jemandem geben, der schon mehr hat, als er sich vorstellen kann? Gefühl? Das ist in dieser Situation nur etwas für Leute, die ein Muster an Selbstlosigkeit sind. Diese Selbstlosigkeit wiederum spricht jedoch diesem zivilisatorischen Paradiese Hohn, das mit solcher Mühe geschaffen wurde. Übrigens schreitet die Erosion von Wohlwollen, Anhänglichkeit, Achtung und Liebe nur allmählich fort, sie vollzieht sich nicht von einer Generation auf die andere. Zuerst erscheinen primitive Roboter, die Dienerfunktionen ausüben, die Mechanik äfft nur ungeschickt die von den Menschen abgeguckte, programmierte Aufmerksamkeit der Hingabe und Dienstbereitschaft nach, aber schon zu jenem Zeitpunkt kann und muß diese Simulation vervollkommnet werden, die stählernen Mannequins gehen ins technische Museum und werden ersetzt durch eine weniger aufdringliche, eine behutsame, zärtliche, hingebungs-, ja liebevolle, wenngleich unpersönliche, so doch grenzenlose, bis zur Selbstaufgabe altruistische Aufmerksamkeit der Umwelt, die jedes Gelüst erfüllt, kaum daß es halb gedacht ist. Wenn aber die absolute Macht zur absoluten Verkommenheit führt, so bringt eine so vollkommene Wohlfahrt die vollkommene Vernichtung. Ein Rückfall in den Mangel, die Armut und die Not ist für die Allgemeinheit nicht möglich – an wen soll man sich wenden, um die Rechnung für diese erdrückende Lawine von Glück zu begleichen, wenn nicht an den, der es produziert? Jemand muß immer schuld sein – Gott, die Welt, der Nachbar, die Ahnen, ein Fremder. Einer ist immer schuld, und so stellt sich heraus, daß man vor den Leuten das von ihnen nicht gewollte Glück in Schutz nehmen muß. Können sie dieses nun nicht einfach zertrampeln, bleiben ihnen zur Abrechnung nur die anderen. Also sind alle vor allen zu schützen, und genau das habt ihr getan. Ich nenne das eine Katastrophe: das allgemeine Paradies, in dem jedermann dasitzt und die Hölle in sich trägt, die er seinem Nächsten nicht zu kosten geben darf.

Dabei hat er doch keinen größeren Wunsch, als den anderen diesen Geschmack seines Zustands mitteilen zu können. Ihr wollt es bewiesen haben? Bitte sehr. Obgleich es nicht in euren Plänen lag, obgleich es eine unabsichtliche und sogar unerwünschte Folge des Unheilabsorptionsvermögens der Umwelt ist, habt ihr Differenzierungen des Glaubens und Unglaubens produziert, die Trennung der Überzeugungen in höchst wahrhafte und zutiefst verlogene. Die Regierung verkündet, es gehe um einen sehr kläglichen Glauben, der sich auf den einzigen Artikel beschränke, das Böse umzubenennen in Gutes – einen Mord also in ein heiliges Verdienst. Dieses Credo sei für unsere Extremisten nicht das Ziel (und ein Ziel muß der Glaube ja sein), sondern das Mittel, die Ethosphäre so zu hintergehen, daß das Töten möglich werde. [...]

LEM ÜBER LEM

Beschwerde- und Antragsbuch

Stanisław Bereś: Ich sitze einem der hervorragendsten polnischen Schriftsteller unserer Zeit gegenüber. In Polen sind Sie für jedes Kind und für fast jeden Erwachsenen ein Begriff. Ausländer kennen aus der polnischen Literatur die Namen Sienkiewicz, Mickiewicz, Miłosz, Gombrowicz und den Ihren. Lem-Bücher sind in ungewöhnlich viele Sprachen übersetzt, darunter in exotische. An Auflagenstärke werden Sie nur von Sienkiewicz übertroffen, und Sie haben eine reale Chance, ihn in dieser Hinsicht zu überholen. Sie stehen also schon auf einem ungemein hohen Sockel. Mich interessiert das Selbstgefühl eines solchen Menschen: wie er sich innerhalb der nationalen Literatur sieht, ob er sich in der eigenen Haut wohl fühlt, wie er sein eigenes Format einschätzt, ob ihm der Lorbeerkranz auf dem Kopf zu Gesicht steht, was er von der Stabilität seiner Position in der Kultur hält? Ich würde mit folgender Frage anfangen: Was glauben Sie, welches Ihrer Bücher hat die größte Chance zu überleben?

Stanisław Lem: Diese Frage ist auf zwei Arten zu verstehen: Welches Buch die größten Chancen hat und welchem ich die größten wünschen würde.

B: Natürlich das zweite, denn Sie werden sicherlich das Buch wählen, das Ihre Überzeugungen aufs vollkommenste zum Ausdruck bringt und Sie zugleich vom literarischen Standpunkt aus befriedigt. Ich tippe wohl richtig, wenn ich erwarte, daß Sie die »Summa technologiae« nennen?

L: Ich muß Sie überraschen: keineswegs. Ich möchte, daß die »Kyberiade« überlebt. Auf der »Summa« hingegen werde ich deshalb nicht bestehen, weil, wenn das Buch jenes Maß an Zustimmung erreicht wie zum Beispiel die Kopernikanische Theorie, *si parva magnis comparare licet* (Lachen), es zu einer fürchterlichen Banalität wird. Kann es etwas Banaleres geben als die Feststellung, daß sich die Erde um die Sonne dreht? Was immer von diesem Buch sich auch bewahrheitet und in den Unterrichtsstoff der vierten Klasse aufgenommen werden wird, ist allein dadurch dann zur absoluten Binsenweisheit geworden. Vor zwanzig Jahren gab es nichts dergleichen wie die doppelte Nukleotidspirale, Operon, und heute finden Sie das alles im Biologieunterricht für Mittelschulen. Die Kenntnis dieser Tatsache erlaubt mir nicht, für dieses Buch zu optieren.

Und außerdem besteht da noch die Möglichkeit, daß alles, was darin steht, sich als Hirngespinst ohne jede reale Basis erweist. Also ist die Alternative einfach: Wenn meine Voraussagen falsch waren, kann man das Buch wegschmeißen, und wenn sie sich bewahrheiten, dann werde ich ein sehr früher Vorläufer gewesen sein. Und das Schicksal der frühen Vorläufer ist stets das gleiche: Entgegen dem Anschein bleibt von ihnen nichts übrig! Kurze Zeit vor Darwin hat Alfred Russel Wallace eine von Darwin völlig unabhängige Evolutionstheorie geschaffen, die Gelehrten wissen das, aber der Abiturient muß es nicht mehr wissen. Und wer weiß heute, was Roger Bacon vor seinem Nachfolger gleichen Namens gesagt hat? Man darf sich nicht allzu vielen Täuschungen hingeben, am besten ist es, sich nicht die geringsten Illusionen zu machen.

Mein Wunsch ist, daß die »Kyberiade« überlebt. Aber welches meiner Bücher überleben wird, weiß ich nicht. Mein Werk gleicht einer Matratze oder einem Metallnetz im Bett, das an vielen verschiedenen Federhaken festgemacht ist, und je nachdem, wie die nächste Epoche sein wird und was für intellektuelle Resonatoren in ihr erscheinen werden, kann eine gegebene Sache an ihre ursprüngliche Bedeutung anklingen, oder auch nicht. Das sind unvorhersehbare Dinge. Niemand ist in jenen Gemächern der Nachkommenschaft zu Gast, die er sich auserwählt hat – um an Norwids Worte zu erinnern.

Als in der Welt Hippies auftauchten, wurde plötzlich Hesses »Steppenwolf« zum Buch dieser Generation. Weiß der Teufel, warum. Wenn etwas geschieht, kann man *ex post* alles erklären, aber es vorauszusehen ist ein Ding der Unmöglichkeit. Und das Überleben der »Kyberiade« würde ich mir deshalb wünschen, weil das ein originelles Buch ist und zugleich nicht ohne solides, tief in ihm eingegrabenes intellektuelles Element.

B: Wenn ich Sie – ganz im Ernst und ohne jede unterschwellige Ironie – fragen würde, welches Ausmaß Ihr Beitrag zur polnischen Literatur hat, wie würden Sie darauf antworten?

L: Gegenwärtig ist es fast Null. Ein Beitrag ist so hoch, wie der kompetente Kenner ihn beurteilt. Die Experten, die die literarischen Ereignisse der letzten 30-40 Jahre besprechen, erwähnen meinen Namen nicht. Dafür gibt es zwei Gründe. Erstens passe ich in keine der üblichen Schubladen. Ich bin wie ein Kater, der eigene Wege geht. Für die Kritiker hätte ich – zum Glück hat es mir noch keiner gesagt – in Brasilien, Neuseeland, auf Feuerland geboren oder ein Eskimo sein können. Zu Stalins Zeiten nannte man solche Leute vaterlandslose Kosmopoliten. Die Frage ist zweifellos begründet, denn aus dem Gesichtswinkel desjenigen, der Literaturgeschichte für Ausländer schreibt – dann sieht man nämlich alles deutlicher –, sollte man sich gewisser Ganzheiten bedienen, die stets umfassender sind als Namen. Es gibt Epochen, Phasen, Richtungen, Tendenzen, Strömungen und Schulen. Ich gehöre nirgendwo hin, denn ich bin anderswoher.

Ich bin der Meinung, daß ich ein integraler Bestandteil der polnischen Literatur bin, aber die ganze Paradigmatik meines Schaffens leitet sich weder von der Romantik ab noch vom Positivismus, sondern von Gedankengut, das die Menschheit im 20. Jahrhundert erworben hat. Das war, als uns immer höhere Wellen der weltweiten Wandlungen überfluteten, ein ununterbrochenes Bemühen darum, daß die Literatur oben bleibt, daß sie sich nicht überschwemmen und versenken läßt, daß sie nicht nur zum Seismographen individueller Zuckungen von Geistern werde, die sich selbst nicht verstehen. Das ist natürlich nichts, was man irgendeiner Schule zuordnen kann.

Ich habe vor kurzem mit Jan Błoński – dem Doyen der polnischen Literaturkritik – gesprochen, der gerade ein zusammenfassendes Werk über die Literatur der letzten Jahrzehnte vollendet hatte und mir offen sagte, daß er mich in dieser Besprechung nicht erwähnt habe, weil er mich nirgendwo unterbringen könne: »Ich weiß nicht, wo ich dich einreihen soll.« – »Über dich als Mensch kann ich schreiben, als Schriftsteller nicht« – fügte er dann hinzu. Der Kritiker muß einfach ein System haben, eine Taxonomie einführen. Es darf also nicht ein Kerl auftauchen, der halb Schrank, halb Auto ist und noch dazu die Merkmale einer Nähmaschine aufweist. Und zudem noch eine Art Tier ist. Was soll dann der Arme tun? Er muß vor allem intellektuelle Vorfahren haben, und hier beginnen schon die Schwierigkeiten. Und Błoński ist doch ein sehr respektabler Kritiker. Als er in Frankreich war und die »Summa technologiae« erschien, hat er sie in irgendeiner Zeitschrift enthusiastisch kommentiert – was natürlich nicht die geringste Bedeutung hatte – und schrieb, das sei zweifellos Literatur, zwar *sui generis,* aber dennoch Literatur. Zugleich hat er unterstrichen, daß er mich in kein System einordnen könne. Ähnlich irritiert war übrigens auch Kołakowski, der die »Summa« in der »Twórczośí« kritisierte, und dann schickte er mir einen privaten Brief, in dem er schrieb, er sehe »den Glanz einer erstklassigen Intelligenz«, aber das sei seiner Mentalität so fremd, unsere geistigen Galaxien seien so weit voneinander entfernt, daß er keinen Zugang zu mir und keine Kriterien für mich habe.

Die Bücher wurden bei uns – einzeln, jedes für sich – rezensiert, aber so behandelt, als hätte jemand eine Blumenvase gebracht, und man weiß nicht recht, ist das nun ein Nachttopf, eine Terrine für Erbsensuppe, ein Spucknapf oder eine abstrakte Plastik. Ich machte den Leuten Schwierigkeiten, weil ich nicht zu packen und nicht einzuordnen war. Es war schwer herauszufinden, worum es ging. Wenn heute ein westlicher Professor über die »Maske« schreibt, sagt er gleich, wie aus der Pistole geschossen, daß sie vom freien Willen handelt. Er steigt einfach sofort in die wirkliche Problematik hinein und irrt nicht zwischen den Regieanweisungen umher, unter denen das Werk zur Aufführung gelangte.

Und hier tritt bereits die zweite Ursache zutage, denn um hinter die Dinge zu kommen, über die ich geschrieben habe, muß man eine gewisse Bildung in diesen Fragen besitzen. Jeder Schriftsteller zieht im allgemeinen einen bestimmten Typus der Kritik an: entweder aufgrund einer geistigen Verwandtschaft oder einer ähnlichen Weltansicht, oder weil er dieselbe Kulturformation erlebt hat. Aber in meinem Fall ist es nicht so. Alle Kritiker, die bei uns im literarischen Leben den Ton angeben, sind Polonisten. Zumindest die überwiegende Mehrheit. Ich aber passe da nicht hinein. Sie selbst haben mir unlängst Zitate aus Zeitschriften vorgehalten, die mir Unverständlichkeit vorwerfen. Ja, das stimmt, und das ist auch daran zu erkennen, daß meine früheren Bücher, in denen das intellektuelle Element eine kleinere Rolle spielte, höhere Auflagen hatten. Der Kritiker erweist sich als inkompetent. Ich stelle mir zum Beispiel vor, daß man über mein Werk ein Buch schreiben könnte, das den Boden der Literatur verläßt und meine Rolle als die einer Antenne präsentieren würde, die antizipierend Entdeckungen oder Umorientierungen des wissenschaftlichen Denkens im Bereich der Grundauffassungen empfängt. Nehmen wir etwa meine These aus dem »Golem« über das Verhältnis der Erbsubstanz zu den Organismen. Wenn sich jemand an diese Arbeit machte, würde das von ihm kolossale Gelehrsamkeit erfordern, die weit außerhalb der Literatur liegt. In meinen Büchern gibt es eine Menge solcher Dinge, und zwar aus verschiedenen Bereichen der wissenschaftlichen Erkenntnis. Das wäre keine Arbeit, die man literaturkritisch nennen könnte. Ich sitze rittlings. Die gescheite Frau Szpakowska hat von meiner »Flucht« aus der Literatur geschrieben. In einem gewissen Sinne trifft das zu, denn ich huldige dem aus der Zeit der Aufklärung stammenden Modell der didaktischen Literatur. Ich belehre, weil ich glaube, daß ich wirklich etwas zu sagen habe. Ich würde mich schämen, wenn ich das täte und der Inhalt meiner Belehrungen Unsinn wäre. Ich wurde also aus allen Welten vertrieben, weil ich in keiner Wurzeln fassen konnte; so mußte ich auch die Phantastik verlassen, weil sie sich vom Denken und von der Wissenschaft völlig getrennt hat.

In der Bundesrepublik werden alle meine Auflagen von Tolkiens »Der Herr der Ringe«, dem Buch, das von Hobbits und Orcs handelt, haushoch übertroffen. Literarisch ist es gar nicht übel, es ist kein Schund mit galaktischen Piraten, aber es sind dennoch Märchen. Das ist eine Welt der fingierten Folkloren, der Zaubereien, des Kampfes des Guten gegen das Böse und des Lichts gegen die Dunkelheit. Das ist die vollkommenste Verkörperung der eskapistischen Literatur unserer schrecklichen Zeiten. Das sind Antipoden. Wir wollen kein schwankendes Schilfrohr sein, wir wollen nicht wissen, welche Unannehmlichkeiten uns erwarten können. Wir wollen anderswo sein, weil es dort angenehmer ist. Das genügt für die Daseinsberechtigung einer derartigen Literatur.

Wenn dagegen einer daherkommt und Dinge ankündigt, von denen man nichts wußte und die für das Schicksal der Welt wichtig sein können – man müßte, um sie zu verstehen, die Nase tiefer in bestimmte Bücher stecken –, empfängt man ihn mit aufgepflanztem Seitengewehr. Da kann man nichts machen. Jetzt läßt mich das kalt, denn viele Bücher aus meiner Feder haben sich von mir losgelöst. Ihr Schicksal in der Welt hängt überhaupt nicht davon ab, was ich über sie denke, sage, was ich ihnen wünsche. Mit einem Wort, ich bin der Meinung, daß es gewichtige, objektive, rationale Gründe dafür gibt, mich aus der polnischen Literatur herauszukatapultieren.

B: Großer Gott, das ist doch sehr übertrieben. Aus dem, was Sie sagen, ergibt sich, daß die Kritiker über das Gesicht, über Bewertung und Rezeption unserer Literatur entscheiden. Das stimmt doch nicht.

L: Sie behaupten also, daß der Platz, der einem in der Rangordnung zugewiesen wird, nicht von der Kritik abhängt? Von wem dann, von den Lesern? Aber die Leser hört man nicht direkt. Diese Reflexbewegung, der Griff nach einem Buch, ist eine historisch nicht wahrnehmbare Geste. Es gab millionenstarke Auflagen von Büchern, von denen nichts geblieben ist. Die Popularität eines Autors und die Tatsache, daß er sich aus den Honoraren vier Schlösser gebaut hat, sagt gar nichts. Niemand weiß, ob er im geistigen Leben der Epoche eine Spur hinterlassen wird und ob es in der Zukunft irgendwelche Ableger davon geben würde.

B: Einverstanden, aber Sie scheinen zu glauben, wenn zehn solide Kritiker in der Öffentlichkeit einen Künstler beharrlich als überragend hinstellen, würde sich daraus etwas ergeben.

L: Vor kurzem gab jemand im Westen ein Buch über mich heraus – und bat mich, ihm polnische sogenannte Sekundärliteratur zu schicken. Es zeigte sich, daß es nur eine einzige Monographie über mich gab. Eine zweite wurde später von Jerzy Jarzębski geschrieben. Eine solche Situation erschwert es dem Schriftsteller, sich selbst zu erkennen. Ich bin doch nicht mit vollkommener Selbsterkenntnis ausgestattet, nicht immer weiß ich, woher ich komme, wohin ich gehe, wohin mein Weg führt und was das alles zusammen bedeutet. Es ist nicht wahr, daß die Kritik wirksam helfen kann, aber die Kritik kann die Zeit des Umherirrens verkürzen. Und das wäre sehr viel.

B: Wenn der Schriftsteller ein umherirrendes, unsicheres Wesen ist, das manchmal Unterstützung braucht, was erwarten Sie dann von den ebenso umherirrenden Kritikern?

L: Es wäre gut, wenn sie nur umherirren würden. Ein vernünftiger Kritiker darf gewisse Dinge nicht tun. Ich weiß zufällig aus einem privaten Gespräch mit J. J. Szczepański, der seine Prosa Irzykowski* zu lesen gab, daß dieser meinem Freund vom Schreiben abriet und ihm empfahl, einen Büroposten anzunehmen, da er für die Literatur absolut nicht tauge. Dazu sage ich so viel: Käme heute jemand mit einer solchen Prosa zu mir, wie ich sie im Jahre 1947 produzierte, würde ich wahrscheinlich zu dem Schluß kommen, daß er

---

* Karol Irzykowski (1873-1944) galt als der führende Literaturkritiker und -theoretiker.

ein Graphomane sei, ich würde jedoch nicht wagen, ein solches Urteil zu fällen, das den Schreiber zu einem Nichts macht. Die Tatsache, daß Irzykowski sich solche apodiktischen Urteile über junge Schriftsteller herausnahm, löscht ihn in meinen Augen als Kritiker aus, denn wer eine so unnachgiebige Sicherheit besitzt, kann kein guter Verbündeter der Literatur sein, da diese unvorhersehbar ist.

B: Das Nörgeln über die Kritik ist das wichtigste Hobby der Schriftsteller, also wird dabei nichts Gutes herauskommen; lassen wir dieses Thema. In Ihrer früheren Aussage wurden viele Probleme angesprochen, die einer Überlegung wert sind. Vor allem stelle ich mit Verwunderung fest, daß Sie sich als völlig verkannt betrachten. Das ist entweder Koketterie oder ein schreckliches Mißverständnis.

L: Ich bitte Sie, ich habe in einem gewissen Sinne nie aufgehört, in Polen am Rande zu stehen. Die Erklärung dafür ist folgende: Ich wurde nur durch sehr langsame Osmosen und den Widerhall in der Welt hinaufgehievt. Manchmal kam eine so bekannte Persönlichkeit wie Susan Sontag nach Polen, die auf die Frage, was sie über Gombrowicz denke, mit der Gegenfrage antwortete: Ihr habt doch so einen interessanten Schriftsteller wie Lem. Dann fragte man sie nach einem anderen, und sie wieder: Aber Lem ist interessanter. Ich habe solche Geschichten immer mit Interesse zur Kenntnis genommen, und jahrelang war es mir peinlich, daß bei uns niemand für die von mir angeführte Problematik empfänglich ist.

Dabei muß ich feststellen, daß das meiste davon, was ich geschrieben habe, in Fremdsprachen schlechter übersetzt wurde, als es im Original ist. Einige Male hatte ich das Glück, kongeniale Übersetzer zu finden, aber im allgemeinen verfolgte mich irgendeine düstere Schicksalsfügung. Ich bin Rationalist, aber es sah tatsächlich so aus, als verfolge mich ein Fatum. Es gab zum Beispiel eine so unwahrscheinlich begabte Übersetzerin wie Irmtraud Zimmermann-Göllheim aus Österreich, die auch Białoszewski* vortrefflich übersetzte, aber vor einigen Jahren, sie war damals nicht viel älter als dreißig, ist sie an einer schrecklichen Variante der galoppierenden Parkinsonkrankheit gestorben. Das ist nur eines von mehreren Beispielen. Leider ist die Mehrzahl der Übersetzungen schlechter. Das bedarf wohl keiner Erklärung, denn es genügt, einige Seiten der »Kyberiade« zu lesen, um einzusehen, gegen welche Schwierigkeiten der Übersetzer anzukämpfen hat. Mit mir war das ein wenig wie mit Faulkner, der erst auf dem Umweg über die Franzosen Amerika erreichte, denn in den USA hat er sich nie einer besonderen Beliebtheit erfreut.

B: Ich kann diesen verbitterten Ton darüber, daß Sie in die große Literatur erst über Ihren Ruf auf dem westlichen Büchermarkt eingingen, nicht verstehen. Das ist ein Geschenk, nicht ein Fluch des Schicksals. Schließlich sind Sie nicht von der ersten Stufe des Sprungbretts in das leere polnische Schwimmbecken gesprungen, sondern gleich von der dritten Stufe in vorgewärmtes Wasser, und noch dazu in einer Export-Badehose. Auf diese Weise sind Sie nicht nur an der Wertzirkulation innerhalb der slawischen Provinz beteiligt,

---

* Miron Białoszewski, Lyriker und Dramatiker.

Sie stecken von Anfang an in der universellen Zirkulation. Bevor Miłosz der Nobelpreis verliehen wurde, habe ich eine Rundfunksendung gehört, in der Sprusiński Überlegungen über die polnischen Kandidaten für diesen Preis anstellte. Zwar erwähnte er keine Namen, sondern er umschrieb und charakterisierte die Problematik der Bücher. Hinter diesen Etiketten verbargen sich Iwaszkiewicz, Herbert, Andrzejewski, Miłosz, Rózewicz und selbstverständlich Lem. Beweist das Ihrer Meinung nach, daß Sie verkannt werden?

L: Ich weiß, es ist mir zu Ohren gekommen, daß jemand mich in diesem Komitee lanciert. Ich möchte aber folgendes sagen: Eine Mutter ist gegen keine andere Person austauschbar. Ein Mann, der bei zehntausend Frauen Erfolg hat, kann nicht der Meinung sein, er habe eine neue Mutter gewonnen. Ich sage also nicht, daß es schlimmer ist, von der Höhe des Weltruhms ins eigene Land hinunterzufahren, sondern nur, daß es gewisse Dinge gibt, die nicht auswechselbar sind.

Ich möchte also sagen: Die Taxonomie meiner Rezensenten, auf der diachronischen Ebene vorgenommen, erweist sich als gerecht, aber auf der synchronischen Ebene – nicht mehr, denn sie entstand im Laufe von fast fünfundzwanzig Jahren. Nichtsdestoweniger gibt diese Taxonomie zu denken, denn sie bestätigt eine übergeordnete Gesetzmäßigkeit. Sie wissen, daß mein Steckenpferd die Statistik ist. Dieses Material läßt eben statistische Manipulationen zu. Sie bestätigen die Vermutung, die Miłosz mit einer reichlichen Dosis Klapperschlangengift ausgesprochen hat – daß die Polen den Polen nur dann nötig sind, wenn sie ein Exportartikel sind!

Interessant ist auch das Verhältnis der Wissenschaft zu Literatur und Kunst. Bekanntlich hatte Gombrowicz eine sehr entschiedene Meinung darüber, er war der Ansicht, daß ein Wissenschaftler eine Art Pythonschlange sei, die in ihren Umschlingungen die Kunst erwürgen müsse. Ich weiß nicht, warum das so sein sollte, da es doch in der Wissenschaft, wenn auch selten, hervorragende schöpferische Persönlichkeiten gibt, die sich mit Literatur abgeben. Dabei muß man wissen, daß auf 400-500 Wissenschaftler selten einer kommt, den man gerade noch als Gelehrten bezeichnen könnte, und nur auf einige tausend entfällt ein hervorragender. Und zwischen einem hervorragenden und einem durchschnittlichen Wissenschaftler ist der Unterschied ungefähr so groß wie zwischen Metternich und einem Korporal der Fremdenlegion, der sich mit Hilfe einer Bande von Strauchdieben zum Rädelsführer und dann zum Diktator von Sambia aufgeschwungen hat. Es gibt eine Kluft, die in allen Disziplinen die Geister voneinander trennt, also auch in dieser. Es gibt keinen Grund, warum das anders sein sollte. Im »Lokaltermin« sagt der kassettierte Bertrand Russell, daß die Verteilung der normalen Intelligenz nicht nur in der ganzen Gesellschaft, sondern auch in allen Berufen verbindlich ist, also auch bei den Philosophen. Auch bei ihnen gibt es mehr Dummköpfe als vernünftige Menschen. Hier handelt es sich nicht nur um Intelligenz, sondern auch um Klugheit und Moral. Das unterliegt keinem Zweifel.

B: Das, was Sie auf dem Boden der Statistik tun, die Ihnen so ans Herz gewachsen ist, heißt Schlüsse aus repräsentativen demographischen Erhebungen ziehen. Aufgrund der niedrigsten Stufe der Literaturkritik urteilen Sie über die Kritik als Ganzes.

L: Kuriose Dinge können Sie auf jedem Niveau entdecken. Zum Beispiel ist mir bei der Lektüre polnischer Buchbesprechungen oft ein gehässiger Ton aufgefallen. Vor einigen Stunden hielt ich die Rezension von Adam Klimowicz über das »Hohe Schloß« in der Hand, aus der mir furchtbarer Widerwillen entgegenschlägt. Er unterstellt mir viele Dinge und macht vor Beleidigungen *ad personam* nicht halt. So behauptet er zum Beispiel, ich hätte ein ausgezeichnetes Gedächtnis, und nicht der Mechanismus spontan in Gang gesetzter Erinnerungen habe dieses Buch geschaffen, sondern meine bewußte Abneigung, manche Dinge hervorzuheben und andere zu verbergen. Vor allem soll dies das Verschweigen der grausamen und bitteren wirtschaftlich-sozialen Verhältnisse betreffen, in denen sich Lemberg befand, als ich 4 bis 11 Jahre alt war. Ich muß sagen, das ist eine besonders krasse Idiotie. Als Kind einer bürgerlichen Familie – mein Vater verdiente 900 Zloty, was ein ganz schöner Batzen Geld war, und seine Privatpraxis hatte ihm ein Haus eingebracht – konnte ich nicht wissen, daß es so etwas wie einen Klassenkampf gibt. Es ist gewiß entsetzlich, aber wahr, daß ich im Alter von 7 Jahren noch nichts von Marx gehört habe! In diesem Buch hat sich mein Gedächtnis wie eine Fotografie verhalten, man kann also dort die Beschreibung des Begräbnisses von Kozak* finden, bei dem ich viel Elend gesehen habe,

---

* Bei einem Arbeitslosenprotest am 14. April 1936 in Lemberg von der Polizei erschossen; das Begräbnis am 16. April wurde zu einer riesigen Demonstration, bei der über 100 Menschen getötet wurden.

aber dieses Elend mußte mir dennoch als etwas Natürliches erscheinen, denn ein Kind, das in eine bestimmte Realität hineinwächst, empfindet alles als Selbstverständlichkeit. Das war ebenso natürlich wie die Scharen von Hofmusikanten und Seiltänzern, die in den Hinterhöfen ihre Kunststücke vorführten und denen man aus den Fenstern in Papier gewickelte Fünfgroschenmünzen hinunterwarf. Das war eine Zeit großer sozialer und Vermögensunterschiede. Aber als ich das »Hohe Schloß« schrieb, versuchte ich, mit dem Bewußtsein eines Kindes, nicht mit meinem heutigen Bewußtsein zu operieren, ansonsten würde ein Palimpsest entstehen oder eine unverdauliche Mischkulanz. Schließlich, wenn das Erinnerungen sein sollten, die sich auf meine ersten Kinder- und Gymnasialjahre beschränkten, konnte ich doch nicht das Wissen hineinstopfen, das ich zwanzig Jahre später erworben habe. Das wäre sinnlos gewesen.

Außerdem folgt aus diesem Text von Klimowicz, daß ich gelogen habe, als ich über meinen »Legitimationsfimmel« schrieb. Das heißt, daß dies wieder einmal einer der phantastischen Texte von Stanisław Lem sei. Einst, als ich an der »Philosophie des Zufalls« arbeitete, überlegte ich, auf welche Weise ein Schriftsteller die Garantie bieten kann, daß etwas aufrichtig ist oder nicht. Sollte ich von einem Notar beglaubigte eidesstattliche Erklärungen abgeben, Zeugen berufen und Privatdetektive anstellen? Der Krieg hat das Haus meines Vaters zerstört, und mit ihm alle diese kindlichen Krakelfüße zusammen mit den Silberfäden zum Zusammennähen der Legitimationen und den aus dem Wecker herausmontierten Zahnrädern zum Perforieren. Alles war so, wie ich es beschrieben habe. Das einzige, was fehlte, war das Wissen, zu welchem Zweck ich das tue. Dieses Bewußtsein habe ich *ex post,* nach 40 Jahren, dargelegt, doch das Beweismaterial war nicht erfunden. Aber wie kann man Beweise dafür erbringen?

Interessant, daß die besten Rezensionen über das »Hohe Schloß«, die nicht von absolut willkürlich hergeholten kritischen Auffassungen ausgingen und meinen Text in einer Art Immanenz behandelten, von einem sehr intelligenten Russen und einigen Schweizern stammen. Ich spreche über dieses Buch, weil es relativ »normal« ist. Es ist eine literarische Autobiographie, und man muß keine wissenschaftlichen Regeln oder Kriterien der Phantastik heranziehen, um sie richtig einzuschätzen.

Jetzt möchte ich einige Worte über Ihre Rezensionen sagen, denn darin findet man ein interessantes Phänomen. Sie weisen eine charakteristische Entwicklung auf, obwohl ich das chronologisch nicht voll verifizieren kann. Ich habe den Eindruck, daß Sie von einer ziemlich skeptisch-kritischen Position – ich will nicht sagen, einer Abneigung – ausgingen, aber Sie hielten Distanz zu mir, setzten mich gleichsam in Anführungszeichen und beobachteten skeptisch, was dieser Lem aufführt. Das heißt, man kann sich das mit Interesse ansehen, aber nicht ohne eine gewisse Dosis Mißtrauen. Ganz so, als überlegten Sie, ob das wirklich reines Erz ist oder ob ihm etwas Falsches beigemischt wurde.

Man kann auch eine andere Art Mißtrauen finden. Es zeigte sich in einer der Rezensionen, auf die ich einen Blick geworfen habe. Es beruht nicht darauf, dem Autor kritisch eine Lehre zu erteilen, sondern ihn total in Frage zu stellen. Dort wurde gesagt: Wir sind Humanisten, Lem dagegen ist der Ausbildung nach Naturwissenschaftler; wenn er uns also zeigen würde, was er mit der Mythologie anstellen kann, könnten wir das richtig beurteilen, und feststellen, ob es interessant ist; aber leider befaßt sich Lem nicht mit der Mythologie, sondern mit der Zytologie, daraus schöpft er seine Absonderlichkeiten, denen wir verblüfft und ratlos gegenüberstehen. Sachlich ist das irgendwie begründet. Des Pudels Kern ist aber, daß ich keine *pars pro toto* (das heißt als Fragmente der exakten Wissenschaften) verstandene Zytologie in die Literatur hineingestopft, sondern bloß mit der äußeren Paradigmatik dieser Wissenschaften operiert habe. Und ich muß sagen, daß, wenn man genetisch, quellen- oder einflußbezogen jemandes Texte authentisch in dem Quellenraum der Mythologie ansiedelt, dies ebensowenig Ruhm einträgt oder in den Hades hinabstößt, wie wenn das die Zytologie oder Kybernetik betreffen würde. Es ist nicht wichtig, *wer was woher nimmt,* sondern *was er damit gemacht hat.* Nur das ist entscheidend dafür, ob das ein Inzest, ein blutschänderisches und gotteslästerliches Verdrehen des aus irgendeinem Gebiet geschöpften Sinnes ist oder aber ein sinnvoller Gebrauch der vorhandenen Quellen.

Wenn ich also die polnischen Rezensionen als statistische Erhebung betrachte, so erkennt man da zum einen ein weitgehendes Auseinanderstreben der Kriterien, zweitens das Fehlen irgendeines gemeinsamen Standpunktes der Kritiker. Viele von ihnen beurteilten mich nur nach dem jeweiligen Buch. Sie besprachen die Werke isoliert, befaßten sich nicht mit dem, was vorher, noch mit dem, was nachher war. In der Tagespresse erscheint Lem ausschließlich als Exportartikel. »Ehre sei Lem, denn er erhöht uns in den Augen der Welt.« Es geht hier nicht darum, wofür, und ob sich dieses Ausland nicht vielleicht geirrt hat, oder ob da nicht ein Betrug seitens des Autors oder der Verleger vorliegt, sondern um die bloße Tatsache hoher Auflagen, zahlreicher Rezensionen und vielsprachiger Übersetzungen. Als wäre das ein ausreichender Grund, sich über mich lobend zu äußern. Das ist eines der traurigen Symptome, die dem kulturellen Selbstwertgefühl und der geistigen Unabhängigkeit der Polen als Nation ein schlechtes Zeugnis ausstellen. Daß jemand viel übersetzt wird, ist doch noch kein Grund zu loben. Schließlich werden viel mehr Kriminalromane übersetzt als zum Beispiel die wertvolle, schlichte und klare Prosa eines Jan Józef Szczepański.

B: Vielleicht bin ich schwer von Begriff, aber erst jetzt verstehe ich, was für Ihr Gefühl, verkannt zu sein, entscheidend ist. Diese ganze Quengelei über die Literaturkritik und das Jammern, Sie wären erst auf dem Weg über den ausländischen Buchmarkt in den polnischen Leserkreis eingedrungen, das ist ein Rauchvorhang, mit dem Sie das Gefühl der Einsamkeit auf Ihrer prophetisch-szientistischen Bastion, auf die in unserem Vaterland niemand hinaufsteigen will, verschleiern. Da sitzt so ein moderner Prophet in seinem hohen Schloß und macht sich Sorgen, daß niemand seinen Weg dorthin nimmt; also muß er zur Wand reden. Ist daran etwas Wahres?

L: Ja, nur würde ich diese Situation ein wenig anders beschreiben, denn sie erinnert eher an die des Schimpansen bei Köhler. Von der Decke, zu hoch, um hinaufzuspringen, hängt eine Banane herab, also baut sich der Affe aus Kisten und Abfällen eine Pyramide, von wo aus er nach der begehrten Frucht zu greifen versucht. Wenn ich mir die Bibliographie in Hofstadters Buch »Gödel, Escher, Bach« ansehe, rinnt mir das Wasser im Mund zusammen beim Anblick der Liste dieser herrlichen Bücher, die ich nie zu sehen bekommen habe. Ich habe diese riesige Bibliographie genau durchstudiert und festgestellt, daß ich nur drei Bücher daraus kenne! Und hier sind Hunderte aufgeführt. Das ist mehr als ärgerlich, denn ich habe den Eindruck, daß ich Robinson auf einer menschenleeren Insel bin und alles von A bis Z allein machen muß. Ich hatte nicht einmal ein irdenes Schüsselchen, sondern mußte mir selbst den Ton holen, ihn mit Wasser verrühren, Feuer anfachen, und Hunderte anderer Dinge mußte ich selbst tun. Immer verspürte ich Hunger, weil ich von den Informationsquellen und dem Gedankengut der Welt abgeschnitten war, und nie gelang es mir, die Bücher zu bekommen, die ich haben wollte. Es herrscht ein erstaunliches Mißverhältnis zwischen dem, woran mir am wenigsten gelegen war, und der Schwierigkeit, das zu bekommen, woran mir am meisten gelegen war. Wenn es um riesige Vergrößerungen und Unterlagen über die Funktionsweise der Geschlechtsorgane geht, jede Menge, aber wenn ich den »New Scientist« oder irgendwelche Daten aus einem Fachgebiet brauchte, stieß ich auf Widerstände, die in einer kommerziellen Zivilisation, wo es genügt, beim Buchhändler seine Bestellung aufzugeben, undenkbar schienen. Es zahlt sich keinem aus, für irgendeinen Kerl in Europa eine Bestellung zu erledigen, der einen Reprint oder ein vom Massachusetts Institute of Technology herausgegebenes Buch sucht. Wenn ich Informatiker wäre und im Max-Planck-Institut säße, würde das alles automatisch auf meinem Schreibtisch landen. Als Außenseiter stoße ich auf kolossale Schwierigkeiten.

Einerseits kann man sagen: Wenn du immer ein Robinson und Heimwerker warst, aber so viel erreicht hast, daß jemand, der die Weisheit mit Löffeln gefressen hat, deinen Text nicht so ohne weiteres weglegen will, dann ist vielleicht nicht alles sinnlos, nicht alles hat seine Bedeutung verloren, obwohl du es vor so langer Zeit geschrieben hast. Andererseits denke ich mir aber manchmal: Verdammt, wenn ich einen solchen Zugang zur Weltliteratur hätte wie dieser Autor, der in der Einleitung 46 Personen dafür dankt, daß er die Schlüsselprobleme mit ihnen durchdiskutieren durfte, während ich nur mit der Wand reden konnte, dann hätte ich weiß Gott etwas Besseres aus meinem Schädel herauspressen können. Das ist eine reine Vermutung, denn vielleicht hätte ich nichts herausgepreßt, und diese Berge von Weisheit hätten mich so erdrückt, daß ich nicht einmal einen Piepser gewagt hätte. Sehr gut möglich. Aber das sind die Gedanken, die mir durch den Kopf gehen.

Ich bin ein Dilettant, der wie ein neugieriger Floh von einem Gebiet auf das andere hinüberspringt. Ich habe festgestellt, daß ich in der ganzen weltweiten Palette der Fantasy-Autoren eine Ausnahme bin. Denn bei all diesen Golems und Kosmogonien bin ich doch zugleich ein unverbesserlicher Skeptiker, der an alle diese Bermudadreiecke, fliegenden Untertassen, an Gedankenlesen, Psychokinese, das Seelenleben der Pflanzen und Tausende anderer Dinge, von denen diese Literatur lebt, nicht glaubt. Ich glaube so wenig daran und halte es sogar für einen kompletten Blödsinn, daß ich damit nie anders in Berührung gekommen bin als über Ironie, Groteske und Humoreske. Ernsthaft aber – nie. Wenn ich das je als Material verwendet habe, so nur dazu, um es so oder so *ad absurdum* zu führen. Doch in der Sphäre der wichtigsten Forschungen, den einzigen, die mich wirklich gefangennehmen, bin ich herzlich wenig informiert. Hätte ich Zugang dazu, dann würde ich wirklich nichts anderes tun als lesen und wäre weiterhin überzeugt, daß ich zu wenig weiß. Dann wäre es wahrscheinlich so wie in dem Märchen vom Kalifen, der alles über das Sein erfahren wollte, also ließ er einen Weisen zu sich kommen, und der erschien an der Spitze einer Karawane mit vierzig Kamelen, die riesige Stöße von Büchern auf dem Buckel trugen. Als der Kalif den Weisen nach dem Wesen des menschlichen Seins fragte, blätterte dieser viele Tage lang in den gelehrten Büchern und sagte dann: Sie wurden geboren, litten und starben. Es gibt also derartige Verallgemeinerungen, die, obgleich zweifellos wahr, zugleich ungemein banal sind. Dennoch muß man wissen und soll man lesen.

Was die Liste der Bücher betrifft, war ich immer weit von allen meinen Schriftstellerkollegen bei uns und im Ausland entfernt. Hier steckt zweifellos der prinzipielle Unterschied, der darin besteht, daß die Quellen meines Denkens sich in einem ganz anderen Raum befinden. Auf ebendiesem Raum basierend, hatte ich immer das Bedürfnis, zahlreiche wissenschaftliche Institute zu besitzen. Das Hauptinstitut würde sich mit der Selektion von Büchern für mich befassen, denn dem Menschen, der ganzen Niagarafällen von Büchern und Texten ausgesetzt ist, droht die Gefahr der Verschlammung des Geistes. Vor jedem Staudamm werden Sie Installationen finden, die das Verschlammen der zu den Turbinen führenden Rohre verhindern. Ich hatte nie solche Möglichkeiten. Immer mußte ich mich selbst mit allem abmühen, und deshalb konnte meine Leistungsfähigkeit nicht so sein, wie ich es gewünscht hätte. Sie lächeln?

Wenn der erstbeste Idiot in jeder Regierung ganze Rudel von Beamten zu Diensten hat, warum kann sie dann Lem nicht haben? Nur einige unentbehrliche Spezialisten, die mir helfen würden, die notwendigen Titel auszusuchen. Schließlich ist es doch nicht so, daß ich alles weiß. Zum Beispiel die These, die ich im ersten Vortrag des »Golem« dargelegt habe, daß nicht die Erbsubstanz der »Diener« sei und die Arten »die Herren«, sondern daß die einzelnen Organismen etappenweise Verstärker sind, die der Weiterverbreitung des genetischen Codes dienen, wurde unabhängig von mir vor einigen Jahren im Buch eines amerikanischen Autors (R. Dawkins, *The Selfish Gene*, 1976) aufgestellt, aber bis heute ist es mir nicht gelungen, dieses Buch zu beschaffen. Und es gibt doch gewiß Bücher auf der Welt, die mich nicht nur informieren und meine Arbeit befruchten, sondern auch zum Schreiben anderer Dinge anregen könnten. Aber hier treten wir bereits in den Bereich eines Buches ein, das ich nie schreiben werde und das ich »Beschwerde- und Antragsbuch« nennen würde.

B: Es ist also so, wie ich gesagt habe, Sie sitzen wie ein

Prophet auf einem hohen Berg, mit Stentorstimme verkünden Sie der Welt bedrohliche Wahrheiten, kleiden sie in eine quasi-literarische Form, und überdies sind Sie wütend, daß die Stimme nicht hinlänglich hörbar ist, und außerdem will sich die Welt nicht laufend mit wissenschaftlichen Berichten über ihren Stand bedanken. In einem solchen Standpunkt verbirgt sich eine nicht geringe Anmaßung.

L: Erstens ist das, was ich sage, zweifellos Literatur. Meine Flucht aus diesem Gebiet ist gewissermaßen eine Vereinfachung. Ich glaube, daß zusammen mit mir überall Literatur in Erscheinung tritt. Das heißt, ich ziehe sie hinter mir her, dehne sie bis an die Grenzen des Möglichen aus. Das ist so wie mit einer elastischen Unterhose, die ich bis auf eine Körperstelle ausgedehnt habe, die sie bisher nicht erreichte. Ich persönlich empfinde es so. Für mich ist das Literatur, und nie war ich auf etwas so versessen wie die Ausdehnung der Literatur auf Bereiche, wo es sie noch nicht gab. Ganze philosophische Systeme sind als Produkt literarischer Arbeit entstanden, und die wurden doch ernst, eben als solche Systeme behandelt.

B: Das ist mir klar. Nietzsches »Also sprach Zarathustra« oder Schopenhauers »Die Welt als Wille und Vorstellung« – das ist zweifellos Literatur, aber zugleich Philosophie reinsten Wassers. Das Buch der Apokalypse des Johannes auf Patmos ist auch Literatur, aber in erster Linie Prophezeiung. Wichtig ist vor allem die Funktion, die diese Literatur erfüllt hat. Hier scheint sich die philosophisch-prophetische Funktion abzuzeichnen.

L: Ich hatte einst ein interessantes Gespräch mit meiner

Frau, die unglaublich scharfsinnig ist, während ich die elementarsten, einfachsten Dinge nicht wahrnehme – ich sehe die Sterne hinter dem zehnten Parsec, aber nicht das, was direkt vor meiner Nase liegt. Sie ist zu dem Schluß gekommen, daß ich mit den Jahren das Gefühl einer Mission zu entwickeln beginne. Einer Mission in dem Sinne, daß ich dazu da bin, gewisse Dinge zu sagen; die Menschen sollen das anhören, und dann soll die Welt … vielleicht nicht erlöst oder besser werden, aber dennoch könnte ich zur allgemeinen Besserung der Welt beitragen.

Dann stellte sich heraus, daß man nichts verbessern kann, weder in Polen noch in der Welt, und mehr noch, es ist ganz und gar nicht so, daß alle Leute auf den Straßen herumgehen und die wichtigsten Stellen aus meinen Büchern vor sich hinmurmeln. (Lachen.) Natürlich weist ein solcher Anspruch auf Wahnsinn oder eine andere Form des Größenwahns hin, gleichgültig, ob man Kant ist oder ein elender Schreiberling. Darum geht es nicht. Aber Tatsache ist: Wenn ich gewisse Dinge präsentierte, habe ich im Unterbewußtsein anscheinend erwartet, daß sie zur Kenntnis genommen werden.

Ich wurde mit allen möglichen Preisen und Orden überhängt, ich kann mich also nicht beklagen, daß ich verkannt wurde, aber darum geht es doch nicht. Ich war hochmütig! Vielleicht sogar mehr als Irzykowski mit seinem Eigenlob, denn im Unterschied zu ihm habe ich mich nie selbst lanciert und nie mit erhobenem Zeigefinger verkündet: Pardon, ich habe das als erster gesagt! Und zwar als erster in der ganzen Welt, bitte sehr, hier sind die bibliographischen Daten aus der angewandten Philosophie oder Biologie, das läßt sich belegen. Wahrscheinlich habe ich das erwartet, was ich im Kyberiade-Zyklus karikiert habe, wo der Philosoph Chlorian Theoreticus Klapostel erscheint, der siebzig Jahre lang geniale Wahrheiten verkündet, doch kein Hahn kräht danach. Das ist ein Selbstbildnis mit einem gehörigen Säurezusatz. Meine gegenwärtige Unlust zu schreiben kommt zweifellos auch daher, daß es mir nicht darum geht, ein weiteres Buch zu produzieren, damit es herausgegeben und übersetzt wird. Im Gegensatz zu meinen Verlegern, die nur an den Verkaufszahlen interessiert sind – und ob mit so einem Text ein Stuhlbein oder das Bein eines wackeligen Tisches gestützt wird, kümmert sie nicht –, ist mir am Leser gelegen. Ich will nicht bloß verkauft, sondern auch gelesen werden. Wenn es einfach Mode wäre, Lem zu kaufen, hätten meine Bemühungen keinen Sinn. Der Wunsch, nicht nur verlegt, sondern auch gelesen zu werden, ist unter Schriftstellern etwas Normales. Ich glaube nicht, daß es viele Schriftsteller gibt, die die Literatur als eine Art Flaschenpost von Robinsons auf menschenleeren Inseln ansehen, und daß es ihnen genügt, Notizen in eine Flasche zu stopfen, diese in den Ozean zu werfen, ohne zu erwarten, daß jemand sie aus dem Wasser zieht. Wenn das so ist, wozu dann die Flasche ins Meer werfen? Besser, man vergräbt sie im Sand am Ufer der Insel. Selbst bei der – durchaus nicht sinnlosen – Voraussetzung, daß ich schreibe, um mich selbst zu belehren, daß ich selbst die eigenen Fragen beantworte, weil ich nirgendwo anders eine Antwort finde, ist dieser monologische Dialog zwischen mir und mir kein ausreichender Grund für eine so verdammt schwere Plackerei. Da wäre es schon besser, sich zu sagen: Ich habe an die 30 Bücher geschrieben, sie haben eine Auflage von cirka 10 Millionen, sind in siebenhundert Ausgaben erschienen, also werde ich jetzt nichts mehr machen, höchstens Coupons abschneiden und leben wie Petronius. Aber mir sagt das nicht zu. Man möchte etwas mehr tun, aber so, daß dabei etwas herauskommt.

B: Ich fürchte, Sie machen jetzt das ewige Drama der Kassandra durch, auf die niemand hört, und der Effekt ihrer Prophezeiungen kann gleich Null sein.

L: Das weiß ich, und ich könnte kaum sagen, worauf ich noch warte, denn wenn man das ernsthaft überlegt, was vermag schon die Literatur? Kann sie zumindest auf die Verbesserung der politischen Sitten der Welt Einfluß ausüben? Sie kann es nicht! Aber zugleich steckt im Menschen irgendeine irrationale Hoffnung. Doch sogleich folgt die Enttäuschung. Wie denn, vor achtundzwanzig Jahren habe ich geschrieben, daß das so enden muß, und niemand hat dem auch nur die geringste Aufmerksamkeit geschenkt? Und es ist keiner aufgetaucht, der im entsprechenden Moment die Bremse gezogen hätte? Meine Gefühle entspringen der ungewöhnlichen Stärke meiner Ansprüche. Ein ganzer Berg von Anmaßungen! Und dabei weiß man doch, daß nicht einmal das größte Werk und nicht einmal der höchste menschliche Geist jemals in der Welt der Menschen wirklich etwas verbessert hat. Aber ich bekenne mich dazu, denn mir scheint, daß dieser Faktor am Entstehen meiner Bücher mitbeteiligt war.

B: Das ist, kurz gesagt, die didaktische Intention.

L: Zweifellos war es so, daß ich gekommen bin, um zu

belehren, ich kann also sagen, daß es wenige von mir geschriebene Bücher gibt, in denen die didaktische Intention keine Rolle spielte. »Eden« zum Beispiel ist ein Abenteuerroman, aber er handelt dennoch davon, wie die Blockierung der Information im gesellschaftlichen Umlauf zu katastrophalen Folgen führt. »Solaris« ist ein Angriff auf die anthropozentrische Mythologie, die dem Programm der modernen Kosmogonie zugrunde liegt. Unter diesem Gesichtswinkel kann man alle Bücher durchsehen. Und zugleich hatte ich dennoch die Gabe, gewisse Erscheinungen des geistigen Lebens in Kreisen, in denen kumulative Erkenntnis herrscht, vorwegzunehmen. Zweifellos war es so. Wenn man meine Bücher sieht, kann man tatsächlich eine didaktische Absicht darin finden, wieviel sie wert ist, weiß ich nicht. Ich muß aber bemerken, daß es gar nicht so war, daß ich mich vor die Schreibmaschine setzte, einen Bogen Papier einspannte und mir dachte: Worüber sollten wir heute die unglückselige und verblödete Menschheit belehren, damit sie endlich den Weg der Rechtschaffenheit und Tugend beschreitet? So war es selbstverständlich nicht, aber diese didaktische Ader ist bei mir tatsächlich sehr stark.

B: Legen Sie sich Rechenschaft darüber ab, welche Gefahren eine solche Haltung in sich birgt? Jeder von uns hatte einmal einen lästigen Lehrer, der gescheite, wichtige Wahrheiten verkündete, die wir nicht hören wollten. Und wenn man diese Leidenschaft noch in Literatur kleidet, entstehen neue innere Konflikte für den Autor, denn im Grunde spricht er zu einer Wand aus Papier.

L: Ich überlege nicht, ob das gut oder schlecht ist, sinnvoll oder sinnlos. Ich bin ein alter Mann mit einer mikroskopisch kleinen Anzahl von Illusionen. Es ist mir klar, daß die »Projektion« eines Buches in den Köpfen der Abnehmer nicht vorauszusehen und ganz anders ist als in den naiven Erwartungen des Autors. Manchmal habe ich den Eindruck, daß in mir etwas von einem Rebellen steckt, der es für richtig hält, gegen die uns von der Natur auferlegten biologischen Restriktionen, d. h. ein ungewöhnlich kurzes Leben, zu kämpfen. Die Möglichkeit, mit beiden Beinen in eine andere, zukünftige, rein potentielle zivilisatorische Realität zu springen, ist an sich schon eine Belohnung für mich. Belohnung in dem Sinne, wie die Tugend ihr eigener Lohn ist, die weder hier noch im Jenseits irgendwelche zusätzliche Gaben fordern sollte. Wenn ich sehe, daß ich mich nicht geirrt habe und daß die allgemeine Richtung meiner Suche, der Kompaß, den ich mir gewählt habe, richtig ist, so ist das für mich ausreichende Genugtuung. Nicht deshalb, weil ich eine Menge Geld und Lob einheimsen werde. Das ist ein Ding an sich: diese nebelhafte Intuition, die mich nicht auf den Holzweg geführt hat. Und ich möchte noch etwas sagen: Es ist auch ein Doping, denn wenn man mich so schnell einholen konnte, sollte ich den nächsten Sprung in die Ferne wagen. Bequem auf den Lorbeeren auszuruhen, damit gebe ich mich nicht mehr zufrieden.

Meine Bekenntnisse bitte ich daher so zu verstehen, daß es mir nicht darauf ankommt, wieviel Lobreden und Lorbeeren ich erntete, sondern ob diese Lorbeeren von Leuten kamen, die ich für kompetent halte. Ich achte darauf, ob die Lobreden leeres Wortgeklingel sind, als Konsequenz einer aufs

Geratewohl erteilten Anerkennung von hohem Wert, oder ob das Lob von Menschen ausgesprochen wurde, die in der Problematik bewandert sind. Angenehm überrascht bin ich erst dann, wenn ein hervorragender Spezialist, der an der vordersten Front konkreter Forschungen arbeitet, sagt, Lem habe vor zwanzig Jahren über Dinge geschrieben, die heute Gegenstand erbitterter Diskussionen im Rahmen neuester Errungenschaften der Wissenschaft sind. Sie werden zugeben, diese Art Genugtuung ist nicht typisch für Schriftsteller.

B: Das hängt davon ab, was man mit dieser Genugtuung anfängt. Wenn man sie zur Schau stellt, wie der Held von Mrozeks »Monisa Clavier« seinen ausgeschlagenen Zahn, kann ich darin nichts Gutes sehen.

L: Das kann man mir nicht vorwerfen. Ich glaube nicht, daß Franz Kafka, hätte er wie Lazarus aus dem Grab auferstehen können, große Freude daran gehabt hätte, daß seine »Strafkolonie« grauenhafte Designate in Form zahlloser Auschwitzlager gefunden hat. Er hätte doch nicht schadenfroh gesagt: Bitte, ich habe es vorausgesehen! Das war ein Geist anderer Art, ihm ging es nur um die potentiellen Möglichkeiten des menschlichen Verstandes. Auch mir geht es um nichts anderes.

B: Zurück zu Ihrer didaktischen Einstellung und Leidenschaft des Belehrens – ich muß sagen, heute erscheint eine solche Einstellung unerhört anachronistisch.

L: Das ist in der Tat unzeitgemäß. Und darum bin ich über Kreuz mit dem Trend der Weltliteratur, die sich aus den früheren Positionen zurückzieht. Niemand schreibt mehr philosophische Märchen in den Kategorien der Aufklärung.

Niemand hat Lust, den Enzyklopädisten zu spielen. Eher umgekehrt, man dringt in die innere Welt des Menschen ein und bauscht diesen Mikrokosmos zu kolossalen Ausmaßen auf.

Oder eine Literatur, die sich nur mit der Sprache befaßt und verschiedene Spielchen mit der Form anstellt. Das war für mich immer linguistische Galanterieware – das Schleifen hübscher Anhängsel in der Sprache.

B: Man sollte jedoch unterstreichen, daß auch Lem nichts dagegen hat, mit der Sprache Spaß zu treiben und ihr ein wenig die Knochen zu verbiegen.

L: Man kann aber meine schriftstellerische Arbeit nicht auf das reduzieren, was ein vielleicht tödlich ernstes, aber immer noch ein Spiel ist. Die frivolen Spielereien der »Kyberiade« sind das Echo und die Reproduktion sehr »harter« und »komprimierter« Probleme und zeigen sich dort in Variationen. Variationsreichtum scheint mir nämlich ein Merkmal der Kunst zu sein. Es ist überflüssig, eine wissenschaftliche Theorie, die sich schon durchgesetzt hat, in verschiedenen Variationen, wie in einer musikalischen Komposition, darzustellen. Hingegen glaube ich, daß es in der Literatur möglich, lohnend und angemessen ist, mit solchen Variationen herumzuspielen, die bei der ersten Lektüre noch etwas völlig Neues sind. Das heißt, daß man dem entsprechenden Ding zum ersten Mal einen Ausdruck verleiht, obwohl der Autor in Wirklichkeit weiß, daß er das Wort nicht zum ersten Mal verwendet. Hier wird das Kostüm gewechselt, und Kostümierung ist für mich in der Literatur unverzichtbar, denn sie ist ihr integrierender Bestandteil. Es gibt keinen Grund, warum man etwas, das als Symphonie komponiert war, nicht auch auf einem Kamm oder einem Grashalm spielen sollte.

Zusammenfassend muß ich sagen, daß ich mir darüber klar bin, daß meine Entwicklungslinie in umgekehrter Richtung zum generellen Entwicklungstrend verlief. Ich beschloß also, mit meinen Büchern nicht bloß den Lauf der Weichsel, sondern aller Flüsse umzukehren. Im Zusammenhang damit bin ich außerhalb der Grenzen Polens mit der ganzen Science-fiction völlig zerstritten. Eine der sichtbaren Folgen war mein Herausschmiß als Ehrenmitglied der Science Fiction Writers of America.

B: Wahrscheinlich wegen der »Phantastik und Futurologie«?

L: Dieses Buch ist in den Vereinigten Staaten nie erschienen. Nein, wegen eines Artikels, der übrigens zu diesem Buch paßt. Er wurde in der »Frankfurter Allgemeinen Zeitung« unter dem Titel »Die verunglückte Phantasie« gedruckt und dann in Amerika mit boshaften Verdrehungen übersetzt. Zwar habe ich oft sehr scharfe Kritik geübt, aber nie Argumente *ad personam* verwendet, hier aber hat jemand an diesen Artikel irgendwelche persönlichen Sticheleien angehängt. Daraus entstand ein großes Ärgernis, und in der Folge wurde ich mit dem Schimpfnamen eines »polnischen Solschenizyn« beehrt. Aber dieses Ereignis war nur der Endeffekt, die Spitze eines Eisbergs. Es beendete meine apostolische Tätigkeit *in partibus infidelium* in der Science-fiction, denn ich vergeudete zuviel Energie für das Schreiben unzähliger Artikel, bis mir die Vergeblichkeit dieses Unterfangens bewußt wurde.

B: Möchten Sie nicht wenigstens die Umrisse des immer

noch unter Wasser befindlichen Eisbergteils aufdecken? Der polnische Leser hat davon keinen blassen Schimmer, und vielleicht wird es ihm nach der Tracht Prügel, die Sie der polnischen Kritik verabreicht haben, leichter ums Herz sein, wenn Sie noch die ausländische ins Gebet nehmen.

L: Was die innere Kritik der SF betrifft, so hatte ich mit ihr aufgrund unzähliger Mißverständnisse die schlimmsten Erfahrungen. Es gab eine Zeit in meinem Leben, da unterhielt ich eine Brieffreundschaft mit Franz Rottensteiner. Er gab eine Zeitschrift »Quarber Merkur« heraus (Quarb heißt der kleine Ort, in dem diese Zeitschrift entstand). Es erschienen etwa 50 Hefte, gewidmet theoretischen Problemen, die mit der breit aufgefaßten Phantastik zusammenhängen, wobei der Leser auf der Titelseite der Zeitschrift das Leitmotiv finden konnte: »Kampf der verderblichen Schundliteratur.« Als Rottensteiner der Durchbruch zur Kritik auf dem amerikanischen Kontinent gelang, zog er sich den allgemeinen Haß zu, und alle Bajonette richteten sich gegen seine Brust. Da wir damals zusammenarbeiteten und auch ich in dieser Zeitschrift zu Wort kam, wurden sie auch gegen meine Brust gezückt. Ich nannte das apostolische Tätigkeit und Erhellung der amerikanischen Geister. Wir bekämpften den Schund und die Misere in der SF. Wir waren ein Herz und eine Seele, denn Rottensteiner hat einen instinktiven Widerwillen gegen Kitsch. Wir arbeiteten damals als Tandem, so daß man uns in den Fantasy-Magazinen manchmal verwechselte. Wir veröffentlichten niederschmetternde Texte, die von Australien bis nach Kanada gingen, also dorthin, wo der Klan der SF-Autoren am aktivsten ist. Heute ist das eine Domäne mit Festungsmauern, aber als wir mit unserer Aktion begannen, war die Phantastik noch weit davon entfernt, kanonisiert und Vorlesungsgegenstand an den Universitäten zu sein. Es gab noch keine »Science-fiction-Studies«, bei denen Rottensteiner und ich bis heute »contributing editors« sind. Unsere Tätigkeit war eine der Phantastik hingeworfene Herausforderung.

Die Folgen verspürte ich, als meine Bücher herauskamen und fatale Besprechungen in verschiedenen Fantasy-Magazinen ernteten. Das hat sich erst später geändert, als ernst zu nehmende Kritiker sich mit meinem Schaffen zu befassen begannen. Einige dieser Namen kann man in dem vom Suhrkamp Verlag herausgegebenen Buch über mich finden. Früher jedoch hat fast jeder Kritiker meine Bücher so gelesen, als wollte er in einem Telefonbuch das Backrezept für Krapfen finden, und da er über die Produktion von Konditorwaren nichts darin fand, lehnte er sie unzufrieden ab. Ich aber kam schon damals zur Überzeugung, daß es unsinnig ist, sich in Polemiken und Erklärungen einzulassen, die etwa so klingen würden: Es ist nicht wahr, daß, wie der Kritiker X behauptet, mein Buch dem Problem Y gewidmet ist.

Jetzt hat sich die Situation umgekehrt. Ich kann nicht sagen, daß der materielle Nutzen ausgeblieben ist, aber von meinem Vorteil in meritorischer Hinsicht kann kaum die Rede sein.

B: (Fragender Blick)

L: Ich habe etwas gewonnen, was der Marke eines guten Produkts entspricht. Wenn jemand einen Wagen kaufen will und auf der Haube einen dreistrahligen Stern in einem Rädchen sieht, also das Zeichen des Mercedes, ist es nicht mehr notwendig, daß er ein Team von Ingenieuren dingt, die die Qualität des Produkts prüfen, sondern er vertraut der Marke. Wenn also ein westdeutscher Verleger mir sagt: »Herr Lem, ich gebe Ihnen blindlings 50 000 Mark, wenn Sie für mich ein Buch schreiben«, so heißt das keineswegs, daß ich der Schöpfer von Meisterwerken bin, sondern nur, daß ich mich gut »verkaufe«.

B: Und was haben Sie über Ihre ausländischen Kritiker zu sagen?

L: In den sehr zahlreichen Rezensionen, die jedes meiner Bücher, wie ein Komet seinen Schweif, hinter sich herzieht, gibt es nichtssagende lobende Worte, die nur so viel bedeuten, daß der betreffende Kritiker überzeugt ist, es mit einem guten Produkt zu tun zu haben, welches man loben sollte, obwohl er selbst nicht ganz genau weiß, worum es dort geht. Kritiker hingegen, die sich in der szientistischen Problematik gut orientieren, könnte man in der ganzen Welt an den Fingern beider Hände abzählen. Leute, die sich in der Literaturkritik und zugleich in den Problemen der modernen Wissenschaft auskennen, sind recht selten. Und wenn man sich in diesen Problemen nicht auskennt, kann man kaum sinnvoll über meine Bücher schreiben, denn woher sollte ein Ignorant wissen, welche Konzeptionen mein Eigentum sind, welche Extrapolationen und welche die letzten Schlußfolgerungen aus faktischen Feststellungen der Wissenschaft? Es ist kaum zu erwarten, daß jemand, der das nicht studiert hat und, schlimmer noch, den diese Problematik überhaupt nicht fasziniert, der Meinung wäre, daß das etwas anderes ist als Larifari oder blauer Dunst, den man den Lesern vormacht.

B: Die angelsächsischen Kritiker haben Sie angegriffen, andere wußten offenbar überhaupt nicht, worum es in Ihren Büchern geht, in Polen hat man nichts getan, um Sie im Westen bekannt zu machen, die ausländischen Verleger drucken alles, wenn es nur von einem berühmten Namen firmiert ist. Wie ist es Ihnen trotz einer so ungünstigen Konjunktur gelungen, sich ein kommerzielles Markenzeichen zu erwerben? Das können Sie doch weder den Kritikern verdanken noch dem in Ihren Büchern enthaltenen intellektuellen Element, denn dieses – wie ich aus Ihren Äußerungen schließe – stört eher den Verkauf.

L: Das intellektuelle Element weckt bei den Verlegern im Westen Befürchtungen. Die meisten Verleger sind Leute, die von Literatur nichts verstehen. Wie es scheint, haben sie das wirklich nicht nötig. Sie leben im Bestseller-Mythos. Und das Interessante ist, sie sind nicht einmal imstande, ein vielversprechendes Buch von einem, das nicht die geringsten Chancen hat, zu unterscheiden! Das sind Baumwollhändler, die Baumwolle nicht von ausgerupften Federn unterscheiden können. Das hat mir übrigens manchmal zu denken gegeben. Ich kann zwar nicht sagen, daß es immer so war, es trifft aber auf viele Verleger zu.

Und was meinen Weg zum Erfolg im Westen betrifft, so verdanke ich ihn meiner langsamen Entwicklung. Am Anfang habe ich Bücher geschrieben, die nicht sehr gut waren, aber sich gut lesen ließen, und später weniger »lesbare«, dafür aber intellektuell und künstlerisch bessere. Diesem Umstand ist es zuzuschreiben, daß ich viel gelesen wurde. Wäre ich auf dem Weltmarkt mit solchen Büchern gestartet wie »Imaginäre Größe«, könnte von keinen Millionenauflagen die Rede sein, bestenfalls wäre ich sehr engen Kreisen bekannt geworden. Solche Bücher wie die »Astronauten« oder »Transfer« haben mir zum Aufstieg verholfen. Übrigens waren nicht alle meine frühen Bücher schlecht, das kann man nicht von »Solaris« und den »Sterntagebüchern« behaupten, die recht hohe Auflagen hatten.

B: Ein amüsantes Phänomen, um so mehr, als andererseits diese Ihre Entwicklung Ihnen mit der Zeit einen Teil der Leser abspenstig gemacht hat.

L: Tatsächlich schrumpfte die Zahl der Leser, aber sehr viele blieben mir treu. So ist sogar eine spezifische Religionsgemeinde entstanden, und bei verschiedenen Begegnungen habe ich oft gehört, daß ich den einen zu astronomischen, den anderen zu mathematischen Studien angeregt habe. Vielleicht ist das nicht wichtig, aber mit der Zeit gewöhnte ich mich daran, mir anzuhören, daß ich menschliche Schicksale in so hohem Grad beeinflußt habe. Zweifellos ist das eine solide Form der Entschädigung, wenn man für das Fehlen einer sinnvollen kritischen Betreuung von Entschädigung sprechen darf. Zwar schreibt man für den Leser, aber man möchte so gern im Kritiker einen genialen Leser finden, der ein Thermometer in den Text steckt und abliest, welche Temperatur in ihm herrscht.

B: Aus Ihren Worten schließe ich, daß Sie die Welt durch eine private Pforte betreten haben. Wurden Sie nicht auf dem Weg des normalen Kulturaustausches gefördert?

L: Das sieht man am besten am Beispiel der Länder, in denen die Übersetzerpolitik strikt von einer gesteuerten literarischen Hierarchie abhängt. Im allgemeinen hat das so ausgesehen, daß keiner der beruflichen Übersetzer der polnischen Literatur, die systematisch mit dem Kulturministerium und dem Vorstand des Polnischen Schriftstellerverbandes in Kontakt stehen, meine Prosa übersetzt hat. In der Sowjetunion haben mich ein renommierter Astrophysiker, ein renommierter Mathematiker und irgendein Japanologe übersetzt, also Leute, die nicht aus dem literarischen Milieu kommen.

B: Und doch sind Sie in der Sowjetunion ungemein populär. Ihre Bücher, das weiß ich von meinen Freunden, werden dort geradezu enthusiastisch aufgenommen.

L: In der UdSSR habe ich gigantische Auflagen. Als in polnischer und russischer Sprache das Buch »Über Freunde« erschien, haben viele Schriftsteller Texte darüber zusammengeklittert, wie sehr sie die Sowjetunion lieben oder wie sehr sie in diesem Land geliebt werden. Es gibt dort einen einzigen Text, der echt klingt: meinen. Echt deswegen, weil das Abenteuer, das ich in der UdSSR erlebt habe, nicht seinesgleichen hat, was das Schicksal polnischer Schriftsteller in diesem Lande betrifft.

B: Ich glaube, es wäre angebracht, daß Sie darüber ausführlicher berichten.

L: Gerne, das war ein wunderbares Erlebnis. Als ich vor vielen Jahren mit einer Schriftstellerdelegation nach Moskau kam, wurde ich durch den spontanen Andrang wissenschaftlicher Kreise, Studenten und Mitglieder der Akademie der Wissenschaften, von der Gruppe, die ein im vorhinein

festgelegtes Besucherprogramm hatte, buchstäblich fortge-
rissen. Zwei Wochen lang sah ich praktisch meine Kollegen
nicht, weil ich auf der Lenin-Universität, in einem Kern-
kraftwerk, im Institut für Hohe Temperaturen war oder nach
Charkow gebracht wurde. Diese Wissenschaftler bewirkten,
daß die von diesem Ansturm direkt ins Bockshorn gejagte
polnische Botschaft einen Cocktail zu meinen Ehren veran-
staltete, zu dem die Elite der sowjetischen Wissenschaft erschien. Das waren verrückte Wochen, als das Sekretariat der
Botschaft sich in mein Sekretariat verwandelte, so gewaltig
war die Menge der Einladungen, die von allen Seiten kamen.
Dem schlossen sich in der zweiten Staffel die Kosmonauten
B. Jegorow und K. Feoktistow an, und die vereinnahmten
mich dann völlig.

Als ich ein Jahr später wieder mit einer Delegation nach
Moskau fuhr, wiederholte sich das alles in noch größerem
Ausmaß. Ich erinnere mich an meine Begegnung mit Studenten der Moskauer Universität, zu der solche Massen zusam-
menströmten, daß ich mich wie Fidel Castro unter seinen
Verehrern ausgenommen haben muß. Die Begeisterungsfä-
higkeit der Russen, wenn sie den Eindruck eines intellektuellen Abenteuers haben, ist unvergleichlich hoch im Verhältnis zu dem, was in anderen Ländern geschieht. Als Sartre
aus Moskau zurückfuhr, war er buchstäblich berauscht davon, wie man ihn auf Händen getragen hatte. Auch ich habe
das erlebt. Wenn die Russen jemandem ergeben sind, sind sie
zu einer solchen Selbstaufgabe und Opferbereitschaft fähig,
sind sie so wunderbar, daß das fast unbeschreiblich ist.

Ich muß sagen, ich war überhaupt nicht imstande, die sowjetische Wirklichkeit wahrzunehmen, denn ich war die ganze Zeit durch eine Menschenmauer von ihr getrennt. Damals war ich noch jung und widerstandsfähig genug, um all das auszuhalten, aber diese Tage zählten 18 bis 20 Stunden. Ich kam fast überhaupt nicht zum Schlafen, denn die Telefonanrufe begannen schon um sechs Uhr früh. An all dem – und das ist interessant – nahmen zahllose Gelehrte teil, ich wurde in Privatwohnungen geschleppt, in die Gorki-Bibliothek, zum Präsidenten der Estnischen Akademie der Wissenschaften, aber dort gab es überhaupt keine Schriftsteller. Ich war der einzige. Das war ein unwahrscheinliches Durcheinander. Ich hatte dabei das Gefühl eines Ersatztriumphs, denn mir wäre es doch lieber gewesen, daß das in meinem eigenen Land stattgefunden hätte.

Als der sowjetische Physiker Frank, Nobelpreisträger, nach Krakau kam, war das erste, was er tat, sich mit mir in Verbindung zu setzen. Fünfzehn Jahre lang war mein Haus ein Wallfahrtsort. Sooft eine sowjetische wissenschaftliche Delegation nach Polen kam, wußte ich, daß sie früher oder später bei mir landen würde, denn das war gewöhnlich ihr Extrawunsch, den sie anmeldeten. Ich kann mich also nicht beklagen, daß ich von ihnen zu wenig verhätschelt wurde. Im Gegenteil, ich wurde fast zu Tode gehätschelt. Sogar in der Botschaft in Moskau hatte ich den Eindruck, ein Wundertier zu sein. Ich wurde von diesen begeisterten Wissenschaftlern so hoch hinaufkatapultiert, und das geschah so spontan, daß man sich dem nicht entgegenstellen konnte. Bei der Beschreibung all dessen in dem erwähnten Buch mußte ich wegen des Kontexts den Ton dämpfen.

B: Folgt daraus, daß Sie in dieser Weise auch in Polen verhätschelt werden, in einer solchen Atmosphäre leben und arbeiten möchten?

L: Verstehen wir uns richtig. Hervorragende und bedeutende Menschen scheinen immer aus fernen Ländern zu kommen. Mir wurden so unerhörte, umwerfende Beweise dieses Enthusiasmus geliefert, weil ich mich selten zeigte und nur kurz verweilte. Dort hatte ich das Gefühl, notwendig zu sein und dringend gebraucht zu werden. Zum Beweis dessen will ich zwei Geschichten erzählen.

Als man mich nach Charkow einlud, warteten, obgleich man aus dem Flugzeug nur in kleine Waggons umsteigen kann, die von einem speziellen Traktor gezogen werden, vor dem Flugzeug schon Wissenschaftler auf mich und steckten mich in einen »Wolga«, der uns in die Stadt fuhr. Und das war ein humoristisches Bild, denn ich lag unter einem Berg von Chrysanthemen – es war Spätherbst, also gab es keine anderen Blumen –, so daß ich mir wie eine sehr ehrwürdige Leiche auf dem Weg zum Friedhof vorkam. Das assoziierte sich mir mit der Atmosphäre von Allerseelen, denn ich konnte mich unter der Masse schrecklich kalter, weißer und feuchter Blumen nicht rühren. Man hätte meinen können, daß alle Blumen in ganz Charkow ausverkauft waren. Ich war zwei Tage dort, sah aber nichts – nicht einmal die Straße. Sogar am Vorabend meines Abflugs nach Moskau, als mich einige -zig Professoren und Dozenten zu Fuß zum Hotel begleiteten und ein lärmender Betrunkener uns entgegenkam, dessen Gang eine Sinuskurve beschrieb, drängten sich meine braven Beschützer dichter um mich, wie Hennen, die ihre

Küken vor dem Habicht verbergen, um mir den peinlichen Anblick zu ersparen.

Die zweite Geschichte ereignete sich, als Professor Kapiza, auch er Nobelpreisträger, der älteste Schüler Rutherfords, der »Senior der sowjetischen Physik«, den Wunsch äußerte, mich zu sprechen. Er lud mich zu sich ein, zog sich, zur Enttäuschung seiner Mitarbeiter, mit mir in sein Arbeitszimmer zurück und redete mit mir über alle Probleme der Erde und des Himmels. Als ich sein Zimmer verließ und die enttäuschten Gesichter der Wartenden sah, sagte ich leichtsinnig, wenn jemand mich sprechen wolle, möge er mich im Hotel besuchen. Es kamen so viele, daß ich erschrak. Mein Zimmer war sehr groß, aber alle standen, denn zum Sitzen war nicht einmal auf dem Fußboden Platz. In Anwesenheit von etwa 60 Menschen fand dort eine Art Meeting statt. Was sie sich auch von mir erwartet haben mochten und was meine Literatur auch wert sein mag, dieses Interesse war authentisch. Authentisch ist auch, was immer man über diese Gesellschaft Schlechtes sagen könnte, die sowjetische Wissenschaft. Entgegen dem, was mancherorts behauptet wird, haben sie eine echte, solide Kosmonautik. Diese Welt der russischen Wissenschaft war für mich eine große Überraschung. Ich stand wohl stellvertretend für alle da: Camus, Sartre, Joyce, Kafka. Ein großer Kontrast zu den Zuständen in Polen. Auch bei uns habe ich authentische Leser, über das Klima der Begegnungen kann ich mich nicht beklagen, aber so war es bei uns nie.

Man könnte den Verdacht hegen, daß ich mir Ressentiments von der Seele rede, aber das berührt unser System, das nichtauthentische Leute förderte. Die ideale Situation für ein System ist die, wenn jemand ein großer Schriftsteller oder ein großer Künstler geworden ist, weil er von den »Offiziellen« gesalbt wurde. Wenn ein hoher Würdenträger jemanden absegnet, dann weiß man, der so Geehrte wird groß und mächtig, wird aber der Segen abgezogen, dann verfliegt das Charisma wie Kampfer, und übrig bleibt ein Haufen Mist.

Einst besuchte mich – er saß auf demselben Sessel wie Sie jetzt – Herr Szlachcic, damals die Nummer 2 im Staat. Im Laufe des Gesprächs sagte er, daß es ihn wundere, wie weit ich es gebracht habe, denn wir – er benützte den *pluralis majestatis* – »haben Ihnen nicht geholfen«. Und dann fügte er etwas betrübt hinzu: »Wir haben sogar ein bißchen geschadet« (Lachen). Er hatte solche Anwandlungen absoluter Offenheit.

B: Womit erklären Sie sich die Tatsache, daß Sie sich außerhalb des Kreises »gesalbter« und offiziell geförderter Personen befanden? Sie befassen sich doch nicht unmittelbar mit politisch-sozialer Problematik. Man kann nicht sagen, daß Sie für die Kulturpolitiker besonders unbequem waren. Schließlich sind die »Dialoge« das einzige Werk, wo Sie das phantastische oder groteske Kostüm ablegten, aber sogleich haben Sie es durch das kybernetische ersetzt.

L: Da spielen einige Elemente mit. Ich bin auf der Hut vor übermäßigen Rationalisierungen, denn vieles ist wohl gewöhnlicher Trägheit oder dem Zufall zuzuschreiben. Vor allem war ich immer frei wie ein Vogel. Ich lebte zurückgezogen, antichambrierte nicht, bewarb mich nicht um Stipendien, sondern reiste für eigenes Geld ins Ausland, und mit dem Kultusministerium kam ich nur bei der Verleihung von Staatspreisen in Berührung. Bequemer ist ein Mensch, der einem aus der Hand frißt und abhängig ist.

Ein Schriftsteller oder Künstler, der einen starken Rückhalt im Ausland hat, doch nicht im Rahmen des Kulturaustauschs; der sowohl im Osten wie im Westen herausgegeben wird, ist irgendwie befremdend. Man schlägt ihm vor, »dorthin« zu fahren, und er antwortet, daß er anderswo hinzufahren gedenke. Also: nicht unterwürfig. Natürlich den Institutionen gegenüber, nicht, daß er irgendwie Lärm schlägt. Zum zweiten: ein Schriftsteller, über den man nicht nach Belieben verfügen kann. Man kann von ihm keine »sehr notwendigen öffentlichen« Leistungen verlangen. Als man mich zum Beispiel noch vor dem August 1980 fragte, was ich von der Neutronenbombe hielte – das war im Rahmen einer großen Propaganda-Kampagne –, sagte ich, die Neutronenbombe sei meines Erachtens ein ebensolches Unglück wie die Atombombe. Ich sehe keinen Unterschied. Und nichts mehr. Die Person, die das Interview mit mir durchführte, war sehr erstaunt.

Ich brachte nicht für etwas X-beliebiges Begeisterung auf, rannte nicht mit offenen Armen jeder Auslandsdelegation nach, man konnte mich nicht für irgend etwas »einspannen«, ich erfüllte nicht die Erwartungen der Beamten. Ich war also irgendwie »zäh«. Ich kann nicht sagen, ich hätte deutlich gefühlt, daß mir jemand speziell schaden will. Na, vielleicht ein oder das andere Mal, als Tarkowski den Fimmel mit der Verfilmung von »Solaris« bekam ... Man redete auf ihn ein – es waren verschiedene hohe Würdenträger –, daß sich das nicht gehört, weil es idealistisch, subjektivistisch und metaphysisch ist, aber das alles ging daneben, denn Tarkowski ist von Kopf bis Fuß idealistisch-metaphysisch und dazu noch eine »russische Seele«, also war er nicht der richtige Adressat für derartige Vorbehalte. Diese ganze Geschichte habe ich übrigens von den Russen erfahren.

Außerdem passierten zuweilen seltsam zufällige Dinge. Als ich zum Beispiel den »Futurologischen Kongreß« schrieb, den ich in »Szpilki«* drucken lassen wollte, fiel der Drucktermin auf den Dezember 1970. Schüsse an der Ostseeküste, und in meinem Text wurde auch geschossen, also, obgleich die Nummer schon gedruckt war, wurde die ganze Auflage beschlagnahmt. Oft hatte ich derartige Koinzidenzen. Ich erzähle das in kleinen Anekdoten, aber das fügte sich tatsächlich zu Ganzheiten zusammen. Wenn etwas der Schere des Zensors zum Opfer fiel, maß ich diesen Einmischungen kein übermäßiges Gewicht bei, stellte meine Wunden nicht zur Schau, ich führte nicht einmal ein Tagebuch der eigenen Verletzungen. Aufgrund meiner Erfolge im Ausland befand ich mich ein bißchen in der Lage eines Ölkonzerns, der gewisse Verluste in Florida davonträgt; dafür hat er aber noch ganze Ölfelder in Kuwait, ein Netz von Bohrtürmen in Nicaragua und an einigen anderen Stellen der Welt. Wenn ich also auf der ganzen Welt Interessen habe, werde ich über einen Flecken Erde keine Tränen vergießen. Es steht schon auf einem anderen Blatt, daß mir immer am meisten daran gelegen war, in Polen gedruckt zu werden.

* Humoristisches Wochenblatt.

Ich lege mir Rechenschaft darüber ab, daß meine gegenwärtige Arbeit immer mehr in Gegensatz zu den klassischen Kanons der Literatur gerät. Ich bin ein Fremdkörper in der Literatur, und wenn jemand unbedingt wollte, könnte er sogar sagen, ein Parasit, denn ich nütze verschiedene Arten der *licentia poetica* zu Zwecken aus, die mit ihrer allgemeinen Orientierung in Widerspruch stehen. Aber da es sich heute glücklicherweise so fügt, daß alles, wovon man erklärt, es *sei* Literatur, Literatur ist, kann mich niemand aus diesem Bereich relegieren, nur weil er die Lust dazu verspürt. Weder der fiktive noch der hybride Charakter der Produkte meines Geistes kann als »dolus« angesehen werden, also als etwas, das verdient, aus der Literatur hinausgeschmissen, dorthin hinabgestoßen zu werden, wo die Seelen unschuldiger Säuglinge, die nicht rechtzeitig getauft werden konnten, verweilen.

Ich bin mir klar darüber, daß ich mich an einem seltsamen Punkt befinde, wo aneinander grenzen: die Literatur, die Wissenschaft, die Philosophie, das Aufstellen von Hypothesen, unverbindliches Phantasieren und eine Prophetie, die heute unmodern ist. Aber auf diesem Platz bin ich heimisch geworden, ich fühle mich hier sehr wohl. Als Lebensnische entspricht er mir außerordentlich. Mein Ehrgeiz ist es, auf diesem Platz so lange zu wirken, wie es möglich ist, unter dem obersten Imperativ, der mir gebietet, nach Wahrheit zu streben. Ich vermag nicht eindeutig zu sagen, ob das die Wahrheit wissenschaftlicher Feststellungen über den Menschen und seine Welt ist, ob das die szientistische oder metaphorisch verstandene Wahrheit ist, ob es um die Eindeutigkeit der Feststellungen und Urteile geht oder auch um Parabeln, Vergleiche und Allegorien. Ich versuche nicht einmal, mir eine solche Selbstdiagnose zu stellen, ich weiß nicht, ob das so wichtig ist. Die Motivation meiner Tätigkeit ist eine ungeheure Wißbegierde und der Wunsch – das klingt seltsam im Munde eines Menschen, der Schöpfer von Illusionen ist –, möglichst viele Illusionen, denen sich die Menschheit hingibt, auszumerzen. Ich fühle mich wie jemand, der vor ein Tribunal gestellt wurde und die Wahrheit sagen soll, die reine Wahrheit und nichts als die Wahrheit. Man hat ihm jedoch die Gnade gewährt, daß er die Wahrheit so sagen kann, wie er es am besten vermag, wie er dazu fähig ist. Also auch durch ein Bild, eine Parabel oder Phantasmagorie, wenn er nur das – übrigens rein intuitive – Gefühl hat, daß er sich von dieser Wahrheit nicht entfernt, daß er sie nicht hintergeht, nicht lackiert, nicht verfälscht und nicht verdreht.

Das ist natürlich eine innerlich widersprüchliche. Tätigkeit, denn ich selbst habe viele Male unterstrichen, daß mir die Existenz einer ewigen Wahrheit zweifelhaft erscheint. Ich weiß selbstverständlich, daß der weit überwiegende Teil dessen, was ich geschrieben habe und schreiben werde, anachronistisch werden wird und sich die Schwerpunkte in der künftigen Rezeption verlagern werden. Aber ich zähle auch darauf, daß nicht alles als Illusion oder Mißverständnis annulliert und ausgelöscht werden wird, da ich zugleich der Meinung bin, daß nicht alles, was wir wissen, zur Gänze nur momentan und vergänglich ist. Wäre dem nämlich so, dann würde auf die Dauer dem Menschen nichts zu eigen bleiben. [...]

TERTIO MILLENNIO ADVENIENTE

In völliger Abgeschiedenheit von der Welt der Informationen schrieb ich *Summa technologiae*. Ich möchte sowohl dieses als auch früher erschienene Bücher, beispielsweise *Dialoge*, an die Meßlatte aktueller, von wissenschaftlichen Autoritäten solide unterstützter Prognosen legen, die unter anderem in der Dezembernummer der Monatsschrift *Scientific American* 1999 veröffentlicht wurden. John Maddock behauptet, daß die wichtigsten Entdeckungen des vor uns liegenden halben Jahrhunderts so erstaunlich sein werden, daß wir sie uns nicht einmal vorstellen können. Steven Weinberg dagegen bringt nur die schwache Hoffnung zum Ausdruck, daß die Physik der Elementarteilchen einen wichtigen Schritt nach vorne machen wird, zugleich glaubt er aber, daß uns für die ordentliche Erschaffung einer vollständigen großen Theorie schlicht die energetischen Kräfte fehlen werden, da mindestens 10^{16} Erg benötigt würden (selbst ein System von der Größe der Sonnenumlaufbahn der Erde würde nicht ausreichen, um so viel Energie zu erzeugen). Die Entzifferung des Lebenscodes sollte die Lösung des Rätsels um die Entstehung des Lebens ermöglichen und uns damit in die Welt zuerst der virtuellen, dann auch der reellen Autoevolution lebender Wesen, mit dem Menschen an der Spitze, einführen. Vier weiteren Problemen will ich einige Worte widmen. Ich habe sie vor einem halben Jahrhundert nicht wirklich vorausgeahnt.

Die technozivilisatorische Aktivität des Menschen übt auf das Klima des Planeten einen immer stärkeren, sogar immer bedrohlicheren Einfluß aus. Ich sprach davon auf einer sowjetisch-amerikanischen Konferenz, sagte aber nur so viel: von uns unabhängige Parameter wandeln wir unbewußt in Parameter um, die von unserem globalen Handeln abhängig sind. Ich wußte dafür aber keine Lösung, weder damals, noch weiß ich sie heute. Das Problem liegt darin, daß der Rettung des ins Schwanken geratenden Klimas viele und widersprüchliche Interessen vieler Staaten im Wege stehen.

Das nächste Problem, mit dem ich mich nicht befaßt habe, war das der Verlängerung des menschlichen Lebens, die das Altern stark hinauszögern würde. Ein Elixier der ewigen Jugend wird es nicht geben. Unser Altern wie unsere Sterblichkeit sind tief verwurzelt in den fundamentalen chemischen Prozessen der Tierphysiologie. Manche Pflanzen werden mehrere hundert Jahre alt, wie beispielsweise der Mammutbaum, weil die Stabilität der Lebenszyklen in hohem Maß von der Dauer und damit auch von dem Beenden der Fortpflanzungszeit abhängt. Eine ganze Batterie organischer Verbindungen, die die Homöostase des Lebens aufrechterhalten, beginnt zu bröckeln und zu zerfallen nach der Beendigung der Fertilität, weil die natürliche Auslese in der Evolution so funktioniert. Dies bedeutet, daß die elementarsten und allgemeinsten biochemischen Reaktionen eines Organismus zu dessen Verjüngung auf vielen Ebenen umgepolt werden müßten.

Eine weitere Frage haben die Amerikaner aufgeworfen, nämlich nach der Art und Weise, wie das Gehirn Bewußtsein erzeugt. Nicht einmal verschwommen sind am Horizont irgendwelche Chancen zu sehen, diese Frage zu beantworten. Wir sehen dagegen eine immer größere Zahl geschickt konstruierter Programme (*software*), die verschiedene Erscheinungsformen des Bewußtseins imitieren.

Diese verkürzten Hinweise blieben unvollständig, würde ich zu der jüngst in einer amerikanischen Monatsschrift erschienenen Arbeit nicht Stellung beziehen, die in einer ohnehin mit Zukunftsprognosen gefüllten Nummer sich mit der Entstehung von Robotern befaßt, die dem Besitz der Vernunft immer näher kommen. Der Autor, der den baldigen Erfolg in dieser Entwicklung ankündigt, heißt Hans Moravec. Beachtenswert ist, daß solche Versprechen seit der ersten Generation der Kybernetiker in den fünfziger Jahren gemacht werden. Je genauer wir die Bauweise unseres Gehirns erforschen, die von den Anatomen mit den merkwürdigsten Namen, wie »Sylvius-Aquädukt«, geschmückt wird, um so genauer sehen wir die tatsächliche, nämlich ungeheuere Schwierigkeit, den Verstand zu konstruieren. Dagegen glaube ich, daß sich Surrogate oder einfach Imitationen der authentischen Vernunft mehren werden. Es ist durchaus möglich, sich elektronische Programme vorzustellen, die vernünftige Verhaltensformen imitieren, obgleich dies nur ein Schein bleiben wird.

An der Schwelle des dritten Jahrtausends zeichnen sich in vielen Bereichen des menschlichen Tuns Weggabelungen ab. In den exakten Wissenschaften, deren Exaktheit in der letzten Zeit durch die vielen riskanten und kontroversen Konjekturen unterspült wird, wissen wir nicht so recht, auf welchen Sektor der wirren konzeptuellen Baustelle wir uns vor allem konzentrieren sollten. Die frühen sechziger Jahre, als ich mich in Heimarbeit mit dem Vorhersagen befaßt habe, bis es mir gelang, die *Summa technologiae* zur Welt zu bringen, waren für mich eine Periode der Unfreiheit mit für die Prognostik paradoxerweise günstigen Auswirkungen. Indem ich hinter dem Eisernen Vorhang unseligen Gedenkens lebte und arbeitete und dadurch zur wissenschaftlichen und philosophischen Literatur – die damals noch nicht von der massenhaften Hypothesenvermehrung befallen war – keinen Zugang hatte, konnte ich mich mit recht allgemeinen Wegweisern begnügen, die auf den Strom künftiger Veränderungen in den folgenden Bereichen zeigten: Biotechnologie, Phantomatik, Imitologie, Pantokreatik. Die rein intentionale Vollkommenheit dieser Sphären, die ich nur zu benennen brauchte, ohne ihre Verzweigungen detailgetreu wiederzugeben, darüber hinaus meine damalige gedankliche Einsamkeit haben mir doch eher geholfen, da die Mauern oder vielmehr Dämme des politischen Systems mich vor allen innovativen Wellenschlägen schützten. Selbstverständlich war es leichter, unbekümmert die Differenzierung der Entwicklungen in der Technobiologie tatsächlich zu erfinden, als sie vorauszuahnen, denn wenn ich auch zum Plagiieren und sogar zum Überholen der von der Natur produzierten Erscheinungen – nicht nur der evolutiven – aufgerufen hatte, konnte ich doch nicht die biotechnischen Äste feiner verzweigen oder ihnen immer weitere Differenzierungen abtrotzen, um die Verbreitung der damals noch nicht einmal im Ansatz existierenden Disziplinen wie Gentechnologie, Genomik, Xenologie darzustellen und zugleich noch zur technischen Invasion in die

Tiefe des menschlichen Körpers überzugehen. Es gab doch damals noch gar keinen Begriff wie Molekulararchitektonik, die in die Dienste der digitalen (Computer-)Technik, der medizinischen Therapie und der Neurochirurgie (die in den Körper des Menschen, ohne ihn brutal aufzuschneiden, einzudringen vermag) eingespannt wird. Alles das, was sich heute unter diesen Begriffen verbirgt, existierte damals nicht, und wenn es mir durch ein Wunder gelungen wäre, auch nur einen Teil dieses Gewimmels zu prognostizieren, hätte nicht nur ein polnischer Philosoph meine Einfälle mit der wohlbekannten Bemerkung *difficile est satiram non scribere* quittiert, das heißt, man hätte mich nicht nur geringschätzig ignoriert, sondern auch ausgelacht.

Jeder, der heute versucht, das dritte Jahrtausend zu durchleuchten, befindet sich in einer unvergleichlich schwierigeren Situation als ich damals vor vierzig Jahren. Meine *Summa* schrieb ich unter dem Patronat der Zensur; daher war ich gezwungen, etwa vor militärischen Fragen haltzumachen. Gegenwärtig, nach kurzen Spasmen der Zufriedenheit des Westens, die durch den Zerfall des sowjetischen Imperiums ausgelöst wurden, haben Politiker, Politologen und Publizisten erkannt, daß die zwei gegeneinander gebauten Atomwaffenlager undicht sind und die Waffen in verschiedene Ecken der Welt gelangen können, weswegen ich befürchte, daß die Wahrscheinlichkeit des Einsatzes dieser Waffen mit der Zeit zunimmt. Nach dem Schaf namens Dolly trat ein Klonschock ein. Auf die noch nicht abgeschlossene Dekodierung des menschlichen Genoms, die jetzt schon kommerziell angefressen wird (durch die Patentierung von Fragmenten des

Erbcodes!), folgte der ethisch-rechtliche Tsunami. Aphoristisch ließe sich dies in den Worten zusammenfassen: Die Erkenntnis der beinahe unbegrenzten Freiheit, auf die wir zustreben, ergreift uns mit Entsetzen.

Gewiß nicht alles, aber doch recht viel von dem, was passieren kann, ist unter dem Schleier der Groteske, Burleske und Humoreske in meinen belletristischen Texten – nicht in den ernsthaften – wie der *Kyberiade* zu finden. Schrecklich ernste Kerne könnten aus meinen lustigen Nüssen herausgeschält werden. Ich habe mich sogar so weit vergaloppiert, daß ich das Fabulieren über Professor Donda mit der Beschreibung eines Weltallerschaffungsrezepts abgeschlossen habe. Das späte Schicksal meiner Konzeptionen, wie den Predigten Golems XIV., die in einem Hinterhof der phantastischen Literatur entstanden sind, kümmert mich wenig. Natürlich irrte ich sehr oft, weil ich versucht habe, die menschliche Natur mit gesunder Rationalität aufzubessern. Ich fürchtete mich vor einer sechs Milliarden zählenden Menschheit, denn nur auf der Insel von Robinson Crusoe bedeutet der Tod eines Menschen das Ende der Welt. Tatsache ist, daß sich die Zahl der Lebenden zu Gewicht und Würde einer individuellen Existenz umgekehrt proportional verhält. Das globale Dorf von McLuhan ist eine globale Mördergrube. Die Weltraumfahrt stellt eine weitere Herausforderung und Bedrohung unserer Gattung dar, denn organisch sind wir sehr erdgebunden. Dies wird die kosmische Expansion unserer Gattung nicht aufhalten, denn wir lieben das Risiko, auch in der Nähe der Selbstzerstörung. Sehr viele Errungenschaften, insbesondere wissenschaftliche, zeugen davon, daß die globalen Kosten der Bemühungen um das Leben mit der Zeit und gewiß auch unter Beschleunigung steigen werden, wodurch es zu einer bedingungslosen, aber auch rationalen Spaltung der Massen in eine Spitze, die ihr Leben rationalisieren und verlängern wird, und in einen riesigen Rest, der nach alter Weise vegetieren wird, kommen wird. Die demographische Explosion wird nicht allein mit natürlichen Mitteln der Geburtenkontrolle aufzuhalten sein. Sex verbrüdert mit Geld wird sich in hervorragender Imitation als Diesseitsparadies erweisen.

Technologien entstehen, reifen, altern und erlöschen. Die Imitologie, die Pantokreatik, der Glaube – denn das ist ein Glaube – an das beinahe ewige Leben der vernunftbegabten Computer, die nach uns die Erde beerben sollen, das alles wirkt auf viele Menschen tröstlich. Ich glaube an die diesseitige Allmacht des technologischen Lebensbaums, ich glaube aber nicht an die diesseitige Technologie der Erlösung.

Nachwort: Der große Schlemm

I. Ganz kurz: Leben und Werk

Stanisław Herman Lem wird 1921 im damals polnischen Lemberg geboren, muss kurz vor Weltkriegsende mit seinen Eltern ins 300 Kilometer entfernte Krakau umsiedeln und stirbt dort 2006. Skandale, Dramen oder Triumphe sind keine bekannt.[1] Er gründet eine Familie, hat ein paar Freunde, einige Hunde sowie lebenslange Vorlieben für Zigaretten, Halwa und Spielzeug. Als sein in den USA Physik studierender Sohn Tomasz klagt, vom Vater in Briefen statt Persönliches immer nur etwas über Schwarze Löcher zu erfahren, muss seine Mutter ihm erklären, dass Lems Innenleben eben aus diesen bestehe. Ausdruck dieser Geistesverfassung ist in erster Linie sein schriftstellerisches Werk, das drei Phasen hat.

Der *junge* Lem schreibt nach medizinischen und naturwissenschaftlichen Studien von etwa 1950 bis 1960 vor allem Mainstream-Science-Fiction wie *Der Mensch vom Mars*, die ihm immerhin Bekanntheit verschafft und etwas Geld einbringt. Der *alte* Lem verfasst dann ab den späten 1980er Jahren eher mittelmäßige Kolumnen für polnische Magazine, exemplarisch dafür ist das hier abgedruckte »Tertium millennio adveniente«.

Diese beiden Schriften dienen als Rahmen und Kontrastfolie

---

[1]   Natürlich ließe sich dennoch viel Interessantes sagen. Da Lem sein scharfsinnigster Biograph war, siehe aber vor allem *Lem über Lem*, *Das hohe Schloß* und die Skizze »Mein Leben« (*Neue Rundschau* 94, 4 [1983]). Auch in seinem erzählerischen Werk findet man auf den zweiten Blick so einiges, etwa in der *Stimme des Herrn* oder der »Neuen Kosmogonie«.

für die Werke des *reifen* Lem, der damit um 1960 zum größten SF-Autor der Welt wird und es rund 20 Jahre lang auch bleibt. In dieser Zeit, die noch einmal grob in zwei Perioden zerfällt, kommt Lem mit *Solaris* oder dem *Unbesiegbaren* erst an die Grenzen der damaligen Phantastik, um dann mit *Kyberiade, Die vollkommene Leere* oder *Golem XIV* formal und inhaltlich über sie hinauszugehen. Die chronologisch angeordneten Texte dieses »Best-of« entstammen vorwiegend dieser mittleren Periode.

II. Lems Genie

Gerade habe ich behauptet, dass Lem eine staubtrockene Gelehrtenexistenz führte, der Saft also sozusagen in den Blättern seines Werks zu finden sein muss … doch das ist ja ähnlich ereignisarm! Es gibt kaum Action, wenig Dialog, Lem hat kein Händchen für Dramatik und kann keine längeren Bücher zusammenhalten – worin also besteht sein Geheimnis?

Einem treffenden Ausspruch nach ist die Heldin einer SF-Erzählung die *Idee* – ein etwas vergiftetes Lob, weil das meist zu Lasten des Plots und der Charakterentwicklung geht. Lem aber macht aus dieser Not die höchste Tugend, denn wo andere höchstens Einfälle haben, wartet er mit grandiosen Hypothesen und Gedankenexperimenten auf, die erstaunlich oft ins Schwarze treffen. All das gepaart mit dem ausgeprägtesten Sprachgefühl, in vielen Tonarten und dann allmählich auch in ganz neuen Genres.

Seine größte *künstlerische* Leistung war es wohl, die Science-Fiction *im Wortsinn* erst erfunden zu haben. Indem er originelle naturwissenschaftliche Hypothesen[2] in die Handlung einbaut, ver-

---

2 Nur ein schlagendes Beispiel: Lems übermenschlich kluger Computer Golem stellt die Hypothese der egoistischen Gene unabhängig von und wahrschein-

schweißt er die Domänen der Naturwissenschaft und Literatur, statt erstere bloß als Kulisse (wie in der normalen SF) oder umgekehrt letztere nur als Schnörkel (wie etwa im populären Sachbuch) zu benutzen. Selbst unter Universalgenies ist das selten, da diese zwar mehrere Felder beackern, aber kaum je die Domäne wechseln.

Haben wir hier also den klassischen Genietypus vor uns – einen weißen, sozial herausgeforderten Cis-Mann, der sich ohne Vorläufer und seinesgleichen »einsam zwischen dem Nordpol und dem Balkan abquält«, um ab und an mit einem Meisterwerk aufzuwarten, das dann auch noch im Gewand der Science-Fiction daherkommt? Das klingt jetzt alles schon fast zu unwahrscheinlich, aber letztlich muss man zugeben, dass es auf unseren Autor zutrifft, und dann kann man sich auch schon fragen, warum es überhaupt einen Lem gab und nicht vielmehr keinen.

Zumindest die wichtigsten Bedingungen dafür lassen sich jedoch angeben, denn was bleibt einem mit IQ 180 und ebenso maßlosen philosophischen, wissenschaftlichen und literarischen Begabungen schon übrig, als SF zu schreiben, zumal als junger jüdischer Nerd hinter dem Eisernen Vorhang? Einerseits ist Lem dort nämlich eine Karriere als kritisch denkender Wissenschaftler oder Philosoph verbaut, andererseits ist »Science-Fiction« in Polen noch kein Schimpfwort wie bei westlichen Eliten. Zwar werden sich diese Umstände später als Falle erweisen, doch zunächst geben sie ihm die Möglichkeit, seine ästhetischen und wissenschaftlichen Talente höchst produktiv zu kombinieren.

Sein künstlerisches Schaffen habe ich schon angetippt, nun zu Lems wissenschaftlichem *claim to fame*: Er war extrem gut darin,

---

lich früher auf als der als Erfinder dieses Konzepts geltende Biologe Richard Dawkins.

die Zukunft vorauszuahnen – eine Behauptung, die sich seit kurzem glücklicherweise etwas präzisieren lässt.

Der Stern der Zukunftsforschung geht in den 1960er Jahren auf – und gleich wieder unter, als sie von der Ölkrise und anderen politischen Entwicklungen überrascht wird. Erst nach Lems Tod, als der amerikanische Psychologe Philip Tetlock statistisch Tausende von Prognosen untersucht, vollzieht sich eine Renaissance. Tetlock zieht zwar ein noch brutaleres Fazit als die Fachwelt der 70er, denn ihm zufolge sagen selbst ausgewiesene Experten die Zukunft meist schlechter voraus als ein blindes Huhn, doch schließlich identifiziert er doch noch Menschen, denen das regelmäßig gelingt – Supervorhersager –, und außerdem noch Leute, die besonders interessante Vermutungen anstellen können – Superfragesteller.

Wie genau Lem es geschafft hat, beides zugleich zu werden, ist immer noch unklar, und seine Vorhersagegebiete und -zeiträume decken sich auch nicht genau mit denen Tetlocks, aber recht geben ihm doch sowohl die Fruchtbarkeit vieler seiner Fragen wie auch mancher seiner Antworten (zu Virtual Reality, synthetischer Biologie oder Nanomaschinen etwa). Insofern kann man ihn vielleicht auch den ersten echten Futurologen nennen.

Kam ihm dabei nun umgekehrt die schöne Literatur zu Hilfe oder war sie hier nur Beiwerk? Für Letzteres spricht, dass Lem früh mehrere rein diskursive Bücher schrieb und sein Interesse auch mehr und mehr in diese Richtung ging. Die von ihm zur Hypothesenbildung genutzten Gedankenexperimente und Modelle sind womöglich der gemeinsame Ursprung seiner wissenschaftlichen wie künstlerischen Erfolge, denn auf beiden Gebieten versuchte er so, Neuland zu betreten: »Nie war ich auf etwas so versessen wie auf die Ausdehnung der Literatur auf Bereiche, wo es sie noch nicht gab.«

Logisch lassen sich die beiden Gebiete also trennen, psychologisch jedoch nicht. Es scheint vielmehr, dass Lem im Übermaß seiner Ideen oft den Überblick verlor, sodass ihm eine Geschichte den Rahmen oder ein bestimmter Protagonist den richtigen Ton dafür liefern musste, sich manches überhaupt zusammenreimen zu können. Dafür spricht auch, dass die »halbautomatische« Praxis des Schreibens von Erzählungen Lems Theoriebildung meist vorausging.

Um Genreschöpfer sowie Futurologe *par excellence* zu werden, brauchte es folglich sowohl alle seine Begabungen als wahrscheinlich auch genau die richtigen gesellschaftlichen Umstände. Leider erwiesen sich Letztere schließlich als Hindernis für noch größere Erfolge.

III. Mögliche Vergangenheiten

Obwohl er mit 60 eigentlich noch viele gute Jahre vor sich hätte (und ja auch erst über 20 weitere Jahre später sterben wird),[3] ist Lem Anfang der 1980er ausgebrannt. Über Polen ist das Kriegsrecht verhängt worden, er erkrankt oft und sein primärer Ideengenerator, die Evolutionstheorie, gibt keine neuen Impulse mehr. Schon immer Misanthrop, wird Lem nun langsam zum Wutbürger, der schließlich in seinem Krakauer Vorortreihenhaus auf das Internet schimpfen und seinem Sekretär eitle Artikel diktieren wird. Er hält wenig vom Feminismus und immer mehr von der Todesstrafe.

Gerade bei einem Gedankenspieler wie ihm drängen sich Was-

---

3 Es gibt leider keine Statistiken zum *peak age* von Universalgelehrten des Lem'schen Typs, aber zumindest Schriftsteller und Philosophen sind häufig noch im hohen Alter äußerst produktiv gewesen.

wäre-wenn-Fragen natürlich auf,[4] als erste: Was, wenn Lem früh rübergemacht hätte? Tatsächlich hielt er sich Anfang der 80er erst in Berlin und dann mit seiner Familie längere Zeit in Wien auf. Ein viel besseres Umfeld wären jedoch die USA gewesen. Bei einem guten Jobangebot und/oder finanzieller Sicherheit durch Tantiemen hätte er sich dort eine neue Existenz aufbauen und, wenn er nicht vom Konsum oder seinem latenten Hass auf diesen überwältigt worden wäre, die zweite Luft bekommen können.

Hätte etwa Lem statt seines Landsmanns Czesław Miłosz 1980 den Nobelpreis bekommen oder wären seine Bücher auch in den USA millionenfach verkauft worden,[5] hätte man ihn dort sicher mit offenen Armen empfangen und er so plötzlich Zugang zu Gleichgesinnten, Büchern und Computern gehabt. Die 1964 erschienene *Summa technologiae* wäre Kultbuch heranwachsender Geeks geworden, und Lem hätte sich in *usegroups* mit den ersten Transhumanisten austauschen und so seine Ideen zur maschinellen Vernunft, zu existentiellen Risiken und zu weiß der Himmel was (weiter)entwickeln können.

Dazu ist es nicht gekommen. Er war seiner Zeit voraus, hatte erst Glück, dann etwas Pech, und so blieb es bei einem starken, aber vorübergehenden Interesse im Rest der Welt. Dass er keine Schüler im eigenen Land hatte und in den USA kaum rezipiert wurde, besiegelte sein Schicksal zunächst; weder Tetlock noch sonst wer dort hat mehr als flüchtig von ihm gehört.

---

4 Obwohl er – ich vermute, aus gewissen biographisch-moralischen Gründen – keinen Alternativweltroman verfasst hat.

5 Hier gab es mehrere Probleme, so wurde sein berühmtester Roman *Solaris* aus dem Französischen (!) ins Englische übersetzt und viele seiner besten Bücher erst posthum oder gar nicht.

IV. Lem jetzt und in Zukunft

In Greg Egans Roman *Diaspora* gibt die Menschheit in ferner Zukunft wichtigen Sternen und Planeten die Namen heutiger Geistesgrößen. Falls diese Idee einmal Schule macht, dürften auch Lem und Solaris ihren verdienten Ort finden. Wahrscheinlich werden sie jedoch schon früher zu Ehren kommen,[6] denn es gibt (neben dem 100. Geburtstag) ja reichlich Gründe, heute wieder Lem zu lesen und seiner zu gedenken: Aus literaturhistorischem Interesse, um den eigenen Horizont zu erweitern, um zu sehen, was aus uns werden könnte, um sich zu amüsieren oder auf andere Arten zu vergnügen. »Jeder hat seine eigenen Vorlieben: Fußball, Kopulation, Bier aus der Dose trinken. Mir hingegen bereitet es Vergnügen, düstere Dinge aus schwierigen Büchern zu erfahren.«

Die besten Bücher sind meist schlauer als ihre Autoren, doch hier hört man einem Genie beim – nicht durchweg schwierigdüsteren – Denken zu, und das über Themen, die keineswegs an Relevanz verlieren werden. Die Möglichkeiten der Technologie – *das* Thema Lems – sind und bleiben die immer fanatischeren Einpeitscher unserer Zivilisation. Jedes Nachdenken darüber verweist auch in Zukunft zwangsläufig auf ihn.

Viele seiner Einfälle wurden bereits wiederentdeckt und werden ernsthaft diskutiert, es gibt mittlerweile zahlreiche empirisch gesinnte Philosophen, die *great stagnation* scheint endlich vorüber, die Nerds haben bereits viele Schlachten gewonnen, und selbst in der Literatur ist der von Lem geschmähte *nouveau roman* inzwischen vergessen und die *litfic* auf dem Rückzug, während die SF

---

6   In Krakau wurden kürzlich einige Straßen nach ihm und seinen Schöpfungen benannt; es ist ein Anfang.

mit Egan, Ted Chiang oder Ada Palmer auf dem Vormarsch und das *ratfic*-Genre neu entstanden ist.[7]

Zuletzt lohnt das Lesen und Wiederlesen Lems, weil da noch Schätze warten dürften: Energie durch Denken gewinnen? Informationen züchten? Die Umwelt moralisieren? Das klingt zwar alles ein wenig ausgedacht – nach Science-Fiction eben. Doch wie uns die Wissenschaft stets belehrt, ist die Welt wirklich verrückter, als die meisten es sich vorstellen können. Lem war eine große Ausnahme.

---

7 *Litfic* (*literary fiction*) ist unter anderem ein Schmähwort für die sich selbst furchtbar wichtig nehmende, »ernste« Literatur; *ratfic* (*rational fiction*) ist ein Genre, dessen Welten Natur- anstatt Plotgesetzen folgen und dessen Protagonisten vernünftiger sind als üblich.

Textnachweise

Der Mensch vom Mars. Auszug. Insel Verlag 1989. Aus dem Polnischen von Hanna Rottensteiner. © Stanisław Lem 1946.

Das Hospital der Verklärung. Auszug. Suhrkamp Verlag 1982. Aus dem Polnischen von Caesar Rymarowicz. © Stanisław Lem 1955.

Dialoge. Auszug. Suhrkamp Verlag 1980. Aus dem Polnischen von Jens Reuter. © Stanisław Lem 1957.

»Terminus«. Auszug. Aus: *Pilot Pirx*. Insel Verlag 1978. Aus dem Polnischen von Caesar Rymarowicz. © Stanisław Lem 1960.

Solaris. Auszug. Claassen in der Ullstein Buchverlage GmbH 1997. Aus dem Polnischen von Irmtraud Zimmermann-Göllheim. © Stanisław Lem 1961.

Memoiren, gefunden in der Badewanne. Auszug. Insel Verlag 1974. Aus dem Polnischen von Walter Tiel. © Stanisław Lem 1961.

»Lolita oder Stawrogin und Beatrice«. Aus: *Essays*. Insel Verlag 1981. Aus dem Polnischen von Friedrich Griese. © Stanisław Lem 1962.

Der Unbesiegbare. Auszug. Insel Verlag 1976. Aus dem Polnischen von Roswitha Dietrich. © Stanisław Lem 1964.

Summa technologiae. Auszug. Insel Verlag 1976. Aus dem Polnischen von Friedrich Griese. © Stanisław Lem 1964.

»Wie die Welt noch einmal davonkam«. Aus: *Wie die Welt noch einmal davonkam. Der Kyberiade erster Teil*. Insel Verlag 1983. Aus dem Polnischen von Jens Reuter. © Stanisław Lem 1964.

»Zifferotikon«. Aus: *Robotermärchen*. Suhrkamp Verlag 1973. Aus dem Polnischen von Irmtraud Zimmermann-Göllheim. © Stanisław Lem 1965.

Das hohe Schloß. Auszug. Suhrkamp Verlag 1974. Aus dem Polnischen von Caesar Rymarowicz. © Stanisław Lem 1966.

Die Stimme des Herrn. Auszug. Insel Verlag 1981. Aus dem Polnischen von Roswitha Buschmann. © Stanisław Lem 1968.

»Die neue Kosmogonie«. Aus: *Die vollkommene Leere*. Insel Verlag 1973. Aus dem Polnischen von Irmtraud Zimmermann-Göllheim. © Stanisław Lem 1971.

»Rien du tout, ou la conséquence«. Aus: *Die vollkommene Leere*. Insel Verlag 1973. Aus dem Polnischen von Klaus Staemmler. © Stanisław Lem 1971.

Der futurologische Kongreß. Auszug. Insel Verlag 1972. Aus dem Polnischen von Irmtraud Zimmermann-Göllheim. © Stanisław Lem 1971.

Golem XIV. Auszug. Insel Verlag 1984. Aus dem Polnischen von Friedrich Griese. © Stanisław Lem 1973.

»Die Maske«. Auszug. Insel Verlag 1977. Aus dem Polnischen von Klaus Staemmler. © Stanisław Lem 1974.

Der Schnupfen. Auszug. Suhrkamp Verlag 1979. Aus dem Polnischen von Klaus Staemmler. © Stanisław Lem 1975.

Lokaltermin. Auszug. Insel Verlag 1985. Aus dem Polnischen von Hubert Schumann. © Stanisław Lem 1982.

Lem über Lem. Auszug. Insel Verlag 1986. Aus dem Polnischen von Edda Werfel und Hilde Nürenberger. © Stanisław Lem 1984.

»Tertium millennio adveniente«. Aus: *Riskante Konzepte*. Insel Verlag 2001. Aus dem Polnischen von Andreas Lawaty. © Stanisław Lem 2000.